LE NEVEU
DE RAMEAU

TEXTES LITTÉRAIRES FRANÇAIS

DENIS DIDEROT

LE NEVEU
DE RAMEAU

Édition critique
avec notes et lexique par

JEAN FABRE
Professeur à la Sorbonne

GENÈVE
LIBRAIRIE E. DROZ
8, rue Verdaine
1977

INTRODUCTION

I. — Histoire du texte ; principes de l'édition.

« Un roman bibliographique », disait, jadis, en évoquant l'extraordinaire destin de l'œuvre, un des plus savants éditeurs du *Neveu de Rameau,* au moment même où il pouvait se croire légitimement en état de mettre le point final à ce roman [1]. Sur les mêmes assurances, un autre éditeur, non moins excellent, se flattait, lui aussi, de fournir un texte « à peu de choses près définitif ». A quoi bon espérer davantage la découverte d'un problématique original ? « A parler franc, écrivait Gustave Isambert, je crois que c'est là une recherche vaine ; tout me porte à croire que Diderot, après avoir fait quelques corrections et additions à sa rédaction primitive, fit faire immédiatement sous ses yeux un certain nombre de copies et qu'il détruisit son brouillon ou, du moins, qu'il n'y attacha aucune importance et n'en prit aucun soin. » [2] Quelques années plus

---

1. Maurice TOURNEUX (26), p. VI.
2. *Notice sur Rameau le Neveu* (25), p. 78.

tard, le hasard mettait aux mains de Georges Monval un impeccable manuscrit, presque calligraphié de bout en bout, de la propre main de Diderot : si le texte ne s'en trouvait nullement bouleversé, le roman bibliographique repartait sur un épisode sensationnel, et rien n'indique qu'on en soit arrivé au dernier chapitre.

De tels précédents doivent inciter tout éditeur du *Neveu de Rameau* à beaucoup de modestie et de prudence. Certes, il dispose, depuis l'édition Monval, d'un texte vraiment définitif : celui que Diderot eût édité, celui qu'il n'avait laissé à personne le soin de préparer pour l'éventualité d'une édition. Mais c'est un texte tout nu, qui ne livre rien directement des secrets de sa genèse, plus dépouillé encore de tout antécédent que le texte de *Tartuffe* tel que nous le lisons, comme Molière, après cinq ans de luttes, reçut l'autorisation de l'éditer, si différent du premier *Tartuffe* qui avait surgi inopinément dans le cadre de l'Ile Enchantée. Les chances de retrouver ce premier *Tartuffe* — celui de 1664, — ou le second, celui de 1667, étant pratiquement nulles, la critique conjecturale peut en reconstituer le schéma, sans courir le risque de trop cuisants démentis. Rien n'assure, au contraire, qu'on ne verra pas surgir de quelque inventaire après testament, de quelque librairie d'Allemagne ou de quelque bibliothèque de Russie, un autre *Neveu de Rameau*, le brouillon ou l'un des brouillons dont un texte quasi infaillible implique nécessairement l'existence, ou la copie d'un de ces brouillons, prise à un moment quelconque d'une durée qui s'étend de 1761 à la mort de Diderot. Tout ce qu'on peut écrire de cette histoire romanesque serait alors remis en question.

« Depuis l'année 1765 jusqu'à l'année 1779, Diderot n'a publié aucun ouvrage, mais son portefeuille s'est considérablement enrichi dans cet intervalle. Quoiqu'il ait ignoré toute sa vie le prix du temps et qu'il en ait beaucoup perdu, il employait si bien le peu de moments dont il pouvait disposer à son gré, soit à Paris, soit à la campagne, qu'on n'est pas étonné du nombre et de l'importance de ses manuscrits [1] ». Combien, parmi eux, se trouvait-il d'ébauches ou de rédactions du *Neveu* ? Représentons-nous le Philosophe, libéré du boulet encyclopédique, entrevoyant enfin la possibilité de faire œuvre d'écrivain, c'est-à-dire d'être lui-même et de survivre, aux prises avec les « amis » conjurés pour lui dérober le recueillement nécessaire. Chacun exploite à sa façon son complaisant génie : la tsarine pour sa propagande, le baron pour son système, Grimm pour ses feuilles, Naigeon contre « l'Infâme ». « Ces gens-là, gémit-il, ne veulent pas que je sois moi : je les planterai tous là et je vivrai dans un trou ; il y a longtemps que le projet me roule par la tête [2] ». Vaine résolution : on dirait que « ces gens-là » ont tous des droits sur lui. Trois mois de tranquillité à La Haye, et Mme d'Epinay est assurée qu'en l'absence du « patron », installé déjà à Petersbourg, Diderot lui fournira de quoi « soutenir la *Correspondance* pendant deux ou trois

---

1. NAIGEON, *Mémoires* (1), 205.
2. A Sophie Volland, 15 novembre 1768 (60), III, 179.

mois au moins [1] ». Les meilleurs copistes de Grimm,
Hénaut ou Roland Girbal, qui excellent à mettre
au clair les hâtives productions du Philosophe, sont
attelés presque en permanence à ce travail. Mais
Naigeon copie aussi, de son côté, par larges extraits :
avant de partir pour la Russie, Diderot, inquiet
déjà de mourir, lui a confié le lot le plus précieux
de ses manuscrits, avec droits de *fideicommis*. Madame
de Vandeul, à son tour, avant d'expédier à celle
qui en a, depuis vingt ans, la propriété légale, la
fameuse bibliothèque, prend le temps d'y faire
copier tout ce qui lui parait en valoir la peine et
ne livre guère à la tsarine que des copies ou des
copies de copies. Le *Neveu de Rameau*, comme on
le saura officiellement un siècle plus tard, se trouve
au tome XXVI du lot déposé à l'Ermitage ; mais
les 3.000 volumes réunis par Diderot et copieusement annotés par lui seront mis, là-bas, au pillage,
avec une perfection telle qu'on n'en retrouvera plus
aucun, et il suffit de soudoyer quelque subalterne
pour consulter les manuscrits interdits au public.
D'où nouvel envoi de copies. Si bien que, dans
l'histoire mouvementée du texte, l'étonnant n'est
pas d'en avoir vu paraître tant, mais de constater
leur similitude et d'enregistrer leur disparition, après
usage.

Naigeon, cependant, quoi qu'on en ait dit, doit
être exclu de cette histoire. Constatons d'abord que
les *Mémoires* dans lesquels il présentait, à sa façon,
l'œuvre inédite de son maître, ont été disjoints de

---

1. La Haye, 10-15 août 1773. *Corr. In.* (61), I, 217.

l'édition à laquelle ils auraient dû servir de préface et publiés avec un quart de siècle de décalage : le temps d'y changer bien des choses ! Tels qu'ils sont, ils analysent en 83 pages le *Rêve de d'Alembert*, en 36 les réfutations d'Helvétius ; 4 pages seulement, dédaigneuses et sommaires, sont consacrées à *Jacques le Fataliste* dont Naigeon ne semble apprécier — ou connaître — que l'épisode de Madame de La Pommeraye : les proportions parlent d'elles-mêmes. Le *Neveu de Rameau* n'est nommé qu'incidemment, au terme des deux phrases où Naigeon avertit qu'il se moque de la chronologie : « ... il suffira au lecteur de savoir (? !) que cette précieuse collection est le fruit de trente années de travail et que, de tous les manuscrits qui ont quelque étendue, la *Religieuse* est une excellente satire sous le nom du *Neveu de Rameau*, aussi originale que celui dont elle porte le nom, sont les plus anciennes [1] ». En fait, Naigeon a dix raisons de n'en pas dire davantage. Raisons de goût : il trouve à son maître « deux tons très disparates : un ton domestique et familier, qui est mauvais, et un ton réfléchi qui est excellent » ; fort de ce principe, le malheureux ose se vanter d'avoir été « pour plusieurs ouvrages de Diderot, un censeur plus rigoureux que le public ! » Raisons d'opportunité : on a beau se jouer à Dieu, on ne risque pas, pour autant, de heurter des autorités plus immédiates : tous les masques du *Neveu* n'ont pas quitté la farandole : à Toulon, le chapeau

---

1. *Op. cit.*, 316. Sur Naigeon éditeur et commentateur de Diderot, v. Brummer, *Studien...* (184) et Pommier, *Le Problème Naigeon* (272).

emplumé des commissaires aux armées coiffait à
merveille Stanislas Fréron, terroriste et thermido-
rien, et la toge des Anciens ne sied pas moins à
Palissot ; puisque la Révolution choisit ses serviteurs selon des critères sans rapport avec la bataille
encyclopédique, on se gardera bien de froisser ces
grands hommes. Raisons de doctrine enfin : la
gravité de Naigeon supporte mal l'enjouement des
écrits familiers et sa candeur matérialiste s'inquiète
sourdement de leur persiflage : en tout état de
cause le *Neveu de Rameau* eût été frappé d'atimie
par cet ignorantin de l'athéisme.

Mais la question ne se pose pas de la sorte, du
moins directement. L'absence du *Neveu* dans l'édition de 1798 pourrait bien s'expliquer par une raison
positive qui dispenserait des autres : vraisemblablement, Naigeon n'en possédait ni copie, ni extraits.
Aucune mention n'est faite, en tout cas, de *Rameau*,
dans la liste des manuscrits que les héritiers de Naigeon essayèrent de vendre, en 1816, à Madame de
Vandeul. Et pour cause : ce texte ne pouvait figurer,
du moins sous la forme où nous le connaissons,
dans le dépôt reçu par Naigeon, en 1773. Plus tard,
la confiance de Diderot en son dépositaire alla
diminuant : Naigeon trouva tout juste l'occasion
de faire, peut-être à la dérobée, certains ajustements
nécessaires, et ce pourrait bien être le secret du
fameux manuscrit du *Paradoxe*, en vertu duquel
Ernest Dupuy crut, un moment, avoir découvert
en ce maladroit, un second Diderot. Rien ne prouve
donc que Naigeon ait connu autrement que par
ouï-dire « l'excellente satire », et l'assurance même

qu'il donne de l'ancienneté du texte ne peut être accueillie que sous caution. Il est vrai — et les raisons précédemment invoquées retrouvent ici toute leur force, qu'il ne chercha nullement à en savoir davantage ; il tint obstinément à l'écart de son édition Madame de Vandeul, et celle-ci en fut légitimement ulcérée : c'est que Naigeon, entendant publier un Diderot à sa guise, craignait plus encore la véracité de son témoignage que sa piété filiale [1]. Peut-être, après tout, valut-il mieux pour le *Neveu de Rameau* de ne pas entrer dans l'histoire littéraire sous les auspices d'un homme aussi mal fait pour l'apprécier que Jacques-André Naigeon.

La fortune réservait à ce petit livre un patronage plus éclatant. On ne peut songer sans émerveillement au groupe incomparable d'admirateurs qui accueillit la traduction de Goethe : tout ce que l'Allemagne de 1805 comptait de grands écrivains et de penseurs. Qu'importe que, découragé par le nombre des invendus, l'éditeur Göschen ait renoncé à publier l'original français : l'influence d'une œuvre ne se mesure pas suivant des données quantitatives, mais selon la qualité de ses lecteurs. Qu'importe aussi que cet original, rendu à Schiller, quelques semaines avant sa mort, n'ait pu être retrouvé ensuite ? De Klinger, commandant de l'école russe des Cadets, à Schiller, et de Schiller à Goethe, on a pu reconstituer son histoire : c'était

---

1. Cf. MASSIET DU BIEST (7), 210-11, et du même, *Lettres inédites de Naigeon à Madame de Vandeul au sujet des œuvres de Diderot*, in *Bulletin de la Société historique et archéologique de Langres*, 1948, I, 8-9.

une copie clandestine en provenance de l'Ermitage, et la version de Goethe, remarquablement attentive, en dépit de contresens inévitables et de la hâte du traducteur, accuse nettement cette origine.

Avec l'édition Brière, la critique se sent beaucoup moins en sécurité : vaste ambition pour un libraire débutant que de refaire l'édition de Diderot, où Belin, homme d'expérience, venait si manifestement d'échouer. Mais Brière et son associé Walferdin tiraient leur assurance des encouragements et secours que ne leur ménageait pas Madame de Vandeul. Cette mélancolique et valétudinaire personne, brimée par le mari le moins fait du monde pour la comprendre, victime d'une sensibilité d'autant plus douloureuse qu'elle était restée sans flamme et sans emploi, avait tiré la dignité et la seule consolation de sa vie de sa fidélité au souvenir paternel. N'ayant jamais réussi, par pudeur ou par lassitude, à servir avec éclat la mémoire de Diderot, elle accueillit avec bonheur, aux approches de la mort, le projet d'édition qui en donnerait au public une image moins partiale et moins sommaire que ne l'avait fait Naigeon. Elle mit donc à la disposition de Brière quelques manuscrits qu'elle avait conservés et, parmi eux, une copie de ce *Neveu de Rameau*, dont la France commençait à être curieuse. Ce don n'alla pas sans contre-partie : le scrupule filial vint s'ajouter à toutes les susceptibilités politiques et morales que Brière, homme d'ordre, entendait bien ménager, à l'inverse des faussaires de Saur et Saint-Geniès, qui ne cherchaient, eux, qu'un succès de scandale, et qui inventaient, à partir du *Rameau* de

Goethe, une sorte de super-Diderot, dont la truculence devait défier la censure et bafouer le juste milieu. Brière eut, du moins, le courage de dénoncer la fraude, et le bon goût de maintenir, aussi bien contre les outrances stylistiques que contre les pudibonderies grammairiennes, l'intégrité littéraire du texte. Si on la replace en un temps où la falsification des œuvres et la fabrication des apocryphes fleurissaient comme une véritable industrie, son édition se distingue par une évidente probité.

Mais, moins qu'aucun autre, Brière ne pouvait rompre avec les traditions de l'époque, pour atteindre, d'un seul coup, la rigueur scientifique. Rien de plus facile, dans bien des cas, que d'apercevoir le motif d'altérations volontaires qu'il lui arrive de signaler de lui-même, fort honnêtement : un ministre du roi de France (p. 9) n'est plus chez lui qu'un ministre du roi de *** ; d'autres corrections, conçues pour rassurer l'honnêteté, déconcertent par leur maladresse, et le visage « qu'on prendrait pour son antagoniste » (p. 8) devient, tout crûment, « un visage qu'on prendrait pour un c** » ; plus généralement encore, il serait presque cruel de rappeler des fautes de lecture ou de plaisantes bévues. Mais certaines paraissent d'une gratuité telle qu'on serait tenté de les expliquer par des divergences de la copie, et il est un passage au moins (v. note 287), où l'édition Brière allège si pertinemment le texte, qu'on ne peut manquer de voir dans le passage qu'elle s'abstient d'imprimer une de ces fameuses pièces rapportées, dont on soupçonne la présence d'un bout à l'autre du *Neveu* *de Rameau*, sans qu'on puisse pratiquement les isoler. Il faudrait savoir seulement si le texte que l'éditeur avait sous les yeux se présentait de la sorte ; auquel cas, la copie Vandeul-Brière aurait porté témoignage d'une rédaction antérieure du texte ou en aurait raccordé deux états successifs, à la manière du *Paradoxe*, copié par Naigeon. On verra plus loin les raisons qui semblent s'opposer à cette hypothèse. Mais les meilleures raisons ne valent pas une certitude de fait, et la certitude serait, en l'espèce, la copie Vandeul-Brière. La verra-t-on jamais resurgir des archives d'Orquevaux ou d'ailleurs ?

Car Brière se montra toujours incapable de dire ce qu'il était advenu de la copie à lui confiée et pas même s'il l'avait rendue à ses possesseurs légitimes. Qui plus est, à mesure que le temps passait, sa fantaisie se mit à broder davantage sur ses souvenirs. Déjà, au temps où il éditait cette copie « faite par un secrétaire de Diderot » (?)[1], il se risquait à avancer que le *Neveu de Rameau* avait été composé en 1760, date proposée, un peu à la légère, par Goethe, et en contradiction flagrante avec la trame même du « roman ». A l'appui de cette singulière assertion, il ne trouvait à invoquer qu'une note autographe, figurant en marge du manuscrit avec la date : 20 janvier 1760 (!)[2]. Présentée sous cette forme, l'indication heurte grossièrement toute vraisemblance, mais peut-être revient-elle à dire que Diderot avait daté, après coup, un des épisodes ou événe-

---

1. Brière à Goethe, 27 juillet 1823. A-T (23-42), V, 364.
2. Lettre au rédacteur du *Corsaire*, 10 août 1823. Cf. MONVAL (27), p XXV.

ments relatés dans son dialogue. Y avait-il d'autres annotations de cette espèce ? Sur ses vieux jours, Brière affirmera que sa copie était « couverte de corrections et de changements de la main même de l'auteur, mais qu'après avoir servi aux compositeurs, elle avait été jetée aux papiers de rebut [1] ». Curieux traitement pour un manuscrit cartonné et si précieux. Et curieuse façon de répondre à la confiance de Madame de Vandeul, décédée peu après !

Ces fantaisies ne s'autorisaient, sans doute, que de la conviction ancrée dans l'esprit du premier éditeur qu'on ne retrouverait jamais, ni la copie, ni, surtout, un manuscrit autographe. Sur ce premier point, il s'accordait pleinement avec son effronté contradicteur. « Le méchant, disait-il, sait bien que cet autographe envoyé au prince de Saxe-Gotha ou au prince Henri de Prusse a été détruit... [2] ». De Saur, jamais à court d'imagination, venait de publier, en effet, que cet ouvrage de Diderot n'existait plus : « L'auteur l'avait envoyé en Allemagne, où il a été livré aux flammes, il y a quelques années, par les mains d'une soi-disant chrétienne charitable... [3] ». Toute la critique prit pour argent comptant ce romanesque autodafé et, pendant plus d'un demi-siècle, l'on vit les éditeurs du *Neveu de Rameau* se mettre en frais de critique

---

1. *Ibid.*, XXVII. Monval fait, cependant, trop bon marché du témoignage de Brière.
2. A-T, *loc. cit.*, V, 364.
3. Lettre au rédacteur du *Courrier des Spectacles*, 13 juin 1823, *ibid.*, 368.

conjecturale, suprême ressource des commentateurs aux abois. C'était le temps où Becq de Fou-
quières donnait, aux dépens de Gabriel de Chénier,
atrabilaire éditeur de son oncle, une élégante démonstration de la méthode et de son efficacité. Asselineau et Motheau s'appliquèrent, de leur côté, mais
avec moins de bonheur, à « l'amélioration » du
texte du *Neveu*, tombé dans le domaine public.
En désespoir de cause, Assézat et son collaborateur
allaient suivre leurs traces, c'est-à-dire enrichir ou
corriger le texte Brière, à partir des « additions »
de Goethe et de ses « assez nombreuses variantes »,
lorsque « des circonstances particulièrement heureuses mirent entre leurs mains une copie sans date
mais évidemment de la fin du siècle dernier du *Neveu
de Rameau* [1] ». Quelques précisions, sur ce point
important, eussent été les bienvenues ; mais les
éditeurs ont leurs secrets et les vendeurs d'autographes leurs mystères, et il fallut se satisfaire de
ces déclarations, du moment qu'on en constatait
le très positif résultat. Vint enfin Maurice Tourneux
qui, d'abord en aidant de ses lumières Gustave
Isambert, puis en prenant lui-même la responsabilité d'une édition, dota le *Neveu de Rameau* d'un
texte fondé sur un manuscrit dûment authentifié,
cette fois, et offert à tout contrôle : la copie remise
à la tsarine, le 5 novembre 1785, avec la bibliothèque
de Diderot.

Si Tourneux jugea inutile de surcharger son
élégante édition d'un apparat critique, tout porte

---

1. A-T, *loc. cit.*, V, 380.

à croire qu'il se montra lecteur scrupuleux. Un peu
déçu aussi, sans doute. Il attendait de son texte
toutes sortes de révélations, et ne put même en
identifier l'écriture, visiblement la calligraphie ano-
nyme d'un copiste de profession, Roland Girbal
ou quelque autre. Il espérait tirer parti de variantes
ou de repentirs autographes, et dut se résoudre
à monter en épingle un simple pronom, rajouté
en interligne par Diderot, lui semblait-il [1], unique
et fragile preuve pour étayer son hypothèse d'une
copie revue et avalisée par l'auteur. En revanche,
une indiscrète note s'étalait en marge du f⁰ 42,
révélant l'intervention précoce d'un lecteur aussi
zélé que peu intelligent [2]. Remarquons, cependant,
que cette note, écartée déjà par les éditeurs de bon
sens, figurait aussi dans les textes de Goethe, Brière
(sous une forme légèrement différente), et dans la
copie Assézat : de là, peut-être, l'enseignement le
plus instructif à tirer de la recension Tourneux.

Résumons, en effet. Jusqu'à la découverte du
manuscrit, les éditeurs du *Neveu de Rameau* ont fait
successivement, mais non conjointement, état de
quatre copies, auxquelles, pour plus de clarté, nous
donnerons un numéro suivant l'ordre chronologique

---

1. F. 2 : « Il ne pense qu'à *lui*, et Tourneux (26), p. 9.
2. Après les mots : « Et que l'on m'accordait tant pour mes menus
plaisirs », et avant ceux-ci : « Alors, il recommença à se frapper le
front », il y a cette note d'une écriture contemporaine (?) : « Ici
se trouve une lacune dans le manuscrit original. (N. B. Bien entendu,
il n'en est absolument rien !) La scène a changé, et les interlocuteurs
sont entrés dans une des maisons qui avoisinent le Palais-Royal... »
Cf. Assézat, *loc. cit.*, V, 408, note 1. Brière disait : « Nota. Il y a
dans le manuscrit une lacune, et on doit supposer que les interlocuteurs sont entrés dans le café, où il y avait un clavecin. »

de leur apparition : c_1 Goethe, c_2 Brière, c_3 Assézat, c_4 Tourneux. c_1 dérive nécessairement de c_4, de même que c_3, vraisemblablement. Reste c_2, à laquelle on serait tenté d'accorder une sorte d'autonomie provisoire, en attendant de la confronter, de même que les autres copies, ou, tout au moins, les éditions qui les représentent, avec le manuscrit autographe, m. De cette confrontation on tire inévitablement les conclusions suivantes :

1° Aucune des copies, réserve provisoire faite pour c_2, ne se réfère à un état antérieur ou postérieur du texte, ni à une tradition différente de m.

2° Les divergences, soit de chaque copie par rapport à m, soit des copies entre elles, ne sauraient être tenues pour des variantes ; toutes, sans exception, peuvent et doivent être interprétées soit comme des inadvertances de copistes, soit comme des fautes de lecture, soit comme des partis pris d'éditeurs.

3° Les quatre copies ne peuvent être considérées comme prises directement sur m, mais seulement, à la rigueur, l'une d'elles, ou une autre copie C, dont c_1, c_2, c_3, c_4 seraient directement dérivées. On écrira donc : $m \rightarrow C \rightarrow c_2, c_4 \rightarrow c_1, c_3$. Par rapport à m, les quatre copies présentent, en effet, un nombre très important de fautes communes, tantôt sur des points de grande importance, tantôt sur des détails d'importance minime, ces derniers étant naturellement ceux qui emportent la preuve [1].

---

1. Nous renvoyons à l'apparat critique où, pour simplifier, quelques-unes de ces concordances sont signalées sous la rubrique B-T, de Brière à Tourneux. Monval en avait fait un relevé très com-

Comme, il est impossible d'expliquer ces concordances par le hasard, il faut donc supposer l'existence d'un intermédiaire C.

La loi des fautes communes élimine donc c_2 de sa position privilégiée. Reste à savoir si elle ne pourrait, dans une certaine mesure, la retrouver, en s'identifiant avec l'archétype-intermédiaire C. L'hypothèse a pour elle beaucoup de vraisemblance. c_1 et c_3 sont, en effet, à écarter d'office ; c_4, dont la qualité d'ensemble est excellente, offre un certain nombre de leçons qu'on ne retrouvera pas ailleurs et qui doivent être imputées à son copiste. L'incompétence et les fantaisies de l'éditeur Brière ne mettent pas en cause la valeur intrinsèque de c_2, si malheureusement perdue. N'est-il pas raisonnable de penser que la copie, dont toutes les autres dérivent, était

---

plet, sans en tirer, d'ailleurs, les conséquences logiques. Nous avons préféré n'en retenir que les plus caractéristiques et n'en mentionner ici que cinq ou six, pour leur valeur démonstrative. Pp. 13 et 35: deux répliques omises par B-T ; p. 14, « Je me jetterais aux pieds de la divinité (Je me collerais la face contre la terre), et sans me relever » : les mots entre crochets sont omis par B-T ; p. 42, « Ayez la bonté d'en user avec moi plus *rondement* » : B-T, rudement, qui fait contresens (de même p. 47, *heureusement*, au lieu de *supérieurement*) ; p. 42, « quelques mots qui vous *donnassent* l'éveil » : B-T, « qui vous *donnent* l'éveil », faux-sens grammatical ; p. 46, l'adjectif : *apparent*, omis ; p. 51, « Je ne parle *point* d'autres indispositions plus légères, dont on ne se gêne *pas* devant moi » : B-T, « Je ne parle *pas* d'autres indispositions plus légères dont on se gêne *point* devant moi » ; p. 78, « Jamais cet homme n'osera dire *à quel titre* il possède ma lettre de créance » : B-T, « *à quel prix* ». Enfin, p. 20, Monval relève une divergence apparente entre Brière et Tourneux, qui accuse, en réalité, la parenté d'origine entre c_2 et c_4. Le manuscrit donne : « ... comme s'il eût manqué et se dépitait de n'avoir plus *la pièce* dans les doigts... » ; Brière imprime : « *la même peine* », qui fait non-sens ; Tourneux et Assézat : « *la même pièce* ». Brière n'a pas su lire le mot *pièce*, mais l'adjectif *même* figurait aussi bien dans c_2 que dans c_4. Asselineau avait corrigé, à partir de l'allemand de Goethe : das Stück, et retrouvé ainsi le vrai texte.

restée aux mains de Madame de Vandeul ? On écrirait alors : $m \rightarrow c_2 \rightarrow c_4 \rightarrow c_1, c_3$. Peu importe, d'ailleurs. Du moins pour l'établissement du texte, l'hypothèse ne saurait avoir qu'un intérêt de curiosité. Il nous a paru inutile d'encombrer l'apparat critique de pseudo-variantes, dont le relevé systématique aurait pris l'allure d'un sottisier. Nous nous sommes contenté d'illustrer par quelques exemples le consensus, si caractéristique, des éditions en face du manuscrit, et de signaler seulement quelques particularités de la plus sûre d'entre elles, avant Monval, celle de Maurice Tourneux, fidèle image de la copie de Pétersbourg. Aussi bien, personne ne dément que le texte du *Neveu de Rameau* ne peut être établi que sur les bases du manuscrit autographe, découvert, en 1891, par Georges Monval.

Il serait superflu de refaire en détail le récit de cette découverte célèbre, qui servit longtemps de réclame aux bouquinistes du quai Voltaire. Ajoutons seulement les quelques précisions, d'ailleurs connues des bibliophiles, que Georges Monval ou ses intermédiaires crurent devoir donner à la Pierpont Morgan Library, lorsqu'elle acquit le manuscrit du *Neveu de Rameau*, à une date et à des conditions qui n'intéressent pas notre dessein. Le tome 186 de la collection de tragédies et œuvres diverses, où se trouvait inséré le manuscrit du *Neveu de Rameau*, faisait partie d'un ensemble d'environ trois cents volumes, uniformément reliés en veau fauve. Cette collection avait été constituée par le marquis Frédéric-Gaëtan de La Rochefoucauld-Liancourt ; il avait l'intention de la léguer à l'Académie des Poètes, mais elle fut dispersée, après sa mort, chez divers libraires. Au cours de nombreux voyages ou missions diplomatiques en Allemagne de 1815 à 1848, le marquis, homme politique, mais aussi écrivain et « curieux », tout particulièrement intéressé par l'histoire littéraire du XVIIIe siècle, y avait fait de nombreuses acquisitions ou trouvailles, auxquelles, pour des raisons faciles à comprendre, il ne tenait pas à donner de publicité. On ne sait donc dans quelles conditions il réussit à mettre la main sur le texte autographe du *Neveu de Rameau* [1] ; mais il paraît vraisemblable de supposer que ce texte avait été confié par Diderot à Grimm, emporté par celui-ci dans ses bagages, lorsqu'il quitta définitivement la France, en février 1792, conservé secrètement par lui, dans sa retraite de Gotha, mais égaré ou dérobé, après sa mort. Au terme de cette histoire mouvementée, le manuscrit se trouve actuellement en Amérique, à la libre disposition des lecteurs. Nous remercions la direction de la Pierpont Morgan Library d'avoir bien voulu nous en faire parvenir une parfaite reproduction photographique [2].

---

1. Rappelons que Monval, p. VII, le décrit de la sorte : « Cahier de format in-4°, de vingt centimètres sur quinze, composé de 34 feuilles de 4 pages chacune ; soit 135 pages de 26 ou 27 lignes. Pas d'autre titre que : Satyre 2de et l'épigraphe tirée d'Horace.
2. Material awed by Pierpont Morgan Library. Restricted not to be reproduced. Film made by the New-York Public Library. Ratio 12, 1948. Des lettres de Georges Monval et de son fils, ainsi qu'un spécimen de l'écriture de Diderot (1777), sont joints comme pièces annexes au dossier.

La netteté même du film, où sont perceptibles les moindres détails et jusqu'aux différences d'encre, signalées par Monval, en rend la lecture extrêmement aisée, mais davantage encore la qualité de l'écriture, cursive, sans doute, mais d'une régularité sans bavures. On ne saurait imaginer plus éclatant démenti à ce que Diderot a bien voulu conter de ses « brouillons indéchiffrables », de sa paresse à recopier, des grandes marges que, sur ses feuillets détachés, il réservait pour des additions, où ses copistes, témoin Naigeon et le *Paradoxe*, avaient grand peine à se reconnaître [1]. Ici, l'assurance est encore plus visible que le soin ; pas de ratures, pas de soudures ; le texte est écrit d'une seule venue, aussi éloigné que possible dans son aspect de cet habit d'Arlequin, à quoi certaine critique voudrait réduire le *Neveu de Rameau*. Nous sommes visiblement en présence non d'un auteur qui improvise ou qui raccorde, mais d'un écrivain qui donne sa forme dernière à une œuvre, dont il a voulu prendre seul l'entière responsabilité. Toutes les apparences suggèrent donc l'unité, la cohérence d'un texte où l'on serait tenté d'abord de relever les disparates, les contradictions matérielles et les ajouts. On ne pourra négliger cette impression d'ensemble, lorsqu'on étudiera la composition du *Neveu de Rameau*.

Mais il n'existe pas de manuscrit si parfait, et la remarque vaut même pour les copies impeccables de Jean-Jacques, copiste de métier, où l'on ne puisse

---

1. V. p. ex. *Ma manière de travailler*, in *Diderot et Cathérine II* (57), p. 31.

relever quelques taches. Diderot recopie trop vite
pour qu'il n'en soit pas ainsi. De là des négligences
dans l'orthographe, des fautes d'accord, des bizarre-
ries dans la ponctuation. Diderot répare quelques-
unes de ces erreurs matérielles, quand il se relit.
Car, incontestablement, il a relu son texte, non en
écrivain qui penserait encore à le modifier, mais en
copiste soucieux de ses bévues. D'où une première
série de corrections, de la main de Diderot. Mais le
manuscrit en offre aussi une seconde, d'une autre
main. Car la révision de Diderot étant extrêmement
rapide et sommaire, le copiste chargé de recopier
le texte, et qui, dans la marge droite de la première
page, mentionne l'achèvement de son travail, a jugé
utile de la compléter. Seulement, il a quelque peu
outrepassé ses droits. Diderot transcrivait phonéti-
quement les noms italiens : Douni, Ioumelli ; son
réviseur rétablit les graphies : Duni, Jomelli. Par
habitude, affectation ou raillerie légère, Diderot,
ici, comme dans sa correspondance, n'écrivait
jamais que : *de* Voltaire ; son réviseur ne manque
jamais de barrer la particule. On trouvera signalées
à leur place d'autres interventions, parfois légitimes,
parfois abusives ou discutables. Mais, pour être
précis, il convenait de signaler les deux séries de
corrections : m_1 et m_2.

Georges Monval a négligé de le faire, et c'est
la seule réserve quelque peu sérieuse que l'on puisse
formuler sur son exemplaire recension. Une lecture
attentive du manuscrit ne nous a donné que de
très rares occasions de nous trouver en désaccord
avec lui et, chaque fois, sur des points d'importance

infime. Comme à lui, le texte nous a paru d'une clarté parfaitement satisfaisante, sans qu'il fût besoin d'aucune correction ou conjecture, et nous avons rejeté dans les notes (v. 182) la seule modification que nous aurions pu, a la rigueur, proposer. Comme lui, surtout, nous avons hésité entre deux partis : fidélité intégrale au manuscrit ou épuration, au moins relative, et, comme lui, nous avons opté pour le premier, mais sans le pousser jusqu'aux extrêmes conséquences. L'orthographe de Diderot vaut, en effet, d'être respectée, quelque capricieuse ou fautive qu'elle paraisse, et il peut être, après tout, d'un intérêt de curiosité de constater qu'il écrit, à quelques pages ou quelques lignes d'intervalle : *baston, bâton, batton* ou *baton, pousser les hauts cris* ou *pousser les hautcris,* ou qu'il n'observe pas toujours les règles d'accord des participes. Mais, parfois, il ne s'agit que de simples inadvertances (sujet au pluriel, verbe au singulier, etc.), pas toujours réparées par *m*1, ni même par *m*2 : nous nous sommes contenté d'indiquer par des crochets les modifications de cet ordre qui s'imposaient. Sans hésitation, nous n'avons tenu aucun compte de l'usage hautement fantaisiste que Diderot fait ou ne fait pas des majuscules : *Barbier,* mais *briasson, la Régence* ou *La régence,* et, au moins, pour les noms propres, nous avons étendu à tous les cas les habitudes modernes.

Par contre, il nous a paru nécessaire, en prêtant même plus d'attention que Monval à cet aspect du *Neveu de Rameau,* de conserver, dans ses extravagances même, la ponctuation de Diderot. Celle-ci n'obéit pas, en effet, aux règles de la grammaire ou de la logique, mais à celles de l'expression dramatique et quasi musicale. Elle marque les accélérations, note les soupirs et les pauses, décompose et scande les pantomimes, suggère les intonations ; elle est comme la respiration des personnages, la palpitation de la vie. On ne pourrait la modifier sans trahir l'expressionnisme essentiel à l'art de Diderot [1].

Cette réserve faite, il nous a semblé que l'apparat critique pouvait être simplifié, sans inconvénient. Les éditions (B-T, T) n'y seront rappelées que pour mémoire, à l'exception de Monval (M), dont nous ne manquons pas de donner la leçon toutes les fois que nous avons cru devoir nous en écarter. Les corrections m_1 sont, comme de juste, intégrées dans le texte, les corrections m_2, rejetées ou admises, mais toujours signalées. Le tout se réduit à peu de choses : nous aurions eu scrupule à rendre la tâche du lecteur plus difficile que ne l'a été celle de l'éditeur.

II. — Problèmes de genèse et de sources.

Qui dit simplicité, dit aussi malheureusement pauvreté. Dans la mesure même où il contraste avec la richesse extrême de l'œuvre, le dénuement

---

1. Pour apprécier la différence, on pourra lire le passage : « Il est dur d'être gueux... et qu'il en mourra... », dans le texte Assézat (V, pp. 404-405), le texte Monval (pp. 33-34) et dans le nôtre (pp. 22-23).

de l'éditeur ne laisse pas d'avoir sa rançon. Que d'idées, mais aussi que de personnages, d'événements, d'allusions, de potins enveloppés dans ce tourbillon ! Sollicité de toutes parts, le lecteur se pose mille questions, cherche des noms, des dates. A commencer par celle de cet après-dîner, au moins symbolique, où Diderot, le Philosophe, et Rameau, le bohème, auraient trouvé le temps de confronter et de fondre tant de sagesse et tant de folie. « Curiosité assez vaine, dit Goethe, que celle qui aurait pour objet de déterminer avec précision l'époque à laquelle Diderot a composé cet écrit. » Cela dit, il se met aussitôt en devoir de satisfaire cette curiosité et s'engage le premier dans une quête où le suivront inévitablement les lecteurs innombrables du *Neveu de Rameau*. En trois mois, avec l'aide de Schiller, à coups de mémoires et de dictionnaires, il se fabrique une hâtive science de Diderot et de son temps, pour constater qu'elle l'enfonce davantage dans ses perplexités. Comment dater une œuvre dont la vie amalgame une actualité de vingt ans et, à partir du plus grand disparate, atteint le plus parfait naturel ? En désespoir de cause, Goethe isole un noyau qu'il considère comme primitif : le scandale occasionné par la comédie des *Philosophes*, cherche à définir une intention première : la polémique contre Palissot et ses pareils, puis, rend compte de tout le reste par la théorie des révisions ou des rédactions successives. Avouons franchement, qu'après un siècle et demi d'exégèse, la critique du *Neveu de Rameau* procède toujours de la même méthode et n'est guère plus avancée

Il serait naïf de s'en étonner. Comme Goethe, le lecteur de 1950 en est réduit à interroger l'œuvre elle-même. Aucun témoignage portant directement sur elle n'est remonté du XVIIIe siècle pour l'éclairer. Autour du *Neveu de Rameau*, replacé en son temps, c'est toujours le vide et le silence. Si parfaits que, comme le fondu du manuscrit, ils pourraient bien avoir, eux aussi, une valeur d'indices ou de signes. On n'imaginait pas Diderot si mystérieux. Mais cette vie si répandue, si bavarde, si outrageusement exempte de secrets eut, peut-être, tout de même, son secret : ni Mlle Volland, ni Mme de Meaux, ni l'amour, ni la bonté, ni la haine, ni la tsarine, ni Dieu, mais seulement le *Neveu de Rameau*. Tout paraît s'être passé comme si Diderot, au lieu d'écrire pour la foule ou pour les « happy few » : les hôtes du Grand Val, les abonnés de Grimm, avait écrit, une fois, pour lui seul. On attend toujours l'apparition, toujours possible, du document qui viendra démentir cette impression. Mais le secret paraît avoir été jalousement gardé et, beaucoup plus que l'histoire romanesque du manuscrit, c'est là le vrai mystère du *Neveu de Rameau*.

Dans l'entourage de Diderot, personne n'en a rien su ou, du moins, rien dit. Sur le tard, Naigeon se borne, comme on l'a vu, à mentionner « l'excellente satire », d'une façon plus évasive encore que dédaigneuse. Grimm, si avide à recueillir et à offrir à sa clientèle le moindre papier de son ami, évoque plusieurs fois dans sa *Correspondance* la bizarre silhouette de Jean-François Rameau, sans paraître soupçonner que Diderot l'a choisi comme héros.

Ni l'abbé Galiani, ni Mme d'Epinay, ni personne,
ne paraissent mieux informés. Mercier, à l'affût de
tous les potins, connaît parfaitement le neveu de
Rameau, mais non tel qu'en lui-même enfin l'a
changé une imagination géniale. Et la correspondance de Diderot reste muette. Sans doute ne faut-il
faire état de ce mutisme qu'avec une extrême
prudence : sur les 553 lettres numérotées à Sophie
Volland, 187 seulement ont été retrouvées. Mais
grâce à elles nous pouvons suivre à la trace mainte
production de Diderot, en établir la genèse, un
peu comme celle des romans de Balzac, à partir
des *Lettres à l'Etrangère*. Nous savons ainsi quand
et comment Diderot a écrit la série des d'*Alembert* [1]
et bien d'autres opuscules et fantaisies. Grimm est
informé du *Paradoxe*, à l'heure où Diderot le remet,
improvisation toute chaude encore, au copiste
Hénaut, « sauf à y revenir sur sa copie [2] ». Mais
il l'est, aussi bien, des d'*Alembert*, du *Voyage à
Bourbonne et à Langres*, du *Bougainville*; de même que
Madame d'Epinay, grâce aux confidences de Diderot, pouvait suivre, tout au long de 1760, les progrès
de la *Religieuse*. Pour le *Neveu*, rien de tel. Ne faut-il
pas beaucoup d'imagination pour décider que l'annonce des « deux ou trois petits ouvrages assez
gais », fabriqués dans la quiétude un peu monotone
de la station en Hollande, vise expressément le *Neveu
de Rameau ? * [3]. « Je me suis amusé, dit encore Dide-

---

1. Sur l'*Entretien avec d'Alembert* et le *Rêve de d'Alembert*,
v. III, 205, 209, 213.
2. Le 14 novembre 1769. *Corr. Inédite*, I, 102.
3. 22 juillet 1763. *A Mlle Volland*, III, 244. « Sans doute, suggère
Babelon en note, le *Neveu de Rameau*, composé en 1762 et revu

rot à Madame d'Epinay, à écrire une petite satire, dont j'avais le projet, lorsque je quittai Paris. » Mais il vient aussi de lui confier : « Je n'ai pas tout à fait perdu mon temps dans ce pays-ci. J'ai des notes assez intéressantes sur les habitants. J'ai barbouillé toutes les marges du dernier ouvrage d'Helvétius (*De l'Homme*). Un certain pamphlet sur l'art de l'acteur est presque devenu un ouvrage ». Nous savons, pour le coup, de quoi il s'agit. « La copie de ces papiers-là, estime Diderot, me prendrait huit ou dix jours [1] ». Faut-il surcharger ce tour de force de tout le *Neveu de Rameau* ? Et l'étiquette petite satire ne convient-elle pas mieux aux quelques feuillets de la première, celle que Diderot mettra au point, dès son retour, ou à ce qu'on pourrait appeler la troisième, la diatribe dans le goût de Perse que, ne sachant qu'en faire, Naigeon inséra dans le *Salon de 1767* ? De mention explicite du *Neveu de Rameau*, mais toujours du personnage, non de l'œuvre, on n'en trouve qu'une dans les textes actuellement connus de Diderot. « Quisque suos patimur manes, dit Rameau le fou [2] ». Boutade assez frappante pour devenir dans le dialogue un des mots de la fin. Mais rien n'indique qu'en 1767 Diderot l'ait destinée à cet usage, qu'il ait même commencé d'écrire son *Neveu de Rameau*. Autant avouer notre incertitude et notre parfaite ignorance.

---

en 1773, puis *Jacques le Fataliste* et le *Paradoxe sur les Comédies*, revu vers 1778. » Diderot a quitté Paris, le 10 mai 1773 et séjournera à La Haye jusqu'au 17 août. Que voilà trois mois bien employés !
1. Lettre d'août 1773. *Loc. cit., Corr. Inédite*, I, 217.
2. XI, 169. V. n. 333.

Malgré qu'il en ait, le commentateur en reste donc réduit à interroger l'œuvre et rien qu'elle. Et le plus sûr pour lui sera d'aborder cet examen sans prévention. Le *Neveu de Rameau* est assurément une satire, mais, entre cent histoires, c'est aussi une histoire, et qui sert de trame et d'occasion à tout le reste. Or, toute histoire se fonde sur des événements et des faits, et ceux-ci peuvent évidemment être datés. Rameau le bohème vient de perdre l'asile et la table qui lui étaient offerts chez le couple Bertin-Hus ; sa mésaventure est toute récente : il n'a pas eu encore le temps de maigrir ! Trop cuisante pour qu'il ne ressente pas la démangeaison d'en faire la confidence, elle ne l'est pas assez pour qu'il ne s'en laisse distraire à tout propos ; mais son récit, sans cesse interrompu et capricieusement différé, — en fait il entrera beaucoup d'art dans ce caprice —, n'en est pas moins la trame de ce « roman », selon la technique de *Jacques le Fataliste* et des nouvelles, qu'on retrouve sans peine dans le *Neveu de Rameau*. L'événement, un parasite congédié par un financier, n'était pas assez notable pour que, hors Diderot, la grande histoire et même la petite l'aient enregistré ; mais quelques recoupements permettent aisément de le situer dans le temps. Le « ménage » Bertin-Hus, si tumultueuse qu'en soit la vie intime, et même publique, tient bon encore : or, tout Paris et même l'Europe, par l'intermédiaire des gazettes à la main, seront informés de sa burlesque rupture : 2 septembre 1761. Voilà donc une limite fixée. D'autre part, Rameau a été marié : 3 février 1757, mais hélas ! il n'a pas

tardé à perdre sa femme et, à défaut d'un acte de
décès, le témoignage de ses amis nous donne approximativement la date de ce malheur : janvier 1761.
Il lui reste l'enfant qu'il a eu d'elle, assez grand pour
qu'il entreprenne déjà son éducation, mais qui ne
tardera pas à suivre sa mère dans la tombe : juin 1761.
L'espace se resserre. Précisons encore. Rameau
traîne au Palais-Royal son bizarre mais réel chagrin.
L'Opéra lui offre ses consolations : on y joue « le
Dauvergne », entendez le dernier Dauvergne, et
l'*Hercule mourant*, dont la musique, toute faite de
réminiscences, répond à merveille à la définition
qu'en donne Rameau, vient d'y être créé : 3 avril
1761, et y sera représenté tout au long du mois.
Vingt autres dates s'accordent avec celles-là : l'abbé
Delaporte, concurrent de Fréron, publie toujours
son *Observateur littéraire*, mais celui-ci tombera à
la chute des feuilles : octobre 1761 ; la petite Angélique est née le 3 septembre 1753, et Rameau est
autorisé à lui « supposer » huit ans ; toutes les
nouveautés de Duni, auxquelles il se réfère dans sa
grande « divagation » musicale ont été créé. au
cours de la saison de 1760-1761, à l'exception de
la *Plaideuse* : 19 mai 1762, mais au moins dans cette
zone du dialogue, Rameau n'en rappelle aucun air.
   Faut-il ajouter que Diderot n'a pas encore
« digéré » les *Philosophes* et leur séquelle : *Petit
Philosophe*, *Philosophes de Bois*, que la plupart de
ceux auxquels Rameau décoche, en passant, ses
nasardes ont été mêlés à ces histoires ; que le zèle
déployé par La Condamine et Morellet, vengeurs
de la philosophie, contre Palissot, le principal cou-

pable, est encore tout frais et a comme déteint sur le dialogue ? Sans qu'il soit utile d'insister davantage, on en voit maintenant le noyau et, sans tomber dans la fantaisie de Jules Janin, rien n'empêche d'imaginer Lui et Moi conversant un après-dîner d'avril 1761 à la Régence, avant l'heure où l'on allume les quinquets, en attendant la cloche qui va sonner les vêpres de l'abbé de Canaye et convoquer les amateurs vers l'Académie Royale du cul de sac, c'est-à-dire l'opéra, que n'a pas encore détruit l'incendie du 6 avril 1763.

Car, aussi bien que dans le décor trop présent pour être même décrit, il y a dans le moment trop de vraisemblance pour que Diderot ait inventé le tout à plaisir. Sans doute connaissait-il son interlocuteur « de longue main » ; ce n'était pas leur première rencontre, ni la dernière, sans parler des autres, des rencontres imaginaires, et Rameau aura depuis longtemps disparu dans la misère, l'oubli, ou la mort, qu'il répondra encore à l'appel du philosophe. L'œuvre fera l'amalgame de tous ces entretiens et de leurs richesses, arrêtera en un moment unique un dialogue étendu sur vingt ans. Mais ce moment, qui lui révéla et lui imposa le neveu de Rameau, avait dû laisser dans le souvenir de Diderot une trace trop vive pour qu'il le sacrifiât jamais à l'enrichissement même de son premier dessein. Soyons assuré qu'il existe à l'origine et au fond du dialogue une véracité telle que le « vrai » Rameau n'aurait pu, lui-même, le désavouer. Aurait-il été plus difficile que Naigeon qui, se retrouvant à l'improviste dans le *Salon de 1767*, s'empresse

de décerner à son sténographe un brevet d'exacti-
tude ? « Je dois ajouter ici, déclare-t-il non sans
fierté, que cette conversation entre Diderot et moi
n'est point supposée : elle a eu lieu, en effet, telle
qu'il la rapporte ; et son imagination vive et forte,
qui se représente quelquefois les phénomènes les
plus simples non pas tels qu'ils sont en nature, mais
tels qu'ils se passent dans sa tête, n'a rien ajouté
ici à la vérité historique » (XI, 83). Le proverbe
a beau dire qu'on ne prête qu'aux riches, Diderot
était assez généreux pour prêter des idées, et même
profondes, aux plus pauvres, comme Naigeon ; du
moins savait-il assez ménager la vraisemblance pour
que leur amour-propre n'en fût que flatté. Ce réalisme ainsi compris ne peut assurément être négligé
dans l'interprétation du *Neveu de Rameau*.

Nous aurons l'occasion d'en apporter des preuves
d'un autre genre. Encore ne faudrait-il pas décider,
pour autant, et comme on le faisait si volontiers
à l'époque du roman naturaliste et du Théâtre
Libre, que le *Neveu de Rameau* est une « tranche de
vie », hâtivement découpée et servie saignante. Ce
serait défier le bon sens (tant de choses dans un
après-dîner !), écarter les faits et, faute plus grave
encore, méconnaître ce que Dostoïevski appelle
« l'idée artistique » de l'œuvre, l'accord nécessaire
entre son intention profonde et la forme où elle
prend corps. N'imaginons pas Diderot comme un
chasseur d'images ou de faits divers. Les *Salons*
montrent assez qu'il ne voit les choses qu'en les
déformant, qu'il ne s'arrête devant un tableau qu'à
condition de le refaire et de substituer à la technique

du peintre son encombrante sensibilité. Même lorsqu'il semble par avance se réclamer de leur idéal,
il reste à l'opposé de l'objectivité, de la neutralité,
que professeront, un siècle plus tard, les romanciers
dits réalistes. Certes, c'est un homme pour qui le
monde extérieur existe, au premier chef. Et sait-il
vivre autrement qu'à l'extérieur, de l'extérieur ?
Livré à lui-même, ce qu'il tire de son propre fonds
n'est souvent que logomachie. Pour qu'il pense
profondément, il faut que le hasard y pourvoie,
sous la forme d'une rencontre, d'un choc, qui fasse
vibrer en lui des harmoniques. A plus forte raison
pour qu'il soit l'écrivain qu'il rêve d'être, sans en
prendre jamais le temps. Car, trop souvent, le
résultat est immédiat et médiocre ; ce sont alors
ces improvisations si admirées de Naigeon, si com-
modes pour Grimm : l'*Eloge de Richardson* en six
heures, le *Paradoxe* en quinze — tant de chaleur et
tant de scories ! Mais, parfois aussi, l'idée s'enfonce
et mûrit, l'image en éveille d'autres au fond de
l'inconscient, et, bien au delà de l'occasion première qui lui fut offerte de l'écrire, Diderot écrit
le *Neveu de Rameau*.

Il faut du temps ; « le temps a part à tous les
chefs-d'œuvres de l'art... ». Si la rencontre de son
extravagant bohème avait tourné pour Diderot en
pochade, le récit de sa mésaventure en fantaisie
picaresque, l'attirance de son cynisme en diatribe,
le philosophe, libéré de son fou, eût perdu l'occasion
d'écrire le dialogue où, sans le savoir peut-être,
il put aller jusqu'au bout de son génie. Mais la
méthode même qui permet de découvrir son origine,

permet aussi d'établir que l'œuvre n'a jamais existé sous cette forme simplifiée ; il faudrait une hyper-critique singulièrement naïve pour prétendre l'y ramener ou l'y réduire. Les fils de la chronologie s'embrouillent capricieusement dès le départ, mais, ici encore, le caprice est aussi loin que possible de la négligence ou du hasard. « Elle est si bonne. M. Vieillard dit qu'elle est si bonne » (V. 73). La réflexion n'a de saveur ni de sens que si on connaît la suite de l'histoire. L'autrefois de Rameau s'inscrit, dans le temps, postérieurement à son aujourd'hui ! Les potins qui lui servaient à amuser ses élèves à l'époque des tours du bâton se réfèrent, pour la plupart, à une chronique dont il ne peut encore avoir connaissance — et pour cause ! — au moment où il est censé faire son récit : Mlle Arnould ne quittera son « petit comte » que le 20 octobre 1761, et le petit comte ne volera déci-dément à M. de Montami le secret de sa porcelaine que deux ou trois ans après. La *Soirée des Boulevards*, où Madame Favart joue si bien en marmotte, date de l'automne 1758 et le *Fils d'Arlequin*, qui vient de faire inopinément de Goldoni un auteur très parisien, du plein été 1761 : pourtant les deux pièces sont évoquées conjointement par Rameau comme les derniers spectacles à la mode ! A essayer de débrouiller les fils, on les embrouille davantage ; à ranger en séries chronologiques les pièces de ce casse-tête pour historiens, toute la construction s'écroule. En faut-il davantage pour démontrer que l'entreprise serait un non-sens ?

Si haut que la critique permît de remonter dans

la paléontologie du texte, jusqu'à la première rédaction, jusqu'au premier brouillon, elle ne saurait
éliminer ces gageures et ces disparates. Qu'est-ce
à dire sinon que ceux-ci sont une des conditions de
l'œuvre, qu'ils s'inscrivent dans la formule de son
art ? Dans sa conception même, le *Neveu de Rameau*
se moque de la chronologie et de la vraisemblance
toute matérielle qui en résulte. Il obéit à une exigence supérieure, ne reproduit pas la réalité, mais
la recompose. Ce n'est pas une mosaïque faite de
morceaux lentement assemblés, mais un creuset où,
jusqu'à sa forme dernière, le texte reste en fusion.
Goethe ne s'y trompait pas qui, s'élevant contre
le préjugé commun, suivant lequel Diderot serait
incapable de composer, était frappé surtout par la
cohérence de l'œuvre, son unité, sa composition
si savamment ordonnée. « Quel enchaînement dans
ce dialogue ! Ceux qui croiraient y voir le décousu
et l'incohérence d'une conversation seraient bien
trompés : il n'en a que la vivacité. Tout s'y tient,
tout y est lié d'une chaîne invisible et pourtant
réelle... une chaîne d'acier qu'une guirlande dérobe
à nos yeux ».

C'est pourquoi, loin de briser la vraisemblance
du dialogue, les apports ultérieurs s'y incorporent
et la renforcent. Le creuset reste ouvert pendant
quinze ans et plus. L'oncle Rameau qu'on voyait
tout à l'heure passer dans la rue et se redresser pour
faire mentir les croquis de Carmontelle, est mort
et bien mort, dix pages plus loin, puis il revit pour
être accablé sous la comparaison des deux musiques.
Quel romancier souffrirait pareille négligence ? Mais

il ne s'agit pas de négligence. Expériences, déconvenues, rancunes, curiosités viennent prendre leur place dans une perspective chronologique qui, au départ, ne pouvait être la leur. L'ami Robbé est converti ; les éditeurs de l'*Encyclopédie* coupables d'une trahison découverte seulement en novembre 1764 reçoivent le châtiment de cette trahison. Voltaire a déjà obtenu la réhabilitation de Calas (juillet 1765), mais aussi bien écrit l'éloge du Maupeou. La Guimard a remplacé la Deschamps dans un aujourd'hui qui n'est plus 1761, mais 1772. Palissot a ajouté la *Dunciade* aux *Philosophes*, l'*Homme dangereux* à la *Dunciade*, et Sabatier de Castres aide à le traîner dans la boue. Le fils Fréron, qui n'avait pas huit ans à l'époque, accompagne son père chez Bertin. Puis, au terme de tout, au lieu d'un incohérent brouillon, on se trouve en présence de l'imperturbable mise au net qui, loin d'avoir éliminé ces invraisemblances, les a toutes retenues pour en faire de la réalité.

Dès lors, le problème des états successifs de l'œuvre perd beaucoup de son importance. Incontestablement elle a dû prendre forme plusieurs fois, avant d'être remise à la fonte. Comment imaginer que l'histoire de Rameau fût restée si présente au souvenir de Diderot s'il ne l'avait d'abord écrite ? Il existe dans l'œuvre des zones anciennes, conservées telles quelles, et d'où la vie s'est retirée. La plus grande partie des développements sur la musique, par exemple, ou du moins sur l'opéra. Sans doute sont-ils organiquement liés — et Goethe l'a fort bien vu encore — à la « manifestation » même de

Rameau. Mais, en dépit de la véhémence du ton,
les idées y sont banales et courtes. Le cri animal de
la passion, la mélodie toute simple qu'elle dicte,
le *bel canto* préconisé, faute de mieux, pour liquider
la musique aristocratique et savante, non sans quelque nostalgie secrète des émouvantes réussites que
celle-ci avait permis d'atteindre, le pressentiment du
vérisme à l'italienne et, dans le lointain, du roman
musical de Charpentier, la *Traviata* et *Louise*, tout
ne représente guère que la liquidation de ce que
Diderot avait à dire, lors de la Querelle des Bouffons
où, au fond, il n'avait pas grand'chose à dire. Il suffit
de parcourir l'*Essai sur l'origine des langues* ou le
Dictionnaire de Jean-Jacques pour trouver le débat
à une autre profondeur. Et peu importe que Jean-
Jacques, grêle harmoniste, n'ait accompli que dans
sa prose l'exigence musicale qu'il portait en lui :
la musique faisait partie de sa vie profonde et, en
dépit de sa misanthropie, on le trouvera encore
aux opéras de Gluck. On dirait, au contraire,
qu'après les *Leçons de clavecin*, la musique a cessé
d'intéresser Diderot. Rien, en tout cas, ne passera
dans le *Neveu de Rameau* des enrichissements ou
des révisions que le rebondissement de la grande
querelle musicale aurait dû apporter à ses idées.
On y reste obstinément au temps où Egidio Duni
n'était que « le petit Duni », si riche de promesses,
avant de devenir — si vite ! — « le bon papa Duni »,
auquel, à partir de 1765, la *Correspondance* de Grimm
répète — avec une obstination si peu charitable —
qu'il ferait mieux de prendre sa retraite. A l'appui
des raisons de doctrine et de goût, des indices

positifs manifestent là une ancienne rédaction.

Ou, ailleurs, une rédaction récente d'épisodes qui, sans heurter le contexte, ne lui apportent aucun enrichissement : dialogue avec Bemetzrieder, histoire du Juif d'Avignon, anecdote du Juif d'Amsterdam (pourquoi ces deux Juifs ?) La présence de Rameau reste toujours assez vive, pour qu'il accorde ces nouveautés à son diapason, mais nous atteignons alors la limite où le dialogue, devenant fourretout, risque de se dissocier et de s'émietter, où un danger menace son unité profonde, danger beaucoup plus grave que toutes les dissonances de la chronologie. Car une œuvre littéraire, digne de ce nom, ne saurait avoir d'autre fin que son « idée artistique », elle perd son caractère et sa qualité, lorsqu'elle devient occasion, prétexte, se met au service d'une thèse, d'une polémique, d'un désir d'instruire ou de divertir. Certes, elle peut satisfaire à toutes ces exigences : philosophiques, satiriques, didactiques, divertissantes — et le *Neveu de Rameau* en est, à lui seul, une admirable preuve —, mais à condition que ces exigences soient incluses elles mêmes dans cette exigence primordiale qu'on appellera, à défaut d'autre terme, l'idée artistique. Ne serait-ce que pour vérifier cette loi essentielle à toute création littéraire valable, il vaudrait encore la peine d'interroger le *Neveu de Rameau.*

« Ainsi l'œuvre, écrivait Maurice Tourneux, malgré les raccords nécessaires pour les contemporains, si elle eût été imprimée, mais qui, à plus d'un siècle de distance, nous paraissent fort inutiles, l'œuvre est-elle polémique et Diderot avait raison de l'inti-

tuler *satire* »[1]. En juger de la sorte c'est encore
trahir Diderot. D'abord parce qu'il était assez bon
lettré pour savoir le sens du mot satire, qu'il connaissait Varron et la « satire ménippée » et que, se
rangeant dans la tradition des satiristes latins et
français, il entendait bien, comme eux, cultiver le
genre comme un pot pourri de libres propos. Ensuite
parce que s'il n'eût utilisé Rameau que comme
l'instrument de ses rancunes, une sarbacane bonne
à lancer des flèches sur ses ennemis philosophiques
ou personnels, son œuvre eût pris une autre allure,
ne fût pas restée indéfiniment au secret dans ses
tiroirs. La vengeance a beau se manger froide, on
n'imagine pas Diderot à la fois assez vindicatif et
assez timoré pour s'en faire un mets réservé à lui
seul. Voltaire avait une autre façon de s'y prendre !
En réalité, la polémique, sous toutes ses formes,
n'est qu'un aspect du *Neveu de Rameau* ; loin d'avoir
été à l'origine de la « satire », c'est la satire qui,
en la personne de son cynique héros, s'est offerte
à elle comme un merveilleux truchement. Polémique, d'ailleurs sommaire et brutale, mais gaie,
sans aucun mélange des poisons de Voltaire. Même
quand elle devient calomnieuse ou ordurière, elle
ne cesse d'être un jeu, inspirée tantôt par le « rire
énorme » de Rabelais, tantôt par le fin sourire
d'Horace. Comme les satires du poète latin, mar-
quées aux jours des Saturnales, elle se résout en
carnaval, et le maître fou Rameau, agitant sa marotte,
entraîne la sarabande de ses masques. A l'exemple

---

1. *Op. cit.* XXV,

de Davus, l'esclave, ou de Damasippe, le stoïcien néophyte, il a reçu licence de tout dire et ne s'en prive pas. Et, puisque le Philosophe l'a voulu ainsi, c'est lui qui est la première victime de ce déchaînement. Dans le *Neveu de Rameau*, la satire ne parait jamais aussi pertinente ni savoureuse que lorsqu'elle se tourne contre Diderot. Le plaisir est alors d'une espèce plus subtile et plus rare ; il naît de la découverte railleuse de soi-même, au delà de la bonne conscience et des attitudes de parade ; mais il reste toujours un plaisir.

Car c'est là, qu'après avoir écarté réalisme et satire, il faut enfin en venir. Rien n'est plus éloigné du paradoxe, plus digne de devenir un de ces poncifs nécessaires qu'il rêvait tant de créer, que cette règle, formulée par Baudelaire à l'usage du critique comme de l'écrivain : « La Poésie... n'a pas d'autre but qu'Elle-même ; elle ne peut pas en avoir d'autre, et aucun poème ne sera... si véritablement digne du nom de poème, que celui qui aura été écrit uniquement pour le plaisir d'écrire un poème [1] ». La condition vaut aussi bien pour toute œuvre *littéraire*, qui n'usurpe pas cet adjectif : sa vertu spécifique ne se mesure-t-elle pas à sa charge de poésie ? Hormis quelques pensums, Diderot avait assez de facilité et de génie pour écrire presque tout avec plaisir ; mais il lui est trop rarement arrivé d'écrire, dès le départ, pour le plaisir. Comme tout son siècle, il était presque invinciblement poussé à mettre l'expression littéraire au service de fins extra-littéraires.

----

1. L'*Art Romantique*, Théophile Gautier. Edit. Crépet. p. 157.

C'est ainsi qu'il pensait mériter son nom de philosophe. Comme si la véritable philosophie ne se moquait pas de la philosophie ! Toute son œuvre, même et surtout proprement littéraire, manqua d'étouffer de la sorte sous le didactisme et l'idéologie. Il ne faillit écrire de comédie valable, *Est-il bon ? Est-il méchant ?*, que du jour où il fut à demi délivré de sa prétention de faire du théâtre une application de ses idées sur le théâtre. La *Religieuse*, roman à thèse, et *Jacques*, roman d'expérimentation, ne réussissent — assez mal — à devenir romans qu'en oubliant les partis pris qui les motivent. Diderot n'a la possibilité d'être pur écrivain, c'est-à-dire poète, que par accès ou par fragments. Partout, sauf dans le *Neveu de Rameau*. C'est que, dans l'intention première de l'œuvre — et tout ce qui précède n'était dit que pour l'établir objectivement — il est impossible de découvrir autre chose qu'un mobile gratuit : le plaisir de l'écrire, sous la poussée directe de la vie.

Quel cadeau de la vie que la rencontre de cet « original », au plein sens du mot, que fut, pour Diderot, Jean-François Rameau ! Un « composé » qui ne se laisse pas mettre en formule ; un « individu » réfractaire à tout classement dans une de ces catégories toutes faites : conditions, relations, caractères, où un philosophe, conscient de son pouvoir, range si commodément ses semblables ; un musicien génial, mais sur un violon ou un clavecin imaginaires ; un être abject mais délivré de son abjection par la fierté qu'il en tire ou la conscience qu'il en prend ; tout voisin du tragique lorsqu'il bouffonne, jamais plus bouffon que lorsqu'il voudrait être sérieux ; un « monstre » de la morale et de la société, un peu comme l'aveugle Saunderson figurait un « raté » de la nature [1]. Des produits aussi aberrants témoignent pourtant, eux aussi, de la société et de la nature. L'anormal remet en question le normal. Ainsi Saunderson avait-il amené Diderot à renverser sa conception première de l'Univers et de Dieu. Affaire de système : le philosophe y avait trouvé l'occasion non de se connaître, mais de s'exercer. Mais avec Rameau le fou il s'agit bien d'autre chose : de l'homme et, singulièrement, de l'homme Diderot. Plus d'évasion possible vers l'épicycle de Mercure. Jean-François Rameau est trop réel pour être pris pour un théorème ou ramené à la statue de Condillac. Helvétius n'y aurait que dire, mais Molière. S'il fait « rêver » profondément, c'est le *Neveu de Rameau*, « tragédie-farce », dit Carlyle, non quelque Lettre sur les folies humaines qui est au terme de cette rêverie. Le personnage était en quête d'un poète, non d'un philosophe, et il a contraint Diderot à le devenir...

Heureuse contrainte ! Réduit à lui-même, Diderot n'est capable de créer que de vagues fantoches : Jacques et son maître, ou de prêcheuses abstractions, comme Dorval. Il n'est pas de la lignée de Rabelais forgeant Panurge, ni de Jarry Ubu-Roi. Mieux vaut

---

1. Cf. VENTURI (144), pp. 147-48.

alors avouer cette impuissance et désigner ses interlocuteurs par les lettres de l'alphabet, comme Fénelon dans ses *Dialogues sur l'éloquence*, ou par le
Premier et le Second, comme Diderot dans le
Paradoxe sur le Comédien. Le dialogue si essentiel à
sa pensée n'est qu'une forme expressionniste du
soliloque où le Moi dédoublé, mais sans contre-
partie, ne réussit pas même à être un moi. Mais,
en l'espèce, ce Moi se heurte à Lui, un Lui qui ne
se laissera pas abstraire ni dévorer. Sans doute
l'échange se fait-il alors : *Moi* devient cet autre,
et *Lui* s'enrichit du plus secret de Moi. Mais il
reste Jean-François Rameau, tel que la Nature,
grimaçant, le « fagota », tel que d'autres en ressentirent, au moins confusément, la bizarre attirance,
qui tint le philosophe envoûté.

Nous le connaissons tout juste assez, hors du
dialogue, pour savoir que Diderot, qui l'a sublimé,
ne l'a pas inventé, mieux encore que cette subli-
mation s'ébauchait déjà spontanément, sous la
poussée de l'imagination collective, en train de
doter de sa légende bouffonne celui que les habitués
de la Régence et du Procope ou les promeneurs
du Palais-Royal n'appelaient déjà que le neveu de
Rameau. Autrement le pauvre diable n'eût laissé
de son passage que les quelques traces que laissent
les gens de son espèce, plutôt dans les registres
de la police que sur ceux de l'état-civil : un acte
de baptême, 31 janvier 1716, en la paroisse de
Saint-Michel de Dijon ; un acte de mariage à Saint-
Séverin, 3 février 1757 ; pas d'acte de décès — les
gueux m urent sans nom — mais par contre une

mention sur les *Registres des ordres du Roi* à la date du 7 novembre 1748 : « Le sieur Rameau, neveu du sieur Rameau de l'Académie Royale de musique, d'un caractère peu sociable et difficile à dompter, a insulté sur le théâtre de l'Opéra les directeurs [1] ». Pour la police, comme pour tout le monde, il ne sera jamais que le neveu de Rameau ! Sans que la sollicitude avunculaire se manifeste, pour autant, à son sujet, le seul témoignage positif que nous en ayons, étant la lettre d'un officieux qui, sachant le tracas causé au cher oncle par son neveu, enfermé au Fort-l'Evêque, après l'esclandre de l'Opéra, offre complaisamment à le débarrasser du gêneur, en l'expédiant à la Nouvelle-Orléans ou aux Antilles. Tout aussi violent que son neveu et, comme lui, fort enclin à rosser ses contradicteurs et même le guet, le grand Rameau ne lui tint apparemment aucun gré de cette parenté de tempérament ni ne voulut admettre qu'une étincelle de son génie couvait peut-être dans la cervelle de ce croque-notes. Comme une autre avait brillé en vain dans celle de son père, Claude Rameau, l'organiste de Dijon, bohème querelleur, jovial et fantasque, jusqu'au jour où un second mariage, suivi d'une « poussinée » d'enfants, vint, sur le tard, l'enfoncer dans la misère, sans qu'il eût jamais trouvé d'autres juges de son talent que les paroissiens de Saint-Bénigne. Ce que les registres du magistrat de Dijon et quelques potins locaux laissent entrevoir, cependant, de ce personnage, donnent une vraisemblance émou-

---

1. Archives de la Préfecture de police, cité par Monval, pp. 197-8.

vante aux plaintes qu'enregistre Diderot sur la
« maudite molécule » et l'ancestral démon de la
musique, dont Jean-François Rameau fut la dernière victime [1].

Victime bouffonne, puisqu'il appartient à la race
de ceux auxquels, même morts, on ne peut penser
sans rire : Cazotte lui fera « avec plaisir » sa petite
oraison funèbre ! La musique qu'il tirait de son
« imagination vive et gaie » ne pouvait être qu'une
caricature de la musique, le divertissement de
quelque Daquin saugrenu ou de quelque Balbâtre
en délire : faute des partitions évanouies, le feuilleton
complaisant de Fréron nous laisse à deviner si
l'humour descriptif en était volontaire ou non.
Jamais on ne riait d'aussi bon cœur, que lorsque le
pauvre diable prétendait éblouir par son talent ou
émouvoir par sa misère : ce fut une conspiration
« amicale » qui le poussa à rimer en style noble une
épopée de ses malheurs. Le 20 mars 1766, la Direction de la librairie lui avait accordé l'autorisation de
la publier sous le titre de *Rameaulogie ou Histoire de
Rameau le neveu et des siens*. A ce titre très explicite,
il en préféra, finalement, un autre, plus épique :
la *Raméide*. En exergue, cette devise : Inter ramos

---

1. La plupart des actes concernant Jean-François Rameau et
sa famille ont été découverts par Jal. Mais cet érudit termine son
article sur ce jugement d'ensemble, qui vaut d'être rappelé comme
un monument d'incompréhension : « Celui qui le premier produisit
le *Neveu de Rameau* ne rendit pas un bon service à Diderot ; au reste,
aujourd'hui ce petit livre est peu lu. Il m'a amusé, moi, en me
contrariant fort ; il ennuierait bien des gens qui connaissent peu le
monde du XVIIIe siècle, que Diderot a peint en quelques traits
hardis, mais en peintre brutal et de mauvaise humeur » (*Dictionnaire
de biographie et d'histoire*, art. *François Rameau*, p. 1040).

lilia fulgent. Puis, le lieu et la date : Pétersbourg, *Aux Rameaux couronnés*, Dimanche des Rameaux, 1766. On ne sort pas du calembour ! C'est le sourire que grimace le mendiant en tendant sa sébile, où la générosité de l'acheteur pourra déposer une obole évaluée de 1 à 96 livres, puisque l'indication du prix se note par ces chiffres énigmatiques : 1.3.6.12. 24.48.96. Après quoi il n'y a plus un mot pour rire dans l'inimaginable fatras de cette autobiographie, art poétique, panégyrique, en cinq chants : *Mes objections — La défense du goût — Suite de mes objections — Honneur aux grands ; hommage à l'amitié — Réponse à tout*. Heureusement, aucun n'est long : moins d'un millier de vers, en tout, mais tous d'une platitude également navrante, dans leur noblesse d'emprunt, témoignage de cette impuissance à écrire dont s'accuse si naïvement l'éblouissant causeur mis en scène par Diderot. Chemin faisant, le misérable bat le rappel de tous ses protecteurs et amis, qui s'échelonnent du roi de France et de l'impératrice de Russie, au cabaretier du coin. Le bataillon des « Dijonnais » : Piron, Cazotte, Bret, Leblanc, etc., y représente le gros de la troupe, mais « le sage Dennis » n'y est pas, non plus, oublié, si c'est lui, du moins, que désigne, à deux reprises, ce prénom bizarrement orthographié [1]. Mais les

---

1. 　Témoins de mes travaux, Dennis, Bret et Cazotte !...
　　Et toi, sage Dennis, dans ta course splendide,
　　Ton mérite, à nos yeux, nous présente un Alcide...
L'épithète de sage et la comparaison avec Hercule conviennent bien au personnage et à la carrière de Diderot. La *Raméide* et la *Nouvelle Raméide* paraissent, d'autre part, avoir inspiré au philosophe certains traits du *Neveu de Rameau*.

amis ne réagirent positivement que par la *Nouvelle Raméide*, suite burlesque donnée par Cazotte au précédent poème, pour en relancer la vente : puisque la chevalerie est à la mode, on porte à la connaissance du public que l'ami Rameau va en fonder un nouvel ordre : celui des *Chevaliers errants à l'heure du dîner*, qu'ils porteront un collier formé de cuillers et de fourchettes entrelacées et nouées par des cure-dents, etc...

La plaisanterie, fort insipide à mesure qu'elle se prolonge, donnerait à penser que le pauvre Rameau n'était guère qu'un polichinelle de société, une baudruche gonflée par de mauvais plaisants, un fantoche plus inconsistant encore que Poinsinet le Mystifié. Mais il ne faudrait pas en juger trop vite de la sorte. Beaucoup plus que les indices de considération ou de talent énumérés dans la *Raméide* : relations flatteuses, succès dans le monde, clientèle parfois princière, ce sont les quolibets même de ceux qui l'ont connu qui parlent en faveur de Rameau. Il y avait en cet « original » de quoi « arrêter » des esprits aussi différents que ceux de Fréron, de Grimm, de Piron, de Cazotte, de Mercier. Chacun d'eux ne voit, sans doute, que le Rameau qu'il mérite ; mais chez tous, on sent, sous l'amusement, un intérêt réel pour le personnage, qui plus est : une sorte d'admiration, un mystère qui intrigue leur curiosité ou sollicite leur réflexion. Il suffit de recouper ces quatre ou cinq images, pour que s'en détache la silhouette à demi familière, à demi fantastique, dont Diderot fera le *Neveu de Rameau*.

Si Piron n'était pas Alexis Piron, si, dans la verdeur de ses soixante-quinze ans, il ne restait l'impénitent rieur, qui se garda toute sa vie de « rêver »,
peut-être serait-il tout près de déchiffrer cette
« énigme bourguignonne », ce « géant un peu
contrefait », que Cazotte qualifie de Chaos : son
imagination à l'emporte-pièce lui dicte déjà dans
un fumet de vendanges, quelques antithèses qu'on
prendrait pour un canevas de Diderot. Si Cazotte
n'était pas Cazotte, c'est-à-dire le brillant sujet qui
a réussi, qui est rentré de la Martinique époux d'une
charmante créole et des écus plein les poches, de
quoi se consacrer en toute quiétude au bel esprit
et traiter princièrement ses amis, dans sa terre de
Pierry, peut-être parlerait-il de son camarade de
collège, burlesque incarnation de l'échec, avec
moins de condescendance amusée : son amitié lui
a révélé cependant, de ce lointain condisciple,
« l'homme le plus extraordinaire *qu'il aît connu* »,
tout l'essentiel, y compris « la plus profonde connaissance du cœur humain », l'âme pleine de chant,
la passion pour la gloire ; y compris ce dernier
trait, que Diderot estompera, un peu par mauvaise
conscience, mais sans lequel on ne comprendrait
pas le singulier prestige exercé sur lui par Rameau :
« Il vécut pauvre, ne pouvant suivre aucune profession ; sa pauvreté lui faisait honneur dans mon
esprit ». Même Grimm, protecteur, sentencieux et
distant, comme il convient quand on présente une
« espèce » à des margraves, tombe juste, dans les
quelques phrases qu'il croit devoir accorder à
l'extravagant Rameau. Et il n'est pas jusqu'à Sébas-

tien Mercier, à l'affût d'anecdotes et de néologismes, qui ne tire du fond de sa mémoire, avec un épisode pittoresque de la « geste » Rameau, la théorie de la mastication universelle et ne retrouve le « ramage saugrenu », du bohème qui refusait de « sentineller l'avenir ». Autant de témoignages d'autant plus révélateurs dans leur concordance entre eux et avec la satire seconde, qu'à l'exception de celui de Grimm, Diderot ne pouvait les exploiter, ni même les connaître : son héros était assez réel pour le dispenser de sources intermédiaires ; il s'offrait à son imagination avec toute l'intensité du rêve et tout le naturel de la vie.

Ce sont évidemment des raisons très profondes et très personnelles à Diderot qui peuvent expliquer que, non content de subir un ascendant, somme toute, commun, il ait été seul capable de porter le personnage de Rameau à son point de perfection poétique, seul capable de lui donner cette surréalité qui caractérise les grands types littéraires : un Panurge, un Sancho, un Tartuffe. Réussite rare en un siècle où le sens ingénu de l'humain risquait d'être étouffé par l'excès d'intellectualisme, le don de créer des originaux émoussé par la perfection même de la sociabilité. Rechercher pourquoi Diderot n'a pas été arrêté, cette fois, par des obstacles, contre lesquels il avait buté si souvent, équivaut à demander à l'œuvre son secret. Mais, avant d'en arriver là, il semble d'une méthode plus positive d'examiner d'abord les comment. Comment Diderot a-t-il dépassé l'anecdote et le pittoresque purs sans tomber dans l'abstraction ? Comment d'un excentrique à demi-fou a-t-il fait un être si puissamment significatif et presque mythique ? Comment a-t-il réussi la transfiguration de Rameau ?

On a déjà vu de quelle richesse, mais aussi de quelle solidité étaient les données offertes par la vie. Même quand il lui prête le comportement le plus bizarre, les paradoxes les plus hardis, les idées les plus folles ou, tout aussi bien les plus sages, on peut être assuré que Diderot ne trahit pas son modèle ; il reste fidèle à une vraisemblance foncière qui compte davantage que la vérité. Pantomime et musicien extravagant, raté pathétique qui tire de l'échec du génie une sorte de génie de l'échec, parasite et proxénète mais, « au fond, l'âme délicate », cynique intransigeant mais quémandeur sans vergogne, plaisantin sans conséquence et moraliste profond, Jean-François Rameau fut bien tout cela, au moins en puissance : il suffit de relire Piron et Cazotte ; des cabrioles aux rêves, tout y est noté.

Pour si personnelles donc à Diderot que paraissent les inimitiés, les polémiques et les thèses au service desquelles il mobilise son double, ne nous hâtons pas de conclure que *Lui* ne sert alors que de porte-parole et d'alibi : dans bien des cas, Rameau doit avoir fait spontanément au moins la moitié du chemin. « Je le vois ... se moquer de son oncle, et se parer de son grand nom », notait, par exemple, Piron. Dans le sérieux bien pensant et patriote de la *Raméide*, le grand Rameau est nécessairement à l'honneur ; mais même alors, hommage est rendu à ses adversaires :

Le *Devin* nous séduit et plaît d'un bout à l'autre ;
Mais l'esprit de l'auteur doit-il régir le nôtre ?...
On peut répondre donc à ce fameux athlète,
Qu'en France l'on connaît le prix de l'ariette,...

Et l'auteur d'ajouter en note : « Tout le monde se rend aux charmes de celles de M. Duni, et à la vérité de celles de MM. Philidor, Monsigny, Pergolese, etc. ». Dans la satire, les rapports seront naturellement inversés ; enthousiasme pour les Italiens, satisfecit un peu condescendant pour la musique française ; mais dans les deux cas, le syncrétisme est évident ; la position reste une position moyenne, celle où Diderot et son interlocuteur, francs-tireurs des deux armées en présence, pouvaient facilement fraterniser. Qui aurait admis, de même, sans le témoignage formel de Grimm, que le « vrai » Rameau était un lecteur attentif de Molière ? Ou, sans celui du *Salon de 1767*, qu'il citait Virgile, dans l'occasion ? Le mal qu'il peut dire de commensaux qu'il flagorne dans la *Raméide* n'est pas davantage une invention gratuite ou maligne de Diderot : si « tous les gueux se réconcilient à la gamelle », ils jouent impitoyablement des coudes pour y arriver. C'est une des lois de cette jungle dont le *Neveu de Rameau* figure le livre. Dulaurens et Chevrier détestent tous deux Fréron et le traitent d'âne, à qui-mieux-mieux, mais, pour Dulaurens, le *Colporteur* n'en est pas moins l'œuvre d'un « écrivain sans génie », un plagiat éhonté de Straparole [1], tandis que pour Chevrier, *Imirce* ne

---

1. *Imirce,* édit. Flammarion, p. 119.

vaut pas davantage. Palissot insulte et calomnie tout le monde, sauf Voltaire, et Voltaire, lui-même, rit sous cape des croquignolles que Palissot distribue si généreusement à ses amis. Vue de près, la bataille philosophique n'a pas la belle ordonnance qu'on serait tenté de lui prêter ; maint partisan y a l'âme d'un déserteur ou d'un transfuge, et Diderot n'a pas dû forcer beaucoup les choses pour s'annexer Rameau et en faire l'exécuteur de ses vengeances.

Seulement, en le peignant plus gueux que nature, il l'idéalise : ainsi le veut l'admiration qu'il lui porte, sans commune mesure avec le respect des convenances, ni même de la vérité. Peut-être, là encore, répondait-il au vœu secret, que son héros exprime, en forme de bravade : « s'il importe d'être sublime en quelque genre, lui fera-t-il dire, c'est surtout en mal » (p. 72). Hélas ! même ce sublime dut s'évanouir pour Jean-François Rameau en paroles et en fumée ! La *Raméide* et ses amis le montrent plus médiocre dans le mal que dans tout le reste, tâchant d'obtenir par le parasitisme une espèce de confort bourgeois, bon fils, bon mari et bon père, par surcroît, accomplissant obscurément de bonnes actions, ou s'en vantant gauchement, comme d'avoir refusé, malgré sa misère, sa « légitime » sur l'héritage de son père :

Il laisse après sa mort enfants et belle-mère,
Qui de mon héritage use tout bonnement,
Me croyant à Paris un chanteur opulent...
Mais si je prends mon bien, je ne rends point heureux
Quatre petits enfants et leur mère avec eux.

On frémit à la pensée de ce qu'aurait pu faire Diderot de traits, en eux-mêmes aussi louables et touchants : la satire aurait tourné en conte moral ! Il fallait que l'exigence esthétique fût bien forte pour lui épargner pareille déviation. « On prise en tout l'unité de caractère », et pour illustrer cet axiome, complaisamment rappelé par Lui, l'honnête Rameau s'enfermera dans sa vocation idéale « de fainéant, de sot, de vaurien » (p. 44) et deviendra écornifleur, entremetteur, proxénète : après tout, comme son portraitiste a soin d'en prévenir le lecteur, il devait lui-même s'en vanter, et Diderot ne pouvait lui refuser cette dérisoire et pathétique revanche sur la médiocrité réelle de sa vilenie.

C'est ainsi que le neveu de Rameau échappe à la grisaille réaliste pour prendre rang dans une lignée illustre de mauvais garçons, de parasites et de truands. Diderot l'a vu forcément à travers sa culture et, comme cette culture, quoi qu'on en ait dit, était une culture essentiellement classique [1], maint souvenir est remonté de Lucien, de Plaute, de Térence, d'Horace, Juvénal ou Pétrone, de Rabelais ou de Boileau, pour donner une sorte de relief épique aux faits et gestes de Rameau. Avec ou sans le secours de Vico, son sens poétique avertissait suffisamment Diderot de la permanence, au long de l'histoire, des grands types littéraires ou de leur retour éternel. « Le *Neveu de Rameau* et Curculio le parasite font la paire », dira Victor Hugo, génial simplificateur, en développant, à propos de Ga-

---

1. Voir la bibliographie au chapitre des sources littéraires.

vroche, avec un luxe truculent d'érudition, ce
thème des résurgences[1]. Entendons par Curculio,
chef de file, l'innombrable cohue des parasites indispensables aux comédies, diatribes et satires, parmi
lesquels se détache le Gnathon, de Térence, artiste
et philosophe de la troupe, désormais éclipsé par
son disciple Rameau. La similitude entre la Rome
impériale et la France de Louis XV se révèle dans
l'éclosion du même produit, encore que celui-ci
ait pullulé, en mille variantes, bouffons, goinfres,
maîtres-sots, flagorneurs, poètes crottés, picaros,
sur toutes les formes intermédiaires de la civilisation
et dans la traditionnelle fantaisie qui en émane.
Le relief de Rameau vient, en partie, de la conscience
qu'il prend lui-même ou que Diderot lui fait
prendre, de cette illustre et famélique ascendance.
Le Simon de Lucien démontrait déjà à son interlocuteur que l'art du parasite l'emporte de beaucoup sur celui de l'orateur ou du philosophe[2].
Rameau et Diderot, qui ont fait leurs classes, s'en
souviennent à merveille. Inutile donc d'invoquer
Swift, ce Lucien des temps modernes, là où Lucien,
ce Swift de l'hellénisme, avait déjà dit l'essentiel.
Ou de déranger le docteur Sterne pour la cocasserie réaliste, les histoires à propos de bottes, et le
récit discontinu, si l'on en trouve autant dans le
Roman Comique de Scarron. Le *Neveu de Rameau* ne
doit rien qu'indirectement à ces deux Anglais, que
Diderot n'admirait tant que parce qu'il retrouvait

---

1. Texte cité par Jean POMMIER (270), p. 155, qui dit sur ce
développement indispensable tout l'essentiel.
2. Cf. John MORLEY (146), II, 8.

en eux un air de famille ; son originalité est d'autant plus savoureuse qu'elle s'insère dans une tradition décidément classique.

La littérature n'a donc servi à Diderot que pour donner à l'individu Rameau sa valeur de type, avec tout le pouvoir de signification ou d'aimantation qui en résulte. Ainsi transfiguré et pourvu de sa force d'attraction, le bohème s'est naturellement amalgamé mille traits épars dans l'expérience ou l'imagination de son metteur en scène. A tout instant, Diderot lui prête des attitudes, des réflexions ou des mots qu'il porte ailleurs au compte de dix autres, de Galiani surtout, le polichinelle napolitain, expert à façonner la vie de société en commedia dell'arte, mais, aussi bien, du cher baron qui, dans ses mauvais jours, vissé sur son fauteuil, son bonnet de nuit enfoncé jusqu'aux yeux, ressemble étrangement à la « pagode » Bertin, mais qui, si la digestion lui est favorable, se transforme en « satyre gai », dont la verve mordante émerveille et scandalise ses hôtes du Grandval. Parfois, tel propos, qu'on dirait spécifiquement de Rameau, conduit à la découverte d'une « source » parfaitement inattendue. Aurait-on supposé, sans l'honnête Meister, que la philosophie stercorale — o stercus pretiosum ! — qui, entre bien d'autres choses, faisait rougir Brière, revînt, de plein droit, à d'Alembert ?[1] C'est que d'Alem-

---

[1]. Voir l'éloge de d'Alembert dans la *Corr. Litt.* janvier 1784, XIII, 461 : « ... Tous ses mots d'humeur ont un caractère d'originalité fine et profonde. Qu'est-ce qui est heureux? Quelque misérable..., est un trait dont Diogène eût été jaloux. Le même sentiment lui

bert n'a pas lancé en vain son appel à un moderne Diogène, hautement nécessaire, à son gré, dans un monde où l'hypocrisie des bienséances a fini par créer une corruption plus nocive que sa naturelle corruption. Il s'offre lui-même à en jouer, occasionnellement, le personnage, Diogène de salon et d'académie. Et si un autre académicien, berlinois, celui-là, Le Guai de Prémontval, s'est empressé de publier l'ouvrage qui répond expressément à ce vœu [1], autour d'eux, vingt, cent Diogènes en jabot ou en rabat, cyniques au petit pied, bravent à qui mieux mieux l'honnêteté et tout le reste, sous prétexte d'en dénoncer les tares. Loin d'être un isolé, Rameau, tel que l'a peint Diderot, semble alors porté par une innombrable troupe, et sa voix, renforcée par un concert de voix toutes semblables, résonne comme l'écho le plus véridique de son temps.

En cette vague de cynisme, sincère ou frelaté, mal contenue par les digues, elles-mêmes pourries, de l'honnête : théâtre édifiant ou conte moral, il convient peut-être de voir le trait dominant de la littérature contemporaine au *Neveu de Rameau.* Dans la convention idyllique et vertueuse du règne de Louis XVI — Laclos lui-même, pour rassurer Mme Riccoboni, croira devoir s'y rallier — bergerades et berquinades auront leur revanche d'un moment. Mais leur succès même aura été préparé

---

faisait dire souvent que « le seul bonheur pur de la vie était de satisfaire pleinement, tous les matins, le plus grossier de nos besoins ». M. Jean POMMIER, *op. cit.*, ne manque pas de signaler le rapprochement.

1. Le *Diogène de d'Alembert* (138). Cf. note 320.

par la lassitude d'un public saturé d'une littérature, ouverte ou semi-clandestine, mise complaisamment sous le patronage de Diogène. Certes, la mode cynique n'était pas une nouveauté en soi : pour ne pas remonter plus haut, on en reconstituerait assez bien la trame depuis les boutades des « doubteurs » libertins : La Mothe le Vayer ou Naudé, le scepticisme de Saint-Evremond, l'immoralisme des Chaulieu ou des La Fare, la désinvolture de Montesquieu, les sarcasmes de Voltaire. Mais chez chacun de ceux qu'on vient de nommer le cynisme trouverait facilement sa limite ou sa contre-partie. Dans les vingt dernières années du règne de Louis XV, au contraire, il s'étale avec une sorte de tranquille impudeur, plus symptomatique que les outrances. De sorte que s'il fallait distinguer le cynique Rameau de ses innombrables et obscurs émules, on le trouverait original beaucoup plus par le pathétique secret, la vibration humaine, que l'on sent derrière son cynisme, que par l'étrangeté ou par l'audace de ses propos.

Rien de plus banal, en effet, que les hardiesses qu'il jette au visage de son vertueux interlocuteur, comme autant de défis. Que les conventions sur lesquelles s'étaye alors, tant bien que mal, la vie des individus, des groupes ou des états, soient en elles-mêmes absurdes ou caduques, cent autres le disent — et placidement. Rien ne compte en fait que l'argent ; tous les moyens sont bons pour l'acquérir et le négoce est la forme légale du vol. L'homme qui veut être sincère confessera l'égoisme sacré, mis en lumière par Hobbes, et, dans la bataille pour le succès, tâchera seulement d'être le plus fort. La prétendue morale conjugale n'est qu'une duperie ou une sornette, au regard de la nature : on dirait que les romans ne se fabriquent que pour le rappeler, et l'honnête Saint-Lambert, fort de son expérience, propose sa formule, comme variante : une femme, deux hommes, *Deux Amis*, conte iroquois ou, plutôt, très parisien. Si l'on s'abstient généralement de mettre en cause les institutions politiques, c'est que toutes se valent et qu'on serait bien sot de s'en inquiéter. Par contre, le cosmopolitisme fondé non, certes, sur la solidarité humaine, mais sur le mépris de ce qu'on n'appelle même plus la patrie, parait à Fougeret de Monbron la seule attitude raisonnable, et il ne doit pas être seul de son espèce, puisque l'abbé Coyer, qui n'a rien d'un fanatique, sonne l'alarme, dans l'article *Patrie* de l'*Encyclopédie*. Dans ses pires folies, Rameau n'en dit pas plus que ces cyniques de bon ton. Encore semble-t-il éviter certains sujets : la religion, par exemple, où ses pareils n'ont pas tant de scrupules. Comparé à M. Bordure, le *Colporteur* de Chevrier, au *Cosmopolite* de Fougeret, au *Diogène* de Prémontval, aux enfants de la nature imaginés par Dulaurens, à l'*Espion anglais* de Pidansat et à tant d'autres, il parait presque naïf, quand il pense faire scandale. A l'écouter ceux-là hausseraient les épaules et penseraient : « Beaucoup de bruit de rien ! »

Mais non : ce bruit signifie, pourtant, quelque chose, et d'essentiel. Il ne suffit pas de replacer le neveu de Rameau en son temps et de dénombrer, autour de lui, les cyniques de son espèce. Car, précisément, ils ne sont pas de son espèce. Les autres sont installés paisiblement dans leur cynisme, aussi paisiblement que ceux qu'ils bafouent dans leur bonne conscience. C'est pour eux l'équivalent d'un conformisme à rebours, une convention qui relève de la même paresse que la niaiserie moralisante et sentimentale. S'ils portent témoignage sur la faillite d'une culture, la décrépitude d'un monde dont ils sont les derniers produits, c'est en quelque sorte passivement, et comme à leur insu. L'analyse hégelienne sur l'extrême culture entraînant l'extrême abjection, dans la dépossession et la « dissolution de soi », sur la conscience déchirée opposée à la conscience honnête, n'aurait que faire dans leur cas. Pour la raison bien simple que la passivité a détruit en eux toute conscience, qu'ils ne songent aucunement à mettre en question leur être propre, comme le fait si pathétiquement Rameau. Le cynisme ne peut « restituer l'esprit à soi-même que dans le déchirement de soi » et le jugement « qui met tout en pièces » n'est valable que s'il joue d'abord sur soi-même le jeu de dissolution de soi. « Le contenu du discours que l'esprit tient de soi-même et sur soi-même est alors la perversion de tous les concepts et de toutes les réalités ; il est la tromperie universelle de soi-même et des autres, et l'impudence d'énoncer cette tromperie est justement pour cela la plus haute vérité [1]. »

---

1. *Phénoménologie de l'esprit.* Traduction Jean Hyppolite, t. II, pp. 56, 75, 79, 80-1.

Si le *Neveu de Rameau* atteint au premier chef
cette vérité, si, en se chargeant des poisons et des
ferments d'une culture en état de décomposition,
il réalise le type même de l'œuvre révolutionnaire,
d'autant plus profondément qu'elle ne postule directement aucune révolution, c'est que Diderot,
Socrate manqué, devenu Diogène, y a trouvé
l'occasion de penser et de vivre cette expérience
de la conscience déchirée, qu'impliquait le drame
secret de son temps.

III. — LA SIGNIFICATION DE L'ŒUVRE.

Il est rare de voir un écrivain s'engager si profondément dans une œuvre qui a toute la gratuité
d'un jeu. Mais n'est-ce pas ce caractère de divertissement pur qui permit à Diderot de se libérer de la
tyrannie pharisienne de son personnage officiel, ou
même des impasses où risquait de l'enfermer sa
logique de philosophe ? Conçu dans l'illumination
d'une rencontre, en avril 1761, prenant forme, lentement peut-être, dans l'inconscient, rédigé, sans
doute, mais à l'état d'esquisse ou de canevas, dès
1762, puis, à maintes reprises, relu, enrichi, refait
même, jusqu'à une rédaction dernière qui assume
allègrement la responsabilité du disparate et ne peut
être antérieure à 1777, ou même 1779, le *Neveu de
Rameau*, domaine secret de Diderot, lui a servi, pendant tout ce temps, de récréation, mais aux deux sens
du terme : se récréer et se re-créer. De là cette joie
profonde qui, en dépit de l'amertume et du pessi-

misme des propos, circule d'un bout à l'autre de l'œuvre : la joie d'un homme qui se libère, non dans une fantaisie de l'imagination sans lendemain, mais dans la création de l'œuvre qui, comme le disait Horace, lui permettra « de ne pas mourir tout entier ». Revanche contre la vie et contre la mort. Ce ne sont pas les œuvres les plus nobles et les plus graves qui emportent nécessairement cette assurance. Boileau avait gardé trente ans au secret sa *Satire sur les Femmes*, se donnant, sans doute, les meilleures raisons du monde : convenances, prudence, scrupules, de ne pas la publier, ni même de l'achever, mais en réalité parce qu'il y trouvait comme une permanence de sa jeunesse, de sa verve, de son art. Aussi est-ce cette fantaisie laborieuse de célibataire misogyne et non, certes, l'*Art Poétique*, qui reste vraiment significative pour Boileau. A plus forte raison, le *Neveu de Rameau*, chargé d'un tout autre potentiel philosophique et humain. On n'explique rien en invoquant la désaffection que lui aurait marqué sa classe, « par une lâcheté intellectuelle annonciatrice d'autres lâchetés », pour rendre compte du fait que Diderot en est venu à écrire pour quelques amis, puis pour lui seul, « pour prendre conscience de lui-même », qu'il a fini par là où Montaigne avait commencé[1]. Des raisons strictement intérieures sont à l'origine de cette évolution et, si on les ignore, on s'expose à méconnaître le *Neveu de Rameau*, à le traiter comme une fantaisie de dilettante, quelque préfiguration

---

1. Henri LEFEBVRE (201), pp. 43-44.

des *Opinions de Jérôme Coignard*. On n'imagine pas contresens plus grave.

Le philosophe a dit à merveille le mélange de sentiments éprouvé par lui devant l'ilôte Rameau. Nul doute que toute une partie de lui-même, respectable, posée, sentencieuse, ne s'insurge devant le scandaleux bohème. On croit voir son mouvement de recul, quand l'autre lui tape familièrement sur l'épaule, ou s'enquiert de l'âge de sa fille. Pour prendre ses distances, on dirait qu'il s'applique à outrer la pruderie de son Moi officiel, tantôt indigné, tantôt protecteur. De ce quant-à-soi, toujours sur le qui-vive, dérive même un principe de comique, d'autant plus savoureux qu'il est involontaire. Goethe, le dignitaire, qui renchérit sur Diderot, le philosophe, en fait de respectabilité, ne l'a pas compris de la sorte et a pris pour argent comptant ce conformisme : d'où la faiblesse de l'interprétation d'ensemble qu'il donne du *Neveu de Rameau*. Car, il ne suffit pas de se retrancher dans sa bonne conscience, pour éviter de sympathiser avec un être réel ou imaginaire, indépendamment de tout jugement moral. Peu importe que le Molière raisonnable et décent condamne ou non Arnolphe, Don Juan ou Tartuffe, si le Molière artiste est entraîné invinciblement à faire cause commune avec eux. C'est une attraction de ce genre, un magnétisme de torpille, émanant de ce Socrate inattendu, qui porte Diderot vers Rameau. Aversion, dégoût, mépris, pitié, tels sont les sentiments qu'il éprouve, ou croit éprouver en sa présence ; mais, en fait, il s'agit de désarroi, d'admiration, d'envie, de remords et comme de honte de soi-même. De sympathie, surtout, et d'une espèce quasi organique.

Car Rameau est, au naturel, un autre Diderot, un Diderot sans politesse, ni conséquence, qui ne songerait pas à se surveiller. Mêmes poumons, mêmes gesticulation forcenée, mêmes sautes d'humeur ou d'idées. Plus précisément encore, Rameau, compagnon de jeunesse et de bohème, est resté ce que Diderot a été, ce qu'il a failli devenir, ce qu'il se félicite, mais aussi regrette parfois, de n'être pas devenu. Comme le dit joliment Franco Venturi, le *Neveu de Rameau* est « veiné » de ses lointains souvenirs [1]. Puis, si leurs routes ont bifurqué, les deux hommes socialement si dissemblables, se retrouvent cependant à certains carrefours. Par exemple, dans la même conscience de l'échec, conviction désespérée chez Rameau, pressentiment plus sourd, mais aussi lancinant, chez Diderot.

Aux approches de la cinquantaine et au delà, il a beau « avoir réussi », mené à son terme, demi victoire, demi défaite, l'entreprise herculéenne de l'*Encyclopédie*, une voix lui dit, au fond de lui-même, qu'il n'a pas réussi à faire une œuvre et que, peut-être, il n'y réussira jamais. C'est ce que prétendent malignement les adversaires de ce « littérateur qui a fait beaucoup d'ouvrages, sans qu'on puisse dire que nous ayons de lui un bon livre [2] ». Mais ses « amis » murmurent à qui veut bien les entendre

---

1. *Op. cit.*, p. 14.
2. Sabatier des Castres (93), II, 168.

la même condamnation. Au roi de Pologne, qui le prie de le mettre en rapports personnels avec un homme qu'il admire, Grimm répond par un refus et ajoute effrontément : « Pouvant disposer de son temps et partager avec Voltaire la gloire du génie, Diderot le perd en écrivant des chiffons pour ces feuilles, ou en fait un usage plus affligeant, en l'abandonnant à tous ceux qui ont l'indiscrétion de s'en emparer. J'ose dire à Votre Majesté que cet homme mourra sans avoir été connu [1] ». Que de fois l'homme qui écrit à Falconet les lettres sur la gloire, qui rêve, à l'appel d'Horace, du monument plus durable que l'airain, et souffre de voir passer improductives « les années du travail et de la moisson des lauriers », a-t-il dû se répéter à lui-même cette prédiction ! Que cette angoisse lui ait été familière attesterait déjà l'authentique grandeur de Diderot. Mais elle explique aussi la compréhension fraternelle qu'il porte au désespoir de Rameau.

Encore Rameau a-t-il conquis, par son renoncement même, le droit d'avouer et de vivre son échec. Le philosophe, au contraire, est condamné, dans son angoisse, aux faux-semblants et aux demi-mensonges. A défaut de la gloire, il doit compter avec la gloriole philosophique et avec d'autres conquêtes — ou servitudes — à ménager : la considération, le confort, l'argent. « Petit bourgeois », dit avec dédain Faguet. Pas si petit. Lorsque

---

1. Grimm à Stanislas-Auguste Poniatowski. 19 juillet 1770. (Archives du royaume de Pologne. Collection Popiel, vol. 201. Cf. Jean FABRE, *S. A. Poniatowski et l'Europe des Lumières*. A l'impression.)

Diderot fait ses comptes, opération à laquelle il se livre sans déplaisir, on aperçoit dans ses bottes ce « foin », dont parle Rameau. En dépit de son désintéressement de parade, il a tenu bon sur sa part de l'héritage paternel, que le chanoine et « sœurette » eussent dilapidée en charités : 1.500 livres de rente, plus 1.000 des libraires, plus 200 d'ailleurs, plus 4 à 500 quand la grande besogne sera faite, plus 500 pour travaux littéraires, plus aussi, sans doute, quelque participation aux bénéfices de Grimm [1]. Au total, 4.000 livres environ. En 1760, il n'en faut pas davantage pour jouir d'une honnête aisance. Mais Madame Diderot, pour être vulgaire et criarde, n'en est pas meilleure ménagère : l'argent fond entre ses mains, et il faut songer à l'éducation de la petite Angélique, puis à sa dot. Tel va être le souci majeur du philosophe, celui qui le décide à accepter le collier doré que va lui passer la tsarine. Sedaine ou Marmontel peuvent bien transformer en conte moral cette histoire, verser de vertueuses larmes sur les pelisses et les écus, un homme aussi généreux de cœur que Diderot et qui n'ignore pas le sens des mots : désintéressement, franchise, liberté, ne peut aussi facilement y accommoder sa conscience.

> Attaché, dit le loup : vous ne courez donc pas
> Où vous voulez ?

La rancune du philosophe contre le loup Jean-Jacques, hirsute et maigre, mais libre, s'explique

---

1. A Grimm, 3 et 4 août 1759 (61), I, 62.

en partie par là : il sent en sa conduite, celle d'un être qui essaye de vivre sa morale, comme un reproche ou un remords. Et, pareillement la liberté de Rameau, autre loup, le fascine. Celui-là peut ramper, s'avilir, mais la pleine conscience de cet avilissement le libère. En faisant du mensonge une farce et un art, il sait, au moins, qu'il ne construit pas sa vie sur le mensonge. « Heureusement, peut-il dire, je n'ai pas besoin d'être hypocrite ; il y en a déjà tant de toutes les couleurs, sans compter ceux qui le sont avec eux-mêmes ! » Comme de l'échec, Diderot ne peut prendre du mensonge, ainsi défini, qu'une conscience confuse ; le personnage, si patiemment construit, si rassurant et si flatteur, qu'il appelle Moi, s'insurge de tout son pouvoir contre une question aussi brutalement posée. Il faut avoir l'humilité d'un saint ou le cynisme d'un misérable pour percer à jour son propre mensonge et assumer hardiment les conséquences de son aveu : ni l'un ni l'autre n'est commun, ni même souhaitable, pour la continuité même de la vie. Du moins, Diderot sent-il monter de Rameau comme un regret ou un appel. A un esprit aussi robuste que le sien, il est plus facile de mettre en question l'univers que soi-même. Le fait que Moi est enfin, non pas seul, mais d'abord, mis en cause, donne sa résonnance tragique au *Neveu de Rameau.*

L'âpreté bouffonne de l'œuvre suffirait à démentir l'image confortable que l'on est tenté de se faire, parfois, de la maturité de Diderot. Un de ses derniers critiques ne va-t-il pas jusqu'à le féliciter d'être passé, de 1754 à 1765, sous l'influence de Sophie

Volland — l'ange et non le démon de midi ! —
d'une « primarité explosive » à une « sensibilité
beaucoup plus tempérée, pleine de douceur et de
bonhomie, qui donne un charme nouveau à la
figure du philosophe [1] ». Entre son acariâtre épouse
et son anguleuse maîtresse, converti à la cuisine
bourgeoise, préoccupé d'amasser assez d'écus pour
acheter un bon mari à sa petite Angélique, le voilà
prêt à figurer dans un drame bien honnête de
Sedaine, ou aux *Veillées* de Madame de Genlis !
Il y aurait bien quelques ombres à ce tableau, mais,
par contagion d'indulgence, on se contenterait
d'imputer à quelque retour explosif de « primarité »,
Jacques et le *Neveu de Rameau*, ces passades, — « mes
pensées, ce sont mes catins » — un peu comme la
flambée dernière pour Madame de Meaux ! Mais,
en réalité, il n'est pas sûr que Diderot, devenu
Briasson ou Baliveau, se soit laissé enliser sans
soubresauts dans cette médiocrité morale, cent fois
plus délétère que l'immoralisme de Rameau.
A maintes reprises, il s'en évade dans une nostalgie
de bohème, d'insouciance et de pauvreté. « Le sort,
écrivait-il à Mlle Volland, ne me laisserait pas une
chemise sur le dos que peut-être je plaisanterais.
Je conçois qu'il y a des hommes assez heureusement
nés pour être, par tempérament et constamment,
ce que je suis seulement par intervalle, de réflexion,
et par secousses. » Ces hommes « si heureusement
nés », qu'il admire et qu'il envie, ne sont ni Voltaire,
ni Helvétius, ni Grimm, tous gens bien nantis,

---

1. Pierre MESNARD, *La maturité de Diderot* (271), p. 12.

mais, par exemple, ce petit abbé de La Mare, pauvre bohème souffreteux et bizarre, mais qui a gardé au cœur une gaîté d'enfant : il contrefait si bien sur une pipe à fumer, vers minuit, quand tout le monde dort, les cris d'un nourrisson exposé ! « Et sur le point du jour il mettait en train de chanter tous les coqs du voisinage ! [1] » Enfantillages, sans doute, mais qui révèlent le climat où Diderot respire à l'aise et aident à comprendre ce qu'il a mis de lui-même dans le *Neveu de Rameau*. Ou, plus nettement encore, ce que lucidement ou même malgré lui, malgré *Moi*, il en a condamné.

Le pharisaïsme, d'abord, et toute la niaiserie moralisante et sentimentale qui lui sert de support. Bon débarras ! On sait avec quelle passion et quelle conviction verbeuses, Diderot n'a cessé — et même dans le *Neveu de Rameau* — de prêcher l'honnête, de célébrer les vertus familiales et sociales, la douceur de faire le bien, l'accord entre la volupté et la vertu. On sait aussi à quel confusionnisme littéraire et moral l'a conduit ce « tic », auquel il a si désastreusement sacrifié son œuvre dramatique — cette sodomie théâtrale, disait Palissot du *Fils Naturel* — une trop grande partie de ses romans, de sa critique d'art et de sa correspondance. Le psychologue ou l'historien de la littérature et des mœurs pourront, certes, lui trouver des circonstances atténuantes : par réaction contre l'immoralisme ambiant, l'honnête a pu paraître à Diderot la forme la plus nécessaire et la plus urgente du vrai, la plus tangible du

---

1. 10 novembre 1760, I, pp. 319-20.

beau. Mais le critique est bien obligé de constater
le ruineux échec de l'esthétique qui en résulte, et
le moraliste de dénoncer les équivoques auxquelles
conduit un hédonisme sentimental substitué à l'exigence proprement éthique : toute vertu se dilue
dans l'expansive douceur de la vertu, et Diderot
ne pleure jamais si bien son père que dans les bras
de sa maîtresse. « Vous adoucirez, lui écrit-il, l'idée
que je garderai de lui ; elle ne me quittera pas,
même à côté de vous ; mais ce qu'elle a de touchant
et de mélancolique, se fondant avec les impressions
de tendresse et de volupté que je reçois de vous,
il résultera de ce mélange de sentiments un état
tout à fait délicieux. Ah ! s'il pouvait devenir habitude ! Il ne s'agit que d'être bon amant et bon fils,
homme bien reconnaissant et bien tendre, et il me
semble que j'ai ces deux qualités [1]. » Beaucoup plus
que la verdeur de certains propos, ce sont pareilles
effusions qui rendent si décevante et si pénible la
lecture de Diderot. Plus sa morale se fait indiscrète
et véhémente, plus on est sûr qu'il glisse sur la
pente de la facilité et de la paresse d'esprit. Car la
moindre tare de cet encombrant moralisme c'est
qu'il ne repose sur aucune base solide, qu'il est
démenti par la philosophie à laquelle s'est rallié
Diderot, ou plutôt qu'il a découverte et repensée
avec une admirable vigueur. Quoi qu'on pense du
matérialisme, celui de Diderot force indiscutable-
ment l'admiration et le respect, car il représente
une conquête de l'esprit.

----

1. A Mlle Volland, 10 juin 1759, t. I, p. 47.

Conquête courageuse. Pour arriver à sa position matérialiste, par une série d'étapes souvent pénibles, Diderot a dû vaincre les résistances de sa sensibilité et les routines de son esprit. Mais dès la *Lettre sur les aveugles*, l'hypothèse matérialiste, avec toutes les conséquences qu'elle entraîne pour l'explication de l'homme, se trouve déjà formulée comme la plus conforme à l'expérience et la plus exaltante pour la recherche. La pensée dérive de la sensibilité ; la sensibilité est une forme de l'énergie ; l'énergie est réductible à la matière ou, réciproquement, la matière à l'énergie : on peut employer, sans trop d'hésitation, le langage simplificateur de la physique moderne, car Diderot a eu comme l'intuition de ses postulats essentiels. Bien entendu, il n'est arrivé à les entrevoir que de la sorte. Malgré certaine parade d'expérimentation, on ne diminuera pas son matérialisme, en constatant qu'il est de caractère beaucoup plus poétique que scientifique. Nouveau Lucrèce, il y a trouvé l'occasion d'écrire, au moins par fragments ou par éclairs, un moderne *De Natura rerum*, la plus haute réussite poétique d'un siècle qu'on a dit, à la légère, réfractaire à la poésie.

Aucun des lecteurs du *Rêve de d'Alembert* n'en disconviendra. Ils savent avec quelle géniale aisance l'imagination de Diderot se reporte à ces commencements où la matière en fermentation fait éclore les univers. Ou plutôt, il n'existe ni commencement, ni fin. La vie et la mort sont solidaires, la création un éternel présent. Diderot excelle à ces jeux vertigineux, mais qu'il joue sans vertige, qui consistent

à se déplacer de quelques millions de siècles dans
le temps, de quelques milliards de lieues dans l'espace ; à éteindre et à rallumer des soleils ; à animer
des polypiers géants qu'une fantaisie de la nature
peut faire naître dans Jupiter ou Saturne. Que ne
peut-on tirer d'une infinité de hasards ? L'homme
résulte de l'un de ces hasards, et Diderot l'évoque
comme tel dans l'innombrable série des combinaisons avortées. Réussite paradoxale et sans cesse
remise en question. « ... Qui sait si ce bipède
déformé... n'est pas l'image d'une espèce qui passe ?
Qui sait si tout ne tend pas à se réduire à un grand
sédiment inerte et immobile ? Qui sait quelle race
nouvelle peut résulter derechef d'un amas aussi
grand de points sensibles et vivants ? [1]... » « Garan-
tissez-vous du sophisme de l'éphémère ! », s'écrie
Diderot. Mais cette règle de pensée et de vie com-
porte un corollaire : veillez sur ce don du hasard
que représente l'homme, sur le devenir de « l'espèce ». Le philosophe répète ce mot avec une sorte
de ferveur : nul autre n'a eu davantage le sens et
le respect de cette prodigieuse aventure qu'est le
devenir humain.

Primauté de la morale, à quoi doit aboutir tout
matérialisme conscient. Il est beaucoup trop sommaire, en effet, d'objecter que, dans cette perspective, « la morale disparaît [2]. » Oui, mais pour
reparaître sous une forme beaucoup plus exigeante
et tyrannique. Sans doute, « s'il n'y a point de

---

1. *Rêve de d'Alembert* (50), 925.
2. Daniel MORNET, *op. cit.* (230), I, 54.

liberté, il n'y a point d'action qui mérite la louange
ou le blâme ; il n'y a ni vice, ni vertu... [1] » Toutes
sortes d'habitudes vertueuses ou prêcheuses sont
évidemment heurtées en Diderot par cette conséquence apparemment inéluctable. Il lui arrive alors
de s'insurger contre la logique de son système en
protestations sentimentales, dont quelques boutades de Rameau, c'est-à-dire d'un Diderot plus
hardi et moins « hypocrite » envers lui-même, ont
vite fait de montrer l'inanité. Prises en elles-mêmes,
les protestations de ce genre sont dénuées de signification philosophique et de portée. Elles ne gagnent
rien à corser quelque galante effusion à l'adresse
de Mme de Meaux : s'il ne s'agissait que de cela,
que des relations entre le passage de la comète et
l'humeur amoureuse du philosophe, Naigeon, tout
pauvre d'esprit qu'il soit, pourrait bien avoir raison
contre Diderot, et Diderot s'inclinerait de bonne
grâce [2]. Mais l'amour de l'amour ou celui de la

---

1. A Landois, 29 juin 1756, XIX, 435. V. de même : Art. *Liberté*,
pp. 58-59 (XV, 501), et les nombreux textes cités par Hermand
(203).
2. On se reportera au fragment sans date d'une lettre adressée
non, comme on le croyait, à Mlle Volland, mais comme M. Pommier (270) l'a montré, à Mme de Meaux : « Votre question sur la
comète m'a fait faire une réflexion singulière : c'est que l'athéisme
est tout voisin d'une espèce de superstition presqu'aussi puérile
que l'autre... Si je crois que je vous aime librement, je me trompe.
Il n'en est rien. O le beau système pour les ingrats ! J'enrage d'être
empêtré d'une diable de philosophie que mon esprit ne peut s'empêcher d'approuver et mon cœur de démentir. Je ne puis souffrir
que mes sentiments pour vous, que vos sentiments pour moi soient
assujettis à quoi que ce soit au monde, et que Naigeon les fasse
dépendre du passage d'une comète. Peu s'en faut que je ne me fasse
chrétien pour me promettre de vous aimer dans ce monde, tant que
j'y serai ; et de vous retrouver, pour vous aimer encore, dans l'autre. »
Babelon, III, 282-83.

vertu fournissent le prétexte, sous lequel se dissi-
mule une exigence beaucoup plus profonde. Déterminisme et matérialisme viennent buter contre cette
évidence intérieure de liberté, liée pour tout homme
au sentiment de son existence. Et Diderot tente de
sauver non la liberté pour la morale, mais la morale
pour la liberté.

Car, en fait de morale, le mécanisme de La Mettrie
ou le matérialisme d'Helvétius, contre lesquels il
est parti en guerre, devraient lui ouvrir des pers-
pectives normatives exaltantes. Il suffit de transformer le mot de vertu en celui de bienfaisance et
son opposé en celui de malfaisance. Bordeu l'explique à merveille à Mlle de Lespinasse et l'emporte
sans peine contre les pauvres résistances du sentiment. « Et les récompenses et les châtiments,
objecte-t-elle ? — Des moyens de corriger l'être
modifiable qu'on appelle méchant, et d'encourager
celui qu'on appelle bon [1] ». Car il faut poser en
principe que « moins un être est libre, plus on est
sûr de le modifier, et plus la modification lui est
nécessairement attachée [2] ». La conséquence va de
soi : « Quoique l'homme bien ou malfaisant ne
soit pas libre, l'homme n'en est pas moins un être
qu'on modifie ; c'est par cette raison qu'il faut
détruire le malfaisant sur une place publique [3]. »

Phrase terrible, qui résume, dans une aveuglante
clarté, ce que devient la morale dans un système
matérialiste conscient de sa dignité et de son pou-

---

1. *Rêve de d'Alembert*, édition de la Pléiade, pp. 959-960.
2. Article *Modification*, XVI, 120.
3. A Landois, *loc. cit.*

voir : une annexe de la politique. Au moins tant que l'espèce tout entière ne sera pas façonnée à servir spontanément son propre devenir, l'exigence individuelle à se fondre dans l'intérêt commun, cette morale sera nécessairement tyrannique. L'utilitarisme, sur lequel se règle une humanité seule maîtresse de son destin, exige la substitution à l'éthique traditionnelle de l'eugénique (on en trouve une curieuse anticipation dans les « cornets » du *Rêve de d'Alembert*), de la médecine préventive, du code pénal, de la police, de tous les moyens de sélection et de contrainte dont dispose ce qu'on appelle, à l'époque, le despotisme éclairé, dont on connaît les variantes modernes : synarchie, technocratie, dictature (transitoire) du prolétariat. A lui doit aboutir toute politique conséquemment déduite du matérialisme. Logiquement, Diderot aurait dû le reconnaître et y trouver de quoi satisfaire, dans l'enthousiasme, sa passion de moraliser ou de légiférer. Or, il le dénonce, au contraire, comme la forme la plus pernicieuse de tous les despotismes [1]. Et, s'il lui arrive de condamner allègrement la liberté, de la réduire à une illusion ou à un « sophisme [2], sa condamnation reste purement spéculative ; il se refuse à en tirer les conséquences dans l'ordre politique et moral.

Au contraire, la liberté trouve alors sous sa plume une éclatante revanche.

----

1. Cf. note 33.
2. Cf. par ex. *Eléments de physiologie*, IX, 272.

> L'enfant de la nature abhorre l'esclavage ;
> Implacable ennemi de toute autorité,
> Il s'indigne du joug ; la contrainte l'outrage :
> Liberté, c'est son vœu ; son cri, c'est Liberté.

Qu'aucun pouvoir ne vienne donc se prévaloir d'on ne sait quel pacte, fût-ce le *Contrat Social*, selon Jean-Jacques :

> J'en atteste les temps ; j'en appelle à tout âge :
>   Jamais au public avantage
> L'homme n'a franchement sacrifié ses droits ;
> S'il osait de son cœur n'écouter que la voix,
>   Changeant tout à coup de langage,
>   Il nous dirait, comme l'hôte des bois :
> « La nature n'a fait ni serviteur, ni maître ;
> Je ne veux ni donner, ni recevoir des lois... ».

Peu importe que, pour les deux vers qui suivent, si souvent mais si arbitrairement détachés de leur contexte :

> Et ses mains ourdiraient les entrailles du prêtre,
> Au défaut d'un cordon, pour étrangler les rois,

Naigeon se soit empressé de retenir pour son édition, seule entre toutes les poésies fugitives de Diderot, cette pièce des *Eleuthéromanes*, telle que la *Décade philosophique* venait, d'ailleurs, de l'imprimer : le père Duchesne ne disait pas mieux ! [1] Le naïf ne se doutait pas qu'il aidait à fourbir contre lui-même et son système des armes meurtrières. Car le pire ennemi du matérialisme, ce n'est pas un vague

---

1. IX, 9-19. Voir aussi *Le Code Denis*, première pièce de la série.

libéralisme prédicant, mais la revendication anarchiste, ce ver dans le fruit.

L'anarchie est comme la suprême redoute de Diderot. Folies, si l'on veut, que le dithyrambe des *Eleuthéromanes*, fantaisie d'un soir des *Rois*, ou le *Neveu de Rameau*, assaut de paradoxes entre un philosophe pontifiant et un bohème affranchi des préjugés. Mais Diderot n'a-t-il pas mis dans ces folies le plus original, le plus irréductible de lui-même ? Un instinct primordial le poussait à prendre « la marotte et les grelots ». Après les *Bijoux indiscrets*, il avait juré de les déposer à jamais et de revenir à Socrate [1]. Serment de fou, puisque, s'il se complait à styliser son personnage officiel en Socrate — et Voltaire lui en accorde, un peu sarcastiquement, l'autorisation — il reste en lui un Diogène qui, loin de s'amender, prend de l'assurance, à mesure que Diderot s'empâte et vieillit. Socrate est le masque, Diogène le visage, celui avec lequel Diderot entrera dans la mort.

> *Et*, lorsque sur mon sarcophage,
> Une grande Pallas, qui se désolera,
> Du doigt aux passants montrera,
> Ces mots gravés : *Ci-gît un sage*,
> N'allez pas d'un ris indiscret
> Démentir Minerve éplorée,
> Flétrir ma mémoire honorée
> Dire : *Ci-gît un fou...* Gardez-moi le secret [2].

---

1. Dédicace des *Mémoires sur différents sujets de Mathématiques* à Mme de P(rémonval) ?, IX, 79.
2. *Mon portrait et mon horoscope* envoyé à Madame de M*** (de Meaux), le premier jour de l'an 1778, IX, 57.

Secret difficile à garder ; il perce à chaque ligne du *Neveu de Rameau*. Le testament confirme l'épitaphe. La « folie » est ce qui a sauvé Diderot de sa double et ruineuse sagesse : un moralisme inconsistant ; un matérialisme tyrannique. Impossible de les concilier, de les tempérer l'un par l'autre. La quête de Diderot aboutit à cette impasse : un univers nécessairement déterminé ; un individu qui refuse de se soumettre à ce déterminisme, qui s'obstine dans son illusion de liberté. Obstination déraisonnable, puisque la science, en route vers la possession du monde, devait, à ce stade de l'évolution, refuser toute chance à l'indéterminé et conclure à l'homme-machine. Il ne manquait pas, autour de Diderot, d'autres matérialistes, parfaitement en droit de le taxer d'inconséquence. Mais s'il assumait la responsabilité de sa folie, c'est qu'il appartenait à une autre espèce d'esprits qu'Helvétius ou La Mettrie ; il y avait, au fond de lui, une autre assurance de liberté que le vœu formulé par une « âme sensible » : cette assurance, il ne pouvait la trouver que dans son génie d'écrivain.

Comme le suggère le nom même de la plus haute d'entre elles : la poésie, l'art, sous toutes ses formes, postule et manifeste en l'homme un pouvoir créateur, la science n'étant que le pouvoir de domestiquer la nature, en rationalisant l'univers. Un chef-d'œuvre ne sera tel que s'il est unique, imprévisible, irremplaçable, c'est-à-dire que s'il atteste l' « originalité » de son auteur. Voir en Diderot le « représentant le plus qualifié du matérialisme français », saluer en lui le penseur type de la bourgeoisie de son temps, à ce relais de l'histoire, classe porte-flambeau de la Révolution, c'est méconnaître qu'il a été *aussi*, ou d'abord, ou de plus en plus, à mesure qu'il évoluait, un artiste et un « poète [1] ». Or, un poète peut bien faire profession de matérialisme : lorsqu'il agit en tant que poète, il apporte à sa doctrine un involontaire démenti. Conscient de son génie, Diderot a eu, du moins, le courage d'en assumer l'inconséquence. L'anarchisme de Rameau fait place nette : bienfaisance, vertu, famille, patrie, vérité, identité même du moi, autant de châteaux de cartes qui s'écroulent sous les nasardes du bohème qui incarne « l'individualité naturelle » à l'état pur. Mais dans ce désastre des valeurs, l'art seul se trouve préservé et exalté par le dévouement absolu et l'échec même de Rameau.

On ne peut donc accueillir qu'avec d'expresses réserves, la théorie, d'abord si séduisante, de la « négativité » pure de l'œuvre. S'autorisant de l'interprétation hégelienne, la critique dite marxiste y cherche le témoignage d'un malaise proprement historique, le reflet d'une société en faillite, minée par l'absurde, arrivée au point de décomposition

---

1. On se reportera à la thèse fortement développée par J. K. LUPPOL (199). Celui-ci a grandement raison de considérer comme inconsistante la théorie des oscillations pendulaires et du génie-caméléon, si paresseusement appliquée à Diderot. Seulement, on ne voit pas bien à quoi correspond la thèse qu'il lui substitue : une progression continue de Diderot « vers la gauche » (??). Et, à l'exception de quelques éloges convenus, Luppol ne dit rien du travail de création proprement littéraire chez Diderot. Carlyle, au contraire (*Nouveaux Essais*, p. 179), proposait d'arracher au « pêle-mêle manufacturé du Philosophisme », et d'appeler Poèmes *Jacques le Fataliste* et « à un plus haut degré encore, *le Neveu de Rameau...*, cette parole de Sibylle sortie d'un cœur tout en fusion. »

où la révolution devient nécessaire. Puis, faisant compliment à Diderot d'avoir rendu palpable la fin d'un monde, elle lui reproche de n'avoir pas su ou pu tirer de son « analyse » de conclusions positives, de fournir un document de choix au matérialisme historique, sans en être assez directement le précurseur. C'est commettre plus encore une erreur de psychologie qu'un anachronisme. La satire de Diderot ne met presque jamais expressément en cause la conjoncture historique ; à certains égards, elle est aussi « inactuelle » que les dialogues d'Orasius Tubero, plus inactuelle que les satires de Boileau. Le mutin Figaro, qui se joue à la surface des abus et dont les hardiesses relèvent, au fond, de la mode, témoignera d'un esprit plus directement révolutionnaire. La critique de Rameau vise davantage l'homme que la société, la nature que l'histoire. Tout comme celui des personnages de Dostoïewski, auxquels il ne laisse pas de faire penser, son comportement met en cause non une culture, mais la culture. On n'imagine pas autrement que dans un acte de foi l'ordre social capable de résoudre les antinomies où il se débat. Ou si on peut en imaginer un, qui étouffe, élimine ou rende inconcevables les êtres tels que Jean-François Rameau, Diderot y verrait la pire tyrannie, celle qui prétend construire l'homme sur une amputation de l'humain. Rameau représente « le grain de levain qui fermente et qui restitue à chacun une partie de son individualité naturelle » (p. 5). Plus encore qu'un défi au conformisme, son apparition figure une revendication permanente de liberté.

Sans doute l'usage de la liberté est-il conçu par lui de la seule façon possible selon l'amer matérialisme qu'il professe : comme une coopération ironique de lui-même avec son destin. Goethe le définit à merveille « l'être dégradé... qui a fini par mêler son travail à celui du malheur, et par devenir le complice de sa destinée ». Réduit au factice et au fantastique, il cherche à se reconstruire à partir de là. Il est ou, plutôt, il joue mille personnages, puisqu'il lui est refusé d'être une personne. La gouaille, la gaieté, le cynisme, vrais ou feints, lui seront autant de revanches contre son impuissance à être lui-même, à être quelqu'un. Mais le destin lui laisse-t-il le bénéfice de ces attitudes même ? S'il s'est fait bouffon, pouvait-il en être autrement ? Ce farceur s'englue dans sa propre farce. Le monde autour de lui se dispose comme un manteau d'Arlequin, bariolé et absurde ; il en a quelque lueur folle, par instants, mais, aussitôt, le voilà repris par le carrousel, sans pouvoir échapper à cette sarabande de pantins, à ce carnaval universel « où les masques ont perdu leur visage [1] ». Rameau prend, mais il est pris. « Tromperie universelle de soi-même et des autres », écrit Hegel. Oui, mais si Rameau ne peut faire autrement que de tromper ? Il reste prisonnier d'une comédie qu'il ne peut s'empêcher de jouer, le « menti » comme le menteur d'un nécessaire mensonge. Sa tragédie est une farce, sa farce

---

[1]. Nous avons le plaisir d'emprunter cette expression, ainsi, d'ailleurs, que la substance de ce paragraphe, à la dissertation écrite par l'un de nos étudiants, M. Roger Chambon, sur le *Neveu de Rameau* farce-tragédie.

une tragédie. La désintégration de soi-même offerte comme une dernière chance à l'affirmation de soi n'aboutit pas mieux que tout le reste à une démonstration de liberté.

Mais même ainsi, et par son absurdité même, la manifestation de Rameau ne laisse pas d'être, aux yeux de Diderot, puissamment tonique et bienfaisante. Cet être aberrant prouve, au moins, que la nature se charge d'elle-même de rompre cette « fastidieuse uniformité » où risquerait de s'enliser l'espèce. Dans son matérialisme même, Diderot compte sur cette perpétuelle plénitude de hasards qu'il appelle la Nature, pour empêcher l'homme de régler tyranniquement le devenir humain. C'est pourquoi il réfute avec tant de force Helvétius, philosophe de la « modification », en lui opposant l'innéité. Il sait, ou il sent trop bien que la société, sous quelque forme qu'elle manifeste son être collectif, est nécessairement entraînée à niveler et à brimer l'individu, en l'enfermant dans des cadres qu'elle revêt d'une sorte de caractère sacré : famille, corporation, nation — nous ajouterions aujourd'hui d'autres termes — alors qu'ils ne sont que des créations conventionnelles et contingentes. La nature aide, fort heureusement, à les assouplir, sinon à les briser. Il arrive, trop souvent, à Diderot, moraliste de l'honnête, de célébrer sa « bienfaisance », sa « bonté », logomachie pure pour un matérialiste aussi averti. Mais, avec beaucoup plus de pertinence et de profonde sincérité, il compte surtout sur ses hasards, ses aberrations : le monstre lui garantit le génie. Car, et même s'il s'agit des génies avortés, comme Rameau, leur intervention dans l'épopée humaine ne peut avoir que des conséquences libératrices et fécondes.

Moi qui, à certains moments décisifs, vient relayer *Lui*, expose dans le dialogue, avec la force de conviction qu'on lui sait, cette thèse, grâce à laquelle Diderot trouve le moyen de tout concilier enfin : son culte de l'individu et son sentiment de l'espèce ; son déterminisme et son exigence de liberté ; son moralisme et son immoralisme ; l'utilité sociale et la gratuité pure de l'art. L'original par excellence qu'est l'homme de génie se manifestera, presque fatalement, comme un être anormal, a-social. Aucune complaisance romantique dans cette constatation ; l'inadaptation, la révolte même, ne constituent nullement pour le génie un privilège ou une marque d'élection. Ce n'est que par une approximation grossière que l'on peut faire de Diderot l'ancêtre des Jeune France, de Nietzsche ou d'Oscar Wilde. L'homme de génie n'entre en conflit avec le milieu et le moment, que parce qu'il est en avance sur eux : il préfigure, dans son malaise même, les conquêtes ultérieures de l'humanité. Car c'est lui qui finit toujours par avoir raison : ses découvertes, et celles du poète sont les plus précieuses, se résorberont dans le trésor commun de l'espèce, dont l'ascension se manifestera à son pouvoir d'intégrer les conquêtes des hommes de génie [1].

---

1. Ici encore, les idées de Diderot semblent s'accorder avec certains postulats de la pensée moderne. « Ce dont l'homme doit être le plus fier, écrit Lecomte de Nouy (*L'Homme devant la Science*), c'est précisément de donner naissance, de temps en temps, à des êtres qui vivent sur un plan plus élevé que lui. Qui nous dit que ce

Cette primauté du génie — et dans le génie, de la poésie — n'entraîne pour Diderot aucun renoncement de lui-même, marque, au contraire, son accomplissement. C'est par l'expérience enfin acquise de la création proprement littéraire, dans l'oubli de son rôle de philosophe — avec quelle verve narquoise le *Neveu de Rameau* ne met-il pas en vacances la philosophie ! — qu'il arrive à la pleine possession de sa pensée, et l'on serait presque tenté d'ajouter : de sa foi. Il y avait beaucoup de personnages en lui, trop peut-être, et il ne pouvait les éliminer comme Jean-Jacques, atteindre la possession de soi-même dans une sorte de vide mental, une fuite hors de la vie. La vigueur de son tempérament, le tumulte de sa pensée, l'expressionnisme qui lui était naturel, n'auraient pu s'accommoder d'un tel dépouillement. Néanmoins, c'est une découverte analogue à celle de Jean-Jacques qui marque pour lui ses années de « retraite » : la découverte de la poésie. Poésie intermittente et mêlée, poésie impure, poésie de compromis entre le *Moi* et l'espèce, et non du Moi délivré de ses chaînes. Mais elle garde sa pleine valeur d'acte libérateur. Si bien que l'on serait tenté de chercher la sauvegarde et le plus haut enseignement de Diderot dans ce que certaine critique considère en lui comme timidité, inconséquence, manque de maturité. L'impossibi-

_____

n'est pas précisément en cela que consiste son rôle dans l'Univers ? La science nous enseigne que si les lois sont des lois statistiques, où la particule individuelle ne joue aucun rôle par elle-même, il est possible que, dans les êtres vivants, ce soient des particules échappant aux lois statistiques qui déterminent et orientent l'évolution que nous constatons, sans la comprendre. »

lité de l'embrigader au profit d'une thèse ou d'un système montre en lui un de ces êtres irréductibles que sont, par définition, les véritables écrivains.

*
** *

Resterait à montrer l'écrivain à l'œuvre, en tant qu'écrivain, dans le *Neveu de Rameau*, son domaine secret, celui où il pouvait enfin se donner rendez-vous à lui-même. Mais ce qui a été dit incidemment dispense ici de longs développements ; l'art, dans son principe, fait corps avec la conception de l'œuvre. La joie de l'artiste, sa force de sympathie et d'enthousiasme, donnent et maintiennent au dialogue son élan ; il trouve son unité non dans une thèse, mais dans une présence, celle de Rameau ; son imprévu et sa diversité, dans la perpétuelle disponibilité de cet être, toujours prêt à se projeter dans la caricature d'autrui, à épouser une autre idée, grimaçant et réel comme un dessin de Daumier, hallucinant comme une silhouette d'Hoffman, fantastique comme un rêve de Villiers. Il n'est pas un lecteur du *Neveu de Rameau* qui, à l'exemple de Diderot lui-même, n'ait ressenti le pouvoir d'envoûtement du personnage, tantôt pour s'y abandonner sans reserves, tantôt pour le conjurer comme démoniaque[1]. Mais au lieu de trouble et de vertige, le

---

1. C'est ce sentiment que traduisait, non sans exagération pittoresque, John Morley, émule de Carlyle : « For indeed, it is an emotion hardly short of terror that seizes us as we listen to the stringent unflinching paradox of this heterogeneous figure. Rameau is the squalid and tattered Satan of the eighteenth century. He is a

tout laisse une impression de santé, de solidité, d'équilibre. Pour des raisons morales, sans doute, mais aussi, au delà, pour des raisons esthétiques, dont il résulte une souveraine maîtrise de l'art.

Avec le *Neveu de Rameau*, une esthétique et une technique littéraires, jusque-là sans fondement et sans emploi, trouvent enfin leur pleine et nécessaire application. Le paroxysme et le discontinu, ailleurs mis en œuvre avec une sorte de laborieux didactisme, sont impliqués dans le tempérament de Rameau. La pantomime, par quoi Diderot prétendait rénover le théâtre, et au moyen de laquelle il essayait vainement d'animer des fantoches ou des abstractions, coïncide, de même, avec la démarche naturelle d'un être qui mime sa vie, au lieu de la vivre, et a tiré de cette fatalité organique un jeu, un art, une vocation, voire une espèce de philosophie. A cette pantomime répondra nécessairement l'expressionnisme du style, pantomime au second degré. Si, pour devenir lui-même, le personnage de Rameau était en quête d'un auteur, l'esthétique de Diderot était, de son côté, en quête d'un tel personnage, et la réussite de l'œuvre résulte de cette rencontre. On a trop abusé de l'étiquette de « classique », pour qu'on n'hésite pas à l'employer ; mais, si l'on entend par là une œuvre dans laquelle l'accord entre l'art et l'artiste se trouve

---

Mephistopheles out at elbow, a Lucifer in low waters ; yet always diabolic, with the bright flash of the pit in his eye... He is one of Swift Yahoos, with the courage of its opinions... The effect is of mixed fear and fascination » (146), II, 12. Cette idéalisation romantique vaut mieux, à tout prendre, que celle qu'avait inspirée le *Neveu de Rameau* à Jules Janin !

pleinement réalisé, on n'hésitera pas à ranger dans cette catégorie cette fantaisie, d'apparence si peu raisonnable, qu'est le *Neveu de Rameau*.

Conscience, patience, mesure même, adaptation lucide des moyens à l'idée, toutes ces conditions s'y trouvent paradoxalement remplies. Le temps a tenu dans son élaboration un rôle aussi grand que l'enthousiasme. Goethe en admirait en connaisseur « la composition si savamment ordonnée », là où une critique paresseuse serait tentée de ne voir que caprice de l'imagination. Autour de Diderot, d'autres préconisaient, pourtant, à l'envi, l'abandon sans réserve à de tels caprices. « O vous ! s'écriait Fougeret de Monbron, scrupuleux et froids observateurs de l'ordre, qui aimez mieux des pensées liées, vides de sens, que des réflexions décousues, telles que celles-ci, quoique peut-être assez bonnes, ne perdez pas votre précieux loisir à me suivre ; car je vous avertis que mon esprit volontaire ne connaît point de règle, et que semblable à l'écureuil, il saute de branche en branche, sans se fixer sur aucune [1] ». En dépit des apparences, ce serait une erreur d'appliquer cette comparaison au *Neveu de Rameau*. Car Diderot avait appris de maîtres autrement exigeants qu'un beau désordre est *aussi* « un effet de l'art ». Il tenait ce secret de Boileau, mais surtout d'Horace, son premier modèle, et à tant d'égards l'inspirateur de sa manière dans le *Neveu de Rameau*. Mais, plus directement encore, s'il s'efforçait de transposer dans ses exubérants dia-

---

1. *Le Cosmopolite* (135), p. 62.

logues la vivacité de la conversation, il savait que la
conversation, si folle qu'elle paraisse, a aussi son
ordre caché et il en tirait des réflexions profondes.
« C'est une chose singulière, disait-il, que la conversation... ; voyez les circuits que nous avons
faits ; les rêves d'un malade en délire ne sont pas
plus hétéroclites. Cependant, comme il n'y a rien
de décousu ni dans la tête d'un homme qui rêve,
ni dans celle d'un fou, tout se tient aussi dans la
conversation ; mais il serait quelquefois bien difficile de retrouver les chainons imperceptibles qui
ont attiré tant d'idées disparates... [1] »

Ces chainons existent dans le *Neveu de Rameau*,
mais il serait inutile de les détacher du contexte et
d'en dresser un inventaire. Car si un livre peut se
faire, et se démonter alors, comme une pendule,
il peut se faire aussi comme un arbre, dont les
branches maîtresses se dégagent, s'équilibrent, entre-
croisent leur feuillage et peuvent s'élaguer ; ou,
pour prendre une autre comparaison, que dicte la
nature même de l'œuvre, s'il est absurde de chercher

---

1. A Mlle Volland, 20 octobre 1760, I, 255-56. Faut-il rappeler
que, comme Sainte-Beuve n'a pas manqué de le signaler lui-même,
le développement qui suit a servi de source à la fameuse pièce des
Rayons Jaunes, considéré comme la plus originale des *Poésies de
Joseph Delorme* (4 novembre 1830, *Premiers Lundis*, I, 410) : « Une
seule qualité physique peut conduire l'esprit qui s'en occupe à une
infinité de choses diverses. Prenons une couleur : le jaune, par exemple.
d'or est jaune, la soie est jaune ; le souci est jaune, la bile est jaune,
la paille est jaune ; à combien d'autres fils, ce fil ne répond-il pas ?
La folie, le rêve, le décousu de la conversation consistent à passer
d'un objet à un autre par l'entremise d'une qualité commune.
Le fou ne s'aperçoit pas qu'il en change. Il tient un brin de paille
jaune et luisante à la main, et il crie qu'il a saisi un rayon de soleil.
Combien d'hommes qui ressemblent à ce fou, sans s'en douter !
Et moi-même peut-être, dans ce moment... ».

dans le *Neveu de Rameau* une composition logique
et linéaire, on y découvre facilement les caractères
d'une composition musicale, la structure d'une symphonie. A partir du développement conducteur
qu'est l'histoire de Rameau, des thèmes ou grou-
pements de thèmes : narratifs, satiriques, philosophiques, se recoupent, s'équilibrent et s'harmo-
nisent. Harmonie plus savante que la spontanéité
du dialogue ne le laisserait croire. A titre d'indice,
on remarquera avec quel art les quatre grandes
pantomimes qui servent apparemment d'intermèdes
sont distribuées et graduées : on commence par un
récital de soliste donné par un violon, puis sur
un clavecin imaginaire, et l'illusion est déjà créée :
« Il est sûr que les accords résonnaient dans ses
oreilles et dans les miennes ». Puis c'est une fugue
esquissée a capella, à partir du vivat Mascarillus,
par un choriste-protée, en guise de conclusion, mais
aussi de transition, puisque, peu après, c'est un
opéra tout entier qui se déchaîne : les chanteurs,
l'orchestre, la salle même, tous les rôles tenus à la
fois par un seul homme, dans une extraordinaire
montée de musique et de poésie. La série est, enfin,
couronnée par la pantomime des gueux ou le grand
branle de la terre, lorsque le spectacle n'est plus sur
la scène, ni dans la salle, mais s'étend à une folle
vision du monde réglé comme un gigantesque
ballet. Pareille progression, dans sa démesure même,
révèle un sens profond de la mesure, qu'on prenne
le terme dans son acception musicale ou qu'on lui
donne sa pleine valeur esthétique et littéraire.

Car si l'on est d'abord frappé par l'outrance,

choqué, si l'on a le goût un peu délicat, par certaines
offenses à la délicatesse, dont Diderot semble se
faire un plaisir, une rapide comparaison avec ses
émules ou ses plagiaires, révèle avec quelle sûreté
et quelle discrétion relative, il a su réussir le dosage
d'ingrédients pimentés, mais nécessaires. Chaque
fois que l'on peut confronter sur un thème précis
son réalisme avec le réalisme à la mode, son pittoresque et son humour avec « un certain ton gogue-
nard, satirique » que l'on trouve chez Chevrier [1],
mais aussi bien chez Fougeret, La Morlière, Voisenon et bien d'autres, c'est pour constater qu'aucun
d'eux ne sait composer ni choisir ; qu'ils se contentent de juxtaposer des détails tantôt savoureux,
tantôt insipides, d'entasser les expressions prises sur
le vif, que des italiques se chargent de signaler à la
curiosité du lecteur, en une sorte d'inerte recueil.
Chaque dicton mis par Diderot dans la bouche
de Rameau garde, au contraire, la saveur de la circonstance ou du terroir, tire sa cocasserie du contexte, apporte une nuance nécessaire au coloris
d'ensemble. Travail d'artiste qui défie la copie ou
le plagiat. Lorsque l'effronté De Saur s'essayera à
« faire du Diderot », ses maladresses souligneront
à quel point, hors du sentiment de la mesure, il
est impossible d'apprécier le *Neveu de Rameau*, car
la verve exige aussi le bon goût. [2]

---

1. Cf. Mornet (230), p. 103.
2. On se contentera de relever, à titre d'exemples, deux ou trois
de ces « maladresses ». *Brière*, p. 32 : « Le mort n'entend pas sonner
les cloches ; c'est en vain que cent prêtres s'égosillent pour lui ».
De Saur, p. 55 : « ... inutilement cent calotins gueulent en son
honneur » — B. p. 133 : « Madame une telle est accouchée de deux

Mais encore davantage hors du sentiment de la langue. Le même faussaire a piteusement révélé à quel point il en était dépourvu, en reprochant à Brière, avec une assurance magistrale, d'avoir commis des fautes de langue, qui étaient autant de locutions imputables à Diderot. Pas un conditionnel du subjonctif, tour pourtant classique, sinon usuel, qui ne fût dénoncé comme la marque d'un « écrivain plat et barbare ! » Il est vrai que ces subjonctifs étaient déjà corrigés à contre-sens par le réviseur du manuscrit, assez ignorant pour méconnaître qu'il sacrifiait de la sorte une nuance délicate de la pensée et un trait essentiel au langage de Jean-François Rameau [1]. Pas une « faute » contre la prétendue règle de la concordance des temps qui ne fût sarcastiquement relevée, alors que l'application mécanique de cette règle conduit à fausser le mécanisme de la pensée. Pas un essai de néologisme, même humoristique, qui ne fût taxé de crime contre la langue. On ne s'arrêtera pas à ces pauvretés, dont beaucoup ont malheureusement déteint sur de graves éditions. Elles prouvent, tout au plus, que Diderot connaissait parfaitement sa langue, alors qu'on n'en peut dire autant de beaucoup de

enfants à la fois. Chaque père aura le sien. » S., p. 133 : « Madame ***, que vous connaissez, est accouchée de deux enfants à la fois, garçon et fille. Je les ai vus ; et, chose singulière, le garçon est noir comme son nègre, et la fille blanche et blonde comme le petit commis de son mari... »   B., p. 145 : « C'était un gosier de rossignol ». S., p. 256 : « Pour la flexibilité, c'était un gosier de rossignol dans le haut, de caille amoureuse, ou appelant ses petits, dans le bas... », etc., etc.

1. Exemple : « Je crois bien qu'ils le pensent... ; mais je ne crois pas qu'ils *osassent* l'avouer » (p. 10). — « C'est ce que nous débitons à la petite Hus..., mêlé par ci par là de quelques mots qui vous donnassent l'éveil » (p. 55).

ses éditeurs ou critiques. On lui ferait injure en s'extasiant sur ce mérite quasi négatif. Mais il est une autre connaissance, un autre amour du langage qui caractérise seuls les grands écrivains et qui se manifeste à chaque page du *Neveu de Rameau*.

Un écrivain digne de ce nom n'utilise pas la langue, il la recrée. Les mots et les tours paraissent alors baignés dans une fontaine de jouvence qui leur donne leur première fraîcheur. A plus forte raison, lorsque cet écrivain, comme c'est le cas pour Diderot, est un philologue né : pour lui, le don devient conscience et savoir. Le style de son personnage, défini sur le vif comme un « diable de ramage saugrenu, moitié des gens du monde et des Lettres, moitié de la Halle » (p. 94), posait pour lui de passionnants problèmes de transcription, de transposition et de dosage. Une étude tant soit peu attentive du texte montre avec quel bonheur et quelle joie ces problèmes ont été résolus. Plaisir d'écrire, parfaite maîtrise de l'art, ces deux données, hors desquelles il est impossible de comprendre la genèse et la signification du *Neveu de Rameau*, se retrouvent dans chaque détail de l'expression et du style, et assurent à cette œuvre le privilège, qu'elle partage seulement avec les plus grandes, de révéler à chaque nouvelle lecture de nouveaux motifs de réflexion ou d'émerveillement.

Avec le *Neveu de Rameau*, Diderot a trouvé l'occasion d'échapper peut-être à la mauvaise conscience qui le faisait douter sourdement de lui-même et de sa vie, de se libérer en partie de sa philosophie et, en tout cas, de conjurer le mauvais sort qui s'était

acharné sur son génie d'écrivain. Qu'on l'appelle
satire ou *sotie*, comme on serait aujourd'hui tenté
de le faire, car ce vieux mot lui conviendrait mieux
qu'à la fantaisie un peu laborieuse et falote des
Caves du Vatican, peu importe ; le *Neveu de Rameau*
reste une de ces œuvres hors-série qu'on ne comprend et qu'on n'aime que lorsqu'on devine la
place qu'elles ont tenue dans la vie profonde de leur
auteur.

LE NEVEU
DE RAMEAU

LE NEVEU DE RAMEAU

SATYRE 2^{de}

Vertumnis, quotquot sunt, *natus* (1) iniquis [1].

(HORAT., Lib. II. Satyr. VII.)

Qu'il fasse beau, qu'il fasse laid, c'est mon habitude d'aller sur les cinq heures du soir me promener au Palais Royal [2]. C'est moi qu'on voit, toujours seul, rêvant sur le banc d'Argenson. Je m'entretiens avec moi meme de politique, d'amour, de gout ou de philosophie. J'abandonne mon esprit a tout son libertinage*. Je le laisse maitre de suivre la premiere idée sage ou folle qui se presente, comme on voit dans l'allée de Foy [3] nos jeunes dissolus marcher sur les pas d'une courtisanne a l'air eventé*, au visage riant, a l'œil vif, au nez retroussé, quitter celle cy pour une autre, les attaquant toutes et ne s'attachant a aucune. Mes pensées, ce sont mes catins [4]. Si le tems est trop froid, ou trop pluvieux, je me refugie au caffé de la Regence [5] ; la je m'amuse a voir jouer aux echecs. Paris est l'endroit du monde, et le caffé de la Regence est l'endroit de Paris où l'on joue le mieux a ce jeu. C'est chez Rey que font assaut Legal le profond, Philidor le subtil, le solide Mayot [6]; qu'on voit les coups les plus surprenants, et qu'on entend les plus mauvais

---

1. *m*¹ (en surcharge).

propos; car si l'on peut etre homme d'esprit et grand
joueur d'echecs, comme Legal; on peut etre aussi un
grand joueur d'echecs, et un sot, comme Foubert [7] et
Mayot. Un apres diner *, j'étois la, regardant beaucoup,
parlant peu, et ecoutant le moins que je pouvois ; lorsque (1) je fus abordé par un des plus bizarres personnages
de ce pais ou Dieu n'en a pas laissé manquer. C'est un
composé * de hauteur et de bassesse, de bon sens et de
deraison. Il faut que les notions de l'honnete et du des-
honnete soient bien etrangement brouillées dans sa
tete; car il montre ce que la nature lui a donné de bonnes
qualités, sans ostentation, et ce qu'il en a reçu de mauvaises, sans pudeur. Au reste il est doué d'une organisation forte, d'une chaleur d'imagination singuliere,
et d'une vigueur de poumons peu commune [8]. Si vous
le rencontrez jamais et que son originalité * ne vous
arrete * pas; ou vous mettrez vos doigts dans vos
oreilles, ou vous vous enfuirez. Dieux, quels terribles
poumons. Rien ne dissemble * plus de lui que lui meme.
Quelquefois, il est maigre et have, comme un malade au
dernier degré de la consomption; on compteroit ses
dents a travers ses joues; on diroit (2) qu'il a passé plusieurs jours sans manger, ou qu'il sort de la Trape [9]. Le
mois suivant, il est gras et replet, comme s'il n'avoit pas
quitté la table d'un financier, ou qu'il eut été renfermé *
dans un couvent de Bernardins. Aujourdhuy, en linge
sale, en culote dechirée, couvert de lambeaux, presque
sans souliers, il va la tete basse, il se derobe, on seroit
tenté de l'appeller, pour lui donner l'aumone. Demain,
poudré, chaussé, frisé, bien vetu, il marche la tete haute,
il se montre *, et vous le prendriez au peu pres * (3) pour

---

1. M : lors que.
2. M : a travers ses joues. On diroit.
3. T : à peu près.

un honnête homme. Il vit au jour la journée * [10]. Triste
ou gai, selon les circonstances. Son premier soin *, le
matin, quand il est levé, est de scavoir ou il dinera ;
après diner, il pense ou il ira souper [11]. La nuit amene
aussi son inquietude. Ou il regagne, a pié [12], un petit
grenier qu'il habite, à moins que l'hotesse ennuyée *
d'attendre son loyer, ne lui en ait redemandé la clef ;
ou il se rabbat * dans une taverne du faubourg ou il
attend le jour, entre un morceau de pain et un pot de
bierre *. Quand il n'a pas six sols dans sa poche, ce qui
lui arrive quelquefois, il a recours soit a un fiacre * de ses
amis, soit au cocher d'un grand seigneur qui lui donne
un lit sur de la paille, a coté de ses chevaux. Le matin,
il a encore une partie de son matelat dans ses cheveux.
Si la saison est douce, il arpente * toute la nuit, le Cours
ou les Champs Elisées [13]. Il reparoit avec le jour, a la
ville, habillé de la veille pour le landemain, et du landemain quelquefois pour le reste de la semaine. Je n'estime pas ces originaux la [14] ; d'autres en font (1) leurs
connoissances familieres, même leurs amis. Ils m'arrêtent
une fois l'an, quand je les rencontre, parce que leur
caractere tranche * avec celui des autres, et qu'ils rom-
pent cette fastidieuse uniformité que notre education,
nos conventions de société, nos bienseances d'usage ont
introduite [15]. S'il en paroit un dans une compagnie, c'est
un grain de levain qui fermente et qui restitue a chacun
une portion de son individualité * naturelle. Il secoue,
il agite ; il fait aprouver ou blamer ; il fait sortir la
verité ; il fait connoitre les gens de bien ; il demasque les
coquins ; c'est alors que l'homme de bon sens ecoute, et
démêle son monde.

Je connoissois celuy cy de longue main *. Il frequen-
toit dans une maison dont son talent lui avoit ouvert la

---

1. M : ces originaux la. D'autres en font...

porte. Il y avoit une fille unique. Il juroit au pere et a la
mere qu'il epouseroit leur fille. Ceux cy haussoient
les epaules, lui rioient au nez, lui disoient qu'il etoit
fou, et je vis le moment que la chose etoit faite. Il m'em-
pruntoit quelques ecus que je lui donnois. Il s'etoit
introduit, je ne scais comment, dans quelques maisons
honnétes, ou il avait son couvert, mais a la condition
qu'il ne parleroit pas, sans en avoir obtenu la permis-
sion. Il se taisoit, et mangeoit de rage. Il etoit excellent
a voir dans cette contrainte. S'il lui prenoit envie de
manquer au traité, et qu'il ouvrit la bouche; au premier
mot, tous les convives s'ecrioient, o Rameau ! (1)
Alors la fureur etincelloit dans ses yeux, et il se remettoit
a manger avec plus de rage. Vous etiez curieux de
scavoir le nom de l'homme, et vous le scavez. C'est le
neveu de ce musicien celebre qui nous a delivrés du
plein chant [16] (2) de Lulli que nous psalmodïons depuis
plus de cent ans; qui a tant ecrit de visions inintelli-
gibles et de verités apocalyptiques (3) sur la theorie de la
musique, ou ni lui ni personne n'entendit jamais rien [17],
et de qui nous avons un certain nombre d'operas ou il y a
de l'harmonie, des bouts de chants, des idées decousues,
du fracas, des vols, des triomphes, des lances, des gloires,
des murmures, des victoires a perte d'haleine [18]; des
airs de danse qui dureront eternellement, et qui, apres
avoir enterré le Florentin, sera enterré par les virtuoses *
italiens, ce qu'il pressentoit et le rendoit sombre, triste,
hargneux; car personne n'a autant d'humeur, pas meme
une jolie femme qui se leve avec un bouton sur le nez,
qu'un auteur menacé de survivre a sa reputation: temoins
Marivaux et Crebillon le fils [19].

---

1. T : oh, Rameau !
2. T : plain-chant.
3. *m* : apocalptiques.

Il m'aborde... Ah, ah, vous voilà, Mr le philosophe [20];
et que faites vous ici parmi ce tas de faineants (?) Est-ce
que vous perdez aussi votre temps a pousser le bois (?) (1)
C'est ainsi qu'on apelle par mepris jouer aux echecs ou
aux dames.

Moi. — Non; mais quand je n'ai rien de mieux a faire,
je m'amuse a regarder un instant, ceux qui le poussent
bien.

Lui. — En ce cas, vous vous amusez rarement;
excepté Legal et Philidor, le reste n'y entend rien.

Moi. — Et Mr de Bissy donc [21].

Lui. — Celui la est en joueur d'echecs, ce que
Mademoiselle Clairon est en acteur. Ils scavent de ces
jeux, l'un et l'autre, tout ce qu'on en peut apprendre.

Moi. — Vous etes difficile; et je vois que vous ne
faites grace qu'aux hommes sublimes.

Lui. — Oui, aux echecs, aux dames, en poesie, en
eloquence, en musique, et autres fadaises * comme cela.
A quoi bon la mediocrité dans ces genres.

Moi. — A peu de chose, j'en conviens. Mais c'est
qu'il faut qu'il y ait un grand nombre d'hommes qui s'y
appliquent, pour faire sortir l'homme de genie [22].
Il est un dans la multitude. Mais laissons cela. Il y a
une eternité que je ne vous ai vu. Je ne pense gueres a
vous, quand je ne vous vois pas. Mais vous me plaisez
toujours a revoir. Qu'avez vous fait (?) (2).

Lui. — Ce que vous, moi et tous les autres font :
du bien, du mal et rien. Et puis j'ai eu faim, et j'ai mangé,
quand l'occasion s'en est presentée; apres avoir mangé,
j'ai eu soif, et j'ai bu quelquefois. Cependant la barbe me
venoit; et quand elle a eté venue, je l'ai fait raser.

---

1. ?? ajoutés par M.
2. ? ajouté par M.

Moi. — Vous avez mal fait. C'est la seule chose qui vous manque, pour etre un sage.

Lui. — Oui da *. J'ai le front grand et ridé; l'œil ardent; le nez saillant; les joues larges; le sourcil noir et fourni; la bouche bien fendue; la levre rebordée *; et la face quarrée [23]. Si ce vaste menton etoit couvert d'une longue barbe, scavez vous que cela figureroit tres bien en bronze ou en marbre [24].

Moi. — A coté d'un Coesar, d'un Marc Aurele, d'un Socrate [25].

Lui. — Non, je serois mieux entre Diogene et Phryné. Je suis effronté comme l'un, et je frequente volontiers chez les autres [26].

Moi. — Vous portez vous toujours bien [27]?

Lui. — Oui, ordinairement; mais pas merveilleusement aujourd'huy.

Moi. — Comment? vous voila avec un ventre de Silene; et un visage...

Lui. — Un visage qu'on prendroit pour son antagoniste. C'est que l'humeur qui fait secher mon cher oncle engraisse apparemment son cher neveu.

Moi. — A propos de cet oncle, le voyez-vous quelquefois (?) (1)

Lui. — Oui, passer dans la rue.

Moi. — Est ce qu'il ne vous fait aucun bien?

Lui. — S'il en fait a quelqu'un, c'est sans s'en douter. C'est un philosophe dans son espece [28]. Il ne pense qu'a lui; le reste de l'univers lui est comme d'un clou a soufflet *. Sa fille et sa femme [29] n'ont qu'a mourir, quand elles voudront; pourvu que les cloches de la paroisse, qu'on sonnera (2) pour elles, continuent de

---

1. ? ajouté par M.
2. T : qui sonneront.

resonner la douzieme et la dix septieme tout sera bien [30]. Cela est heureux pour lui. Et c'est ce que je prise particulierement dans les gens de genie. Ils ne sont bons qu'a une chose. Passé cela, rien. Ils ne scavent ce que c'est d'etre citoyens, peres, meres, freres, parents, amis. Entre nous, il faut leur ressembler de tout point; mais ne pas desirer que la graine en soit commune. Il faut des hommes; mais pour des hommes de genie; point. Non, ma foi, il n'en faut point. Ce sont eux qui changent la face du globe; et dans les plus petites choses, la sottise est si commune et si puissante qu'on ne la reforme pas sans charivari *. Il s'etablit partie de ce qu'ils ont imaginé. Partie reste, comme il etoit; de la deux evangiles; un habit d'Arlequin. La sagesse du moine de Rabelais, est la vraie sagesse, pour son repos et pour celui des autres : faire son devoir, tellement quellement * ; toujours dire du bien de monsieur le prieur; et laisser aller le monde a sa fantaisie [31]. Il va bien, puisque la multitude en est contente. Si je scavois l'histoire, je vous montrerois que le mal est toujours venu ici bas, par quelque homme de genie. Mais je ne scais pas l'histoire, parce que je ne scais rien. Le diable m'emporte, si j'ai jamais rien appris; et si pour n'avoir rien appris, je m'en trouve plus mal. J'etois un jour a la table d'un ministre du roi de France [32] qui a de l'esprit comme quatre; he bien, il nous demontra comme un et un font deux, que rien n'etoit plus utile aux peuples que le mensonge; rien de plus nuisible que la verité [33]. Je ne me rapelle pas bien ses preuves; mais il s'ensuivoit evidemment que les gens de genie sont detestables *, et que si un enfant apportoit en naissant, sur son front, la caracteristique de ce dangereux present de la nature, il faudroit ou l'etouffer, ou le jeter au Cagniard * (1).

---

1. T : aux cagnards (et Brière : aux canards).

Moi. — Cependant ces personnages la, si ennemis du genie, pretendent tous en avoir.

Lui. — Je crois bien qu'ils le pensent au dedans d'eux memes; mais je ne crois pas qu'ils osassent l'avouer.

Moi. — C'est par modestie. Vous conçutes donc la [34], une terrible haine contre le genie.

Lui. — A n'en jamais revenir.

Moi. — Mais j'ai vu un temps que vous vous deseperiez de n'etre qu'un homme commun. Vous ne serez jamais heureux, si le pour et le contre vous afflige (1) egalement. Il faudroit prendre son parti, et y demeurer attaché [35]. Tout en convenant avec vous que les hommes de genie sont communement singuliers, ou comme dit le proverbe, qu'il n'y a point de grands esprits sans un grain de folie [36], on n'en reviendra * pas. On meprisera les siecles qui n'en auront pas produit. Ils feront l'honneur des peuples chez les quels ils auront existé; tot ou tard, on leur eleve des statues, et on les regarde comme les bienfaiteurs du genre humain [37]. N'en deplaise au ministre sublime que vous m'avez cité, je crois que si le mensonge peut servir un moment, il est necessairement nuisible a la longue; et qu'au contraire, la verité sert necessairement a la longue, bien qu'il puisse arriver qu'elle nuise dans le moment [38]. D'ou je serois tenté de conclure que l'homme de genie qui décrie * une erreur generale, ou qui accredite une grande verité, est toujours une etre digne de notre veneration *. Il peut arriver que cet etre soit la victime du prejugé et des loix; mais il y a deux sortes de loix, les unes d'une equité, d'une generalité absolues; d'autres bizarres qui ne doivent leur sanction qu'a l'aveuglement ou la necessité des circonstances [39]. Celles cy ne couvrent le coupable qui

---

1. T : vous affligent.

les enfreint que d'une ignominie passagere; ignominie
que le tems reverse sur les juges et sur les nations, pour y
rester a jamais. De Socrate, ou du magistrat * qui lui
fit boire la cigüe, quel est aujourd'huy le deshonoré ?

Lui. — Le voilà bien avancé ! en a t'il eté moins
condamné ? en a t'il moins eté mis a mort ? en a t'il
moins eté un citoyen turbulent * ? par le mepris d'une
mauvaise loi, en a t'il moins encouragé les fous au
mépris des bonnes ? en a t'il moins eté un particulier
audacieux et bizarre ? Vous n'etiez pas eloigné tout a
l'heure d'un aveu peu favorable aux hommes de genie.

Moi. — Ecoutez moi, cher homme. Une societé ne
devroit point avoir de mauvaises loix; et si elle n'en avoit
que de bonnes, elle ne seroit jamais dans le cas de perse-
cuter un homme de genie. Je ne vous ai pas dit que le
genie fut indivisiblement attaché a la mechanceté, ni la
mechanceté au genie. Un sot sera plus souvent un
mechant qu'un homme d'esprit [40]. Quand un homme de
genie seroit communément d'un commerce dur, difficile, epineux, quand meme ce seroit un mechant, qu'en
concluriez vous [41] ?

Lui. — Qu'il est bon a noyer.

Moi. — Doucement, cher homme. Ça, dites moi;
je ne prendrai pas votre oncle pour exemple; c'est un
homme dur; c'est un brutal; il est sans humanité; il est
avare; il est mauvais pere, mauvais epoux; mauvais
oncle mais il n'est pas assez decidé * que ce soit un
homme de genie; qu'il ait poussé son art fort loin, et
qu'il soit question de ses ouvrages dans dix ans. Mais
Racine ? Celui la certes avoit du genie, et ne passoit
pas pour un trop bon homme [42]. Mais de Voltaire ? (1)

Lui. — Ne me pressez pas; car je suis consequent [43].

Moi. — Lequel des deux prefereriez vous ? ou qu'il

_____

1. m^2 et T : Voltaire.

eut été un bon homme *, identifié avec son comptoir,
comme Briasson [44], ou avec son aulne, comme Barbier [45]; faisant regulierement tous les ans (1) un enfant
legitime a sa femme, bon mari; bon pere, bon oncle,
bon voisin, honnete commerçant, mais rien de plus;
ou qu'il eut été fourbe, traitre, ambitieux, envieux,
mechant; mais auteur d'*Andromaque*, de *Britannicus*,
d'*Iphigenie*, de *Phedre*, d'*Athalie* [46].

Lui. — Pour lui, ma foi, peut être que de ces deux
hommes, il eut mieux valu qu'il eut été le premier.

Moi. — Cela est meme infiniment plus vrai que vous
ne le sentez [47].

Lui. — Oh ! vous voilà, vous autres ! Si nous disons
quelque chose de bien, c'est comme des fous, ou des
inspirés *; par hasard. Il n'y a que vous autres qui vous
entendiez. Oui, monsieur le philosophe. Je m'entends;
et je m'entends ainsi que vous vous entendez.

Moi. — Voyons; he bien, pourquoi pour lui ?

Lui. — C'est que toutes ces belles choses qu'il a
faites ne lui ont pas rendu vingt mille francs; et que s'il
eut eté un bon marchand en soie de la rue Saint-Denis
ou Saint-Honoré, un bon epicier en gros, un apotiquaire
bien achalandé, il eut amassé une fortune immense,
et qu'en l'amassant, il n'y auroit eu sorte de plaisirs dont
il n'eut joui; qu'il auroit donné de tems en tems la
pistole * a un pauvre diable de bouffon comme moi
qui l'auroit fait rire, qui lui auroit procuré dans l'occasion une jeune fille qui l'auroit desennuyé de l'eternelle
cohabitation avec sa femme [48]; que nous aurions fait
d'excellents repas chez lui, joué gros jeu; bu d'excellentes liqueurs, d'excellents caffés (2) fait des parties
de campagne [49]; et vous voyez que je m'entendois. Vous

_____

riez. Mais laissez moi dire. Il eut été mieux pour ses
entours *.

Moi. — Sans contredit; pourvu qu'il n'eut pas
employé d'une facon des-honnete l'opulence qu'il auroit
acquise par un commerce legitime; qu'il eut eloigné de
sa maison, tous ces joueurs; tous ces parasites; tous ces
fades complaisants; tous ces fainenants, tous ces per-
vers inutiles; et qu'il eut fait assommer a coups de batons,
par ses garçons de boutique, l'homme officieux qui
soulage, par la variété, les maris, du degout d'une cohabitation habituelle avec leurs femmes.

Lui. — Assommer ! monsieur, assommer !'on n'as-
somme personne dans une ville bien policée *. C'est un
etat honnete. Beaucoup de gens, meme titrés, s'en
melent [50]. Et a quoi diable, voulez vous donc qu'on
emploie son argent, si ce n'est a avoir bonne table,
bonne compagnie, bons vins, belles femmes, plaisirs
de toutes les couleurs, amusements de toutes les especes.
J'aimerois autant etre gueux que de posseder une grande
fortune, sans aucune de ces jouissances. Mais revenons
a Racine. Cet homme n'a eté bon que pour des inconnus,
et que pour le tems ou il n'etoit plus.

Moi. — D'accord. Mais pesez le mal et le bien. Dans
mille ans d'ici, il fera verser des larmes; il sera l'admiration des hommes, dans toutes les contrées de la terre.
Il inspirera l'humanité, la commiseration, la tendresse [51];
on demandera qui il etoit, de quel païs, et on l'enviera
a la France. Il a fait souffrir quelques etres qui ne sont
plus, auxquels nous ne prenons presqu'aucun interet;
nous n'avons rien a redouter ni de ses vices ni de ses
defauts. Il eut eté mieux sans doute qu'il eut reçu de la
nature les vertus d'un homme de bien, avec les talents
d'un grand homme. C'est un arbre qui a fait secher
quelques arbres plantés dans son voisinage; qui a
etouffé les plantes qui croissoient a ses piés; mais il a

porté sa cime jusques dans la nue; ses branches se sont
etendues au loin; il a preté son ombre a ceux qui venoient,
qui viennent et qui viendront se reposer autour de son
tronc majestueux; il a produit des fruits d'un gout
exquis et qui se renouvellent sans cesse [52]. Il seroit a
souhaiter que De Voltaire (1) eut encore la douceur
de Duclos, l'ingenuité de l'abbé Trublet, la droiture de
l'abbé d'Olivet [53]; mais puis que cela ne se peut; regar-
dons la chose du coté vraiment interessant; oublions
pour un moment le point que nous occupons dans l'espace et dans la durée; et étendons notre vue sur les
siecles a venir, les regions les plus eloignées, et les
peuples a naitre. Songeons au bien de notre espece * [54].
Si nous ne sommes pas assez genereux, pardonnons au
moins a la nature d'avoir eté plus sage que nous [55].
Si vous jettez de l'eau froide sur la tete de Greuze,
vous eteindrez peut etre son talent avec sa vanité [56].
Si vous rendez De Voltaire (2) moins sensible a la critique,
il ne scaura plus descendre dans l'ame de Merope [57].
Il ne vous touchera plus.

Lui. — Mais si la nature etoit aussi puissante que
sage, pour quoi ne les a-t-elle pas faits aussi bons qu'elle
les a faits grands (?) (3).

Moi. — Mais ne voyez vous pas qu'avec un pareil
raisonnement vous renversez l'ordre general, et que si
tout ici bas etoit excellent, il n'y auroit rien d'excellent [58].

Lui. — Vous avez raison. Le point important est
que vous et moi nous soions, et que nous soions vous et
moi [59]. Que tout aille d'ailleurs comme il pourra. Le
meilleur ordre des choses, a mon avis, est celui ou j'en
devois etre; et foin * du plus parfait des mondes, si je

---

1. *m²* et T : Voltaire.
2. *m²* et T : Voltaire.
3. ? ajouté par M.

n'en suis pas. J'aime mieux etre, et meme etre impertinent raisonneur que de n'etre pas.

Moi. — Il n'y a personne qui ne pense comme vous,
et qui ne fasse le procès a l'ordre qui est; sans s'apercevoir qu'il renonce a sa propre existence [60].

Lui. — Il est vrai.

Moi. — Acceptons donc les choses comme elles
sont. Voyons ce qu'elles nous coutent et ce qu'elles
nous rendent *; et laissons la le tout que nous ne connois-
sons pas assez pour le louer ou le blamer; et qui n'est
peut etre ni bien ni mal; s'il est necessaire, comme beaucoup d'honnetes gens l'imaginent [61].

Lui. — Je n'entends pas grand chose a tout ce que
vous me debitez * la. C'est apparemment de la philosophie; je vous previens que je ne m'en mele pas. Tout ce
que je scais, c'est que je voudrois bien etre un autre, au
hazard d'etre un homme de genie, un grand homme.
Oui, il faut que j'en convienne, il y a quelque chose qui
me le dit. Je n'en ai jamais entendu louer un seul que son
eloge ne m'ait fait secretement enrager. Je suis envieux.
Lors que j'apprends de leur vie privée quelque trait qui
les degrade, je l'écoute avec plaisir. Cela nous rapproche.
J'en supporte plus aisement ma mediocrité. Je me dis,
certes tu n'aurois jamais fait *Mahomet*; mais ni l'eloge
du Maupeoux [62] (1). J'ai donc eté, je suis donc faché
d'etre mediocre [63]. Oui, oui, je suis mediocre et faché.
Je n'ai jamais entendu jouer l'ouverture des *Indes
Galantes*; jamais entendu chanter, *Profonds abymes du
Tenare, Nuit, eternelle nuit* [64], sans me dire avec douleur:
voila ce que tu ne feras jamais. J'étois donc jaloux de
mon oncle; et s'il y avoit eu a sa mort, quelques belles
pieces de clavecin, dans son porte-feuille, je n'aurois
pas balancé a rester moi, et a etre lui [65].

---

1. m^2 : du Maupeou ; T : de Maupeou.

MOI. — S'il n'y a que cela qui vous chagrine, cela n'en vaut pas trop la peine.

LUI. — Ce n'est rien. Ce sont des moments qui passent.

(Puis il se remettoit a chanter l'ouverture des *Indes Galantes*, et l'air *Profonds abymes*; et il ajoutoit) :

Le quelque chose qui est la et qui me parle, me dit : Rameau, tu voudrois bien avoir fait ces deux morceaux la; si tu avois fait ces deux morceaux la, tu en ferois bien deux autres; et quand tu en aurois fait un certain nombre, on te joueroit, on te chanteroit partout; quand tu marcherois, tu aurois la tête droite; la (1) conscience te rendroit temoignage a toi meme de ton propre merite; les autres te designeroient du doigt. On diroit : c'est lui qui a fait les jolies gavotes (2) (et il chantoit les gavotes) (3); puis avec l'air d'un homme touché *, qui nage dans la joye, et qui en a les yeux humides, il ajoutoit, en se frottant les mains, tu aurois une bonne maison (et il en mesuroit l'etendue avec ses bras), un bon lit (et il s'y etendoit nonchalament), de bons vins (qu'il goutoit en faisant claquer sa langue contre son palais), un bon equipage (et il levoit le pié pour y monter), de jolies femmes (a qui il prenoit deja la gorge et qu'il regardoit voluptueusement); cent faquins me viendroient encenser tous les jours (et il croyoit les voir autour de lui; il voyoit Palissot, Poincinet, les Frerons pere et fils, La Porte [66]; il les entendoit; il se rengorgeoit, les aprouvoit, leur souriot, les dedaignoit, les meprisoit, les chassoit, les rapelloit; puis il continuoit) : et (4) c'est ainsi que l'on te diroit le matin que tu es un grand homme; tu lirois dans l'histoire des *Trois siecles* [67] que

---

1. T : ta.
2. *m*[1], m : gavottes.
3. *m*. M ferme à tort la parenthèse après : en se frottant les mains.
4. M : Et.

tu es un grand homme; tu serois convaincu le soir que tu es un grand homme; et le grand homme, Rameau le neveu, s'endormiroit au doux murmure de l'eloge qui retentiroit dans son oreille; meme en dormant, il auroit l'air satisfait; sa poitrine se dilateroit, s'eleveroit, s'abbaisseroit avec aisance; il ronfleroit comme un grand homme; et en parlant ainsi il se laissoit aller mollement sur une banquette ; il fermoit les yeux, et il imitoit le sommeil heureux qu'il imaginoit. Apres avoir gouté quelques instants la douceur de ce repos, il se reveilloit, bailloit, se frottoit les yeux, et cherchoit encore autour de lui ses adulateurs insipides.

Moi. — Vous croyez donc que l'homme heureux a son sommeil [68] ?

Lui. — Si je le crois ! Moi, pauvre here, lors que le soir j'ai regagné mon grenier et que je me suis fouré dans mon grabat, je suis ratatiné * sous ma couverture; j'ai la poitrine etroite et la respiration gênée; c'est une espece de plainte foible qu'on entend a peine ; au lieu qu'un financier fait retentir son apartement, et etonne * toute sa rue. Mais ce qui m'afflige aujourd'huy, ce n'est pas de ronfler et de dormir mesquinement, comme un miserable.

Moi. — Cela est pourtant triste.

Lui. — Ce qui m'est arrivé l'est bien davantage.

Moi. — Qu'est-ce donc (?) (1).

Lui. — Vous avez toujours pris quelqu'interet a moi, parce que je suis un bon diable que vous meprisez dans le fond, mais qui vous amuse.

Moi. — C'est la verité.

Lui. — Et je vais vous le dire.

Avant que de commencer, il pousse un profond soupir

---

1. ? ajouté par M.

et porte ses deux mains a son front. Ensuite, il reprend un air tranquille, et me dit :

Vous scavez que je suis un ignorant, un sot, un fou, un impertinent, un paresseux. ce que nos bourguignons apellent un fieffé truand *, un escroc, un gourmand...

MOI. — Quel panegyrique !

LUI. — Il est vrai de tout point. Il n'y en a pas un mot a rabatre. Point de contestation la dessus, s'il vous plait. Personne ne me connoit mieux que moi; et je ne dis pas tout.

MOI. — Je ne veux point vous facher; et je conviendrai de tout.

LUI. — He bien, je vivois avec des gens qui m'avoient pris en gré, precisement parce que j'etois doué, a un rare degré, de toutes ces qualités.

MOI. — Cela est singulier. Jusqu'a present, j'avois cru ou qu'on se les cachoit a soi meme, ou qu'on se les pardonnoit, et qu'on les meprisoit dans les autres.

LUI. — Se les cacher, est-ce qu'on le peut ? Soyez sur que, quand Palissot est seul et qu'il revient sur lui meme, il se dit bien d'autres choses. Soiez sur qu'en tete a tete avec son collegue [69], ils s'avouent franchement qu'ils ne sont que deux insignes maroufles *. Les mepriser dans les autres ! Mes gens étoient plus equitables, et leur caractere me reussissoit merveilleusement aupres d'eux. J'étois comme un coq en pate *. On me fêtoit. On ne me perdoit pas un moment sans me regretter. J'étois leur petit Rameau, leur joli Rameau, leur Rameau le fou, l'impertinent, l'ignorant, le paresseux, le gourmand, le bouffon, la grosse bête. Il n'y avoit pas une de ces epithetes familieres qui ne me valut un sourire, une caresse, un petit coup sur l'epaule, un soufflet, un coup de pié, a table un bon morceau qu'on me jettoit sur mon assiette, hors de table une liberté que je prenois sans consequence; car moi, je suis sans consequence.

On fait de moi, avec moi, devant moi, tout ce qu'on veut, sans que je m'en formalise; et les petits présents qui me pleuvoient? Le grand chien que je suis; j'ai tout perdu! J'ai tout perdu pour avoir eu le sens commun, une fois, une seule fois en ma vie; ah, si cela m'arrive jamais!

Moi. — De qui s'agissoit-il donc?

Lui. — C'est une sottise incomparable, incomprehensible, irremissible.

Moi. — Quelle sottise encore? (1).

Lui. — Rameau, Rameau, vous avoit-on pris pour cela? La sottise d'avoir eu un peu de gout, un peu d'esprit, un peu de raison. Rameau, mon ami, cela vous aprendra a rester ce que Dieu vous fit et ce que vos protecteurs vous vouloient. Aussi l'on vous a pris par les epaules (2); on vous a conduit a la porte; on vous a dit, faquin, tirez; ne reparoissez plus. Cela veut avoir du sens, de la raison, je crois! Tirez *. Nous avons de ces qualités la, de reste. Vous vous en etes allé en vous mordant les doigts; c'est votre langue maudite qu'il falloit mordre auparavant. Pour ne vous en être pas avisé, vous voila sur le pavé, sans le sol, et ne sachant ou donner de la tête. Vous etiez nourri a bouche que veus tu [70], et vous retournerez au regrat *; bien logé, et vous serez trop heureux si l'on vous rend votre grenier; bien couché, et la paille vous attend entre le cocher de Mr de Soubize et l'ami Robé [71]. Au lieu d'un sommeil doux et tranquille, comme vous l'aviez, vous entendrez d'une oreille le hennissement et le pietinement des chevaux, de l'autre, le bruit mille fois plus insupportable des vers secs, durs et barbares [72]. Mal heureux, mal-avisé, possedé d'un million de Diables!

---

1. Cette question et la réflexion précédente, qui la motive, sont omises dans les éditions, de Brière à Tourneux.
2. M : par les epaule (??).

Moi. — Mais n'y auroit-il pas moyen de se rapatrier*? La faute que vous avez commise est-elle si impardonnable ? A votre place, j'irois retrouver mes gens. Vous leur etes plus necessaire que vous ne croyez.

Lui. — Ho, je suis sur qu'a present qu'ils ne m'ont pas, pour les faire rire, ils s'ennuyent comme des chiens.

Moi. — J'irois donc les retrouver. Je ne leur laisserois pas le tems de se passer de moi, de se tourner vers quelqu'amusement honnete : car qui scait ce qui peut arriver ?

Lui. — Ce n'est pas la ce que je crains. Cela n'arrivera pas.

Moi. — Quelque sublime que vous soiez, un autre peut vous remplacer.

Lui. — Difficilement.

Moi. — D'accord. Cependant j'irois avec ce visage defait, ces yeux egarés, ce col debraillé, ces cheveux ebouriffés, dans l'etat vraiment tragique ou vous voila. Je me jetterois aux piés de la divinité [72]. Je me colerois la face contre terre, (1) et sans me relever, je lui dirois d'une voix basse et sanglotante : Pardon, madame ! pardon ! je suis un indigne, un infame. Ce fut un mal heureux instant; car vous scavez que je ne suis pas sujet a avoir du sens commun, et je vous promets de n'en avoir de ma vie.

Ce qu'il y a de plaisant, c'est que, tandis que je lui tenois ce discours, il en executoit la pantomime. Il s'etoit prosterné; il avait collé son visage contre terre; il paroissoit tenir entre ses deux mains le bout d'une pentoufle; il pleuroit; il sanglotoit; il disoit, oui, ma petite reine; oui, je le promets; je n'en aurai de ma vie, de ma

---

1. je me colerois la face contre terre : membre de phrase omis dans les éditions, de Brière à Tourneux.

vie. Puis se relevant brusquement, il ajouta d'un ton
serieux et reflechi.:

Lui. — Oui, vous avez raison. Je crois que c'est le
mieux. Elle est bonne. M. Vieillard dit qu'elle est si
bonne [73]. Moi, je scais un peu qu'elle l'est. Mais cependant aller s'humilier devant une guenon ! Crier misericorde aux piés d'une miserable petite histrione que les
sifflets du parterre ne cessent de poursuivre ! Moi,
Rameau ! fils de Mr Rameau, apoticaire de Dijon, qui
est un homme de bien et qui n'a jamais fléchi le genou
devant qui que ce soit [74] ! Moi, Rameau, le neveu de celui
qu'on apelle le grand Rameau; qu'on voit se promener
droit et les bras en l'air, au Palais Royal, depuis que
Mr Carmontel l'a dessiné courbé, et les mains sous les
basques de son habit [75] ! Moi qui ai composé des pieces
de clavecin que personne ne joue, mais qui seront peut
etre les seules qui passeront a la posterité qui les jouera [76];
moi ! moi enfin ! J'irois !... Tenez, monsieur, cela ne se
peut.

(*Et mettant sa main droite sur sa poitrine, il ajoutoit:*)
Je me sens la quelque chose qui s'eleve et qui me dit,
Rameau, tu n'en feras rien. Il faut qu'il y ait une certaine
dignité attachée a la nature de l'homme, que rien ne peut
etouffer [77]. Cela se reveille a propos de bottes *. Oui, a
propos de bottes; car il y a d'autres jours ou il ne m'en
couterait rien pour etre vil tant qu'on voudroit ; ces
jours la, pour un liard, je baiserois le cul a la petite Hus.

Moi. — He, mais, l'ami ; elle est blanche, jolie, jeune,
douce, potelée; et c'est un acte d'humilité auquel un
plus delicat que vous pourroit quelquefois s'abbaisser.

Lui. — Entendons nous; c'est qu'il y a baiser le cul
au simple, et baiser le cul au figuré. Demandez au gros
Bergier [78] qui baise le cul de madame de la Marque [79]
au simple et au figuré; et ma foi, le simple et le figuré me
deplairoient egalement la.

MOI. — Si l'expedient que je vous suggere ne vous convient pas, aiez donc le courage d'etre gueux.

LUI. — Il est dur d'etre gueux, tandis qu'il y a tant de sots opulents aux depens des quels on peut vivre. Et puis le mepris de soi; il est insupportable.

MOI. — Est-ce que vous connoissez ce sentiment la !

LUI. — Si je le connois; combien de fois je me suis dit : Comment, Rameau, il y a dix mille bonnes tables a Paris, a quinze ou vingt couverts chacune; et de ces couverts la, il n'y en a pas un pour toi ! Il y a des bourses pleines d'or qui se versent de droite et de gauche, et il n'en tombe pas une piece sur toi ! Mille petits beaux esprits, sans talent, sans merite; mille petites creatures, sans charmes; mille plats intrigants, (1) sont bien vetus, et tu irois tout nu ? (2) Et tu serois imbecille a ce point ? est ce que tu ne scaurois pas flatter comme un autre ? Est ce que tu ne scaurois pas mentir, jurer, parjurer, promettre, tenir ou manquer comme une autre ? est ce que tu ne scaurois pas te mettre à quatre pattes, comme un autre ? est ce que tu ne scaurois pas favoriser l'intrigue de Madame, et porter le billet doux de Monsieur, comme un autre ? est ce que tu ne scaurois pas encourager ce jeune homme a parler a Mademoiselle, et persuader a Mademoiselle de l'ecouter, comme un autre ? est ce que tu ne scaurois pas faire entendre a la fille d'un de nos bourgeois, qu'elle est mal mise; que de belles boucles d'oreilles, un peu de rouge, des dentelles, une robe a la polonoise [80], lui sieroient a ravir ? que ces petits piés la ne sont pas faits pour marcher dans la rue ? qu'il y a un beau monsieur, jeune et riche, qui a un habit gallonné d'or, un superbe equipage, six grands laquais, qui l'a vue en passant, qui la trouve charmante; et que depuis

---

1. m^1 : intrigants ; m : intriguants.
2. M : et tu irois tout nu !

ce jour la il en a perdu (1) le boire et le manger; qu'il
n'en dort plus, et qu'il en mourra ? — Mais mon papa. —
Bon, bon; votre papa ! il s'en fachera d'abord un peu. —
Et maman qui me recommande tant d'etre honnête
fille ? qui me dit qu'il n'y a rien dans ce monde que l'honneur ? — Vieux propos qui ne signifient rien. — Et mon
confesseur ? — Vous ne le verrez plus : ou si vous per-
sistez dans la fantaisie d'aller lui faire l'histoire de vos
amusements; il vous en coutera quelques livres de sucre
et de caffé. — C'est un homme severe qui m'a deja refuse
l'absolution, pour la chanson, *Viens dans ma cellule* 81. —
C'est que vous n'aviez rien a lui donner... Mais quand
vous lui apparoitrez en dentelles, — J'aurai donc des dentelles ? — Sans doute et de toutes les sortes... en belles
boucles de diamants. — J'aurai donc de belles boucles de
diamants ? — Oui. — Comme celles de cette marquise
qui vient quelquefois prendre des gants, dans notre
boutique ? — Precisement. Dans un bel equipage, avec
des chevaux gris pommelés; deux grands laquais, un
petit negre, et le coureur en avant, du rouge, des mouches, la queue portée. — Au bal ? — Au bal... à l'Opéra,
a la Comedie... Deja le cœur lui tressaillit * de joye. Tu
joues avec un papier entre les doigts... Qu'est cela ? —
Ce n'est rien. — Il me semble que si. — C'est un billet. —
Et pour qui ? — Pour vous, si vous etiez un peu
curieuse. — Curieuse, je le suis beaucoup. Voyons... Elle
le lit... Une entrevue, cela ne se peut. — En allant a la
messe. — Maman m'accompagne toujours; mais s'il
venoit ici, un peu matin; je me leve la premiere; et je suis
au comptoir, avant qu'on soit levé. — Il vient : il plait;
un beau jour, a la brune, la petite disparoit, et l'on me
compte mes deux mille ecus... Et quoi tu possedes ce

---

1. M : et qui depuis ce jour la en a perdu (il : ajouté en surcharge
par *m*1).

talent la; et tu manques de pain ? N'as tu pas de honte,
malheureux ? Je me rapellois un tas de coquins, qui
ne m'alloient pas à la cheville et qui regorgeoient de
richesses. J'etois en surtout * de baracan *, et ils etoient
couverts de velours; ils s'appuioient sur la canne a pomme
d'or et en bec de corbin *; et ils avoient l'Aristote ou le
Platon (1) au doigt [82]. Qu'etoient ce pourtant ? la plus part
de miserables croquenottes *; aujourd'huy ce sont des
especes de seigneurs. Alors je me sentois du courage,
l'ame elevée; l'esprit subtil, et capable de tout. Mais ces
heureuses dispositions apparemment ne duroient pas;
car jusqu'a present, je n'ai pu faire un certain chemin.
Quoi qu'il en soit, voila le texte de mes frequents soli-
loques que vous pouvez paraphraser a votre fantaisie;
pourvu que vous en concluiez que je connois le mepris
de soi meme, ou ce tourment de la conscience qui nait
de l'inutilité des dons que le Ciel nous a departis; c'est
le plus cruel de tous. Il vaudroit presque autant que
l'homme ne fut pas né [83].

Je l'ecoutois; et a mesure qu'il faisoit la scene du
proxenete et de la jeune fille qu'il seduisoit; l'ame agitée
de deux mouvements opposés, je ne scavois si je m'aban-
donnerois a l'envie de rire, ou au transport de l'indignation. Je soufrois. Vingt fois un éclat de rire empecha
ma colere d'eclater; vingt fois la colere qui s'elevoit au
fond de mon cœur se termina par un eclat de rire.
J'etois confondu de tant de sagacité, et de tant de
bassesse; d'idées si justes et alternativement si fausses;
d'une perversité si generale de sentiments, d'une turpitude si complette, et d'une franchise si peu commune.
Il s'apercut du conflict qui se passoit en moi : Qu'avez
vous ? me dit-il (2).

1. M. (au lieu de *m* : l'aristote et le platon).
2. M. (*m* : qu'avez vous, me dit-il ?).

MOI. — Rien.

LUI. — Vous me paroissez troublé.

MOI. — Je le suis aussi.

LUI. — Mais enfin que me conseillez vous ?

MOI. — De changer de propos. Ah, malheureux, dans quel état d'abjection, vous etes né ou tombé.

LUI. — J'en conviens. Mais cependant que mon etat ne vous touche pas trop. Mon projet, en m'ouvrant a vous, n'etoit point de vous affliger. Je me suis fait chez ces gens, quelqu'epargne. Songez que je n'avois besoin de rien, mais de rien absolument; et que l'on m'accordoit tant pour mes menus plaisirs.

Alors il recommença a se frapper le front, avec un de ses poings, a se mordre la levre, et rouler au platfond ses yeux egarés; ajoutant, mais c'est une affaire faite. J'ai mis quelque chose de coté. Le tems s'est ecoulé; et c'est toujours autant d'amassé.

MOI. — Vous voulez dire de perdu.

LUI. — Non, non, d'amassé. On s'enrichit a chaque instant. Un jour de moins a vivre, ou un ecu de plus; c'est tout un. Le point important c'est d'aller aisement, librement, agreablement, copieusement, tous les soirs a la garderobe . *O stercus pretiosum* [84] ! Voila le grand resultat de la vie dans tous les etats. Au dernier moment, tous sont egalement riches; et Samuel Bernard [85] qui a force de vols, de pillages, de banqueroutes laisse vingt sept millions en or, et Rameau qui ne laissera rien; Rameau a qui la charité fournira la serpilliere * dont on l'enveloppera. Le mort n'entend pas sonner les cloches. C'est en vain que cent prêtres s'egosillent * pour lui : qu'il est precedé et suivi d'une longue file de torches ardentes; son ame ne marche pas a coté du maitre des ceremonies. Pourir sous du marbre, pourir sous de la terre, c'est toujours pourir. Avoir autour de son cercueil les enfants rouges, et les enfants bleus [86], ou n'avoir personne, qu'est ce que cela fait. Et puis vous voyez bien ce poignet; il etoit roide comme un diable. Ces dix doigts, c'etoient autant de batons fichés dans un meta-carpe de bois; et ces tendons, c'etoient de vieilles cordes a boyaux plus seches, plus roides, plus inflexibles que celles qui ont servi a la roue d'un tourneur. Mais je vous les ai tant tourmentées, tant brisées, tant rompues. Tu ne veux pas aller; et moi, mordieu, je dis que tu iras; et cela sera.

Et tout en disant cela, de la main droite, il s'etoit saisi les doigts et le poignet de la main gauche; et il les renversoit en dessus, en dessous; l'extremité des doigts touchoit au bras; les jointures en craquoient; je crai-gnois que les os n'en demeurassent disloqués.

MOI. — Prenez garde, lui dis je; vous allez vous estropier.

LUI. — Ne craignez rien. Ils y sont faits; depuis dix ans, je leur en ai donné bien d'une autre façon. Malgré qu'ils en eussent, il a bien fallu que les bougres s'y accoutumassent, et qu'ils apprissent a se placer sur les touches et a voltiger sur les cordes. Aussi a present cela va. Oui, cela va.

En meme tems, il se met dans l'attitude d'un joueur de violon; il fredonne de la voix un allegro de Loca-telli [87]; son bras droit imite le mouvement de l'archet; sa main gauche et ses doigts semblent se promener sur la longueur du manche; s'il fait un ton faux, il s'ar-rete; il remonte ou baisse la corde; il la pince de l'ongle, pour s'assurer qu'elle est juste; il reprend le morceau la ou il l'a laissé; il bat la mesure du pié; il se demene de la tete, des piés, des mains, des bras, du corps. Comme vous avez vu quelquefois au concert spirituel [88], Ferrari ou Chiabran [89], ou quelqu'autre virtuose, dans les memes convulsions, m'offrant l'image du meme supplice, et me causant a peu pres la meme peine; car n'est ce pas une

chose penible a voir que le tourment, dans celui qui s'occupe a me peindre le plaisir; tirez entre cet homme et
moi, un rideau qui me le cache, s'il faut qu'il me montre
un patient appliqué a la question. Au milieu de ses agita-
tions et de ses cris, s'il se presentoit une tenue, un de ces
endroits harmonieux ou l'archet se meut lentement sur
plusieurs cordes a la fois, son visage prenoit l'air de
l'exstase; sa voix s'adoucissoit, il s'ecoutoit avec ravissement. Il est sur que les accords resonnoient dans ses
oreilles et dans les miennes. Puis, remettant son instrument, sous son bras gauche, de la meme main dont il le
tenoit, et laissant tomber sa main droite, avec son archet,
He bien, me disoit il, qu'en pensez vous ?

Moi. — A merveilles.

Lui. — Cela va, ce me semble; cela resonne a peu
pres, comme les autres.

Et aussitôt, il s'accroupit, comme un musicien qui
se met au clavecin (1). Je vous demande grace, pour vous
et pour moi; lui dis je.

Lui. — Non, non; puis que je vous tiens, vous
m'entendrez. Je ne veux point d'un suffrage qu'on m'accorde sans scavoir pourquoi. Vous me louerez d'un ton
plus assuré, et cela me vaudra quelqu'ecolier.

Moi. — Je suis si peu repandu *; et vous allez vous
fatiguer en pure perte.

Lui. — Je ne me fatigue jamais.

Comme je vis que je voudrois inutilement avoir
pitié de mon homme, car la sonate sur le violon l'avoit
mis tout en eau, je pris le parti de le laisser faire. Le voila
donc assis au clavecin; les jambes flechies, la tete elevée
vers le plafond ou l'on eut dit qu'il voyoit une partition
notée, chantant, preludant, executant une piece d'Alberti [90], ou de Galuppi [91], je ne scais lequel des deux.

---

1. M ponctue à la ligne.

Sa voix alloit comme le vent, et ses doigts voltigeoient
sur les touches; tantot laissant le dessus, pour prendre
la basse; tantot quittant la partie d'accompagnement,
pour revenir au dessus. Les passions se succedoient sur
son visage. On y distinguoit la tendresse, la colere, le
plaisir, la douleur. On sentoit les piano, les forte. Et je
suis sur qu'un plus habile que moi auroit reconnu le
morceau, au mouvement, au caractere, a ses mines et a
quelques traits * de chant qui lui echappoient par intervalle. Mais ce qu'il y avoit de bizarre; c'est que de tems
en tems, il tatonnoit; se reprenoit, comme s'il eut
manqué * et se depitoit de n'avoir plus la piece dans les
doigts.

Enfin, vous voyez, dit-il, en se redressant et en essuyant
les goutes de sueur qui descendoit le long de ses joues,
que nous scavons aussi placer un triton [92], une quinte
superflue [93], et que l'enchainement des dominantes [94]
nous est familier. Ces passages enharmoniques [95] dont
le cher oncle a fait tant de train *, ce n'est pas la mer *
a boire, nous nous en tirons.

Moi. — Vous vous etes donné bien de la peine, pour
me montrer que vous etiez fort habile; j'etois homme a
vous croire sur votre parole.

Lui. — Fort habile ? ho non; pour mon metier, je le
scais a peu pres, et c'est plus qu'il ne faut. Car dans ce
païs cy est ce qu'on est obligé de scavoir ce qu'on
montre * [96] ?

Moi. — Pas plus que de scavoir ce qu'on apprend.

Lui. — Cela est juste, morbleu, et tres juste. La,
monsieur le philosophe, la main sur la conscience,
parlez net. Il y eut un tems ou vous n'etiez pas cossu
comme aujourd'hui.

Moi. — Je ne le suis pas encore trop.

Lui. — Mais vous n'iriez plus au Luxembourg, en
eté, vous vous en souvenez...

Moi. — Laissons cela; oui, je m'en souviens.

Lui. — En redingote * de pluche * grise.

Moi. — Oui, oui.

Lui. — Erintée * par un des cotés; avec la manchette déchirée, et les bas de laine, noirs et recousus par derriere avec du fil blanc.

Moi. — Et oui, oui, tout comme il vous plaira.

Lui. — Que faisiez vous alors dans l'allée des Soupirs [97] ?

Moi. — Une assez triste figure.

Lui. — Au sortir de la, vous trotiez sur le pavé.

Moi. — D'accord.

Lui. — Vous donniez des lecons de mathematiques [98].

Moi. — Sans en scavoir un mot : n'est ce pas la que vous en vouliez venir ?

Lui. — Justement.

Moi. — J'aprenois en montrant aux autres, et j'ai fait quelques bons ecoliers.

Lui. — Cela se peut, mais il n'en est pas de la musique comme de l'algebre ou de la geometrie. Aujourd'hui que vous etes un gros monsieur...

Moi. — Pas si gros.

Lui. — Que vous avez du foin dans vos bottes *...

Moi. — Tres peu.

Lui. — Vous donnez des maitres a votre fille.

Moi. — Pas encore. C'est sa mere qui se mêle de son education; car il faut avoir la paix chez soi [99].

Lui. — La paix chez soi ? morbleu, on ne l'a que quand on est le serviteur ou le maitre; et c'est le maitre qu'il faut etre. J'ai eu une femme [100]. Dieu veuille avoir son ame; mais quand il lui arrivoit quelquefois de se rebecquer *, je m'elevois sur mes ergots; je deploiois mon tonnerre; je disois, comme Dieu, que la lumiere se fasse et la lumiere etoit faite. Aussi en quatre années de tems, nous n'avons pas eu dix fois un mot, l'un plus haut que l'autre. Quel age a votre enfant?

Moi. — Cela ne fait rien a l'affaire.

Lui. — Quel age a votre enfant?

Moi. — Et que diable, laissons la mon enfant et son age; et revenons aux maitres qu'elle aura.

Lui. — Pardieu, je ne sache rien de si têtu qu'un philosophe. En vous suppliant tres humblement, ne pourrait-on scavoir de monsieur le philosophe, quel age a peu pres peut avoir mademoiselle sa fille.

Moi. — Supposez lui huit ans [101].

Lui. — Huit ans! il y a quatre ans que cela devroit avoir les doigts sur les touches.

Moi. — Mais peut etre ne me souciai je pas trop de faire entrer dans le plan de son education, une etude qui occupe si longtems et qui sert si peu [102].

Lui. — Et que lui aprendrez vous donc, s'il vous plait.

Moi. — A raisonner juste, si je puis; chose si peu commune parmi les hommes, et plus rare encore parmi les femmes [103].

Lui. — Et laissez la deraisonner, tant qu'elle voudra. Pourvu qu'elle soit jolie, amusante et coquette.

Moi. — Puis que la nature a eté assez ingrate envers elle pour lui donner une organisation delicate, avec une ame sensible, et l'exposer aux memes peines de la vie que si elle avoit une organisation forte, et un cœur de bronze, je lui apprendrai, si je puis, a les supporter avec courage.

Lui. — Et laissez la pleurer, souffrir, minauder, avoir des nerfs agacés, comme les autres; pourvu qu'elle soit jolie, amusante et coquette. Quoi, point de danse?

Moi. — Pas plus qu'il n'en faut pour faire une reverence, avoir un maintien decent, se bien presenter, et scavoir marcher.

Lui. — Point de chant?

Moi. — Pas plus qu'il n'en faut, pour bien prononcer.

Lui. — Point de musique ?

Moi. — S'il y avoit un bon maitre d'harmonie, je la lui confierois volontiers, deux heures par jour, pendant un ou deux ans; pas davantage [104].

Lui. — Et a la place des choses essentielles que vous supprimez...

Moi. — Je mets de la grammaire, de la fable, de l'histoire, de la geographie, un peu de dessein, et beaucoup de morale.

Lui. — Combien il me seroit facile de vous prouver l'inutilité de toutes ces connoissances la, dans un monde tel que le notre; que dis je l'inutilité, peut etre le danger. Mais je m'en tiendrai pour ce moment a une question : ne lui faudra-t-il pas un ou deux maitres ?

Moi. — Sans doute.

Lui. — Ah, nous y revoila. Et ces maitres, vous esperez qu'ils scauront la grammaire, la fable, l'histoire, la geographie, la morale dont ils lui donneront des leçons ? Chansons, mon cher maitre, chansons. S'ils possedoient ces choses assez pour les montrer *, ils ne les montreroient pas.

Moi. — Et pourquoi ?

Lui. — C'est qu'ils auroient passé leur vie a les etudier. Il faut etre profond dans l'art ou dans la science, pour en bien posceder les elemens. Les ouvrages classiques ne peuvent etre bien faits, que par ceux qui ont blanchi sous le harnois [105]. C'est le milieu et la fin qui eclaircissent les tenebres du commencement. Demandez a votre ami, M. D'Alembert, le coriphée de la science mathematique, s'il seroit trop bon pour en faire des elements. Ce n'est qu'après trente a quarante ans d'exercice que mon oncle a entrevu les premieres lueurs de la theorie musicale [106].

Moi. — O fou, archifou, m'ecriai je, comment se
fait-il que dans ta mauvaise tete, il se trouve des idées
si justes, pêle mele, avec tant d'extravagances.

Lui. — Qui diable scait cela ? C'est le hazard qui
vous les jette, et elles demeurent. Tant y a, que, quand
on ne scait pas tout, on ne scait rien de bien. On ignore
ou une chose va; d'ou une autre vient; ou celle cy ou
celle la veulent etre placées; la quelle doit passer la premiere, ou sera mieux la seconde. Montre-t-on bien sans
la methode ? Et la methode, d'ou naît-elle ? Tenez, mon
philosophe (1), j'ai dans la tête que la physique sera toujours une pauvre science; une goutte d'eau prise avec
la pointe d'une aiguille dans le vaste ocean [107]; un grain
detaché de la chaine des Alpes; et les raisons des phenomenes ? en verité, il vaudroit autant ignorer que de
scavoir si peu et si mal; et c'etoit precisement ou j'en
etois, lors que je me fis maitre d'accompagnement et
de composition. A quoi revez vous ?

Moi. — Je reve que tout ce que vous venez de dire,
est plus specieux que solide [108]. Mais laissons cela.
Vous avez montré   , dites-vous. l'accompagnement et la
composition ?

Lui. — Oui.

Moi. — Et vous n'en scaviez rien du tout ?

Lui. — Non, ma foi; et c'est pour cela qu'il y en
avoit de pires que moi : ceux qui croyoient scavoir
quelque chose. Au moins, je ne gatois ni le jugement ni
les mains des enfants. En passant de moi, a un bon
maitre, comme ils n'avoient rien appris, du moins ils
n'avoient rien a desapprendre; et c'etoit toujours autant
d'argent et de tems epargné.

Moi. — Comment faisiez vous ?

Lui. — Comme ils font tous [109]. J'arrivois. Je me

_____

1. T : mon cher philosophe.

jettois dans une chaise * : que le tems est mauvais !
que le pavé est fatiguant ! Je bavardois * quelques nouvelles. Mademoiselle Lemiere devoit faire un role de
vestale dans l'opera nouveau; mais elle est grosse pour
la seconde fois [110]. On ne scait qui la doublera *. Mademoiselle Arnoud [111] vient de quitter son petit comte [112].
On dit qu'elle est en negotiation avec Bertin [113]. Le
petit comte a pourtant trouvé la porcelaine de Mr de
Montami [114]. Il y avoit au dernier concert des amateurs [115], une Italienne qui a chanté comme un ange.
C'est un rare corps que ce Preville [116]. Il faut le voir dans
le *Mercure galland* (1) ; l'endroit de l'enigme est impayable * [117]. Cette pauvre Dumesni(l) ne scait plus ni ce
qu'elle dit ni ce qu'elle fait [118]. Allons, Mademoiselle;
prenez votre livre. Tandis que Mademoiselle, qui ne se
presse pas, cherche son livre qu'elle a egaré : qu'on
appelle une femme de chambre : qu'on gronde, je
continue, la Clairon est vraiment incomprehensible [119].
On parle d'un mariage fort saugrenu. C'est celui de
Mad^lle, comment l'appelez vous ? une petite creature
qu'il entretenoit, a qui il a fait deux ou trois enfants,
qui avoit eté entretenue par tant d'autres — Allons,
Rameau; cela ne se peut, vous radotez. — Je ne radote
point. On dit meme que la chose est faite. Le bruit
court que De Voltaire (2) est mort [120]. Tant mieux. —
Et pourquoi tant mieux ? — C'est qu'il va nous donner
quelque bonne folie. C'est son usage que de mourir une
quinzaine auparavant. Que vous dirai je encore ? Je
disois quelques polissonneries, que je rapportois des
maisons ou j'avois eté; car nous sommes tous, grands
colporteurs [121]. Je faisois le fou. On m'écoutoit. On
riòit. On s'ecrioit, il est toujours charmant. Cependant

---

1. *m²* : Mercure galant.
2. *m²* : Voltaire.

le livre de Mademoiselle s'étoit enfin retrouvé sous un
fauteuil ou il avoit été trainé, machonné, dechiré, par un
jeune doguin * ou par un petit chat. Elle se mettoit a son
clavecin. D'abord elle y faisoit du bruit, toute seule.
Ensuite, je m'approchois, apres avoir fait a la mere un
signe d'approbation. La mere : Cela ne va pas mal; on
n'auroit qu'a vouloir, mais on ne veut pas. On aime
mieux perdre son tems a jaser, a chifonner *, a courir,
a je ne scais quoi. Vous n'etes pas sitot parti que le livre
est fermé, pour ne le rouvrir qu'a votre retour. Aussi
vous ne la (1) grondez jamais... Cependant comme
il falloit faire quelque chose, je lui prenois les mains
que je lui plaçois autrement. Je me depitois. Je criois
sol, sol, sol; mademoiselle, c'est un sol. La mere :
Mademoiselle, est ce que vous n'avez point d'oreilles ?
Moi, qui ne suis pas au clavecin, et qui ne vois pas sur
votre livre, je sens qu'il faut un sol. Vous donnez une
peine infinie a Monsieur. Je ne conçois pas sa patience.
Vous ne retenez rien de ce qu'il vous dit. Vous n'avancez
point... Alors je rabattois * un peu les coups, et hochant *
de la tete, je disois, pardonnez moi (2) madame, pardonnez moi. Cela pourroit aller mieux, si mademoiselle
vouloit; si elle etudioit un peu; mais cela ne va pas mal.
La mere : A votre place, je la tiendrois un an sur la meme
piece. — Ho pour cela, elle n'en sortira pas qu'elle ne
soit au dessus de toutes les difficultés; et cela ne sera
pas si long que madame le croit. — La mere : Monsieur
Rameau, vous la flattez; vous etes trop bon. Voila de
sa leçon la seule chose qu'elle retiendra et qu'elle scaura
bien me repeter dans l'occasion. — L'heure se passoit.
Mon ecoliere me presentoit le petit cachet *, avec la
grace du bras et la reverence qu'elle avoit apprise du

---

1. m^2 (m : vous ne grondez).
2. M : je disois, Pardonnez-moi.

maitre a danser. Je le mettois dans la poche, pendant
que la mere disoit : Fort bien, mademoiselle. Si Javillier [122] étoit la, il vous aplaudiroit. Je bavardois encore
un moment par bienseance; je disparoissois ensuite,
et voila ce qu'on apelloit alors une leçon d'accompagnement.

MOI. — Et aujourdhuy, c'est donc autre chose.

LUI. — Vertudieu, je le crois. J'arrive. Je suis grave.
Je me hate d'oter mon manchon *. J'ouvre le clavecin.
J'essaye les touches. Je suis toujours pressé : si l'on me
fait attendre un moment, je crie comme si l'on me voloit
un ecu. Dans une heure d'ici, il faut que je sois la; dans
deux heures, chez madame la duchesse une telle. Je suis
attendu a diner chez une belle marquise; et au sortir de
la, c'est un concert chez Mr le baron de Bacq (1), rue
neuve des Petits Champs [123].

MOI. — Et cependant vous n'etes attendu nulle
part ?

LUI. — Il est vrai.

MOI. — Et pourquoi employer toutes ces petites
viles ruses la.

LUI. — Viles l et pourquoi, s'il vous plait. Elles sont
d'usage dans mon etat *. Je ne m'avilis point en faisant
comme tout le monde. Ce n'est pas moi qui les ai inven-
tées : et je serois bizarre et maladroit de ne pas m'y
conformer. Vraiment, je scais bien que si vous allez
appliquer a cela certains principes generaux de je ne
scais quelle morale qu'ils ont tous a la bouche [124], et
qu'aucun d'eux ne pratique, il se trouvera que ce qui est
blanc sera noir et que ce qui est noir sera blanc. Mais,
monsieur le philosophe, il y a une conscience generale,
comme il y a une grammaire generale [125], et puis des
exceptions dans chaque langue que vous appelez, je

---

1. *m²* : M. le baron de Bagge.

crois, vous autres scavants, des... aidez moi donc...
des...

Moi. — Idiotismes [126].

Lui. — Tout juste. He bien, chaque etat a ses exceptions a la conscience generale auxquelles je donnerois
volontiers le nom d'idiotismes de metier [127].

Moi. — J'entends. Fontenelle parle bien, ecrit bien,
quoique son stile fourmille d'idiotismes francois [128]

Lui. — Et le souverain, le ministre, le financier, le
magistrat, le militaire, l'homme de lettres, l'avocat, le
procureur, le commercant, le banquier, l'artisan, le
maitre a chanter, le maitre a danser, sont de fort honnetes
gens, quoique leur conduite s'ecarte en plusieurs points
de la conscience genrale, et soit remplie d'idiotismes
moraux. Plus l'institution des choses est ancienne, plus
il y a d'idiotismes; plus les tems sont malheureux, plus
les idiotismes se multiplient [129]. Tant vaut * l'homme,
tant vaut le metier; et reciproquement, a la fin, tant vaut
le metier, tant vaut l'homme. On fait donc valoir le
metier tant qu'on peut.

Moi. — Ce que je concois clairement a tout cet
entortillage *, c'est qu'il y a peu de metiers honnetement
exercés, ou peu d'honnetes gens dans leurs metiers.

Lui. — Bon, il n'y en a point; mais en revanche, il y a
peu de fripons hors de leur boutique; et tout iroit assez
bien, sans un certain nombre de gens qu'on appelle
assidus, exacts, remplissant rigoureusement leurs
devoirs, stricts, ou ce qui revient au meme toujours
dans leurs boutiques, et faisant leur metier depuis le
matin jusqu'au soir, et ne faisant que cela. Aussi sont
ils les seuls qui deviennent opulents et qui soient estimés.

Moi. — A force d'idiotismes.

Lui. — C'est cela. Je vois que vous m'avez compris.
Or donc un idiotisme de presque tous les etats, car il y en
a dé communs a tous les païs, a tous les tems, comme il y

a des sottises communes [130], un idiotisme commun est de se procurer le plus de pratiques que l'on peut; une sottise commune est de croire que le plus habile est celui qui en a le plus (1). Voila deux exceptions a la conscience generale auxquelles il faut se plier. C'est une espece de credit. Ce n'est rien en soi; mais cela vaut par l'opinion. On a dit que *bonne renommée valoit mieux que ceinture dorée* [131]. Cependant qui a bonne renommée n'a pas ceinture dorée; et je vois qu'aujourdhui qui a ceinture dorée (2) ne manque gueres de renommée. Il faut, autant qu'il est possible, avoir le renom et la ceinture. Et c'est mon objet, lorsque je me fais valoir par ce que vous, qualifiez d'adresses viles, d'indignes petites ruses. Je donne ma leçon, et je la donne bien; voila la regle generale. Je fais croire que j'en ai plus a donner que la journée n'a d'heures, voila l'idiotisme.

Moi. — Et la leçon, vous la donnez bien.

Lui. — Oui, pas mal, passablement. La basse fondamentale [132] du cher oncle a bien simplifié tout cela. Autrefois je volois l'argent de mon ecolier; oui, je le volois; cela est sur. Aujourdhuy, je le gagne, du moins comme les autres.

Moi. — Et le voliez vous, sans remors (?) (3).

Lui. — Ho, sans remords. On dit que *si un voleur vole l'autre, le diable s'en rit*. Les parents regorgeoient d'une fortune acquise, Dieu scait comment; c'etoient des gens de cour, des financiers, de gros commercants, des banquiers, des gens d'affaires. Je les aidois a restituer *, moi, et une foule d'autres qu'ils emploioient comme moi. Dans la nature, toutes les especes se devorent, toutes les conditions se devorent dans la

---

1. *m¹* (*m* : qui en a plus).
2. *m* et M (*m²* et T : et je vois aujourd'hui que qui a ceinture...
3 ? ajouté par M

société. Nous faisons justice les uns des autres, sans que
la loi s'en mêle. La Deschamps, autrefois, aujourdhuy
la Guimar vange le prince du financier [133]; et c'est la
marchande de mode, le bijoutier, le tapissier, la lingere,
l'escroc, la femme de chambre, le cuisinier, le bourlier,
qui vangent le financier de la Deschamps. Au milieu
de tout cela il n'y a que l'imbecille ou l'oisif qui soit
lesé, sans avoir vexé * personne; et c'est fort bien fait.
D'ou vous voyez que ces exceptions a la conscience
generale, ou ces idiotismes moraux dont on fait tant de
bruit, sous la denomination de *Tours du baton* *, ne sont
rien, et qu'a tout * (1), il n'y a que le coup d'œil qu'il
faut avoir juste.

Moi. — J'admire le votre.

Lui. — Et puis la misere. La voix de la conscience
et de l'honneur, est bien foible, lorsque les boyaux
crient [134]. Suffit que si je deviens jamais riche, il faudra
bien que je restitue *, et que je suis bien resolu a restituer de toutes les manieres possibles, par la table, par
le jeu, par le vin, par les femmes.

Moi. — Mais j'ai peur que vous ne deveniez jamais
riche.

Lui. — Moi, j'en ai le soupçon.

Moi. — S'il en arrivoit autrement, que feriez-vous ?

Lui. — Je ferois comme tous les gueux revetus *;
je serois le plus insolent maroufle * qu'on eut encore vu.
C'est alors que je me rapellerois tout ce qu'ils m'ont fait
souffrir; et je leur rendrois bien les avanies * qu'ils
m'ont faites. J'aime a commander, et je commanderai.
J'aime qu'on me loue et l'on me louera. J'aurai a mes
gages, toute la troupe vilmorienne [135], et je leur dirai,
comme on me l'a dit, Allons, faquins, qu'on m'amuse
et l'on m'amusera; qu'on me dechire les honnetes gens,

---

1. T : et qu'a tout prendre...

et on les dechirera, si l'on en trouve encore; et puis
nous aurons des filles, nous nous tutoyerons, quand
nous serons yvres [136], nous nous enyvrerons; nous ferons
des contes *; nous aurons toutes sortes de travers et de
vices. Cela sera delicieux. Nous prouverons que De
Voltaire (1) est sans genie; que Buffon toujours guindé
sur des echasses, n'est qu'un declamateur ampoulé; que
Montesquieu n'est qu'un bel esprit; nous releguerons
D'Alembert dans ses mathematiques [137], nous en donnerons * sur dos et ventre a tous ces petits Catons,
comme vous, qui nous meprisent par envie; dont la
modestie est le manteau de l'orgueil [138], et dont la
sobrieté est la loi du besoin. Et de la musique? C'est
alors que nous en ferons.

MOI. — Au digne emploi que vous feriez de la
richesse, je vois combien c'est grand dommage que vous
soiez gueux. Vous vivriez la d'une maniere bien honorable pour l'espece humaine, bien utile a vos concitoyens; bien glorieuse pour vous.

LUI. — Mais je crois que vous vous moquez de moi;
monsieur le philosophe, vous ne scavez pas a qui vous
vous jouez *; vous ne vous doutez pas que dans ce
moment je represente la partie la plus importante de la
ville et de la cour. Nos opulents dans tous les etats ou se
sont dit a eux memes ou ne se sont pas dit les memes
choses que je vous ai confiées; mais le fait est que la vie
que je menerois a leur place est exactement la leur. Voila
ou vous en etes, vous autres. Vous croyez que le meme
bonheur est fait pour tous [139]. Quelle etrange vision !
Le votre suppose un certain tour d'esprit romanesque
que nous n'avons pas; une ame singuliere, un gout
particulier. Vous decorez cette bizarrerie du nom de
vertu; vous l'appelez philosophie. Mais la vertu, la

1. *m²* : Voltaire.

philosophie sont-elles faites pour tout le monde (?) (1)
En a qui peut. En conserve qui peut. Imaginez l'univers sage et philosophe; convenez qu'il seroit diablement
triste. Tenez, vive la philosophie; vive la sagesse de
Salomon [140] : boire (2) de bon vin, se gorger de mets
delicats; se rouler sur de jolies femmes; se reposer dans
des lits bien mollets. Excepté cela, le reste n'est que
vanité.

MOI. — Quoi, defendre sa patrie ?

LUI. — Vanité. Il n'y a plus de patrie. Je ne vois
d'un pole a l'autre que des tyrans et des esclaves [141].

MOI. — Servir ses amis ?

LUI. — Vanité. Est ce qu'on a des amis ? Quand on
en auroit, faudroit-il en faire des ingrats ? Regardez
y bien et vous verrez que c'est presque toujours la ce
qu'on recueille des services rendus. La reconnoissance
est un fardeau; et tout fardeau est fait pour etre secoué [142]

MOI. — Avoir un etat dans la societé et en remplir
les devoirs ?

LUI. — Vanité. Qu'importe qu'on ait un etat, ou
non; pourvu qu'on soit riche; puisqu'on ne prend un
etat que pour le devenir. Remplir ses devoirs, a quoi
cela mene-t-il ? A la jalousie, au trouble, a la persecution.
Est ce ainsi qu'on s'avance ? Faire sa cour, morbleu;
faire sa cour; voir les grands; etudier leurs gouts; se
preter a leurs fantaisies; servir leurs vices; aprouver leurs
injustices. Voila le secret [143].

MOI. — Veiller a l'education de ses enfants ?

LUI. — Vanité. C'est l'affaire d'un precepteur [144].

MOI. — Mais si ce precepteur, penetré de vos principes, neglige ses devoirs; qui est ce qui en sera chatié ?

LUI. — Ma foi, ce ne sera pas moi; mais peut etre

---

1. ? ajouté par M.
2. *m* (M : Boire de bon vin)

un jour, le mari de ma fille, ou la femme de mon fils.

Moi. — Mais si l'un et l'autre se precipitent dans la debauche et les vices (?)

Lui. — Cela est de leur etat.

Moi. — S'ils se deshonorent (?)

Lui. — Quoi qu'on fasse, on ne peut se deshonorer, quand on est riche [145].

Moi. — S'ils se ruinent (?) (1)

Lui. — Tant pis pour eux.

Moi. — Je vois que, si vous vous dispensez [146] de veiller a la conduite de votre femme, de vos enfants, de vos domestiques, vous pouriez aisement negliger vos affaires.

Lui. — Pardonnez moi; il est quelque fois difficile de trouver de l'argent; et il est prudent de s'y prendre de loin.

Moi. — Vous donnerez peu de soin a votre femme.

Lui. — Aucun, s'il vous plait. Le meilleur procedé, je crois, qu'on puisse avoir avec sa chere moitié, c'est de faire ce qui lui convient. A votre avis, la societé ne seroit-elle pas fort amusante, si chacun y etoit a sa chose [147]?

Moi. — Pourquoi pas? La soirée n'est jamais plus belle pour moi que quand je suis content de ma matinée.

Lui. — Et pour moi aussi.

Moi. — Ce qui rend les gens du monde si delicats sur leurs amusements, c'est leur profonde oisiveté.

Lui. — Ne croyez pas cela. Ils s'agitent beaucoup.

Moi. — Comme ils ne se lassent jamais, ils ne se delassent jamais [148].

Lui. — Ne croyez pas cela. Ils sont sans cesse excédés.

---

1. Trois ? ajoutés par M

Moi. — Le plaisir est toujours une affaire pour eux, et jamais un besoin.

Lui. — Tant mieux, le besoin est toujours une peine [149].

Moi. — Ils usent tout. Leur ame s'hebete. L'ennui s'en empare. Celui qui leur oteroit la vie, au milieu de leur abondance accablante, les serviroit. C'est qu'ils ne connoissent du bonheur que la partie qui s'emousse le plus vite. Je ne meprise pas les plaisirs des sens. J'ai un palais aussi, et il est flatté d'un met delicat, ou d'un vin delicieux. J'ai un cœur et des yeux; et j'aime a voir une jolie femme. J'aime a sentir sous ma main la fermeté et la rondeur de sa gorge; a presser ses levres des miennes; a puiser la volupté dans ses regards, et a en expirer entre ses bras. Quelquefois avec mes amis, une partie de debauche, meme un peu tumultueuse, ne me deplait pas [150]. Mais je ne vous le dissimulerai pas, il m'est infiniment plus doux encor d'avoir secouru le malheureux [151], d'avoir terminé * une affaire epineuse, donné un conseil salutaire [152], fait une lecture agreable; une promenade avec un homme ou une femme chere a mon cœur; passé quelques heures instructives avec mes enfants [153], ecrit une bonne page, rempli les devoirs de mon etat; dit a celle que j'aime quelques choses tendres et douces qui amenent ses bras autour de mon col. Je connois telle action, que je voudrois avoir faite pour tout ce que je possede. C'est un sublime ouvrage que *Mahomet* ; j'aimerois mieux avoir rehabilité la memoire des Calas [154]. Un homme (1) de ma connoissance s'etoit refugié a Carthagene [155]. C'etoit un cadet de famille, dans un pais ou la coutume transfere tout le bien aux ainés. La il apprend que son ainé, enfant gaté, apres avoir depouillé son pere et sa mere, trop faciles, de tout ce qu'ils posse-

---

1. Editions de Brière à Tourneux : une personne.

doient, les avoit (1) expulsés de   ur chateau, et que les
bons vieillards languissoient indıgens, dans une petite
ville de la province. Que fait alors ce cadet qui, traité
durement par ses parents, etoit allé tenter la fortune au
loin; il leur envoie des secours; il ɛe hate d'arranger
ses affaires. Il revient opulent. Il ramene son pere et sa
mere dans leur domicile. Il marie ses sœurs. Ah, mon
cher Rameau, cet homme regardoit cet intervalle *,
comme le plus heureux de sa vie. C'est les larmes aux
yeux qu'il m'en parloit; et moi, je sens, en vous faisant
ce recit, mon cœur se troubler de joie, et le plaisir me
couper la parole [156].

Lui. — Vous etes des etres bien singuliers !

Moi. — Vous etes des etres bien a plaindre, si vous
n'imaginez pas qu'on s'est elevé au dessus du sort, et
qu'il est impossible d'etre malheureux, a l'abri de deux
belles actions, telles que celle cy [157].

Lui. — Voila une espece de felicite avec laquelle
j'aurai (2) de la peine a me familiariser, car on la rencontre rarement. Mais a votre compte, il faudroit donc
etre d'honnetes gens ?

Moi. — Pour etre heureux ? Assurement [158].

Lui. — Cependant, je vois une infinité d'honnetes
gens qui ne sont pas heureux; et une infinité de gens qui
sont heureux sans etre honnetes.

Moi. — Il vous semble.

Lui. — Et n'est ce pas pour avoir eu du sens commun
et de la franchise un moment, que je ne scais ou aller
souper ce soir ?

Moi. — Hé non, c'est pour n'en avoir pas toujours
eu. C'est pour n'avoir pas senti de bonne heure qu'il

2. *m²* (*m* : les avoient).
1. T : j'aurais.

falloit d'abord se faire une ressource independante de la
servitude.

LUI. — Independante ou non, celle que je me suis
faite est au moins la plus aisée.

MOI. — Et la moins sure, et la moins honnete.

LUI. — Mais la plus conforme a mon caractere de
faineant, de sot, de vaurien.

MOI. — D'accord [159].

LUI. — Et que (1) puisque je puis faire mon bonheur par des vices qui me sont naturels, que j'ai acquis
sans travail, que je conserve sans effort, qui quadrent
avec les mœurs de ma nation; qui sont du gout de ceux
qui me protegent, et plus analogues a leurs petits
besoins particuliers que des vertus qui les generoient, en
les accusant depuis le matin jusqu'au soir; il seroit bien
singulier que j'allasse me tourmenter comme une ame
damnée, pour me bistourner * et me faire autre que je ne
suis; pour me donner un caractere etranger au mien;
des qualités tres estimables, j'y consens, pour ne pas
disputer; mais qui me couteroient beaucoup a acquerir,
a pratiquer, ne me meneroient a rien, peut etre a pis que
rien, par la satyre continuelle des riches aupres des quels
les gueux comme moi ont a chercher leur vie. On loue
la vertu; mais on la hait; mais on la fuit; mais elle gele
de froid, et dans ce monde, il faut avoir les piés chauds [160]
Et puis cela me donneroit de l'humeur, infailliblement;
car pourquoi voyons nous si frequemment les devots
si durs, si facheux, si insociables ? C'est qu'ils se sont
imposés une tâche qui ne leur est pas naturelle. Ils
souffrent, et quand on souffre, on fait souffrir les
autres [161]. Ce n'est pas la mon compte, ni celui de mes
protecteurs; il faut que je sois gai, souple, plaisant,
bouffon, drôle. La vertu se fait respecter; et le respect

---

1. M : Et (que) : T : Et puisque.

est incommode. La vertu se fait admirer, et l'admiration n'est pas amusante. J'ai a faire a des gens qui s'ennuyent et il faut que je les fasse rire. Or c'est le ridicule et la folie qui font rire; il faut donc que je sois ridicule et fou; et quand la nature ne m'auroit pas fait tel, le plus court seroit de le paroitre. Heureusement, je n'ai pas besoin d'etre hippocrite ; il y en a deja tant de toutes les couleurs, sans compter ceux qui le sont avec eux memes [162] Ce chevalier de la Morliere [163] qui retape * son chapeau sur son oreille, qui porte la tete au vent, qui vous regarde le passant par dessus l'epaule, qui fait battre une longue epée sur sa cuisse, qui a l'insulte toute prête pour celui qui n'en porte point, et qui semble adresser un defi a tout venant, que fait-il ? Tout ce qu'il peut pour se persuader qu'il est un homme de cœur; mais il est lâche. Offrez lui une croquignole * sur le bout du nez, et il la recevra avec douceur. Voulez vous lui faire baisser le ton, elevez le. Montrez lui votre canne, ou appliquez votre pié entre ses fesses; tout etonné de se trouver un lache, il vous demandera qui est-ce qui vous l'a appris ? d'ou vous le scavez ? Lui meme l'ignoroit le moment precedent; une longue et habituelle singerie de bravoure lui en avoit imposé. Il avoit tant fait les mines qu'il se croyoit la chose. Et cette femme qui se mortifie [164], qui visite les prisons, qui assiste a toutes les assemblées de charité, qui marche les yeux baissés, qui n'oscroit regarder un homme en face, sans cesse en garde contre la seduction * de ses sens ; tout cela empeche-t-il que son cœur ne brûle, que des soupirs ne lui echappent; que son temperament ne s'allume; que les desirs ne l'obsedent, et que son imagination ne lui retrace la nuit et le jour, les scenes du *Portier des Chartreux*, les *Postures de l'Aretin* ? [165] (1) Alors que devient-

---

1. *m*¹. (*m* : les scenes du *Portier*).

elle ? Qu'en pense sa femme de chambre lors qu'elle se
leve en chemise, et qu'elle vole au secours de sa maitresse qui se meurt ? Justine, allez vous recoucher. Ce
n'est pas vous que votre maitresse apelle dans son
delire. Et l'ami Rameau, s'il se mettoit un jour a marquer
du mepris pour la fortune, les femmes, la bonne chere,
l'oisiveté, a catoniser *, que seroit-il ? un hippocrite. Il
faut que Rameau soit ce qu'il est : un brigand heureux
avec des brigands opulents; et non un fanfaron de vertu
ou meme un homme vertueux, rongeant sa croute de
pain, seul, ou a coté des gueux. Et pour le trancher
net [166], je ne m'accommode point de votre felicité, ni du
bonheur de quelques visionnaires, comme vous.

Moi. — Je vois, mon cher, que vous ignorez ce que
c'est, et que vous n'etes pas meme fait pour l'apprendre.

Lui. — Tant mieux, mordieu ! tant mieux. Cela me
feroit crever de faim, d'ennui, et de remords peut être.

Moi. — D'apres cela, le seul conseil que j'aie a vous
donner, c'est de rentrer bien vite dans la maison d'ou
vous (vous) (1) etes imprudemment fait chasser.

Lui. — Et de faire ce que vous ne desaprouvez pas
au simple, et ce qui vous repugne un peu au figuré ?

Moi. — C'est mon avis.

Lui. — Independamment de cette metaphore qui me
deplait dans ce moment, et qui ne me deplaira pas dans
un autre (2).

Moi. — Quelle singularité !

Lui. — Il n'y a rien de singulier a cela. Je veux bien
etre abject *, mais je veux que ce soit sans contrainte.
Je veux bien descendre de ma dignité... Vous riez ?

Moi. — Oui, votre dignité me fait rire.

---

1. ajouté par *m²*.
2. C'est mon avis... dans un autre. Deux répliques omises dans les
éditions, de Brière à Tourneaux.

Dignity

Lui. — Chacun a la sienne; je veux bien oublier la mienne, mais a ma discretion *, et non a l'ordre d'autrui. Faut-il qu'on puisse me dire : rampe, et que je sois obligé de ramper ? C'est l'allure du ver; c'est mon allure : nous la suivons l'un et l'autre, quand on nous laisse aller; mais nous nous redressons quand on nous marche sur la queue. On m'a marché sur la queue, et je me redresserai. Et puis vous n'avez pas d'idée de la petaudiere * dont il s'agit. Imaginez un melancolique * et maussade * personnage, devoré de vapeurs *, enveloppé dans deux ou trois tours de robe de chambre; qui se plait à lui meme, a qui tout deplait [167], qu'on fait a peine sourire, en se disloquant * le corps et l'esprit, en cent manieres diverses; qui considere froidement les grimaces plaisantes de mon visage, et celles de mon jugement qui sont plus plaisantes encore; car entre nous, ce père Noël [168], ce vilain benedictin si renommé pour ses grimaces; malgré ses succes a la Cour, n'est, sans me vanter ni lui non plus, a comparaison * de moi (1), qu'un polichinelle * de bois. J'ai beau me tourmenter pour atteindre au sublime des Petites-Maisons [169], rien n'y fait. Rira-t-il ? ne rira-t-il pas ? voila ce que je suis forcé de me dire au milieu de mes contorsions; et vous pouvez juger combien cette incertitude nuit au talent. Mon hypocondre, la tete renfoncée dans un bonnet de nuit qui lui couvre les yeux, a l'air d'une pagode * immobile a laquelle on auroit attaché un fil au menton, d'ou il descendroit jusque sous son fauteuil. On attend que le fil se tire; et il ne se tire point; ou s'il arrive que la machoire, s'entrouvre, c'est pour articuler un mot desolant, un mot qui vous aprend que vous n'avez point eté apercu, et que toutes vos singeries sont perdues; ce mot est la reponse a une question que vous lui aurez faite il y a

---

1. *m²* et T : en comparaison.

quatre jours; ce mot dit, le ressort mastoïde se detend,
et la machoire se referme...

Puis il se mit a contrefaire son homme; il s'etoit
placé dans une chaise, la tete fixe, le chapeau jusque
sur ses paupieres, les yeux a demi-clos, les bras pendants,
remuant sa machoire, comme un automate, et disant :

« Oui, vous avez raison, mademoiselle. Il faut mettre
de la finesse la ». C'est que cela * decide; que cela decide
toujours, et sans appel, le soir, le matin, a la toilette, a
diner, au caffé; au jeu, au theatre, a souper, au lit, et
Dieu me le pardonne, je crois entre les bras de sa maitresse. Je ne suis pas a portée d'entendre ces dernieres
decisions cy; mais je suis diablement las des autres.
Triste, obscur, et tranché *, comme le destin [170] ; tel est
notre patron.

Vis à vis, c'est une begueule *, qui joue l'importance;
a qui l'on se resoudroit a dire qu'elle est jolie, parce
qu'elle l'est encore; quoi qu'elle ait sur le visage quelques
galles *, par ci par là, et qu'elle courre apres le volume
de madame Bouvillon [171]. J'aime les chairs, quand elles
sont belles; mais aussi trop est trop; et le mouvement est
si essentiel a la matiere [172] ! *Item* *, elle est plus mechante,
plus fiere et plus bete qu'une oye. *Item*, elle veut avoir
de l'esprit. *Item*, il faut lui persuader qu'on lui en croit
comme a personne. *Item*, cela ne scait rien, et cela decide
aussi. *Item*, il faut aplaudir a ces decisions, des pieds
et des mains, sauter d'aise, se transir * d'admiration :
que cela est beau (1), delicat, bien dit, finement vu,
singulierement senti. Ou les femmes prennent elles cela ?
Sans etude, par la seule force de l'instinct, par la seule
lumiere naturelle : cela tient du prodige. Et puis qu'on
vienne nous dire que l'experience, l'etude, la reflexion,
l'education y font quelque chose, et autres pareilles

---

1. *m*[1] (au lieu de *m* : que cela est triste).

sottises; et pleurer de joye. Dix fois dans la journée, se courber, un genou flechi en devant, l'autre jambe tirée en arriere. Les bras etendus vers la deesse, chercher son desir dans ses yeux, rester suspendu a sa levre, attendre son ordre et partir comme un eclair. Qui est ce qui peut s'assujettir a un role pareil, si ce n'est le miserable qui trouve là, deux ou trois fois la semaine, de quoi calmer la tribulation * de ses intestins ? Que penser des autres, tels que Palissot, le Freron, les Poinsinets (1), le Baculard [173], qui ont quelque chose, et dont les bassesses ne peuvent s'excuser par le borborigme (2) d'un estomac qui souffre ?

Moi. — Je ne vous aurois jamais cru si difficile.

Lui. — Je ne le suis pas. Au commencement je voyois faire les autres, et je faisois comme eux, meme un peu mieux; parce que je suis plus franchement impudent, meilleur comedien, plus affamé, fourni de meilleurs poumons. Je descends aparemment en droite ligne du fameux Stentor.

Et pour me donner une juste idée de la force de ce viscere, il se mit à tousser d'une violence à ébranler les vitres du caffé, et a suspendre l'attention des joueurs d'échecs.

Moi. — Mais a quoi bon ce talent ?

Lui. — Vous ne le devinez pas ?

Moi. — Non. Je suis un peu borné (3).

Lui. — Supposez la dispute engagée et la victoire incertaine : Je me leve, et deployant * mon tonnerre, je dis : Cela est comme mademoiselle l'assure. C'est là ce qui s'appelle juger. Je le donne en cent à tous nos beaux esprits. L'expression est de génie. Mais il ne faut pas

---

1. *m*² et T : le Poinsinet.
2. *m*² : borborygme.
3. *Un peu* ajouté en surcharge par *m*¹.

toujours approuver de la meme maniere. On seroit
monotone. On auroit l'air faux. On deviendroit insipide.
On ne se sauve de la que par du jugement, de la fécondité; il faut scavoir preparer et placer ces tons majeurs
et peremptoires [174], saisir l'occasion et le moment; lors
par exemple, qu'il y a partage entre les sentiments; que la
dispute s'est élevée a son dernier degré de violence;
qu'on ne s'entend plus; que tous parlent a la fois; il faut
etre placé a l'écart, dans l'angle de l'apartement le plus
éloigné du champ de bataille, avoir preparé son explo-
sion par un long silence, et tomber subitement, comme
une comminge [175], au milieu des contendants *. Personne n'a eu cet art comme moi. Mais où je suis sur-
prenant, c'est dans l'opposé; j'ai des petits tons que
j'accompagne d'un sourire; une varieté infinie de mines
aprobatives; là, le nez, la bouche, les yeux, le front
entrent en jeu; j'ai une souplesse de reins; une maniere
de contourner l'epine du dos, de hausser ou de baisser
les epaules, d'etendre les doigts, d'incliner la tete, de
fermer les yeux, et d'etre stupéfait, comme si j'avois
entendu descendre du ciel une voix angelique et divine.
C'est la ce qui flatte. Je ne scais si vous saisissez bien
toute l'energie * de cette derniere attitude-la. Je ne l'ai
point inventée; mais personne ne m'a surpassé dans l'exe-
cution. Voyez. Voyez.

Moi. — Il est vrai que cela est unique.

Lui. — Croyez vous qu'il y ait cervelle de femme un
peu vaine qui tienne a cela ?

Moi. — Non. Il faut convenir que vous avez porté
le talent de faire des fous (1) [176], et de s'avilir, aussi loin
qu'il est possible.

Lui. — Ils auront beau faire, tous tant qu'ils sont;
ils n'en viendront jamais la. Le meilleur d'entr'eux,

---

1. T : de faire le fou.

Palissot, par exemple, ne sera jamais qu'un bon ecolier.
Mais si ce role amuse d'abord, et si l'on goute quelque
plaisir a se moquer en dedans, de la betise de ceux qu'on
enyvre; a la longue cela ne pique * plus; et puis apres
un certain nombre de decouvertes, on est forcé de se
repeter. L'esprit et l'art ont leurs limites. Il n'y a que
Dieu ou quelques genies rares pour qui la carriere
s'etend, a mesure qu'ils y avancent. Bouret en est un peut
etre [177]. Il y a de celui cy des traits qui m'en donnent,
a moi, oui a moi meme, la plus sublime idée. Le petit
chien, le Livre de la Felicité, les flambeaux sur la route
de Versailles sont de ces choses qui me, confondent et
m'humilient. Ce seroit capable de degouter du metier.

Moi. — Que voulez vous dire avec votre petit
chien [178] ?

Lui. — D'ou venez vous donc ? Quoi, serieusement
vous ignorez comment cet homme rare s'y prit pour
detacher de lui et attacher au garde des sçaux [179] un petit
chien qui plaisoit a celuy cy ?

Moi. — Je l'ignore, je le confesse.

Lui. — Tant mieux. C'est une des plus belles choses
qu'on ait imaginées; toute l'Europe en a eté emerveillée,
et il n'y a pas un courtisan dont elle n'ait excité l'envie.
Vous qui ne manquez pas de sagacité, voyons comment
vous vous y seriez pris a sa place. Songez que Bouret
etoit aimé de son chien. Songez que le vetement bizarre
du ministre effrayoit le petit animal. Songez qu'il n'avoit
que huit jours pour vaincre les difficultés. Il faut connoitre toutes les conditions du probleme, pour bien
sentir le merite de la solution. He bien ?

Moi. — He bien, il faut que je vous avoue que dans ce
genre, les choses les plus faciles m'embarrasseroient (1).

Lui. — Ecoutez, me dit-il, en me frappant un petit

---

1. T : m'embarrassent.

coup sur l'epaule, car il est familier; ecoutez et admirez.
Il se fait faire un masque qui ressemble au garde des
sçaux; il emprunte d'un valet de chambre la volumineuse
simare *. Il se couvre le visage du masque. Il endosse la
simare. Il apelle son chien; il le caresse. Il lui donne la
gimblette * Puis tout a coup, changeant de decoration *,
ce n'est plus le garde des sçaux; c'est Bouret qui apelle
son chien et qui le fouette. En moins de deux ou trois
jours de cet exercice continué (1) du matin au soir, le
chien scait fuir Bouret le fermier genral, et courir a
Bouret le garde de sçaux. Mais je suis trop bon. Vous
etes un profane qui ne merite pas d'etre instruit de
miracles qui s'operent a coté de vous.

MOI. — Malgré cela, je vous prie, le livre, les flambeaux (?) (2)

LUI. — Non, non. Adressez vous aux pavés qui vous
diront ces choses la [180], et profitez de la circonstance qui
nous a raprochés, pour aprendre des choses que personne
ne scait que moi.

MOI. — Vous avez raison.

LUI. — Emprunter la robe et la perruque, j'avois
oublié la perruque, du garde des sçaux ! Se faire un
masque qui lui ressemble ! Le masque surtout me tourne
la tete. Aussi cet homme jouit-il de la plus haute consideration. Aussi possede-t-il des millions. Il y a des croix de
Saint-Louis qui n'ont pas de pain [181]; aussi pourquoi
courir apres la croix, au hazard de se faire echiner *,
et ne pas se tourner vers un etat sans peril qui ne manque
jamais sa recompense ? Voila ce qui s'apelle aller au
grand. Ces modeles la sont decourageants. On a pitié de
soi; et l'on s'ennuye. Le masque ! le masque ! Je donnerois un de mes doigts pour avoir trouvé le masque.

---

1. T : continu.
2. ? ajouté par M.

Moi. — Mais avec cet enthousiasme pour les belles choses, et cette fertilité (1) de genie que vous possedez, est ce que vous n'avez rien inventé ?

Lui. — Pardonnez moi; par exemple, l'attitude admirative du dos dont je vous ai parlé; je la regarde comme mienne, quoi qu'elle puisse peut etre m'etre contestée par des envieux. Je crois bien qu'on l'a employée auparavant; mais qui est ce qui a senti combien elle etoit commode pour rire en dessous de l'impertinent qu'on admiroit ? J'ai plus de cent façons d'entamer la seduction d'une jeune fille, a coté de sa mere, sans que celle cy s'en apperçoive, et meme de la rendre complice. A peine entrois-je dans la carriere que je dedaignai toutes les manieres vulgaires (2) de glisser un billet doux. J'ai dix moyens de me le faire arracher, et parmi ces moyens j'ose me flatter qu'il y en a de nouveaux. Je possede surtout le talent d'encourager un jeune homme timide; j'en ai fait reussir qui n'avoient ni esprit ni figure *. Si cela etoit ecrit, je crois qu'on m'accorderoit quelque genie.

Moi. — Vous feroit un honneur singulier ? [182]

Lui. — Je n'en doute pas.

Moi. — A votre place, je jetterois ces choses la sur le papier. Ce seroit dommage qu'elles se perdissent.

Lui. — Il est vrai; mais vous ne soupçonnez pas combien je fais peu de cas de la methode et des preceptes [183]. Celui qui a besoin d'un protocolle * n'ira jamais loin. Les genies lisent peu. pratiquent beaucoup, et se font d'eux memes [184]. Voyez, Cœsar, Turenne, Vauban, la marquise de Tencin, son frere le cardinal, et le secretaire de celuy cy, l'abbé Trublet [185]. Et Bouret ? qui est ce qui a donné des leçons a Bouret ? per-

---

1. T : cette facilité.
2. T : la manière vulgaire.

sonne. C'est la nature qui forme ces hommes rares-là. Croyez vous que l'histoire du chien et du masque soit ecrite quelque part ?

MOI. — Mais a vos heures perdues; lors que l'angoisse de votre estomac vuide (1) ou la fatigue de votre estomac surchargé eloigne le sommeil...

LUI. — J'y penserai; il vaut mieux ecrire de grandes choses que d'en executer de petites. Alors l'ame s'eleve; l'imagination s'echauffe, s'enflamme et s'etend; au lieu qu'elle se retrecit a s'etonner aupres de la petite Hus des aplaudissements que ce sot Public s'obstine a prodiguer a cette minaudiere * de Dangeville [186], qui joue si platement, qui marche presque courbée en deux sur la scene, qui a l'affectation de regarder sans cesse dans les yeux de celui a qui elle parle, et de jouer en dessous, et qui prend elle meme ses grimaces pour de la finesse, son petit trotter * pour de la grâce; a cette emphatique Clairon qui est plus maigre, plus aprêtée, plus etudiée *, plus empesée * qu'on ne scauroit dire [187]. Cet imbecille parterre les claque * a tout rompre, et ne s'apercoit pas que nous sommes une peloton d'agrements [188]; il est vrai que le peloton grossit un peu; mais qu'importe ? que nous avons la plus belle peau; les plus beaux yeux, le plus joli bec; peu d'entrailles * a la verité; une demarche qui n'est pas legere, mais qui n'est pas non plus aussi gauche qu'on le dit. Pour le sentiment, en revanche, il n'y en a aucune (2) a qui nous ne damions le pion.

MOI. — Comment dites vous tout cela ? Est ce ironie, ou verité ?

LUI. — Le mal est que ce diable de sentiment est tout en dedans, et qu'il n'en transpire pas une lueur au dehors. Mais moi qui vous parle, je scais et je scais bien qu'elle

1. En surcharge (*m¹*) ; *m²* : vide.
2. T : il n'en est aucune.

en a. Si ce n'est pas cela precisement, c'est quelque chose comme cela. Il faut voir, quand l'humeur nous prend, comme nous traitons les valets, comme les femmes de chambre sont soufletées, comme nous menons a grands coups de pied les Parties Casuelles [189] (1), pour peu qu'elles s'ecartent du respect qui nous est dû. C'est un petit diable, vous dis je, tout plein de sentiment et de dignité... Oh, ça; vous ne scavez ou vous en etes, n'est ce pas ?

MOI. — J'avoue que je ne scaurois demeler si c'est de bonne foi ou mechament que vous parlez. Je suis un bon homme *; ayez la bonté d'en user avec moi plus rondement (2); et de laisser la votre art.

LUI. — Cela, c'est ce que nous debitons a la petite Hus, de la Dangeville et de la Clairon, melé par ci par la de quelques mots qui vous donnassent (3) l'eveil. Je consens que vous me preniez pour un vaurien; mais non pour un sot; et il n'y auroit qu'un sot ou un homme perdu d'amour qui put dire serieusement tant d'impertinences.

MOI. — Mais comment se resout-t-on a les dire ?

LUI. — Cela ne se fait pas tout d'un coup; mais petit a petit, on y vient. *Ingenü largitor venter* [190].

MOI. — Il faut etre pressé d'une cruelle faim.

LUI. — Cela se peut. Cependant quelques fortes qu'elles vous paroissent, croyez que ceux a qui elles s'adressent sont plutot accoutumés a les entendre que nous a les hazarder.

MOI. — Est ce qu'il y a la quelqun qui ait le courage d'etre de votre avis ?

LUI. — Qu'appelez vous quelqun ? C'est le sentiment et le langage de toute la société.

---

1. M : casuelles.
2. Editions, de Brière à Tourneux : rudement.
3. m^2 (et toutes les éditions, de Brière à Tourneux) : donnent.

MOI. — Ceux d'entre vous qui ne sont pas de grands vauriens, doivent etre de grands sots.

LUI. — Des sots la ? Je vous jure qu'il n'y en a qu'un; c'est celui qui nous fete, pour lui en imposer [191].

MOI. — Mais comment s'en laisse-t-on si grossiérement imposer ? car enfin la superiorité des talents de la Dangeville et de la Clairon est decidée *

LUI. — On avale a pleine gorgée le mensonge qui nous flatte; et l'on boit goutte a goutte une verité qui nous est amere. Et puis nous avons l'air si penetré, si vrai !

MOI. — Il faut cependant que vous aïez peché une fois contre les principes de l'art et qu'il vous soit echappé par megarde quelques unes de ces verités ameres qui blessent; car en depit du role miserable, abject, vil (1), abominable que vous faites, je crois qu'au fond, vous avez l'ame delicate.

LUI. — Moi, point du tout. Que le diable m'emporte si je scais au fond ce que je suis. En general, j'ai l'esprit rond comme une boule, et le caractere franc * comme l'osier; jamais faux, pour peu que j'aie interet d'etre vrai; jamais vrai pour peu que j'aie interet d'etre faux. Je dis les choses comme elles me viennent; sensées, tant mieux; impertinentes, on n'y prend pas garde. J'use en plein de mon franc-parler. Je n'ai pensé de ma vie ni avant que de dire (2), ni en disant, ni apres avoir dit. Aussi je n'offense personne.

MOI. — Cela vous est pourtant arrivé avec les honnetes gens (3) chez qui vous viviez, et qui avoient pour vous tant de bontés.

LUI. — Que voulez vous ? C'est un malheur; un

---

1. Correction de *m*² (*m* : abjecte, vile).
2. *m*¹ (ajouté en surcharge).
3. T : avec les gens.

mauvais moment, comme il y en a dans la vie. Point de
felicité continue; j'etois trop bien, cela ne pouvoit durer.
Nous avons comme vous scavez, la compagnie la plus
nombreuse et la mieux choisie. C'est une ecole d'humanité, le renouvellement de l'antique hospitalité. Tous les
poetes qui tombent, nous les ramassons. Nous eûmes
Palissot apres sa *Zara* [192]; Bret, apres le *Faux genereux* [193]; tous les musiciens decriés; tous les auteurs qu'on
ne lit point; toutes les actrices sifflées, tous les acteurs
hués; un tas de pauvres honteux, plats parasites a la tete
des quels j'ai l'honneur d'etre, brave chef d'une troupe
timide. C'est moi qui les exhorte a manger la premiere
fois qu'ils viennent; c'est moi qui demande à boire pour
eux. Ils tiennent si peu de place ! quelques jeunes gens
deguenillés qui ne scavent ou donner de la tete, mais qui
ont de la figure *, d'autres scelerats qui cajolent le
patron et qui l'endorment, afin de glaner apres lui sur
la patrone. Nous paroissons gais; mais au fond nous
avons tous de l'humeur et grand appetit. Des loups ne
sont pas plus affamés; des tigres ne sont pas plus cruels.
Nous devorons comme des loups, lors que la terre a eté
longtemps couverte de neige; nous dechirons comme des
tigres tout ce qui reussit. Quelquefois, les cohues *
Bertin, Monsauge et Vilmorien se reunissent [194]; c'est
alors qu'il se fait un beau bruit dans la menagerie [195].
Jamais on ne vit ensemble tant de betes tristes, aca-
riatres, malfaisantes et courroucées. On n'entend que les
noms de Buffon, de Duclos, de Montesquieu, de Rousseau, de Voltaire, de d'Alembert, de Diderot, et Dieu
sçait de quelles epithetes ils sont accompagnés. Nul
n'aura de l'esprit, s'il n'est aussi sot que nous [196]. C'est la
que le plan de la comedie des *Philosophes* a eté conçu [196];
la scene du colporteur, c'est moi qui l'ai fournie, d'apres
la *Theologie en quenouille* [198] Vous n'etes pas epargné la
plus qu'un autre.

MOI. — Tant mieux. Peut etre me fait on plus
d'honneur que je n'en merite. Je serois humilié si ceux
qui disent du mal de tant d'habiles et honnetes gens,
s'avisoient de dire du bien de moi.

LUI. — Nous sommes beaucoup, et il faut que chacun
paye son ecot. Apres le sacrifice des grands animaux,
nous immolons les autres.

MOI. — Insulter la science et la vertu pour vivre,
voila du pain bien cher.

LUI. — Je vous l'ai deja dit, nous sommes sans
consequence. Nous injurions tout le monde et nous
n'affligeons* personne. Nous avons quelquefois le pesant
abbé d'Olivet, le gros abbé Leblanc [199]; l'hypocrite
Batteux [200]. Le gros abbé n'est mechant qu'avant dîner.
Son caffé pris, il se jette dans un fauteuil, les pieds
appuyés contre la tablette de la cheminée, et s'endort
comme un vieux perroquet sur son bâton (1). Si le
vacarme devient violent, il baille; il etend ses bras;
il frotte ses yeux, et dit : Hé bien, qu'est ce ? Qu'est ce ?
— Il s'agit de scavoir si Piron a plus d'esprit que de
Voltaire [201] (2). — Entendons nous. C'est de l'esprit
que vous dites ? il ne s'agit pas de goût; car du goût,
votre Piron ne s'en doute pas. — Ne s'en doute pas ? —
Non. — Et puis, nous voila embarqués dans une dissertation sur le gout [202]. Alors le patron fait signe de la main
qu'on l'ecoute; car c'est surtout de gout qu'il se pique.
Le gout, dit-il,... le gout est une chose... ma foi, je ne
scais quelle chose il disoit que c'etoit; ni lui, non
plus.

Nous avons quelquefois l'ami Robé. Il nous regale de
ses contes * cyniques, des miracles des convulsionaires *
dont il a eté le temoin oculaire [203]; et de quelques chants

---

1. M : baton.
2. m^2 : Voltaire.

de son poeme sur un sujet qu'il connoit a fond. Je hais
ses vers; mais j'aime a l'entendre reciter. Il a l'air d'un
energumene *. Tous s'ecrient autour de lui : voila ce
qu'on apelle un poete. Entre nous, cette poesie la n'est
qu'un charivari de toutes sortes de bruits confus; le
ramage * barbare des habitants de la Tour de Babel.

Il nous vient aussi un certain niais qui a l'air plat et
bête, mais qui a de l'esprit comme un demon et qui est
plus malin qu'un vieux singe; c'est une de ces figures
qui appellent la plaisanterie et les nazardes, et que Dieu
fit pour la correction des gens qui jugent a la mine,
et a qui leur miroir auroit dû apprendre qu'il est aussi
aisé d'etre un homme d'esprit et d'avoir l'air d'un sot
que de cacher un sot sous une physionomie (1) spirituelle [204]. C'est une lacheté bien commune que celle
d'immoler un bon homme a l'amusement des autres.
On ne manque jamais de s'adresser a celui cy. C'est un
piege que nous tendons aux nouveaux venus, et je n'en
ai presque pas vu un seul qui n'y donnat.

J'etois quelquefois surpris de la justesse des observations de ce fou, sur les hommes et sur les caracteres;
et je le lui temoignai.

C'est, me repondit il, qu'on tire parti de la mauvaise
compagnie, comme du libertinage. On est dedommagé
de la perte de son innocence, par celle de ses prejugés.
Dans la societé des mechants, ou le vice se montre a
masque levé, on apprend a les connoitre. Et puis j'ai un
peu lu.

Moi. — Qu'avez-vous lu ?

Lui. — J'ai lu et je lis et relis sans cesse Theophraste,
La Bruiere et Moliere [205].

Moi. — Ce sont d'excellents livres.

_____

1. T : figure ; *m* : phisyonomie ; mais, plus loin, à plusieurs
reprises : physionomie.

LUI. — Ils sont bien meilleurs qu'on ne pense; mais qui est ce qui scait les lire ?

MOI. — Tout le monde, selon la mesure de son esprit.

LUI. — Presque personne. Pourriez vous me dire ce qu'on y cherche ?

MOI. — L'amusement et l'instruction [206].

LUI. — Mais quelle instruction; car c'est la le point ?

MOI. — La connoissance de ses devoirs; l'amour de la vertu; la haine du vice [207].

LUI. — Moi, j'y recueille tout ce qu'il faut faire, et tout ce qu'il ne faut pas dire. Ainsi quand je lis l'*Avare*, je me dis : Sois avare, si tu veux; mais garde toi de parler comme l'avare. Quand je lis le *Tartuffe*, je me dis : Sois hypocrite, si tu veux; mais ne parle pas comme l'hypocrite. Garde des vices qui te sont utiles; mais n'en aie (1) ni le ton ni les apparences qui te rendroient ridicule. Pour se garantir de ce ton, de ces apparences, il faut les connoitre. Or ces auteurs en ont fait des peintures excellentes. Je suis moi (2) et je reste ce que je suis; mais j'agis et je parle comme il convient. Je ne suis pas de ces gens qui meprisent les moralistes. Il y a beaucoup a profiter, surtout en ceux (3) qui ont mis la morale en action. Le vice ne blesse les hommes que par intervalle. Les caracteres apparents (4) du vice les blessent du matin au soir. Peut etre vaudroit-il mieux etre un insolent que d'en avoir la physionomie; l'insolent de caractere n'insulte que de tems en tems; l'insolent de physionomie insulte toujours. Au reste, n'allez pas imaginer que je sois le seul lecteur de mon espece. Je n'ai d'autre merite ici,

---

1. *m²* : n'en aies.
2. moi ajouté par *m¹*.
3. T : avec ceux.
4. L'adjectif est omis dans toutes les éditions, de Brière à Tourneux.

que d'avoir fait par systeme, par justesse d'esprit, par une vue raisonnable et vraie, ce que la pluspart des autres font par instinct. De la vient que leurs lectures ne les rendent pas meilleurs que moi; mais qu'ils restent ridicules, en depit d'eux; au lieu que je ne le suis que quand je veux, et que je les laisse alors loin derriere moi; car le meme art qui m'apprend a me sauver du ridicule en certaines occasions, m'apprend aussi dans d'autres a l'attraper * superieurement (1) Je me rapelle alors tout ce que les autres ont dit, tout ce que j'ai lu, et j'y ajoute tout ce qui sort de mon fonds qui est en ce genre d'une fecondité surprenante.

Moi. — Vous avez bien fait de me reveler ces mysteres; sans quoi, je vous aurois cru en contradiction.

Lui. — Je n'y suis point; car pour une fois ou il faut eviter le ridicule; heureusement, il y en a cent ou il faut s'en donner. Il n'y a point de meilleur role aupres des grands que celui de fou. Long tems il y a eu le fou du roi en titre [208], en aucun, il n'y a eu en titre le sage du Roi. Moi je suis le fou de Bertin et de beaucoup d'autres, le votre peut etre dans ce moment; ou peut etre vous le mien. Celui qui seroit sage n'auroit point de fou. Celui donc qui a un fou n'est pas sage; s'il n'est pas sage il est fou; et peut etre, fut-il roi, le fou de son fou [209]. Au reste, souvenez vous que dans un sujet aussi variable que les mœurs, il n'y a (2) d'absolument, d'essentiellement, de generalement vrai ou faux, si non qu'il faut etre ce que l'interet veut qu'on soit; bon ou mauvais; sage ou fou; decent ou ridicule; honnete ou vicieux. Si par hazard la vertu avoit conduit a la fortune; ou j'aurois eté vertueux, ou j'aurois simulé la vertu comme un autre. On m'a voulu ridicule, et je me le suis fait; pour vicieux,

---

1. De Brière à Tourneux : heureusement.
2. T : il n'y a rien.

nature seule en avoit fait les frais. Quand je dis vicieux,
c'est pour parler votre langue; car si nous venions a nous
expliquer, il pourroit arriver que vous appellassiez
vice ce que j'apelle vertu, et vertu ce que j'apelle vice.

Nous avons aussi les auteurs de l'Opera Comique,
leurs acteurs et leurs actrices; et plus souvent leurs
entrepreneurs Corbi, Moette,... (1) tous gens de res-
source et d'un merite superieur [210] |

Et j'oubliois les grands critiques de la litterature :
l'*Avant-coureur*; les *Petites affiches*, l'*Année litteraire*,
l'*Observateur littéraire*, le *Censeur hebdomadaire*, toute la
clique des feuillistes [211].

Moi. — L'*Année littéraire*; l'*Observateur litteraire*.
Cela ne se peut. Ils se detestent.

Lui. — Il est vrai. Mais tous les gueux se reconci-
lient a la gamelle *. Ce maudit *Observateur litteraire*. Que
le diable l'eut emporté, lui et ses feuilles. C'est ce chien
de petit pretre, avare, puant et usurier qui est la cause
de mon desastre [212]. Il parut sur notre horison [213] hier,
pour la premiere fois. Il arriva a l'heure qui nous chasse
tous de nos repaires, l'heure du diner. Quand il fait
mauvais tems, heureux celui de nous qui a la piece de
vingt quatre sols en poche [214] (2). Tel s'est moqué de son
confrere qui etoit arrivé le matin croté jusqu'a l'echine [215]
et mouillé jusqu'aux os, qui le soir rentre chez lui dans le
meme etat. Il y en eut un, je ne scais plus lequel, qui eut,
il y a quelques mois, un démêlé violent avec le Savoyard
qui s'est etabli a notre porte [216]. Ils etoient en compte
courant; le creancier vouloit que son debiteur se liqui-
dat *, et celui cy n'etoit pas en fonds (3). On sert; on fait
les honneurs de la table a l'abbé, on le place au haut bout.

---

1. Un blanc dans *m*.
2. T. glose et ajoute : pour payer le fiacre.
3. T. ajoute : et cependant il ne pouvait monter sans passer par les
mains de l'autre.

J'entre, je l'aperçois. Comment, l'abbé, lui dis je, vous
presidez ? voila qui est fort bien pour aujourdhuy; mais
demain, vous descendrez, s'il vous plait, d'une assiette;
apres demain, d'une autre assiette; et ainsi d'assiette en
assiette, soit a droite, soit a gauche, jusqu'a ce que de la
place que j'ai occupée une fois avant vous, Freron une
fois apres moi, Dorat [217] une fois apres Freron, Palissot
une fois apres Dorat, vous deveniez stationnaire a coté
de moi, pauvre plat bougre comme vous, *qui siedo
sempre* (1) *come un maestoso cazzo fra duoi coglioni.* [218]
L'abbé, qui est bon diable et qui prend tout bien, se mit
a rire [219]. Mademoiselle, penetrée de la verité de mon
observation (2) et de la justesse de ma comparaison, se
mit a rire : tous ceux qui siegeoient a droite et a gauche
de l'abbé et qu'il avoit reculés d'un cran, se mirent a rire;
tout le monde rit, excepté monsieur qui se fache et me
tient des propos qui n'auroient rien signifié, si nous
avions eté seuls : Rameau vous etes un impertinent. —
Je le scais bien; et c'est a cette condition que vous
m'avez reçu. — Un faquin. — Comme un autre. — Un
gueux. — Est ce que je serois ici, sans cela ? — Je vous
ferai chasser. — Apres diner je m'en irai de moi meme.
— Je vous le conseille. — On dina; je n'en perdis pas
un coup de dent. Apres avoir bien mangé, bu largement;
car apres tout il n'en auroit eté ni plus ni moins, messer
Gaster est un personnage contre lequel je n'ai jamais
boudé; je pris mon parti et je me disposois à m'en aller.
J'avois engagé ma parole en presence de tant de monde
qu'il falloit bien la tenir. Je fus un tems considerable
a roder dans l'appartement, cherchant ma canne et mon
chapeau où ils n'etoient pas, et comptant toujours que le
patron se repandroit dans un nouveau torrent d'injures;

---

1. Sempre ajouté par *m*[1].
2. Penetrée de mon observation (De Brière à Tourneux).

que quelqun s'interposeroit, et que nous finirions par
nous raccommoder, a force de nous facher. Je tournois,
je tournois; car moi je n'avois rien sur le cœur; mais le
patron, lui, plus sombre et plus noir que l'Apollon
d'Homere, lors qu'il decoche ses traits sur l'armée des
Grecs [220], son bonnet une fois plus renfoncé que de
coutume, se promenoit en long et en large, le poing sous
le menton. Mademoiselle s'approche de moi. — Mais
mademoiselle, qu'est ce qu'il y a donc d'extraordinaire ?
Ai je eté different aujourdhuy de moi meme (?) —
Je veux qu'il sorte. — Je sortirai, je ne lui ai point
manqué. — Pardonnez moi; on invite monsieur l'abbé,
et... — C'est lui qui s'est manqué a lui meme en invitant
l'abbé, en me recevant et avec moi tant d'autres beli-
tres * tels que moi. — Allons, mon petit Rameau; il faut
demander pardon a monsieur l'abbé. — Je n'ai que faire
de son pardon... — Allons; allons, tout cela s'appai-
sera... — On me prend par la main, on m'entraine vers le
fauteuil de l'abbé; j'etends les bras, je contemple l'abbé
avec une espece d'admiration, car qui est ce qui a jamais
demandé pardon a l'abbé ? L'abbé, lui dis je; l'abbé,
tout ceci est bien ridicule, n'est-il pas vrai ?... Et puis je
me mets a rire, et l'abbé aussi. Me voila donc excusé
de ce coté la; mais il falloit aborder l'autre, et ce que
j'avois a lui dire etoit une autre paire de manches *.
Je ne scais plus trop comment je tournai mon excuse...
Monsieur, voilà ce fou. — Il y a trop longtems qu'il me
fait souffrir; je n'en veux plus entendre parler. — Il est
faché. — Oui je suis tres faché. — Cela ne lui arrivera
plus. — Qu'au premier faquin [221]. Je ne scais s'il etoit
dans un de ces jours d'humeur ou Mademoiselle craint
d'en approcher et n'ose le toucher qu'avec ses mitaines *
de velours, ou s'il entendit mal ce que je disois, ou si je
dis mal; ce fut pis qu'auparavant. Que diable, est ce qu'il
ne me connoit pas ? Est ce qu'il ne scait pas que je suis

comme les enfants, et qu'il y a des circonstances ou je
laisse tout aller sous moi ? Et puis, je crois, Dieu me
pardonne, que je n'aurois pas un moment de relache.
On useroit un pantin d'acier a tirer la ficelle du matin au
soir et du soir au matin. Il faut que je les desennuie;
c'est la condition; mais il faut que je m'amuse quelquefois. Au milieu de cet imbroglio *, il me passa par la
tete une pensée funeste, une pensée qui me donna de la
morgue, une pensée qui m'inspira de la fierté et de
l'insolence : c'est qu'on ne pouvoit se passer de moi, que
j'etois un homme essentiel.

Moi. — Oui, je crois que vous leur etes tres (1) utile,
mais qu'ils vous le sont encore davantage. Vous ne
retrouverez pas, quand vous voudrez, une aussi bonne
maison; mais eux, pour un fou qui leur manque, ils en
retrouveront cent.

Lui. — Cent fous comme moi ! Monsieur le philosophe, ils ne sont pas si communs. Oui, des plats fous.
On est plus difficile en sottise qu'en talent ou en vertu.
Je suis rare dans mon espece, oui, tres rare. A present
qu'ils ne m'ont plus, que font-ils ? Ils s'ennuyent comme
des chiens [222]. Je suis un sac inepuisable d'impertinences.
J'avois a chaque instant une boutade qui les faisoit rire
aux larmes, j'etois pour eux les Petites Maisons tout
entieres (2).

Moi. — Aussi vous aviez la table, le lit, l'habit, veste
et culotte, les souliers, et la pistolle par mois.

Lui. — Voila le beau coté. Voila le benefice; mais les
charges, vous n'en dites mot. D'abord, s'il etoit bruit
d'une piece nouvelle, quelque tems qu'il fît (3), il falloit
fureter * dans tous les greniers de Paris jusqu'a ce que
j'en eusse trouvé l'auteur; que je me procurasse la

---

1. Tres ajouté par *m*[1].
2. Les Petites Maisons entieres (De Briere à Tourneux).
3. M : qu'il fit.

lecture de l'ouvrage, et que j'insinuasse adroitement qu'il y avoit un role qui seroit superieurement rendu par quelqun de ma connoissance. — Et par qui, s'il vous plait ? — Par qui ? belle question ! Ce sont les grâces (1), la gentillesse, la finesse. — Vous voulez dire mademoiselle Dangeville ? Par hazard la connoitriez vous ? — Oui, un peu; mais ce n'est pas elle. — Et qui donc ? Je nommois tout bas. — Elle ! — Oui, elle, repetois je un peu honteux, car j'ai quelquefois de la pudeur; et a ce nom repeté(2), il falloit voir comme la physionomie(3) du poete s'allongeoit, et d'autres fois comme on m'eclatoit au nez [223]. Cependant, bongré, malgré qu'il en eut, il falloit que j'amenasse mon homme a diner; et lui qui craignoit de s'engager, rechignoit, remercioit. Il falloit voir comme j'etois traité, quand je ne reussissois pas dans ma negotiation : j'etois un butor (4), un sot, un balourd, je n'etois bon a rien; je ne vallois pas le verre d'eau qu'on me donnoit a boire. C'etoit bien pis lors qu'on jouoit, et qu'il falloit aller intrepidement, au milieu des huées d'un public qui juge bien, quoi qu'on en dise, faire entendre mes claquements de mains isolés; attacher les regards sur moi; quelquefois derober les sifflets a l'actrice [224]; et ouïr chuchotter a coté de soi : C'est un des valets deguisés de celui qui couche; ce maraut-la se taira-t-il ?... On ignore ce qui peut déterminer a cela, on croit que c'est ineptie, tandis que c'est un motif qui excuse tout.

MOI. — Jusqu'a l'infraction des loix civiles.

LUI. — A la fin cependant j'etois connu, et l'on disoit : Oh ! c'est Rameau. Ma ressource étoit de jetter quelques mots ironiques qui sauvassent du ridicule mon

---

1. Graces ? (accent ajouté vraisemblablement par *m²*).
2. Repetée : omis de Brière à Tourneux.
3. T : figure.
4. *m¹* ; (*m* : butord).

aplaudissement solitaire, qu'on interpretoit a contre-
sens. Convenez qu'il faut un puissant interet pour braver
ainsi le public assemblé, et que chacune de ces corvées
valoit mieux qu'un petit ecu.

Moi. — Que ne vous faisiez vous preter main forte ?

Lui. — Cela m'arrivoit aussi, et je glanois un peu la
dessus [225]. Avant que de se rendre au lieu du supplice,
il falloit se charger la memoire des endroits brillants, ou
il importoit de donner le ton. S'il m'arrivoit de les
oublier et (1) de me meprendre, j'en avois le tremblement
a mon retour; c'etoit un vacarme dont vous n'avez pas
d'idée. Et puis a la maison une meute de chiens a soigner;
il est vrai que je m'etois sotement imposé cette tâche;
des chats dont j'avois la surintendance ; j'etois trop
heureux si Micou me favorisoit d'un coup de griffe qui
dechirat ma manchette ou ma main. *Criquette* est sujette
a la colique; c'est moi qui lui frotte le ventre [226]. Autrefois, Mademoiselle avoit des vapeurs; ce sont aujourdhuy
des nerfs. Je ne parle point (2) d'autres indispositions
legeres dont on ne se gene pas (3) devant moi. Pour ceci,
passe; je n'ai jamais pretendu contraindre. J'ai lu, je ne
scais ou, qu'un prince surnommé le grand restoit
quelquefois apuié sur le dossier de la chaise percée de sa
maitresse [227]. On en use a son aise avec ses familiers,
et j'en etois ces jours la, plus que personne. Je suis
l'apotre de la familiarité et de l'aisance. Je les prechois la
d'exemple, sans qu'on s'en formalisat; il n'y avoit qu'a
me laisser aller. Je vous ai ebauché le patron. Mademoiselle commence a devenir pesante; il faut entendre
les bons contes * qu'ils en font.

Moi. — Vous n'etes pas de ces gens la ?

---

1. Ou, de Brière à Tourneux.
2. Pas, de Brière à Tourneux.
3. Point, de Brière à Tourneux.

LUI. — Pourquoi non ?

MOI. — C'est qu'il est au moins indecent de donner des ridicules a ses bienfaiteurs.

LUI. — Mais n'est ce pas pis encore de s'autoriser de ses bienfaits pour avilir son protegé ?

MOI. — Mais si le protegé n'etoit pas vil par lui meme, rien ne donneroit au protecteur cette autorité.

LUI. — Mais si les personnages n'etoient pas ridicules par eux memes, on n'en feroit pas de bons contes *. Et puis est ce ma faute lorsqu'ils se sont encanaillés *, si on les trahit, si on les baffoue ? Quand on se resout a vivre avec des gens comme nous, et qu'on a le sens commun, il y a je ne scais combien de noirceurs aux quelles il faut s'attendre. Quand on nous prend, ne nous connoit on pas pour ce que nous sommes, pour des ames interessées *, viles et perfides ? Si l'on nous connoit, tout est bien. Il y a un pacte tacite qu'on nous fera du bien, et que tot ou tard nous rendrons le mal pour le bien qu'on nous aura fait. Ce pacte ne subsiste-t-il pas entre l'homme et son singe ou son perroquet ? Brun [228] (1) jette les hautcris que Palissot, son convive et son ami, a fait des couplets contre lui. Palissot a dû faire les couplets, et c'est Brun qui a tort. Poincinet jette les hauts cris que Palissot ait mis sur son compte les couplets qu'il avoit fait(s) contre Brun. Palissot a dû mettre sur le compte de Poincinet les couplets qu'il avoit faits contre Brun; et c'est Poincinet qui a tort. Le petit abbé Rey [229] jette les haut cris de ce que son ami Palissot lui a soufflé * sa maitresse aupres de la quelle il l'avoit introduit. C'est qu'il ne falloit point introduire un Palissot chez sa maitresse, ou se resoudre a la perdre. Palissot a fait son devoir; et c'est l'abbé Rey qui a tort. Le libraire David jette les hauts cris de ce que son

---

1. T : Le Brun.

associé Palissot a couché ou voulu coucher avec sa
femme [230]; la femme du libraire David jette les hauts
cris de ce que Palissot a laissé croire a qui l'a voulu
qu'il avoit couché avec elle; que Palissot ait couché ou
non avec la femme du Libraire, ce qui est difficile a
decider, car la femme a dû nier ce qui etoit, et Palissot
a pu laisser croire ce qui n'etoit pas. Quoiqu'il en soit,
Palissot a fait son role et c'est David et sa femme qui ont
tort. Qu'Helvetius jette les haut cris que Palissot le
traduise sur la scene comme un malhonnete homme, lui a
qui il doit encore l'argent qu'il lui prêta pour se faire
traiter de la mauvaise santé, se nourrir et se vetir [231].
A-t-il dû se promettre un autre procedé, de la part d'un
homme souillé de toutes sortes d'infamies, qui par
passe-tems fait abjurer la religion a son ami [232], qui
s'empare du bien de ses associés [233], qui n'a ni foi, ni loi,
ni sentiment; qui court a la fortune *per fas et nefas*;
qui compte ses jours par ses sceleratesses; et qui s'est
traduit lui meme sur la scene comme un des plus dangereux coquins, impudence dont je ne crois pas qu'il y ait
eu dans le passé un premier exemple, ni qu'il y en
ait un second dans l'avenir [234]. Non. Ce n'est donc
pas Palissot, mais Helvetius qui a tort. Si l'on mene un
jeune provincial a la menagerie de Versailles [235], et qu'il
s'avise par sottise, de passer la main a travers les bar-
reaux de la loge * du tigre ou de la panthere; si le jeune
homme laisse son bras dans la gueule de l'animal feroce;
qui est ce qui a tort? Tout cela est ecrit dans le pacte
tacite. Tant pis pour celui qui l'ignore ou l'oublie.
Combien je justiferois par ce pacte universel et sacré,
de gens qu'on accuse de mechanceté; tandis que c'est
soi qu'on devroit accuser de sottise. Oui, grosse comtesse [236]; c'est vous qui avez tort, lors que vous rassemblez autour de vous, ce qu'on appelle parmi les gens
de votre sorte, des especes *, et que ces especes vous font

des vilainies, vous en font faire, et vous exposent au
ressentiment des honnetes gens. Les honnetes gens font
ce qu'ils doivent; les especes aussi; et c'est vous qui avez
tort de les accueillir. Si Bertinhus vivoit doucement,
paisiblement avec sa maitresse; si par l'honneteté de
leurs caracteres, ils s'etoient fait des connoissances
honnetes; s'ils avoient appellé autour d'eux des hommes
a talents, des gens connus dans la societé pour leur
vertu; s'ils avoient reservé pour une petite compagnie (1)
eclairée et choisie, les heures de distraction qu'ils
auroient derobées à la douceur d'etre ensemble, de
s'aimer, de se le dire, dans le silence de la retraite;
croyez vous qu'on en eut fait ni bons ni mauvais contes.
Que leur est il donc arrivé ? ce qu'ils meritoient. Ils ont
eté punis de leur imprudence; et c'est nous que la
Providence avait destiné de toute eternieté (sic) a faire
justice des Bertins du jour; et ce sont nos pareils d'entre
nos neveux qu'elle a destinés a faire justice des Mon-
sauges et des Bertins a venir. Mais tandis que nous execu-
tons ses justes decrets sur la sottise, vous qui nous
peignez tels que nous sommes, vous executez ses justes
decrets sur nous. Que penseriez vous de nous, si nous
pretendions avec des mœurs honteuses, jouir de la consideration publique ? que nous sommes des insensés.
Et ceux qui s'attendent a des procedés honnetes, de la
part de gens nés vicieux, de caractères vils (2) et bas,
sont ils sages ? Tout a son vrai loyer* dans ce monde.
Il y a deux procureurs generaux, l'un a votre porte qui
chatie les delits contre la societé. La nature est l'autre [237].
Celle cy connait de tous les vices qui echappent aux loix.
Vous vous livrez a la debauche des femmes; vous serez
hydropique. Vous etes crapuleux; vous serez poumo-

---

1. Societé, de Brière à Tourneux.
2. m^2 (m : viles).

nique [238]. Vous ouvrez votre porte a des marauts, et
vous vivez avec eux; vous serez trahis, persiflés, mepri-
sés. Le plus court est de se resigner a l'equité de ces jûge-
ments; et de se dire a soi meme, c'est bien fait, de secouer
ses oreilles, et de s'amender ou de rester ce qu'on est,
mais aux conditions susdittes.

Moi. — Vous avez raison.

Lui. — Au demeurant, de ces mauvais contes, moi,
je n'en invente aucun; je m'en tiens au role de colporteur. Ils disent qu'il y a quelques jours, sur les cinq
heures du matin, on entendit un vacarme enragé; toutes
les sonnettes etoient en branle; c'etoient les cris inter-
rompus et sourds d'un homme qui etouffe : « A moi,
moi, je suffoque; je meurs. » Ces cris partoient de l'apartement du patron. On arrive, on le secourt. Notre grosse
creature dont la tete etoit egarée, qui n'y etoit plus, qui
ne voyoit plus, comme il arrive dans ce moment, continuoit de presser son mouvement, s'elevoit sur ses deux
mains, et du plus haut qu'elle pouvoit, laissait retomber
sur les parties casuelles un poids de deux a trois cent
livres, animé de toute la vitesse que donne la fureur du
plaisir. On eut beaucoup de peine a le dégager de la.
Que diable * de fantaisie a un petit marteau de se placer
sous une lourde enclume [239].

Moi. — Vous etes un polisson. Parlons d'autre
chose. Depuis que nous causons, j'ai une question sur la
levres.

Lui. — Pourquoi l'avoir arrêté(e) la si longtems ?

Moi. — C'est que j'ai craint qu'elle ne fut indis-
crete.

Lui. — Apres ce que je viens de vous reveler, j'ignore
quel secret je puis avoir pour vous.

Moi. — Vous ne doutez pas du jugement que je
porte de votre caractere.

Lui. — Nullement. Je suis a vos yeux un etre tres

abject, tres meprisable, et je le suis aussi quelquefois
aux miens; mais rarement. Je me felicite plus souvent de
mes vices que je ne m'en blame. Vous etes plus constant
dans votre mepris.

Moi. — Il est vrai; mais pourquoi me montrer toute
votre turpitude ?

Lui. — D'abord, c'est que vous en connoissez une
bonne partie, et que je voyois plus a gagner qu'a perdre,
a vous avouer le reste.

Moi. — Comment cela, s'il vous plait ?

Lui. — S'il importe d'etre sublime en quelque genre,
c'est surtout en mal. On crache sur un petit filou; mais
on ne peut refuser une sorte de consideration a un grand
criminel. Son courage vous etonne. Son atrocité vous
fait frémir. On prise en tout l'unité de caractere [240].

Moi. — Mais cette estimable unité de caractere,
vous ne l'avez pas encore. Je vous trouve de tems en
tems vacillant dans vos principes. Il est incertain si vous
tenez votre mechanceté de la nature, ou de l'etude;
et si l'etude vous a porté aussi loin qu'il est possible.

Lui. — J'en conviens; mais j'y ai fait de mon mieux.
N'ai je pas eu la modestie de reconnoitre des etres plus
parfaits que moi ? Ne vous ai je pas parlé de Bouret avec
l'admiration la plus profonde ? Bouret est le premier
homme du monde dans mon esprit.

Moi. — Mais immediatement apres Bouret, c'est
vous.

Lui. — Non.

Moi. — C'est donc Palissot ?

Lui. — C'est Palissot, mais ce n'est pas Palissot
seul.

Moi. — Et qui peut etre digne de partager le second
rang avec lui ?

Lui. — Le renegat d'Avignon [241].

Moi. — Je n'ai jamais entendu parler de ce renegat

d'Avignon; mais ce doit être un homme bien étonnant.

LUI. — Aussi l'est-il.

MOI. — L'histoire des grands personnages m'a toujours interressé (1).

LUI. — Je le crois bien. Celuy cy vivoit chez un bon et honnete de ces descendants d'Abraham, promis au pere . des Croyants, en nombre egal a celui des etoiles [242].

MOI. — Chez un Juif.

LUI. — Chez un Juif. Il en avoit surpris d'abord la commiseration, ensuite la bienveillance, enfin la confiance la plus entiere. Car voila comme il en arrive toujours. Nous comptons tellement sur nos bienfaits, qu'il est rare que nous cachions notre secret, a celui que nous avons comblé de nos bontés. Le moyen qu'il n'y ait pas des ingrats; quand nous exposons l'homme, a la tentation de l'etre impunement. C'est une reflexion juste que notre Juif ne fit pas. Il confia donc au renegat qu'il ne pouvoit en conscience manger du cochon. Vous allez voir tout le parti qu'un esprit fecond sçut tirer de cet aveu. Quelques mois se passerent pendant les quels notre renegat redoubla d'attachement. Quand il crut son Juif bien touché *, bien captivé, bien (2) convaincu par ses soins, qu'il n'avoit pas un meilleur ami dans toutes les tribus d'Israel... Admirez la circonspection de cet homme. Il ne se hate pas. Il laisse murir la poire avant que de secouer la branche. Trop d'ardeur pouvoit faire echouer son projet. C'est qu'ordinairement la grandeur de caractere resulte de la balance naturelle de plusieurs qualités opposées [243]

MOI. — Et laissez la vos reflexions, et continuez moi votre histoire.

---

1. m^2 (*m* : intéressés).
2. Bien : ajouté par m^1.

LUI. — Cela né se peut. Il y a des jours ou il faut que je reflechisse. C'est une maladie qu'il faut abandonner a son cours. Ou en etois je ?

MOI. — A l'intimité bien etablie, entre le Juif et le renegat.

LUI. — Alors la poire etait mure... Mais vous ne m'ecoutez pas. A quoi revez *-vous ?

MOI. — Je reve a l'inegalité de votre ton; tantot haut, tantot bas.

LUI. — Est ce que le ton de l'homme vicieux peut etre un ? — Il arrive un soir chez son bon ami, l'air effaré, la voix entrecoupée, le visage pale comme la mort, tremblant de tous ses membres. — Qu'avez vous ? — Nous sommes perdus. — Perdus, et comment ? — Perdus, vous dis je; perdus sans ressource. — Expliquez vous... — Un moment, que je me remette de mon effroi. — Allons, remettez vous, lui dit le Juif; au lieu de lui dire, tu es un fieffé fripon; je ne scais ce que tu as a m'apprendre, mais tu es un fieffé fripon; tu joues la terreur.

MOI. — Et pourquoi devoit-il lui parler ainsi ?

LUI. — C'est qu'il etoit faux, et qu'il avoit passé la mesure [244]. Cela est clair pour moi, et ne m'interrompez pas davantage. — Nous sommes perdus, perdus sans ressource. Est ce que vous ne sentez pas l'affectation de ces *perdus* repetés. Un traitre nous a deferés a la sainte Inquisition, vous comme Juif, moi comme renegat, comme un infame renegat. Vous voyez comme le traitre ne rougit pas de se servir des expressions les plus odieuses. Il faut plus de courage qu'on n'en pense pour s'appeler de son nom. Vous ne scavez pas ce qu'il en coute pour en venir la.

MOI. — Non certes. Mais cet infame renegat...

LUI. — Est faux; mais c'est une fausseté bien adroite. Le Juif s'effraye, il s'arrache la barbe, il se roule a terre. Il voit les sbirres * a sa porte; il se voit affublé du san benito [245], il voit son auto da fé preparé. — Mon ami, mon tendre ami, mon unique ami, quel parti prendre... — Quel parti ? de se montrer *, d'affecter la plus grande securité, de se conduire comme a l'ordinaire. La procedure de ce tribunal est secrette, mais lente. Il faut user de ses delais pour tout vendre. J'irai louer ou je ferai louer un batiment par un tiers; oui, par un tiers, ce sera le mieux. Nous y deposerons votre fortune; car c'est a votre fortune principalement qu'ils en veulent; et nous irons, vous et moi, chercher, sous un autre ciel, la liberté de servir notre Dieu et de suivre en sureté la loi d'Abraham et de notre conscience. Le point important dans la circonstance perilleuse ou nous nous trouvons, est de ne point faire d'imprudence. — Fait et dit. Le batiment est loué et pourvu de vivres et de matelots. La fortune du Juif est a bord. Demain, a la pointe du jour, ils mettent à la voile. Ils peuvent souper gaiement et dormir en sureté. Demain, ils échappent a leurs perse- cuteurs. Pendant la nuit, le renegat se leve, depouille le Juif de son portefeuille, de sa bourse et de ses bijoux; se rend à bord, et le voila parti. Et vous croyez que c'est la tout ? Bon, vous n'y etes pas. Lors qu'on me raconta cette histoire, moi, je devinai ce que je vous ai tu, pour essayer votre sagacité. Vous avez bien fait d'etre un honnete homme; vous n'auriez été qu'un friponeau. Jusqu'ici le renegat n'est que cela. C'est un coquin meprisable a qui personne ne voudroit ressembler. Le sublime de sa mechanceté, c'est d'avoir lui meme été le delateur de son bon ami l'israelite, dont la sainte Inqui- sition s'empara a son reveil, et dont, quelques jours apres, on fit un beau feu de joye. Et ce fut ainsi que le renegat devint tranquille possesseur de la fortune de ce descendant maudit de ceux qui ont crucifié Notre Seigneur.

MOI. — Je ne scais lequel des deux me fait le plus d'horreur, ou de la sceleratesse de votre renegat, ou du ton dont vous en parlez.

LUI. — Et voila ce que je vous disois. L'atrocité de l'action vous porte au dela du mepris; et c'est la raison de ma sincérité. J'ai voulu que vous connussiez jusqu'ou j'excellois dans mon art; vous arracher l'aveu que j'etois au moins original dans mon avilissement, me placer dans votre tete sur la ligne des grands vauriens, et m'ecrier ensuite, *Vivat Mascarillus, fourbum Imperator !* Allons, gai *, monsieur le philosophe; chorus. *Vivat Mascarillus, fourbum Imperator* [246] !

Et la dessus, il se mit a faire un chant en fugue, tout a fait singulier. Tantot la melodie etoit grave et pleine de majesté; tantot legere et folatre; dans un instant, il imitoit la basse; dans un autre, une des parties du dessus *; il m'indiquoit, de son bras et de son col allongés, les endroits des tenues *; et s'executoit, se composoit a lui meme, un chant de triomphe, ou l'on voyoit qu'il s'entendoit mieux en bonne musique qu'en bonnes mœurs.

Je ne scavois, moi, si je devois rester ou fuir, rire ou m'indigner. Je restai, dans le dessein de tourner le conversation sur quelque autre sujet qui chassat de mon ame l'horreur dont elle étoit remplie. Je commençois a supporter avec peine la presence d'un homme qui discutoit une action horrible, un execrable forfait, comme un connoisseur en peinture ou en poesie, examine les beautés d'un ouvrage de gout; ou comme un moraliste ou un historien releve et fait eclater les circonstances d'une action heroique. Je devins sombre, malgré moi. Il s'en aperçut et me dit :

LUI. — Qu'avez vous ? est ce que vous vous trouvez mal ?

MOI. — Un peu; mais cela passera.

LUI. — Vous avez l'air soucieux d'un homme tracassé de quelqu'idée facheuse.

MOI. — C'est cela.

Apres un moment de silence de sa part et de la mienne, pendant lequel il se promenoit en sifflant et en chantant; pour le ramener a son talent, je lui dis :

Que faites vous a present ?

LUI. — Rien.

MOI. — Cela est tres fatiguant (1).

LUI. — J'etois deja suffisamment béte. J'ai eté entendre cette musique de Douni (2) et de nos autres jeunes faiseurs, qui m'a achevé 247 *.

MOI. — Vous aprouvez donc ce genre.

LUI. — Sans doute.

MOI. — Et vous trouvez de la beauté dans ces nouveaux chants ?

LUI. — Si j'y en trouve; pardieu, je vous en reponds. Comme cela est declamé ! Quelle verité ! quelle expression !

MOI. — Tout art d'imitation a son modele dans la nature. Quel est le modele du musicien, quand il fait un chant ?

LUI. — Pourquoi ne pas prendre la chose de plus haut ? Qu'est ce qu'un chant ?

MOI. — Je vous avouerai que cette question est au dessus de mes forces. Voila comme nous sommes tous. Nous n'avons dans la memoire que des mots que nous croyons entendre, par l'usage frequent et l'application même juste que nous en faisons; dans l'esprit, que des notions vagues. Quand je prononce le mot chant, je n'ai pas des notions plus nettes que vous, et la pluspart de vos semblables, quand ils disent, reputation, blame,

---

1. *m²* : fatigant.
2. *m²* : Duni.

honneur, vice, vertu, pudeur, decence, honte, ridicule.

LUI. — Le chant est une imitation, par les sons d'une echelle inventée par l'art ou inspirée par la nature, comme il vous plaira, ou par la voix ou par l'instrument, des bruits physiques ou des accents de la passion [248]; et vous voyez qu'en changeant la dedans, les choses a changer, la definition conviendroit exactement a la peinture, a l'eloquence, a la sculpture, et a la poesie. Maintenant, pour en venir a votre question : quel est le modele du musicien ou du chant ? c'est la declamation, si le modele est vivant et pensant; c'est le bruit si le modele est inanimé. Il faut considerer la declamation comme une ligne, et le chant comme une autre ligne qui serpenteroit sur la premiere. Plus cette declamation, type du chant, sera forte et vraie; plus le chant qui s'y conforme la coupera en un plus grand nombre de points; plus le chant sera vrai; et plus il sera beau [249]. Et c'est (1) ce qu'ont tres bien senti nos jeunes musiciens. Quand on entend, *Je suis un pauvre diable*, on croit reconnoitre la plainte d'un avare; s'il ne chantoit pas, c'est sur les memes tons qu'il parleroit a la terre, quand il lui confie son or et qu'il lui dit, *O terre, recois mon tresor* [250]. Et cette petite fille qui sent palpiter son cœur, qui rougit, qui se trouble et qui supplie monseigneur de la laisser partir, s'exprimeroit-elle autrement. Il y a dans ces ouvrages, toutes sortes de caracteres; une varieté infinie de declamations. Cela est sublime; c'est moi qui vous le dis. Allez, allez entendre le morceau ou le jeune homme qui se sent mourir, s'ecrie : *Mon coeur s'en va* [251]. Ecoutez le chant; ecoutez la symphonie, et vous me direz apres quelle difference il y a, entre les vraies voyes * d'un moribond et le tour de ce chant. Vous verrez si la ligne de la melodie ne coincide pas toute entiere avec la ligne

---

1. C'est : ajouté par *m²*.

de la declamation. Je ne vous parle pas de la mesure
qui est encore une des conditions du chant; je m'en tiens
a l'expression; et il n'y a rien de plus evident que le passage suivant que j'ai lu quelque part, *Musices seminarium
accentus* [252]. L'accent est la pepiniere de la melodie. Jugez
de la de quelle difficulté et de quelle importance il est de
scavoir bien faire le recitatif [253]. Il n'y a point de bel air
dont on ne puisse faire un beau recitatif, et point de
recitatif, dont un habile homme ne puisse tirer (1) un bel
air. Je ne voudrois pas assurer que celui qui recite bien,
chantera bien; mais je serois surpris que celui qui chante
bien, ne sçut pas bien reciter. Et croyez tout ce que je
vous dis la; car c'est le vrai.

Moi. — Je ne demanderois pas mieux que de vous
croire, si je n'etois arreté par un petit inconvenient.

Lui. — Et cet inconvénient?

Moi. — C'est que, si cette musique est sublime, il
faut que celle du divin Lulli, de Campra, de Destouches,
de Mouret [254], et meme soit dit entre nous, celle du cher
oncle soit un peu plate.

Lui, *s'approchant de mon oreille, me repondit:* Je ne
voudrois pas etre entendu; car il y a ici beaucoup de
gens qui me connoissent; c'est qu'elle l'est aussi. Ce n'est
pas que je me soucie du cher oncle, puisque cher il y a.
C'est une pierre. Il me verroit tirer la langue d'un pié,
qu'il ne me donneroit pas un verre d'eau; mais il a beau
faire a l'octave, a la septieme, hon, hon; hin, hin; tu, tu, tu;
turelututu, avec un charivari * de diable; ceux qui commencent a s'y connoitre, et qui ne prennent plus du
tintamarre pour de la musique, ne s'accommoderont
jamais de cela. On devoit defendre par une ordonnance
de police, a quelque personne (2), de quelleque qualité

---

1. Faire : de Brière à Tourneux.
2. *m²* et T : a toute personne.

ou condition qu'elle fut, de faire chanter le *Stabat* du Pergolese [255]. Ce *Stabat*, il falloit le faire bruler par la main du bourreau. Ma foi, ces maudits bouffons, avec leur *Servante maitresse* [256], leur *Tracollo* [257], nous en ont donné rudement dans le cu. Autrefois, un *Tancrede*, un *Issé*, une *Europe galante*, les *Indes*, et (1) *Castor*, les *Talents Lyriques*, alloient a quatre, cinq, six mois [258]. On ne voyoit point la fin des representations d'une *Armide* [233]. A present, tout cela vous tombe les uns sur les autres, comme des capucins de cartes [260]. Aussi Rebel et Francœur jettent ils feu et flamme [261]. Ils disent que tout est perdu, qu'ils sont ruinés; et que si l'on tolere plus longtems cette canaille chantante de la foire, la musique nationale est au diable; et que l'Academie Royale du cul de sac [262] n'a qu'a fermer boutique. Il y a bien quelque chose de vrai, la dedans. Les vieilles perruques qui viennent la depuis trente a quarante ans, tous les vendredis, au lieu de s'amuser comme ils ont fait par le passé, s'ennuyent et baillent sans trop scavoir pourquoi. Ils se le demandent et ne scauroient se repondre. Que ne s'adressent-ils a moi ? La prediction de Douni (2) s'accomplira; et du train que cela prend, je veux mourir si, dans quatre a cinq ans a datter du *Peintre amoureux de son modele* [263] il y a un chat a fesser dans le celebre Impasse. Les bonnes gens, ils ont renoncé a leurs simphonies, pour jouer des simphonies italiennes. Ils ont cru qu'ils feroient leur oreilles a celles cy, sans consequence pour leur musique vocale, comme si la simphonie n'etoit pas au chant, a un peu de libertinage pres inspiré par l'etendue de l'instrument et la mobilité des doigts, ce que le chant est a la declamation reelle. Comme si le violon n'etoit pas le singe du chanteur, qui deviendra

---

1. et : barré par *m²*.
2. *m²* : Duni.

un jour, lors que le difficile prendra la place du beau, le singe du violon. Le premier qui joua Locatelli, fut l'apotre de la nouvelle musique. À d'autres, a d'autres. On nous accoutumera a l'imitation des accents de la passion ou des phenomenes de la nature, par le chant et la voix, par l'instrument, car voila toute l'etendue de l'objet de la musique, et nous conserverons notre gout pour les vols, les lances, les gloires, les triomphes, les victoires [264] ? *Va t-en voir, s'ils viennent, Jean* [265] Ils ont imaginé qu'ils pleureroient ou rirroient a des scenes de tragedie ou de comedie, musiquées; qu'on porteroit a leurs oreilles, les accents de la fureur, de la haine, de la jalousie, les vraies plaintes de l'amour, les ironies, les plaisanteries du théatre italien ou françois; et qu'ils resteroient admirateurs de *Ragonde* et de *Platée* [266] Je t'en reponds : tarare, ponpon *; qu'ils eprouveroient sans cesse, avec quelle facilité, quelle flexibilité, quelle mollesse, l'harmonie, la prosodie, les ellipses, les inversions de la langue italienne se pretoient a l'art, au mouvement, a l'expression, aux tours du chant, et a la valeur mesurée des sons, et qu'ils continueroient d'ignorer combien la leur est roide, sourde, lourde, pesante, pedantesque et monotone [267]. Eh oui, oui. Ils se sont persuadé qu'apres avoir melé leurs larmes aux pleurs d'une mere qui se desole sur la mort de son fils; apres avoir fremi de l'ordre d'un tyran qui ordonne un meurtre; ils ne s'ennuieroient pas de leur feerie, de leur insipide mithologie, de leurs petits madrigaux douceureux qui ne marquent pas moins le mauvais gout du poete, que la misere de l'art qui s'en accommode. Les bonnes gens ! cela n'est pas et ne peut etre. Le vrai, le bon, le beau ont leurs droits. On les conteste, mais on finit par admirer. Ce qui n'est pas marqué a ce coin, on l'admire un tems; mais on finit par bailler. Baillez donc, messieurs; baillez a votre aise. Ne vous genez pas.

L'empire de la nature, et de ma trinité, contre laquelle
les portes de l'enfer ne prevaudront jamais : le vrai qui
est le pere, et qui engendre le bon qui est le fils; d'ou
procede le beau qui est le saint esprit, s'établit tout
doucement [268]. Le dieu etranger se place humblement
a coté de l'idole du pais; peu a peu, il s'y affermit; un
beau jour il pousse du coude son camarade; et patatras,
voila l'idole en bas. C'est comme cela qu'on dit que les
Jesuites ont planté * le christianisme a la Chine et aux
Indes. Et ces Jansenistes ont beau dire, cette methode
politique qui marche a son but, sans bruit, sans effusion
de sang, sans martyr, sans un toupet de cheveux arraché,
me semble la meilleure.

MOI. — Il y a de la raison, a peu près, dans tout ce
que vous venez de dire.

LUI. — De la raison ! (1) tant mieux. Je veux que le
diable m'emporte, si j'y tâche. Cela va, comme je te
pousse. Je suis comme les musiciens de l'Impasse,
quand mon oncle parut; si j'adresse * a la bonne heure,
c'est qu'un garçon charbonnier parlera toujours mieux
de son metier que toute une academie, et que tous les
Duhamels du monde [269].

Et puis le voila qui se met a se promener, en murmu-
rant dans son gosier, quelques uns des airs de l'*Isle des
Fous*, du *Peintre amoureux de son modele*, du *Marechal
ferrant*, de la *Plaideuse* [270], et de tems en tems, il s'ecrioit,
en levant les mains et les yeux au ciel : Si cela est beau,
mordieu ! Si cela est beau ! Comment peut on porter
a sa tete une paire d'oreilles et faire une pareille question.
Il commencoit a entrer en passion, et a chanter tout bas.
Il elevoit le ton, a mesure qu'il se passionnoit davantage;
vinrent ensuite, les gestes, les grimaces du visage et les
contorsions du corps; et je dis, bon; voila la tete qui se

---

1. M : De la raison ?

perd, et quelque scene nouvelle qui se prepare; en effet
il part d'un eclat de voix, « *Je suis un pauvre mise-*
rable... Monseigneur, monseigneur, laissez moi partir...
O terre, reçois mon or ; conserve bien mon tresor... Mon
âme, mon ame, ma vie ! O terre !... Le voila le petit ami ;
le voila le petit ami ! — Aspettare e non venire...
A Zerbina penserete... Sempre in contrasti con te si sta... [271] »
Il entassoit et brouilloit ensemble trente airs, italiens,
françois, tragiques, comiques, de toutes sortes de
caracteres; tantot avec une voix de basse-taille *, il
descendoit jusqu'aux enfers; tantot, s'egosillant, * et
contrefaisant le fausset *, il dechiroit le haut des
airs, imitant de la demarche, du maintien, du geste,
les differents personnages chantants; successivement
furieux, radouci, imperieux, ricaneur. Ici, c'est une jeune
fille qui pleure et il en rend toute la minauderie; la il est
pretre, il est roi, il est tyran, il menace, il commande,
il s'emporte; il est esclave, il obeit. Il s'apaise, il se desole,
il se plaint, il rit; jamais hors de ton, de mesure, du sens
des paroles et du caractere de l'air. Tous les pousse-
bois * avoient quitté leurs echiquiers et s'etoient rassemblés autour de lui. Les fenetres du caffé etoient
occupées, en dehors, par les passants qui s'etoient
arrétés au bruit. On faisoit des eclats de rire a entrouvrir
le platfond. Lui n'apercevoit rien; il continuoit, saisi
d'une alienation * d'esprit, d'un enthousiasme si voisin
de la folie, qu'il est incertain qu'il en revienne; s'il ne
faudra pas le jetter dans un fiacre, et le mener droit aux
Petites Maisons. En chantant un lambeau des *Lamen-*
tations d'Ioumelli [272]; il repetoit avec une precision, une
verité et une chaleur incroyable, les plus beaux endroits
de chaque morceau; ce beau recitatif obligé * ou le pro-
phete peint la desolation de Jerusalem, il l'arrosa d'un
torrent de larmes qui en arracherent a tous les yeux.
Tout y etoit, et la delicatesse du chant, et la force de l'ex-

pression; et la douleur. Il insistoit sur les endroits ou le musicien s'etoit particulierement montré comme un grand maitre; s'il quittoit la partie du chant, c'etoit pour prendre celle des instruments qu'il laissoit subitement, pour revenir a celle de la voix; entrelassant l'une a l'autre, de maniere a conserver les liaisons, et l'unité de tout; s'emparant de nos ames, et les tenant suspendues dans la situation la plus singuliere que j'aie jamais eprouvée... Admirois je? Oui, j'admirois! etois je touché de pitié? j'etois touché de pitié; mais une teinte de ridicule etoit fondue dans ces sentimens, et les denaturoit.

Mais vous vous seriez echappé * en eclats de rire, a la maniere dont il contrefaisoit les differents instruments. Avec des joues renflées et boufies, et un son rauque et sombre, il rendoit les cors (1) et les bassons; il prenoit un son eclatant et nazillard pour les hautbois; precipitant sa voix avec une rapidité incroyable, pour les instruments a cordes dont il cherchoit les sons les plus approchés; il siffloit les petites flutes; il recouloit * (2) les traversieres *, criant, chantant, se demenant comme un forcené; faisant lui seul, les danseurs, les danseuses, les chanteurs, les chanteuses, tout un orchestre, tout un theatre lyrique, et se divisant en vingt roles divers, courant, s'arretant, avec l'air d'un energumene *, etincelant des yeux, ecumant de la bouche. Il faisoit une chaleur a perir; et la sueur qui suivoit les plis de son front et la longueur de ses joues, se meloit a la poudre de ses cheveux, ruisseloit et sillonnoit le haut de son habit. Que ne lui vis je pas faire? Il pleuroit, il rioit, il soupiroit; il regardoit, ou attendri, ou tranquille, ou furieux; c'etoit une femme qui se pame de douleur; c'etoit un

---

1. m^2 (*m* : corps).
2. T : roucoulait.

malheureux livré a tout son desespoir; un temple qui
s'eleve; des oiseaux qui se taisent au soleil couchant;
des eaux qui murment (*sic*) (1) dans un lieu solitaire et
frais, ou qui descendent en torrents du haut des mon-
tagnes; un orage, une tempete, la plainte de ceux qui
vont perir, melée au sifflement des vents, au fracas du
tonnerre; c'etoit la nuit, avec ses tenebres; c'etoit
l'ombre et le silence; car le silence meme se peint par des
sons [273]. Sa tete etoit tout a fait perdue. Epuisé de
fatigue, tel qu'un homme qui sort d'un profond sommeil ou d'une longue distraction; il resta immobile,
stupide, etonné. Il tournoit ses regards autour de lui,
comme un homme egaré qui cherche a reconnoitre le
lieu ou il se trouve. Il attendoit le retour de ses forces
et de ses esprits; il essuyoit machinalement son visage.
Semblable a celui qui verroit a son reveil, son lit envi-
ronné d'un grand nombre de personnes; dans un entier
oubli ou dans une profonde ignorance de ce qu'il a fait,
il s'ecria dans le premier moment : He bien, messieurs,
qu'est ce qu'il y a ? d'où viennent vos ris *, et votre
surprise ? qu'est ce qu'il y a ? Ensuite il ajouta, Voila ce
qu'on doit appeller de la musique et un musicien. Cependant, messieurs, il ne faut pas mepriser certains morceaux (2) de Lulli. Qu'on fasse mieux la scene, *Ah !
j'attendrai* [274] sans changer les paroles; j'en defie. Il ne
faut pas mepriser quelques endroits de Campra, les airs
de violon de mon oncle, ses gavotes; ses entrées de
soldats, de pretres, de sacrificateurs... *Pales flambeaux,
nuit* (3) *plus affreuse que les tenebres... Dieux du Tartare,
Dieu de l'Oubli* [275]. La, il enfloit sa voix; il soutenoit ses
sons; les voisins se mettoient aux fenetres; nous met-

---

1. T : qui murmurent.
2. Airs... (de Brière à Tourneux).
3. T : jour.

tions nos doigts dans nos oreilles. Il ajoutoit, c'est ici qu'il faut des poumons; un grand organe, un volume d'air. Mais avant peu, serviteur a l'Assomption; le careme et les Roix sont passés [276]. Ils ne scavent pas encore ce qu'il faut mettre en musique, ni par consequent ce qui convient au musicien. La poesie lyrique est encore a naitre. Mais ils y viendront; a force d'entendre le Pergolese, le Saxon, Terradoglias, Trasetta [277] (1), et les autres; a force de lire le Metastase [278], il faudra bien qu'ils y viennent.

Moi. — Quoi donc, est ce que Quinaut, La Motte, Fontenelle n'y ont rien entendu (?) [279].

Lui. — Non pour le nouveau stile. Il n'y a pas six vers de suite dans leurs charmants poemes qu'on puisse musiquer * Ce sont des sentences ingenieuses; des madrigaux legers, tendres et delicats; mais pour scavoir combien cela est vuide de ressource pour notre art, le plus violent de tous, sans en excepter celui de Demosthene, faites vous reciter ces morceaux, combien (2) ils vous paroitront froids, languissants, monotones. C'est qu'il n'y a rien la qui puisse servir de modele au chant. J'aimerois autant avoir a musiquer * les *Maximes de La Rochefoucaut*, ou les *Pensées de Pascal*. C'est au cri animal de la passion, a nous dicter la ligne qui nous convient [280]. Il faut que ces expressions soient pressées les unes sur les autres; il faut que la phrase soit courte; que le sens en soit coupé, suspendu; que le musicien puisse disposer du tout et de chacune de ses parties; en (3) omettre un mot, ou le repeter; y en ajouter un qui lui manque; la tourner et retourner, comme un polype, sans la detruire; ce qui rend la poesie

---

1. Trasetta, ajouté en marge par *m*¹.
2. Combien supprimé par Brière et Tourneux.
3. En, ajouté par *m*¹.

lyrique françoise beaucoup plus difficile que dans les
langues a inversions qui presentent d'elles memes tous
ces avantages... « *Barbare, cruel, Plonge ton poignard
dans mon sein. Me voila prete a recevoir le coup fatal.
Frappe. Ose... Ah, je languis, je meurs... Un feu secret
s'allume dans mes sens... Cruel amour, que veux tu de
moi... Laisse moi la douce paix dont j'ai joui... Rends moi
la raison* [281]... » Il faut que les passions soient fortes;
la tendresse du musicien et du poete lirique doit etre
extreme. L'air est presque toujours la peroraison de la
scene. Il nous faut des exclamations, des interjections,
des suspensions, des interruptions, des affirmations, des
negations; nous apellons, nous invoquons, nous crions,
nous gemissons, nous pleurons, nous rions franchement (1). Point d'esprit, point d'epigrammes; point
de ces jolies pensées. Cela est trop loin de la simple
nature. Or n'allés pas croire que le jeu des acteurs de
theatre et leurs declamations puissent nous servir de
modeles. Fi donc. Il nous le faut plus energique, moins
manieré, plus vrai. Les discours simples, les voix communes de la passion, nous sont d'autant plus neces-
saires que la langue sera plus monotone, aura moins
d'accent. Le cri animal ou de l'homme passionné leur en
donne.

Tandis qu'il me parloit ainsi, la foule qui nous envi-
ronnoit, ou n'entendant rien ou prenant peu d'interet a
ce qu'il disoit, parce qu'en general l'enfant comme
l'homme, et l'homme comme l'enfant aime mieux s'amuser que s'instruire, s'etoit retirée; chacun etoit a son jeu;
et nous etions restés seuls dans notre coin. Assis sur
une banquette, la tete appuyee contre le mur, les bras
pendants, les yeux a demi fermés, il me dit : Je ne scais
ce que j'ai; quand je suis venu ici, j'etois frais et dispos,

---

1. nous rions franchement, ajouté en marge par *m*[1].

et me voila roué, brisé, comme si j'avois fait dix lieues. Cela m'a pris subitement.

Moi. — Voulez vous vous rafraîchir ?

Lui. — Volontiers. Je me sens enroué. Les forces me manquent; et je souffre un peu de la poitrine. Cela m'arrive presque tous les jours, comme cela; sans que je sache pourquoi.

Moi. — Que voulez-vous ?

Lui. — Ce qui vous plaira. Je ne suis pas difficile. L'indigence m'a appris a m'accommoder de tout.

On nous sert (1) de la bierre, de la limonade. Il en remplit un grand verre qu'il vuide deux ou trois fois de suite (2). Puis comme un homme ranimé, il tousse fortement, il se demene, il reprend :

Mais a votre avis, seigneur philosophe, n'est ce pas une bizarrerie bien etrange, qu'un etranger, un italien, un Douni vienne nous aprendre a donner de l'accent (3) a notre musique, a (4) assujettir notre chant a tous les mouvements, a toutes les mesures, a tous les intervalles, a toutes les declamations, sans blesser la prosodie. Ce n'etoit pourtant pas (5) la mer a boire *. Quiconque avoit ecouté un gueux lui demander l'aumone dans la rue, un homme dans le transport de la colere, une femme jalouse et furieuse, un amant desesperé, un flatteur, oui un flatteur radoucissant son ton [282], trainant ses sillabes, d'une voix mielleuse; en un mot une Passion, n'importe laquelle, pourvu que par son energie, elle meritât de servir de modele au musicien, auroit du s'apercevoir de deux choses : l'une que les sillabes, lon-

---

1. On nous servit (de Brière à Tourneux).
2. Les mots : de suite, ne figurent pas dans les éditions de Brière à Tourneux.
3. Donner l'accent (De Brière à Tourneux).
4. et (de Brière à Tourneux).
5. pas pourtant (de Brière à Tourneux).

gues ou breves, n'ont aucune durée fixe, pas meme de
rapport determiné entre leurs durées; que la passion dispose de la prosodie, presque comme il lui plait; qu'elle
execute les plus grands intervalles, et que celui qui
s'ecrie dans le fort de sa douleur : Ah, malheureux que je
suis, monte la sillabe d'exclamation au ton le plus elevé
et le plus aigu, et descend les autres aux tons les plus
graves et les plus bas, faisant l'octave ou meme un plus
grand intervalle, et donnant a chaque son la quantité
qui convient au tour de la melodie; sans que l'oreille
soit offensée, sans que ni la sillabe longue, ni la sillabe
breve aient conservé la longeur ou la brieveté du discours tranquille [283]. Quel chemin nous avons fait depuis
le tems ou nous citions la parenthe(se) d'*Armide:*
le vainqueur de Renaud, si quelqun le peut etre [284] (1), l'*Obeis-*
sons sans balancer, des *Indes galantes* [285], comme des
prodiges de declamation musicale ! A present ces prodiges la me font hausser les epaules de pitié. Du train
dont l'art s'avance, je ne scais ou il aboutira. En attendant, buvons. un coup.

Il en boit (2) deux, trois, sans scavoir ce qu'il faisoit.
Il alloit se noyer, comme il s'etoit epuisé, sans s'en
apercevoir, si je n'avois deplacé la bouteille qu'il cherchoit de distraction. Alors je lui dis :

Moi. — Comment se fait il qu'avec un tact aussi fin,
une si grande sensibilité pour les beautés de l'art musical, vous soiez aussi aveugle sur les belles choses en
morale, aussi insensible aux charmes de la vertu (?).

Lui. — C'est apparemment qu'il y a pour les unes un
sens que je n'ai pas; une fibre * qui ne m'a point eté
donnée, une fibre lache qu'on a beau pincer et qui ne
vibre pas; ou peut etre c'est que j'ai toujours vécu avec

---

1. M met les mots : si quelqun le peut etre, entre parenthèses.
2. il en but (de Brière à Tourneux).

de bons musiciens et de mechantes gens; d'ou il est
arrivé que mon oreille est devenue tres fine, et que mon
cœur est devenu tres sourd. Et puis c'est qu'il y avoit
quelque chose de race. Le sang de mon pere et le sang
de mon oncle est le meme sang. Mon sang est le meme
que celui de mon pere. La molecule * paternelle doit
etre dure et obtuse; et cette maudite molecule premiere
s'est assimilé tout le reste.

Moi. — Aimez vous votre enfant (?)

Lui. — Si je l'aime, le petit sauvage. J'en suis fou.

Moi. — Est ce que vous ne vous occuperez pas
serieusement d'arreter en lui l'effet de la maudite molecule paternelle (?)

Lui. — J'y travaillerois, je crois, bien inutilement.
S'il est destiné a devenir un homme de bien, je n'y
nuirai pas. Mais si la molecule vouloit qu'il fut un
vaurien comme son pere, les peines que j'aurois prises,
pour en faire un homme honnete lui seroient tres nui-
sibles; l'education croisant sans cesse la pente de la
molecule, il seroit tiré comme par deux forces con-
traires, et marcheroit tout de guingois *, dans le chemin
de la vie, comme j'en vois une infinité, egalement
gauches dans le bien et dans le mal; c'est ce que nous
apellons des especes *, de toutes les epithetes la plus
redoutable, parce qu'elle marque la mediocrité, et le
dernier degré du mepris. Un grand vaurien est un grand
vaurien, mais n'est point une espece. Avant que la molecule paternelle n'eut repris le dessus et ne l'eut amené
a la parfaite abjection ou j'en suis, il lui faudroit un tems
infini; il perdroit ses plus belles années. Je n'y fais rien
a present. Je le laisse venir. Je l'examine. Il est deja
gourmand, patelin, filou, paresseux, menteur. Je crains
bien qu'il ne chasse de race.

Moi. — Et vous en ferez un musicien, afin qu'il ne
manque rien a la ressemblance ?

Lui. — Un musicien ! un musicien ! quelquefois je le regarde, en grinçant des dents; et je dis, si tu devois jamais scavoir une note, je crois que je te tordrois le col.

Moi. — Pourquoi cela, s'il vous plait ?

Lui. — Cela ne mene a rien.

Moi. — Cela mene a tout.

Lui. — Oui, quand on excelle; mais qui est ce qui peut se promettre de son enfant qu'il excellera ? Il y a dix mille a parler contre un qu'il ne seroit (1) qu'un miserable racleur de cordes, comme moi. Scavez vous qu'il seroit peut etre plus aisé de trouver un enfant propre a gouverner un royaume, a faire un grand roi qu'un grand violon [286].

Moi. — Il me semble que les talents agreables, meme mediocres, chez un peuple sans mœurs, perdu de debauche et de luxe, avancent rapidement un homme dans le chemin de la fortune. Moi qui vous parle, j'ai entendu la conversation qui suit, entre une espece de protecteur et une espece de protegé [287]. Celui cy avoit eté adressé au premier, commè a un homme obligeant qui pourroit le servir. — Monsieur, que scavez vous ? — Je scais passablement les mathematiques. — Hé bien, monsieur, montrez les mathematiques; apres vous etre croté dix a douze ans sur le pavé de Paris, vous aurez trois a quatre cents livres de rente. — J'ai etudié les loix, et je suis versé dans le droit. — Si Puffendorf et Grotius [288] revenoient au monde, ils mourroient de faim, contre une borne. — Je scais tres bien l'histoire et la geographie. — S'il y avoit des parents qui eussent a cœur la bonne education de leurs enfants, votre fortune seroit faite; mais il n'y en a point. — Je suis assez bon musicien. — Et que ne disiez vous cela d'abord ? Et pour vous faire voir le

---

1. T : sera.

parti qu'on peut tirer de ce dernier talent, j'ai une fille.
Venez tous les jours depuis sept heures et demie du soir,
jusqu'a neuf; vous lui donnerez la leçon, et je vous
donnerai vingt cinq louis par an. Vous dejeunerez,
dinerez, gouterez, souperez avec nous. Le reste de votre
journée vous apartiendra; vous en disposerez a votre
profit.

Lui. — Et cet homme qu'est il devenu ?

Moi. — S'il eut eté sage, il eut fait fortune, la seule
chose que vous aiez en vue.

Lui. — Sans doute. De l'or, de l'or. L'or est tout; et
le reste, sans or, n'est rien [289]. Aussi au lieu de lui farcir
la tete de belles maximes qu'il faudroit qu'il oubliât,
sous peine de n'etre qu'un gueux; lors que je possede
un louis, ce qui ne m'arrive pas souvent, je me plante
devant lui. Je tire le louis de ma poche. Je le lui montre
avec admiration. J'eleve les yeux au ciel. Je baise le louis
devant lui. Et pour lui faire entendre mieux encore
l'importance de la piece sacrée, je lui begaye * de la
voix; je lui designe du doigt tout ce qu'on en peut
acquerir, un beau fourreau *, un beau toquet *, un bon
biscuit. Ensuite je mets le louis dans ma poche. Je me
promene avec fierté; je releve la basque de ma veste *;
je frappe de la main sur mon gousset; et c'est ainsi
que je lui fais concevoir que c'est du louis qui est la,
que nait l'assurance qu'il me voit.

Moi. — On ne peut rien de mieux. Mais s'il arrivoit
que, profondement penetré de la valeur du louis, un
jour...

Lui. — Je vous entends. Il faut fermer les yeux la
dessus. Il n'y a point de principe de morale qui n'ait
son inconvenient. Au pis aller, c'est un mauvais quart
d'heure, et tout est fini.

Moi. — Meme d'apres des vues si courageuses et si
sages, je persiste a croire qu'il seroit bon d'en faire un

musicien. Je ne connois pas de moyen d'approcher plus
rapidement des grands, de servir (1) leurs vices, et de
mettre a profit les siens.

Lui. — Il est vrai; mais j'ai des projets d'un succès
plus prompt et plus sur. Ah ! si c'etoit aussi bien une
fille ! Mais comme on ne fait pas ce qu'on veut, il faut
prendre ce qui vient; en tirer le meilleur parti; et pour
cela, ne pas donner betement, comme la pluspart des
peres qui ne feroient rien de pis, quand ils auroient
medité le malheur de leurs enfants, l'education de Lace-
demone, a un enfant destiné a vivre a Paris. Si elle est
mauvaise, c'est la faute des mœurs de ma nation, et non
la mienne. En repondra qui pourra. Je veux que mon
fils soit heureux; ou ce qui revient au meme honoré,
riche et puissant. Je connois un peu les voyes les plus
faciles d'arriver a ce but; et je les lui enseignerai de
bonne heure. Si vous me blamez, vous autres sages,
la multitude et le succès m'absoudront. Il aura de l'or;
c'est moi qui vous le dis. S'il en a beaucoup, rien ne lui
manquera, pas meme votre estime et votre respect [290].

Moi. — Vous pouriez vous tromper.

Lui. — Ou il s'en passera, comme bien d'autres.

Il y avoit dans ccla beaucoup de ces choses qu'on
pense, d'apres les quelles on se conduit; mais qu'on ne dit
pas. Voila, en verité, la difference la plus marquée entre
mon homme et la pluspart de nos entours. Il avouoit les
vices qu'il avoit, que les autres ont; mais il n'etoit
pas hippocrite. Il n'etoit ni plus ni moins abominable
qu'eux; il etoit seulement plus franc, et plus consequent;
et quelquefois profond dans sa depravation. Je trem-
blois de ce que deviendroit son enfant sous un pareil
maitre. Il est certain que d'apres des idées d'institution
aussi strictement calquées sur nos mœurs, il devoit aller

---

1. de mieux servir (de Brière à Tourneux).

loin, a moins qu'il ne fut prematurement arreté en chemin.

Lui. — Ho ne craignez rien, me dit-il. Le point important, le point difficile auquel un bon pere doit surtout s'attacher, ce n'est pas de donner a son enfant des vices qui l'enrichissent, des ridicules qui le rendent précieux aux grands; tout le monde le fait, sinon de systeme comme moi, mais au moins d'exemple et de leçon; mais de lui marquer la juste mesure, l'art d'esquiver * a la honte, au deshonneur et aux loix; ce sont des dissonnances * dans l'harmonie social(e) qu'il faut scavoir placer, preparer et sauver. Rien de si plat qu'une suite d'accords parfaits. Il faut quelque chose qui pique *, qui separe le faisceau, et qui en eparpille les rayons.

Moi. — Fort bien. Par cette comparaison, vous me ramenez des mœurs, a la musique dont je m'etois ecarté malgré moi; et je vous en remercie; car, a ne rien vous celer, je vous aime mieux musicien que moraliste.

Lui. — Je suis pourtant bien subalterne en musique, et bien superieur en morale [291].

Moi. — J'en doute; mais quand cela seroit, je suis un bon homme * et vos principes ne sont pas les miens.

Lui. — Tant pis pour vous. Ah ! si j'avois vos talents.

Moi. — Laissons mes talents et revenons aux votres.

Lui. — Si je scavois m'enoncer comme vous. Mais j'ai un diable de ramage * saugrenu, moitié des gens du monde et des Lettres, moitie de la Halle.

Moi. — Je parle mal. Je ne scais que dire la verité; et cela ne prend pas toujours, comme vous scavez.

Lui. — Mais ce n'est pas pour dire la verité; au contraire, c'est pour bien dire le mensonge que j'ambitionne votre talent. Si je scavois ecrire; fagoter * un livre, tourner une epitre dedicatoire, bien enyvrer un sot de son merite; m'insinuer auprès des femmes.

Moi. — Et pour tout cela, vous le scavez mille fois mieux que moi. Je ne serois pas meme digne d'etre votre ecolier.

Lui. — Combien de grandes qualités perdues, et dont vous ignorez le prix !

Moi. — Je recueille tout celui que j'y mets.

Lui. — Si cela etoit, vous n'auriez pas cet habit grossier, cette veste d'etamine *, ces bas de laine, ces souliers epaix, et cette antique perruque.

Moi. — D'accord. Il faut etre bien maladroit, quand on n'est pas riche, et que l'on se permet tout pour le devenir. Mais c'est qu'il y a des gens comme moi qui ne regarde pas la richesse, comme la chose du monde la plus precieuse; gens bizarres.

Lui. — Tres bizarres. On ne nait pas avec cette tournure * la (1). On se la donne; car elle n'est pas dans la nature.

Moi. — De l'homme ?

Lui. — De l'homme. Tout ce qui vit, sans l'en excepter, cherche son bien etre aux depens de qui il apartiendra; et je suis sur que, si je laissois venir le petit sauvage, sans lui parler de rien : il voudroit etre richement vetu, splendidement nourri, cheri des hommes, aimé des femmes, et rassembler sur lui tous les bonheurs de la vie.

Moi. — Si le petit sauvage etoit abandonné a lui meme; qu'il conservat toute son imbecillité et qu'il reunit au peu de raison de l'enfant au berceau, la violence des passions de l'homme de trente ans, il tordroit le col a son pere, et coucheroit avec sa mere [292].

Lui. — Cela prouve la necessité d'une bonne education; et qui est-ce qui la conteste ? et qu'est ce qu'une

---

1. T : tournure d'esprit la.

bonne education, sinon celle qui conduit a toutes sortes de jouissances, sans peril, et sans inconvenient.

Moi. — Peu s'en faut que je ne sois de votre avis; mais gardons nous de nous expliquer.

Lui. — Pourquoi ?

Moi. — C'est que je crains que nous ne soions d'accord qu'en apparence; et que, si nous entrons une fois dans la discussion des perils et des inconvenients a eviter, nous ne nous entendions plus.

Lui. — Et qu'est ce que cela fait ?

Moi. — Laissons cela vous dis je. Ce que je scais la dessus, je ne vous l'aprendrois pas; et vous m'instruirez plus aisement de ce que j'ignore et que (1) vous scavez en musique. Cher Rameau, parlons musique, et dites moi comment il est arrivé qu'avec la facilité de sentir, de retenir et de rendre les plus beaux endroits des grands maitres; avec l'enthousiasme qu'ils vous inspirent et que vous transmettez aux autres, vous n'aiez rien fait qui vaille.

Au lieu de me repondre, il se mit a hocher * de la tete, et levant le doigt au ciel, il ajouta (2), et l'astre ! l'astre ! Quand la nature fit Leo [293], Vinci, Pergolese, Douni (3), elle sourit. Elle prit un air imposant et grave, en formant le cher oncle Rameau qu'on aura apellé pendant une dizaine d'années le grand Rameau et dont bientôt on ne parlera plus. Quand elle fagota * son neveu, elle fit la grimace et puis la grimace, et puis la grimace encor; et disant ces mots, il faisoit toutes sortes de grimaces du visage; c'etoit le mepris, le dedain, l'ironie; et il sembloit paitrir entre ses doigts un morceau de pâte, et sourir(e) aux formes ridicules qu'il lui donnoit.

---

1. et de ce que (de Brière à Tourneux).
2. il s'ecria (de Brière à Tourneux).
3. ms : Duni.

Cela fait, il jetta la pagode * heteroclite * loin de lui; et
il dit : C'est ainsi qu'elle me fit et me jetta, a coté d'autres
pagodes, les unes a gros ventres ratatinés *, a cols courts,
a gros yeux hors de la tete, apoplectiques; d'autres a
col(s) obliques; il y en avoit de seches, a l'oeil vif,
au nez crochu; toutes se mirent a crever de rire, en me
voyant : et moi de mettre mes deux poings sur mes cotes,
et a crever de rire, en les voyant; car les sots et les fous
s'amusent les uns des autres; ils se cherchent, ils s'at-
tirent.

Si, en arrivant la, je n'avois pas trouvé tout fait le
proverbe qui (1) dit que l'*argent des sots est le patrimoine
des gens d'esprit,* on me le devroit. Je sentis que nature
avoit mis ma legitime * dans la bourse des pagodes,
j'inventai mille moyens de m'en ressaisir.

Moi. — Je scais ces moyens; vous m'en avez parlé,
et je les ai fort admirés. Mais entre tant de ressource,
pourquoi n'avoir pas tenté celle d'un bel ouvrage ?

Lui. — Ce propos est celui d'un homme du monde
a l'abbé Le Blanc... L'abbé disoit, la marquise de Pompadour me prend sur la main; me porte jusques sur le
seuil de l'Academie; la elle retire sa main. Je tombe et je
me casse les deux jambes... L'homme du monde lui
repondoit : He bien, l'abbé, il faut se relever, et enfoncer la porte d'un coup de tete... L'abbé lui repliquoit :
C'est ce que j'ai tenté; et scavez vous ce qui m'en est
revenu, une bosse au front [294].

Apres cette historiette, mon homme se mit a marcher
la tete baissée, l'air pensif et abbatu; il soupiroit, pleuroit, se desoloit, levoit les mains et les yeux, se frappoit
la tete du poing, a se briser le front ou les doigts, et il
ajoutoit : Il me semble qu'il y a pourtant la quelque
chose ; mais j'ai beau frapper, secouer, il ne sort rien.

---

1. qui : ajouté par *m*[1]. Parenthèse abusive dans M.

Puis il recommencoit (1) a secouer sa tete et a se
frapper le front de plus belle, et il disoit, Ou il n'y a
personne, ou l'on ne veut pas repondre.

Un instant apres, il prenoit un air fier, il relevoit sa
tete, il s'appliquoit la main droite sur le cœur; il mar-
choit et disoit : Je sens, oui je sens. Il contrefaisoit
l'homme qui s'irrite, qui s'indigne, qui s'attendrit, qui
commande, qui supplie, et prononçoit, sans preparation,
des discours de colere, de commiseration, de haine,
d'amour; il esquissoit les caracteres des passions avec une
finesse et une verité surprenant(es). Puis il ajoutoit :
C'est cela, je crois. Voila que cela vient; voila ce que c'est
que de trouver un accoucheur qui scait irriter, precipiter
les douleurs et faire sortir l'enfant; seul, je prends la
plume; je veux ecrire. Je me ronge les ongles, je m'use
le front [295]. Serviteur. Bonsoir. Le dieu est absent; je
m'etois persuadé que j'avois du genie; au bout de ma
ligne, je lis que je suis un sot, un sot, un sot. Mais le
moyen de sentir, de s'elever, de penser, de peindre fortement, en frequentant * avec des gens, tels que ceux qu'il
faut voir pour vivre; au milieu des propos qu'on tient,
et de ceux qu'on entend, et de ce commerage : Aujourdhuy, le boulevard etoit charmant [296]. Avez vous entendu
la petite marmote [297] ? elle joue a ravir. Mr un tel avoit
le plus bel attelage gris pommelé qu'il soit possible
d'imaginer. La belle madame celle cy commence a passer.
Est ce qu'a l'age de quarante cinq ans, on porte une
coeffure comme celle la. La jeune une telle est couverte
de diamants qui ne lui coutent gueres. — Vous voulez
dire qui lui coutent cher ? (2) — Mais non. — Ou
l'avez vous vue ? — A l'*Enfant d'Arlequin perdu et
retrouvé* [298]. La scene du desespoir a eté jouée, comme

---

1. *m²* (m : recommencet).
2. ? omis par M.

elle ne l'avoit pas encore eté. Le Polichinelle de la
Foire [299] a du gozier, mais point de finesse, point d'ame.
Madame une telle est accouchée de deux enfants a la
fois. Chaque pere aura le sien... Et vous croyez que cela
dit, redit et entendu tous les jours, echauffe et conduit
aux grandes choses ?

Moi. — Non. Il vaudroit mieux se renfermer * dans
son grenier, boire de l'eau, manger du pain sec, et se
chercher soi meme.

Lui. — Peut etre; mais je n'en ai pas le courage; et
puis sacrifier son bonheur a un succes incertain. Et le
nom que je porte donc ? Rameau ! s'appeler Rameau,
cela est gênant [300]. Il n'en est pas des talents comme de la
noblesse qui se transmet et dont l'illustration s'accroit
en passant du grand pere au pere, du pere au fils, du fils
a son petit fils, sans que l'ayeul impose quelque merite
a son descendant. La vieille souche se ramifie en une
enorme tige de sots; mais qu'importe ? Il n'en est pas
ainsi du talent. Pour n'obtenir que la renommée de son
pere, il faut etre plus habile que lui. Il faut avoir herité
de sa fibre *. La fibre m'a manqué, mais le poignet s'est
degourdi; l'archet marche et le pot bout. Si ce n'est pas
de la gloire, c'est du bouillon [301].

Moi. — A votre place, je ne me le tiendrois pas pour
dit; j'essaierois.

Lui. — Et vous croyez que je n'ai pas essaié. Je
n'avois pas quinze ans lorsque (1) je me dis, pour la premiere fois : Qu'as tu, Rameau ? tu reves. Et a quoi reves
tu ? que tu voudrois bien avoir fait ou faire quelque
chose qui excita(t) l'admiration de l'univers. Hé, oui;
il n'y a qu'a souffler et remuer les doigts. Il n'y a qu'a
ourler * le bec, et ce sera une canne. Dans un age plus
avancé, j'ai repeté le propos de mon enfance. Aujour-

---

1. M : lors que.

dhui, je le repete encore; et je reste autour de la statue de Memnon [312].

Moi. — Que voulez vous dire avec votre statue de Memnon ?

Lui. — Cela s'entend, ce me semble. Autour de la statue de Memnon il y en avoit une infinité d'autres ègalement frappées des rayons du soleil; mais la sienne etoit la seule qui resonnat. Un poete, c'est de Voltaire; et puis qui encore ? de Voltaire; et le troisieme, de Voltaire; et le quatrieme, de Voltaire [303] (1). Un musicien, c'est Rinaldo da Capoua [304]; c'est Hasse; c'est Pergolese; c'est Alberti; c'est Tartini; c'est Locatelli; c'est Terradoglias; c'est mon oncle; c'est ce petit Douni (2) qui n'a ni mine ni figure; mais qui sent, mordieu, qui a du chant et de l'expression. Le reste autour de ce petit nombre de Memnons, autant de paires d'oreilles fichées, au bout d'un baton .Aussi sommes nous gueux, si gueux que c'est une benediction. Ah, monsieur le philosophe, la misere est une terrible chose. Je la vois accroupie, la bouche beante, pour recevoir quelques gouttes de l'eau glacée (3) qui s'echappe du tonneau des Danaides [305]. Je ne scais si elle aiguise l'esprit du philosophe; mais elle refroidit diablement la tete du poete. On ne chante pas bien sous ce tonneau. Trop heureux encore, celui qui peut s'y placer. J'y etois; et je n'ai pas scu m'y tenir. J'avois deja fait cette sottise une fois. J'ai voyagé en Boheme, en Allemagne, en Suisse, en Hollande, en Flandres [306]; au diable, au verd *.

Moi. — Sous le tonneau percé.

Lui. — Sous le tonneau percé; c'etoit un Juif opulent et dissipateur qui aimoit ma musique et mes

---

1. *m²* : Voltaire.
2. *m²* : Duni.
3. glacée : ajoutée par *m¹*.

folies. Je musiquois *, comme il plait a Dieu; je faisois
le fou; je ne manquois de rien. Mon Juif etoit un homme
qui scavoit sa loi, et qui l'observoit roide comme une
barre, quelquefois avec l'ami, toujours avec l'etranger.
Il se fit une mauvaise affaire qu'il faut que je vous raconte,
car elle est plaisante [307]. Il y avoit a Utrecht une courtisanne charmante. Il fut tenté de la chretienne; il lui
depecha un grison *, avec une lettre de change assez
forte. La bizarre creature rejeta son offre. Le Juif en fut
desesperé. Le grison lui dit : Pourquoi vous affliger
ainsi ? vous voulez (1) coucher avec une jolie femme;
rien n'est plus aisé, et meme de coucher avec une plus
jolie que celle que vous poursuivez. C'est la mienne, que
je vous cederai au meme prix. Fait et dit. Le grison
garde la lettre de change, et mon Juif couche avec la
femme du grison. L'echeance de la lettre de change
arrive. Le Juif la laisse protester et s'inscrit en faux.
Procès. Le Juif disoit. Jamais cet homme n'osera dire a
quel titre (2) il possede ma lettre, et je ne la payerai pas.
A l'audience, il interpelle le grison. — Cette lettre de
change, de qui la tenez vous ? — De vous. Est ce pour
de l'argent preté ? — Non. — Est ce pour fourniture
de marchandise ? — Non. — Est ce pour services
rendus ? — Non. Mais il ne s'agit point de cela. J'en suis
possesseur. Vous l'avez signée et vous l'acquitterez. —
Je ne l'ai point signée. — Je suis donc un faussaire ?
Vous ou un autre dont vous etes l'agent. — Je suis un
lache, mais vous etes un coquin. Croyez moi, ne me
poussez pas a bout. Je dirai tout. Je me deshonorerai,
mais je vous perdrai... Le Juif ne tint compte de la
menace; et le grison revela toute l'affaire a la seance qui
suivit. Ils furent blamés * tous les deux; et le Juif

---

1. si vous voulez (de Brière à Tourneux).
2. a quel prix (de Brière à Tourneux).

condamné a payer la lettre de change, dont la valeur fut
appliquée au soulagement des pauvres. Alors je me
separai de lui. Je revins ici. Quoi faire ? car il falloit
perir de misere, ou faire quelque chose. Il me passa
toutes sortes de projets par la tete. Un jour, je partois
le landemain pour me jetter dans une troupe de province,
egalement bon ou mauvais pour le theatre ou l'orchestre; le landemain je songeois a me faire peindre
un de ces tableaux attachés a une perche qu'on plante
dans un carrefour, et ou j'aurois crié a tue tete : Voila
la ville ou il est né; le voila qui prend congé de son pere
l'apoticaire ³⁰⁸; le voila qui arrive dans la capitale,
cherchant la demeure de son oncle; le voila aux genoux
de son oncle qui le chasse; le voila avec un Juif, et
caetera et caetera. Le jour suivant je me levois, bien
decidé de m'associer aux chanteurs des rues; ce n'est pas
ce que j'aurois fait de plus mal; nous serions allés con-
certer sous les fenetres du cher oncle qui en seroit crevé
de rage. Je pris un autre parti.

La il s'arreta, passant successivement de l'attitude
d'un homme qui tient un violon, serant des cordes a
tour de bras, a celle d'un pauvre diable extenué de
fatigue, a qui les forces manquent, dont les jambes
flageollent, pret a expirer, si on ne lui jette un morceau
de pain; il designoit son extreme besoin, par le geste
d'un doigt dirigé vers sa bouche entrouverte; puis il
ajouta : Cela s'entend. On me jettoit le lopin. Nous le
disputions a trois ou quatre affamés que nous etions;
et puis pensez grandement; faites de belles choses, au
milieu d'une pareille détresse.

Moi. — Cela est difficile.

Lui. — De cascade en cascade *, j'etois tombé la.
J'y etois comme un coq en pâte *. J'en suis sorti. Il
faudra de rechef scier le boyau, et revenir au geste du
doigt vers la bouche beante. Rien de stable dans ce

monde. Aujourd'hui, au sommet ; demain au bas de la roue [309]. De maudites circonstances nous menent; et nous menent fort mal.

Puis, buvant un coup qui restoit au fond de la bouteille et s'adressant a son voisin : Monsieur, par charité, une petite prise. Vous avez la une belle boite ? Vous n'etes pas musicien ?... Non... Tant mieux pour vous; car ce sont de pauvres bougres bien à plaindre. Le sort a voulu que je le fusse, moi; tandis qu'il y a, a Montmartre peut etre, dans un moulin, un meunier, un valet de meunier qui n'entendra jamais que bruit du cliquet (1), et qui auroit trouvé les plus beaux chants. Rameau, au moulin ! au moulin, c'est la ta place.

MOI. — A quoi que ce soit que l'homme s'applique *, la Nature l'y destinoit [310].

LUI. — Elle fait d'etranges bevues. Pour moi je ne vois pas de cette hauteur ou tout se confond, l'homme qui emonde un arbre avec des ciseaux, la chenille qui en ronge la feuille, et d'ou l'on ne voit que deux insectes differents, chacun a son devoir [311] *. Perchez vous sur l'epicycle de Mercure [312], et de la distribuez, si cela vous convient, et a l'imitation de Reaumur [313], lui la classe des mouches en couturieres, arpenteuses, faucheuses, vous, l'espece des hommes, en hommes menuisiers, charpentiers, coureurs, danseurs, chanteurs, c'est votre affaire [314]. Je ne m'en mele pas. Je suis dans ce monde et j'y reste [315]. Mais s'il est dans la nature d'avoir appetit; car c'est toujours a l'appetit que j'en reviens, a la sensation qui m'est toujours presente, je trouve qu'il n'est pas du bon ordre de n'avoir pas toujours de quoi manger. Que diable * d'oeconomie, des hommes qui regorgent de tout, tandis que d'autres qui ont un estomac importun

---

1. M : que le bruit du cliquet ; T : que le bruit de cliquet.

comme eux, et pas (1) de quoi mettre sous la dent. Le pis,
c'est la posture * contrainte * ou nous tient le besoin.
L'homme necessiteux ne marche pas comme un autre;
il saute, il rampe, il se tortille, il se traine; il passe sa vie a
prendre et a executer des positions.

MOI. — Qu'est ce que des positions ?

LUI. — Allez le demander a Noverre [316]. Le monde
en offre bien plus que son art n'en peut imiter.

MOI. — Et vous voila, aussi, pour me servir de votre
expression, ou de celle (de) Montagne *perché sur l'epi-
cicle de Mercure*, et considerant les differentes pantomimes
de l'espece humaine.

LUI. — Non, non, vous dis je. Je suis trop lourd
pour m'elever si haut. J'abandonne aux grues * le sejour
des brouillards. Je vais terre a terre. Je regarde autour
de moi; et je prends mes positions, ou je m'amuse des
positions que je vois prendre aux autres. Je suis excellent pantomime; comme vous en allez juger.

Puis il se met (2) a sourire, a contrefaire l'homme
admirateur, l'homme suppliant, l'homme complaisant;
il a le pié droit en avant, le gauche en arriere, le dos
courbé, la tete relevée, le regard comme attaché sur
d'autres yeux, la bouche entrouverte (3), les bras portés
vers quelqu'objet; il attend un ordre, il le reçoit; il
part comme un trait; il revient, il est executé; il en rend
compte. Il est attentif a tout; il ramasse ce qui tombe;
il place un oreiller ou un tabouret sous des piés; il tient
une soucoupe, il aproche une chaise, il ouvre une porte;
il ferme une fenetre; il tire des rideaux; il observe le
maitre et la maitresse; il est immobile, les bras pendants;
les jambes paralleles; il ecoute; il cherche a lire sur des

---

1. Et n'ont pas (de Brière à Tourneux).
2. Se mit (de Brière à Tourneux).
3. La bouche beante (de Brière à Tourneux).

visages; et il ajoute : Voila ma pantomine, a peu pres la meme que celle des flateurs, des courtisans, des valets et des gueux.

Les folies de cet homme, les contes de l'abbé Galliani [317], les extravagances de Rabelais [318] m'ont quelquefois fait rever * profondément. Ce sont trois magasins ou je me suis pourvu de masques ridicules (1) que je place sur le visage des plus graves personnages; et je vois Pantalon [319] dans un prelat, un satyre dans un president, un pourceau dans un cenobite, une autruche dans un ministre, une oye dans son premier commis.

Moi. — Mais a votre compte, dis-je a mon homme, il y a bien des gueux dans ce monde cy; et je ne connois personne qui ne sache quelques pas de votre danse.

Lui. — Vous avez raison. Il n'y a dans tout un royaume qu'un homme qui marche, c'est le souverain. Tout le reste prend des positions.

Moi. — Le souverain ? encore y a-t-il quelque chose a dire [320] ? Et croyez vous qu'il ne se trouve pas, de tems en tems, a coté de lui, un petit pié, un petit chignon, un petit nez qui lui fasse faire un peu de la pantomime (?) Quiconque a besoin d'un autre, est indigent et prend une position. Le roi prend une position devant sa maitresse et devant Dieu; il fait son pas de pantomime. Le ministre fait le pas de courtisan, de flatteur, de valet ou de gueux devant son roi. La foule des ambitieux dansent vos positions, en cent manieres plus viles les unes que les autres, devant le ministre. L'abbé de condition [321] en rabat, et en manteau long, au moins une fois la semaine, devant le depositaire de la feuille des benefices [322]. Ma foi, ce que vous appellez la pantomime des gueux, est le grand branle * de la terre. Chacun a sa petite Hus et son Bertin.

---

1. Ridicules : ajouté par *m*[1].

LUI. — Cela me console.

Mais tandis que je parlois, il contrefaisoit a mourir
de rire, les positions des personnages que je nommois;
par exemple, pour le petit abbé, il tenoit son chapeau
sous le bras, et son breviaire de la main gauche; de la
droite, il relevoit la queue de son manteau; il s'avancoit
la tete un peu panchée sur l'epaule, les yeux bai(s)sés,
imitant si parfaitement l'hypocrite que je crus voir
l'auteur des *Refutations* [323] devant l'eveque d'Orleans [324].
Aux flatteurs, aux ambitieux, il etoit ventre a terre.
C'etoit Bouret, au controlle general [325].

MOI. — Cela est superieurement executé, lui dis je (1).
Mais il y a pourtant un etre dispensé de la pantomime.
C'est le philosophe qui n'a rien et qui ne demande rien.

LUI. — Et ou est cet animal la? S'il n'a rien il
souffre; s'il ne sollicite rien, il n'obtiendra rien, et il
souffrira toujours.

MOI. — Non. Diogene se moquoit des besoins [326].

LUI. — Mais, il faut etre vetu.

MOI. — Non. Il alloit tout nud.

LUI. — Quelquefois il faisoit froid dans Athenes.

MOI. — Moins qu'ici.

LUI. — On y mangeoit.

MOI. — Sans doute.

LUI. — Aux depens de qui?

MOI. — De la nature. A qui s'adresse le sauvage?
a la terre, aux animaux, aux poissons, aux arbres, aux
herbes, aux racines, aux ruisseaux.

LUI. — Mauvaise table.

MOI. — Elle est grande.

LUI. — Mais mal servie.

MOI. — C'est pourtant celle qu'on dessert, pour
couvrir les notres.

---

1. Lui dis je : supprimé de Brière à Tourneux.

LUI. — Mais vous conviendrez que l'industrie de
nos cuisiniers, patissiers, rotisseurs, traiteurs, confisseurs
y met un peu du sien [327]. Avec la diete * austere de votre
Diogene, il ne devoit pas avoir des organes fort indociles.

MOI. — Vous vous trompez. L'habit du Cynique
etoit autrefois, notre habit monastique avec la meme
vertu. Les cyniques etoient les Carmes et les Cordeliers
d'Athenes.

LUI. — Je vous y prends. Diogene a donc aussi
dansé la pantomime; si ce n'est devant Periclés, du
moins devant Laïs ou Phryné.

MOI. — Vous vous trompez encore. Les autres
achetoient bien cher la courtisanne qui se livroit a lui
pour le plaisir [328].

LUI. — Mais s'il arrivoit que la courtisanne fut
occupée, et le cynique pressé ?

MOI. — Il rentroit dans son tonneau, et se passoit
d'elle [329].

LUI. — Et vous me conseilleriez de l'imiter ?

MOI. — Je veux mourir si cela ne vaudroit mieux que
de ramper, de s'avilir, et se prostituer.

LUI. — Mais il me faut un bon lit, une bonne table,
un vetement chaud en hyver; un vetement frais, en eté;
du repos, de l'argent, et beaucoup d'autres choses; que
je prefere de devoir a la bienveillance, plutot que de les
acquerir par le travail.

MOI. — C'est que vous etes un faineant, un gourmand, un lache, une ame de boue.

LUI. — Je crois vous l'avoir dit.

MOI. — Les choses de la vie ont un prix sans doute;
mais vous ignorez celui du sacrifice que vous faites pour
les obtenir. Vous dansez, vous avez dansé et vous conti-
nuerez de danser la vile pantomime.

LUI. — Il est vrai. Mais il m'en a peu couté, et il ne
m'en coute plus rien pour cela. Et c'est par cette raison

que je ferois mal de prendre une autre allure qui me
peneroit, et que je ne garderois pas. Mais, je vois a ce que
vous me dites la que ma pauvre petite femme etoit une
espece de philosophe. Elle avoit du courage comme un
lion. Quelquefois nous manquions de pain, et nous
etions sans le sol. Nous avions vendu presque toutes
nos nippes. Je m'etois jetté sur les piés de notre lit,
la je me creusois a chercher quelqun qui me prêtat un
ecu que je ne lui rendrois pas. Elle gaie comme un
pinson, se mettoit a son clavecin, chantoit et s'accompa-
gnoit. C'etoit un gozier de rossignol; je regrette que vous
ne l'aiez pas entendue. Quand j'etois de quelque concert,
je l'emmenois avec moi. Chemin faisant, je lui disois :
Allons, madame, faites vous admirer; deployez votre
talent et vos charmes. Enlevez. Renversez [330]. Nous
arrivions; elle chantoit, elle enlevoit, elle renversoit.
Helas, je l'ai perdue, la pauvre petite. Outre son talent,
c'est qu'elle avoit une bouche a recevoir a peine le petit
doigt; des dents, une rangée de perles; des yeux, des piés,
une peau, des joues, des tetons, des jambes de cerf, des
cuisses et des fesses a modeler. Elle auroit eu, tot ou tard,
le fermier general, tout au moins. C'etoit une demarche,
une croupe ! ah ! Dieu, quelle croupe !
　　Puis le voila qui se met a contrefaire la demarche de
sa femme; il alloit a petit pas; il portoit sa tete au
vent; il jouoit de l'eventail; il se demenoit de la croupe;
c'etoit la charge de nos petites coquettes la plus plaisante et la plus ridicule.
　　Puis reprenant la suite de son discours, il ajoutoit :
　　Je la promenois partout, aux Tuileries, au Palais
Royal, aux Boulevards. Il etoit impossible qu'elle me
demeurat. Quand elle traversoit la rue, le matin, en
cheveux, et en pet-en-l'air *; vous vous seriez arreté
pour la voir, et vous l'auriez embrassée entre quatre
doigts, sans la serrer. Ceux qui la suivoient, qui la

regardoient trotter avec ses petits piés; et qui mesu-
roient cette large croupe dont les jupons legers dessi-
noient la forme, doubloient le pas; elle les laissoit
arriver; puis elle detournoit prestement sur eux, ses deux
grands yeux noirs et brillants qui les arretoient tout
court. C'est que l'endroit de la medaille ne deparoit
pas le revers. Mais helas je l'ai perdue; et mes esperances
de fortune se sont toutes evanouies avec elle. Je ne
l'avois prise que pour cela, je lui avais confié mes projets; et elle avoit trop de sagacité pour n'en pas concevoir la certitude, et trop de jugement pour ne les pas
approuver.

Et puis le voila qui sanglote et qui pleure, en disant :
Non, non, je ne m'en consolerai jamais. Depuis, j'ai
pris le rabat et la calotte [331].

Moi. — De douleur ?

Lui. — Si vous voulez. Mais le vrai, pour avoir mon
ecuelle sur ma tete... Mais voyez un peu l'heure qu'il est,
car il faut que j'aille a l'Opera.

Moi. — Qu'est ce qu'on donne ?

Lui. — Le Dauvergne [332]. Il y a d'assez belles choses
dans sa musique; c'est dommage qu'il ne les ait pas
dites le premier. Parmi ces morts, il y en a toujours
quelques uns qui desolent les vivants. Que voulez vous ?
Quisque suos patimur manes [333] (1).

Mais il est cinq heures et demie. J'entends la cloche
qui sonne les vepres de l'abbé de Canaye [334] et les
miennes. Adieu, Mr le philosophe. N'est il pas vrai que
je suis toujours le meme ?

Moi. — Helas ! oui, malheureusement.

Lui. — Que j'aie ce malheur la seulement encore
une quarantaine d'années. Rira bien qui rira le dernier.

---

1. M : (non) patimur manes. Le non mis entre crochets et qui fait
contre-sens ne figure pas dans *m*.

NOTES

1. — « Né sous la (capricieuse) malice de tous les Vertumnes réunis... » Vertumnus (racine vorto-verto) est le Dieu
qui préside aux changements de temps et de saison. Le pluriel
s'explique naturellement par les formes multiples qu'il revêt.

Horace parle d'un certain Priscus, célèbre par ses lubies,
dont l'esclave Davus fait le burlesque symbole de l'inconstance humaine.

> .... Saepe notatus
> Cum tribus anellis, modo laeva Priscus inani
> Vixit inaequalis, clavum ut mutaret in horas,
> Aedibus ex magnis subito se conderet unde
> Mundior exiret vix libertinus honeste,
> Jam moechus Romae, jam mallet doctor Athenis
> Vivere, Vertumnis quotquot sunt natus iniquis.

(On lui voyait parfois trois anneaux et parfois rien à la
main gauche. Sa vie fut le caprice même : il se muait, d'une
heure à l'autre, de sénateur en chevalier, quittait un palais
et courait s'enfouir dans un réduit, d'où un affranchi un peu
soigné eût rougi de sortir; aujourd'hui souteneur à Rome,
demain, au gré de son plaisir, philosophe à Athènes. né sous
la malice de tous les Vertumnes réunis.)

Pour le thème (inaequalis-iniquus), le mouvement, le
choix des détails même, cette pochade d'Horace a fourni à
Diderot le canevas d'un portrait-charge de Rameau. Mais ce
Langrois, qui comparait la tête de ses compatriotes à la
girouette de leur clocher, sur leur plateau battu à tous

vents, s'accusait lui-même volontiers de ces sautes d'humeur. « Vous ne manquerez pas de dire que je suis extrême en tout », écrivait-il à Mlle Volland (11 nov. 1760, I, 324). « Mes enfants, disait-il encore à propos du portrait que Michel Van Loo avait peint de lui, je vous préviens que ce n'est pas moi. J'avais en une journée cent physionomies diverses, selon la chose dont j'étais affecté ». (*Salon de 1767*, XI, 20).

2. — Tous les détails topographiques se rapportent au Palais-Royal, tel qu'il existait vers 1760, avant l'incendie de l'Opéra (6 avril 1763). On connait l'histoire de ce palais aménagé par Richelieu (théâtre compris), légué au roi et cédé par Louis XIV à Monsieur, en 1672. Le duc de Chartres, futur régent, l'avait fait reconstruire au début du siècle : une façade monumentale puis, en profondeur, deux cours carrées entourées sur trois côtés de bâtiments. Au delà s'étendaient les jardins : 167 toises de longueur sur 72 de largueur. Au grand mécontentement du public et des propriétaires mitoyens, Louis-Philippe Joseph, cinquième duc d'Orléans (Philippe-Egalité) réduisit leur superficie d'un tiers, lorsqu'à partir de 1780, il les entoura d'un quadrilatère d'arcades et de boutiques, voire de baraquements (cf. MERCIER, *Tableaux de Paris* N^lle édition, Amsterdam, 1782, tome V, chap. VII et J. A. DULAURE, *Histoire physique, civile et morale de Paris*, 2e édition, Paris, 1824, tome VIII, 423 sq.).

Les jardins avaient été plantés de tilleuls et de marronniers, vers 1725, par Louis d'Orléans, fils du Régent. L'accès en était interdit aux voitures. L'allée d'Argenson — à l'est — était ainsi nommée parce qu'elle longeait l'hôtel dit de la chancellerie d'Orléans, dont la charge fut donnée à Marc-Pierre, comte d'Argenson, qui s'y installa en 1725. L'hôtel fut englobé ultérieurement dans la rue des Bons Enfants (n° 19).

Il est souvent question du « banc de l'allée d'Argenson » dans les lettres de Diderot à Mlle Volland pour l'été de 1759 (I, 68, 86, 100 etc.). « La chère maman » s'y trouve parfois en tiers dans leurs rendez-vous : le « toujours seul » est donc excessif.

3. — L'allée de Foy, parallèle à l'allée d'Argenson, à la limite ouest du jardin, devait son nom à un certain

Fouhet ou Foy (même prononciation) qui, en 1725, avait ouvert dans la rue de **Richelieu** (n° 46) un café donnant directement sur le jardin. Ce café s'installa, en 1784, aux arcades 57 à 60 du Palais Royal (cf. Auguste VITU, *La maison natale de Molière* et le marquis de ROCHEGUDE, *Promenades dans toutes les rues de Paris*, Hachette, 1910, tome I, p. 110).

L'allée de Foy était célèbre pour la beauté de ses arbres et la hardiesse de ses promeneuses. « Jamais les Hamadryades, note Sébastien Mercier (si elles sont chastes), n'eurent plus à rougir que dans cette allée. Mais on pouvait la regarder comme la plus belle salle de bal qui fût en Europe. » Et Fougeret de Monbron fait dire à Margot la Ravaudeuse : « Le Palais Royal étant un territoire dont la propriété semble nous être acquise par une prescription aussi ancienne que l'établissement de l'Opéra, c'est dans cette espèce de jardin de franchise que nous usons en toute liberté du droit de faire les femmes de conséquence. » Chez Restif et beaucoup d'autres, on n'aurait que l'embarras des citations. Le manège évoqué par Diderot pourrait être illustré par les spirituelles gravures de Gabriel de Saint-Aubin.

4. — M. Venturi signale un passage du journal littéraire de l'abbé Desfontaines (*Jugements sur quelques ouvrages nouveaux*. Avignon, 1745, VIII, p. 73 sq.) qui, dès le premier ouvrage de Diderot : *Essai sur le mérite et la vertu* (1745), librement traduit de Shaftesbury, appliquait une comparaison toute semblable à la démarche de sa pensée et de son style : « Il a semé, disait-il, dans son livre un grand nombre de propositions incidentes, qui partagent trop l'attention. On dirait qu'il n'est pas assez ferme dans les vérités qu'il tient. Il me semble avoir autant d'ardeur pour les voluptés de l'esprit que les princes asiatiques pour celles du corps. Comme ils ont plusieurs femmes outre celle qu'ils épousent, il a un objet principal auquel il donne ses premiers soins, avec des vues subordonnées qui ne laissent pas de l'occuper ». Diderot était, à l'époque, un des collaborateurs ordinaires de Desfontaines. Il se peut qu'il se soit souvenu de ce lointain reproche, pour lui donner un tour autrement énergique et piquant. Sur la collaboration Diderot-Desfontaines, voir :

P. Bonnefon, *Diderot prisonnier à Vincennes*, (R. H. L. 1899) et
Venturi, *op. cit.*, p. 42.

5. — « On compte six ou sept cents cafés, dit Mercier;
c'est le refuge ordinaire des oisifs et l'asile des indigents »
(I, 149). Bien entendu, il fait une exception pour quelques
cafés illustres comme le Procope, le Gradot, la Régence.
Installée, dès le début du siècle, place du Palais-Royal,
la Régence avait pris son nom définitif, en 1718. Rey en
était le propriétaire, depuis 1745. Le nom de la Régence est
intimement lié à la vogue des échecs au xviiie siècle. A la
différence de Jean-Jacques, Marmontel et bien d'autres
écrivains, familiers de la Régence, Diderot ne semble guère
s'être intéressé à ce jeu qu'en spectateur, mais d'une espèce
très assidue. Evoquant les débuts difficile du ménage de
ses parents et le dévouement de sa mère, Mme de Vandeul
écrivait : « Le café était un luxe trop considérable pour un
ménage de cette espèce; mais elle ne voulait pas qu'il en
fût privé, et chaque jour elle lui donnait six sous pour
aller prendre sa tasse au café de la Régence et voir jouer
aux échecs » (*Mémoires pour servir à l'histoire de la vie et des
ouvrages de Diderot*. Asszat I, p. xl). Après une série de
déménagements rues Saint-Victor, Traversière, Mouffetard
et de la Vieille-Estrapade, le philosophe qui occupait,
depuis 1754, son « grenier », (deux étages assez confortables)
de la rue Taranne, près de Saint-Germain-des-Prés, s'était
considérablement rapproché de sa promenade et de sa distraction favorites.

6. — De ces trois joueurs, cités par ordre de génie décrois-
sant, « le solide Mayot » doit toute sa réputation à ce passage
du *Neveu*. Quant à Legal et Philidor, ils comptèrent tous les
deux parmi les familiers de Diderot.

M. de Kermuy, sire de Legal, gentilhomme breton, était
considéré comme « l'oracle » des échecs. « ... Je me rabattis
au caffé de la Regence. C'est le rendez-vous des joueurs
d'échecs de grande classe... » Suit l'exposé d'un coup
douteux tranché par Legal, dont Diderot admire, en cette
occasion comme en bien d'autres, la justesse d'esprit.
(A Mlle Volland, 25 octobre 1762, II, 209-10).

Quant à François-André Danican Philidor (1726-1795),

cadet d'une illustre famille de musiciens, sa passion pour
les échecs faillit compromettre sa carrière et son talent.
Il n'avait que 22 ans, lorsqu'il publia, à Londres, son *Analyse
du jeu des échecs*, demeurée classique. A 18 ans déjà, il se faisait
admirer pour jouer simultanément deux parties, sans voir
l'échiquier; dans l'article *Echecs* de l'Encyclopédie, le chevalier de Jaucourt fait complaisamment écho à ce tour de
force. Philidor s'intéressa à l'éducation musicale de la future
Madame de Vandeul; Diderot, qui goûtait la facilité et le brio
de sa musique, déplorait de lui voir mettre toute sa tension
d'esprit dans les échecs. On en trouvera le témoignage
dans une lettre du 10 avril 1782 (XX, 79-80). Philidor
vient de jouer à Londres trois parties simultanées, « sans
voir », pour la gloriole ou le plaisir, et Diderot lui en fait
assez vertement la leçon. « Risquer sa raison et son talent
pour rien, cela ne se conçoit pas. » Il a même consulté à ce
sujet M. de Legal, qui partage entièrement cette opinion.
Il y a de la folie, a dit « cet homme d'esprit », à courir le
hasard de devenir fou par vanité. « Croyez-moi, conclut
Diderot, faites-nous d'excellente musique, faites-nous en
pendant longtemps, et ne vous exposez pas davantage à
devenir ce que tant de gens méprisables sont nés. On dirait
de vous tout au plus : le voilà, ce Philidor; il n'est plus rien,
il a perdu tout ce qu'il était à remuer sur un damier de petits
morceaux de bois ».

7. — Foubert, un chirurgien de la rue de la Monnaie,
selon Isambert, n'est guère plus connu que Mayot.

8. — Autant de traits que Diderot s'applique fréquemment
à lui-même, sans parler des témoignages de ceux qui l'ont
connu. Il donne souvent (v. p. ex. sa lettre à Mlle Volland
du 18 octobre 1760, 1, 242-3) une description presque cli-
nique des symptômes qui marquent chez lui la montée de
l'enthousiasme, tout à fait comparables à ceux qu'il relève en
Rameau. Son attitude dans la conversation et ses dons de
mime permettent de voir en son héros une caricature, mais
aussi une transposition poétique de lui-même : ils sont liés
par des liens d'organique sympathie. Et d'Escherny (cité
par Assézat XX, 140), le peint à Pétersbourg « criant partout avec ce ton d'enthousiasme qu'il prenait souvent et

jusque dans les appartements de l'impératrice, qu'il remplis-
sait de ses clameurs ».

9. — L'article assez objectif que Jaucourt consacre dans
l'*Encyclopédie* à l'abbaye de la Trappe est complété par une
violente diatribe, où Diderot prend vivement à partie la
mémoire de son réformateur, Jean Le Boutillier de Rancé.
« C'est de là, conclut-il, que partent des cris et que sont
pratiquées des austérités qui abrègent la vie et qui font
injure à la divinité ». Depuis l'abbé de Rancé, ces austérités
étaient devenues proverbiales. Les images évoquées par le
nom même de la Trappe s'y prêtaient : Jaucourt en rend
compte par la topographie : « Les collines et les forêts qui
enveloppent cette abbaye, sont disposées de telle sorte qu'elles
semblent vouloir la cacher au reste de la terre ». Plus loin,
il parle de « *tombeau* ». Les étymologistes ont fait pourtant
dériver le mot du vieux francique : trapan qui signifierait :
degré, tertre (?). Pour Dauzat, la Trappe désigne simplement
le lieu où l'on chassait à la trappe (?)

A l'inverse de la Trappe, les religieux connus populairement sous le nom de Bernardins (Cisterciens réformés par
saint Bernard, abbé de Clairvaux), avaient une réputation
tout à l'opposé de l'austérité.

10. — « Content d'avoir pourvu au besoin du moment, il
s'occupait peu de ceux du lendemain, dit Naigeon de son ami
Diderot, du temps de sa vie de bohême. Il faisait des dettes,
les payait quand il pouvait, engageait ses habits, vendait
ses livres inutiles pour acheter ceux qu'il voulait lire ou
étudier... » (*Mémoires*, op. cit. 17).

11. — C'est donc en toute connaissance de cause que le
pauvre diable développera devant Mercier sa théorie de la
« mastication universelle » ! (Voir le texte-Appendice V).

12. — Dans l'état des rues à l'époque, ces retours à
pied, de nuit, constituaient un véritable drame (Cf. MERCIER,
chap. XXXIX. *Gare, gare !* sur les embarras de la circulation et
les périls de la rue). Pour imaginer les épreuves de Rameau,
Diderot n'a eu besoin que de rappeler des souvenirs de
jeunesse. Mme de Vandeul rapporte joliment un de ces souvenirs : celui d'un Mardi gras, où il n'avait pas de quoi dîner.
« ... Il croit en se promenant dissiper sa mélancolie; il va

aux Invalides, au Cours, à la Bibliothèque du Roi, au jardin des Plantes. L'on peut calmer son ennui, mais on ne peut tromper sa faim. Il revient à son auberge; en rentrant, il s'assied et se trouve mal; l'hôtesse l donne un peu de pain grillé dans du vin; il fut se couche. « Ce jour là, me disait-il, je jurai, si jamais je possédais quelque chose, de ne refuser de ma vie un indigent, de ne point condamner mon semblable à une journée aussi pénible. » (I xxxvii et le même épisode plus dramatisé par NAIGEON, *Mémoires*, op. cit., p. 25).

Plus d'une fois aussi, Diderot dut chercher où il irait coucher et se rabattait, à charge de revanche, sur le logis d'un ami, où le premier arrivant occupait le lit.

13. — Jusque vers le milieu du xviii⁰ siècle, la faveur des promeneurs est restée au Cours la Reine, tracé, en 1628, par Marie de Médicis, sur quelque 1.500 mètres en bordure de Seine, en aval des Tuileries. Le duc d'Antin en avait fait replanter les trois rangées d'ormeaux, en 1723. Vers 1760, le Cours, théoriquement fermé par des grilles, était toujours considéré comme hors la ville. A plus forte raison, les Champs-Elysées, tracés à travers les terrains vagues qui portaient traditionnellement ce nom, jusqu'à l'étoile de Chaillot (notre rond-point Marbeuf-F. Roosevelt). A partir de là, seul un chemin de terre conduisait jusqu'à la colline de Chaillot, que M. de Marigny faisait alors aplanir.

La vogue des Champs-Elysées fut à peu près contemporaine de celle des boulevards. Il faut attendre 1770 pour voir le public déserter en masse le « petit » Cours pour le Grand Cours. Le 17 septembre 1776, les *Mémoires Secrets* se décident enfin à écrire une phrase aimable sur les Champs-Elysées « qui sont très beaux et commencent à attirer le public » (cité par Edouard FOURNIER, *Promenade historique dans Paris*, Dentu, 1894, p. 31).

14. — Peut-être. Mais ce n'est pas moins cette originalité que Diderot aime et apprécie chez ses meilleurs amis : l'abbé Galiani ou le baron d'Holbach. « Notre Baron, le nôtre, fût d'une folie sans égale. Il a de l'*originalité* dans le ton et les idées. Imaginez un *satyre gai*, piquant, indécent et nerveux, au milieu d'une troupe de figures chastes, molles et délicates » (A Mˡˡᵉ Volland, 10 mai 1759, I, 39). Bien plus,

il croit faire grand honneur à sa maîtresse elle-même, en la tirant du côté des originaux. « Il est vrai que vous êtes un peu baroque. Mais c'est que les autres ont eu beau se frotter contre vous, ils n'ont jamais pu émousser tout à fait votre aspérité naturelle. J'en suis bien aise. J'aime mieux votre surface anguleuse et raboteuse que le poli maussade et commun de tous nos gens du monde » (25 novembre 1760, II, 11-2). Voir au lexique le mot : individualité.

15. — Le réquisitoire contre la politesse et les bienséances de convention était un lieu commun chez les moralistes depuis Béat de MURALT, *Lettres sur les Anglais et les Français*, 1728. De même que l'habitude d'opposer la rudesse et l'imprévu des mœurs anglaises à la « fastidieuse uniformité » des Français.

16. — « Notre musique, dit Rousseau, pourrait bien n'être qu'*une sorte de plain-chant* modulé ». (*Lettre sur la musique française*, Edit. Didot, 1821, tome XIII, p. 248). Cette étiquette est plus spécialement réservée par les philosophes à la musique de Lulli. « *Atis*, tragédie de l'immortel Quinault, mise en musique, ou plutôt en *plain-chant* par Lulli. » (*Corr. Lit.*, 15 décembre 1753, II, 307). Ainsi résument-ils d'une manière pittoresque les reproches traditionnellement adressés à Lulli depuis l'abbé Raguenet (*Parallèle des Italiens et des Français en ce qui concerne la musique et les opéras*, Paris, 1702). Sur ce premier épisode de la querelle entre les deux musiques, on se reportera aux études de Louis STRIFFLING, *Esquisse d'une histoire du goût musical en France au XVIIIe siècle*, Paris, Delagrave, 1912, p. 67-71, et de Louisette RICHEBOURG, *Contribution à l'histoire de la querelle des Bouffons*, Paris, 1937.

On remarquera que, tout au long du dialogue, Diderot, suivant l'attitude compréhensive qu'il avait adoptée dans le parallèle esquissé entre Lulli et Rameau, au chapitre XIII des *Bijoux indiscrets* (*De l'opéra de Banza*), exprime sur la musique du Florentin des opinions beaucoup plus nuancées que les condamnations sans appel, auxquelles la polémique avait entraîné ses amis. « Ce Lulli, disait Grimm, par exemple (*Corr. Lit.* 15 janvier 1758, III, 463), que nous avons regardé, pendant plus d'un demi siècle, comme un homme de génie, quoique ses tristes et froides compositions n'aient jamais ressenti la chaleur d'une imagination inspirée ».

17. — Cette phrase, faisant écho aux condamnation assez sommaires portées d'abord par Jean-Jacques contre Rameau, accuse l'échec d'un grand musicien auprès du public même qu'il avait espéré conquérir. Encore plus passionné de théorie musicale que de musique, Rameau, depuis son *Traité de l'harmonie réduite à son principe* (1722), avait multiplié les « démonstrations » d'un système qui, fondé sur des conceptions purement techniques, aboutissait à une sorte d'arithmétique musicale et à une mystique néo-pythagoricienne des nombres. « La récompense la plus flatteuse que je me sois proposée, écrivait-il, c'est le suffrage et l'estime des savants. ... J'ai eu le bonheur d'obtenir leurs suffrages, et leurs suffrages ont entraîné ceux de la multitude ». (Lettre aux rédacteurs du *Mercure*, mai 1752). A cette date, le musicien pensait avoir partie gagnée. Selon Raynal (*Nouvelles littéraires*, L — *Corr. Lit.* I, 313), Diderot « lui avait prêté sa plume pour mettre dans un beau jour cette importante découverte », c'est-à-dire pour rédiger sa *Démonstration du principe de l'harmonie, servant de base à tout l'art musical.* (Paris, Durand, 1750, 112 pages 8º + XLVII pages, reproduisant le rapport des membres de l'Académie des Sciences). En l'absence de tout autre témoignage, il est difficile de se prononcer sur le bien-fondé de cette affirmation. Il est certain, en tout cas, que Diderot, grand admirateur du système de la « génération harmonique », souhaitait vivement, à pareille époque, « que quelqu'un tirât cet admirable système des obscurités qui l'enveloppent et le mît à la portée de tous, moins pour la gloire de son inventeur, que pour les progrès de la science des sons (*Principes généraux de l'acoustique*, 1748, IX, 114-5).

D'Alembert, de même, s'était prononcé formellement pour Rameau et avait résumé, sous une forme accessible son système, dans ses *Eléments de musique théorique pratique, suivant les principes de M. Rameau* : la clarté de ce traité, disait malicieusement Jean-Jacques, dispensait, fort heureusement, le lecteur de se reporter aux élucubrations du maître. Les raisons du revirement des philosophes contre Rameau seraient à élucider : scientifiques, sans doute, pour d'Alem-

bert, qui se rallia à l'acoustique nouvelle de Daniel Bernouilli, ruineuse pour la physique de Rameau ; sentimentales
et « professionnelles » pour Jean-Jacques; politiques, peut-
être, pour Grimm, dont le rôle d'animateur dans la *Querelle
des Bouffons*, pourrait bien révéler une activité plus suspecte
qu'il n'a paru aux historiens de ce personnage assez énig-
matique. Ici encore, la modération de Diderot contraste avec
la hargne de ses amis. Quoi qu'il en soit, les dix dernières
années de Rameau furent empoisonnées par la polémique
incessante qu'il dut soutenir contre les philosophes et ses
efforts désespérés pour les reconquérir. On trouvera dans
l'ouvrage assez sommaire, mais accessible et suggestif, de
Louis LALOY, *Rameau — Les maîtres de la musique*, Alcan,
3e édition, 1919, avec le détail des principaux traités de
Rameau, des pages excellentes consacrées à l'interprétation
du drame spirituel, qui explique la raison profonde de cette
tristesse à laquelle Diderot fait ici allusion.

18. — Cette présentation sarcastique de l'opéra de Rameau
ou plutôt du lyrisme conventionnel et pompeux des livrets
auxquels s'adapte sa musique, se trouve déjà esquissés dans le
troisième entretien *Dorval et moi* : « Voici un autre morceau...
où il n'y a ni *lance*, ni *victoire*, ni *honneur*, ni *vol*, ni *gloire*,
ni aucune de ces expressions qui feront le tourment d'un
poète tant qu'elles seront l'unique et pauvre ressource du
musicien ». Pour l'étude des opéras de Rameau, on se
reportera à l'ouvrage fondamental de Paul Marie MASSON,
l'*Opéra de Rameau*, Paris, 1930.

19. — Crébillon et Marivaux se trouvaient déjà associés,
en compagnie de Duclos, au chapitre XLVI des *Bijoux indiscrets*, où l'on proposait malicieusement au sultan Mangogul
l'usage de leurs œuvres comme « anti-somnifère », mais à condition de procéder par doses très réduites :... « De *Marianne*
et du *Paysan* par quatre pages. Des *égarements du coeur* une
feuille. Des *Confessions* vingt-cinq lignes et demie ». Diderot,
comme la plupart de ses contemporains, ne fait guère de
différence entre le talent de ces deux écrivains, dont une
lettre d'Horace Walpole (1765), citée par Isambert et Tourneux, signale le vieillissement : « Crébillon est tout à fait
démodé, et Marivaux est devenu un proverbe : on dit mari-

vauder, marivaudage ». Depuis le *Préjugé vaincu* (1746),
Marivaux ne donnait plus rien que quelques articles au *Mercure* et quelques éloges académiques. Sa mort (12 février 1763)
passa à peu près inaperçue. Claude Prosper Jolyot de Crébillon, né le 14 février 1707, mourut le 12 avril 1777. Depuis
longtemps, sa charge de censeur royal absorbait le plus clair
de son activité. Crébillon, le père, était mort le 17 juin 1762.

20. — « J'ai quarante ans, j'ai beaucoup étudié ; on m'appelle le philosophe », déclare Diderot, lorsqu'il se peint
lui-même sous le nom d'Ariste, dans son traité *De la poésie
dramatique* (VII, 390). Et il fait valoir les raisons suivantes
à l'appui de ce titre. « Ariste s'était particulièrement livré
à l'étude de la philosophie. On l'avait surnommé le philosophe, parce qu'il était né sans ambition, qu'il avait l'âme
honnête, et que l'envie n'en avait jamais altéré la douceur
et la paix. Du reste, grave dans son maintien, sévère dans ses
mœurs, austère et simple dans ses discours, le manteau d'un
ancien philosophe était presque la seule chose qui lui man-
quât : car il était pauvre et content de sa pauvreté ».

21. — Il s'agit de Claude Henri de Bissy, comte de Thiard
(1721-1810), membre de l'Académie française, depuis 1750.
Diderot goûtait fort sa tragédie en un acte : l'*Extravagance
fatale*, couronnée par un suicide collectif d'un effet « plus
terrible mille fois que le spectacle d'Œdipe qui a les yeux
crevés et qui se baisse pour chercher ses enfants » (A Mlle Volland, 30 septembre 1760, I, 207-8). Mais, en littérature, comme
aux échecs, il faut croire que le talent de ce personnage se
bornait à l'étude et à la méthode. Le rapprochement avec
Mlle Clairon, présentée dans le *Paradoxe sur le comédien* comme
le type même de l'acteur de sang-froid, opposée à la Dumesnil,
type de l'acteur inspiré, accuse le ton restrictif et malicieux
de l'éloge : ce n'est pas tous les jours que Diderot est tenté
de préférer le coucou au rossignol et la méthode au génie.
La réflexion de Rameau : « A quoi bon la médiocrité en ces
genres ? » s'autorise d'Horace, Montaigne et La Bruyère
(*Des ouvrages de l'esprit*, 7) : « Il y a certaines choses dont la
médiocrité est insupportable : la poésie, la musique, la peinture, le discours public ».

22. — Ainsi c'est Diderot. — Moi qui aborde le premier

dans le dialogue ce problème du génie et de l'homme de
génie, qui est peut être la clé de sa philosophie. Conformé-
ment aux thèses qu'il développe dans l'article *Génie* de *l'Encyclopédie*, le génie est d'autant plus précieux et d'une essence
d'autant plus pure, que son point d'application semble plus
gratuit et même futile. C'est pourquoi Diderot laisse passer,
sans autrement protester, la boutade de Rameau qui réduit
l'art à une forme du jeu, comme déjà le soutenait Malherbe :
le poète et non le philosophe et, à plus forte raison, le politique, n'en incarne pas moins la forme suprême et vraiment
féconde du génie. A l'art qui ne prouve rien, qui trouve sa
justification morale en lui même, Diderot sacrifie implici-
tement — et fort heureusement — ses conceptions ordinaires
sur l'art utilitaire et réformateur. La poésie, qui semble ne
servir à rien, entraine, en dernière analyse, une véritable
promotion de l'espèce humaine. Une société, consciente de
ses intérêts supérieurs, devrait créer en elle-même les conditions les plus favorables à l'éclosion et à la sélection des
hommes de génie. Les promoteurs de l'éducation physique se
servent, aujourd'hui, d'une argumentation toute semblable,
pour justifier la recherche et la culture des champions.

23. — Dans ce portrait, qu'il est difficile d'illustrer par
le prétendu crayon du neveu de Rameau, œuvre du graveur
Wille, (on en trouve une belle reproduction dans l'édition
Isambert), se combinent à doses presqu'égales, des traits
véridiques du personnage, tels que l'ont vu Piron, Cazotte
ou Mercier, des souvenirs rabelaisiens (Frère Jean, « bien
fendu en gueule » !) et d'expressives correspondances avec
le visage et l'allure de Diderot lui-même. « J'avais un grand
front, des yeux vifs, d'assez grands traits, la tête tout à fait
d'un ancien orateur, une bonhomie qui touchait de bien
près à la bêtise, à la rusticité des temps anciens ». (*A propos
du portrait peint par Michel Van Loo, Salon de 1767*, XI, 209).
Dufort de Cheverny le montre « gros et gras, plein de feu
et de vivacité... taillé en porteur de chaise » (cité par André
BILLY, *Diderot*, chap. XXIV). Ici encore, la loi de « sympathie »
joue à plein, sous sa forme la plus élémentaire.

24. — Diderot raille ici plaisamment une de ses secrètes
pensées : mériter une statue. « Qui est-ce qui peut être indif-

férent à l'espérance, à la pensée d'avoir son buste à côté de celui d'un Phocion ? », disait-il à Falconet (février 1766, XVIII, 122).

25. — Ce César, chauve et glabre, surprend à côté de Marc Aurèle et Socrate, au lieu du Caton qu'on attendait. Mais on ne peut lire autrement le manuscrit. On se rappelle que les écoles pythagoricienne et stoïcienne faisaient obligation à leurs sectateurs de porter la barbe.

26. — Par scrupule mal compris de grammaire, les anciens éditeurs croyaient devoir ajouter *Laïs* à Phryné, d'après le passage où Rameau fait danser à Diogène la pantomine « si ce n'est devant Périclès, du moins devant Laïs ou Phryné » (p. 82).

27. — De Saur imaginait lourdement une transition : « Je suis impudent comme l'un et j'aime à visiter les autres. *Moi.* — Je le crois, quand on a comme vous trop de santé ! » La question : « Vous portez-vous toujours bien ? » est cependant d'une malice assez grosse pour être évidente, après ce que Rameau vient de dire de ses fréquentations.

28. — Il s'agit, bien entendu, du philosophe, caricature du stoïcien, tel que, depuis le *Pro Murena*, s'est complue à le représenter l'imagination bien pensante et populaire. Jusque dans son édition de 1740, le Dictionnaire de l'Académie en donne complaisamment le reflet : « ... Etre philosophe... se dit aussi quelquefois absolument d'un homme qui, par libertinage d'esprit, se met au dessus des devoirs et obligations ordinaires de la vie civile et chrétienne. C'est un homme qui ne se refuse rien, qui ne se contraint sur rien et qui mène une vie de Philosophe. » Le Dictionnaire de Trévoux (éditions de 1732 et 1743, mais non de 1761) est plus catégorique encore. «Philosophe se prend aussi quelquefois dans un mauvais sens et signifie : dur, insensible misanthrope.. Generis humani osor... Se dit quelquefois ironiquement d'un homme bourru, crotté, incivil, qui n'a aucun égard aux devoirs et aux bienséances de la société civile ». Le philosophe ainsi défini est un type populaire au théâtre; Palissot dans sa comédie des *Philosophes*, se contente, le plus souvent, d'en retremper la satire, toute traditionnelle, dans des allusions à l'actualité. Narcisse, le héros du *Philosophe à la mode*,

petite pièce, complaisamment analysée dans le *Mercure* de juin 1720, y était représenté, en vertu même de son nom, comme le type de l'égoïste, indifférent à la famille, à l'amitié et à la patrie, incapable de rien sacrifier au bien commun. « M. de Bonneval, écrit Desfontaines, rendant compte du *Progrès de l'éducation*, (1743) ouvrage de cet auteur, peint au naturel ce qu'on appelle dans le monde un philosophe... Il n'accorde presque rien à la raison, ni aux bienséances; il affecte sur les pures idées le même *singularisme* que sur les objets matériels; il voudrait penser à part, et ne trouver personne de son opinion...; il s'éloigne sur la religion, sur la politique de ce qu'il appelle les sentiments vulgaires; *il ne vit que pour lui seul*; voilà le personnage que le public nomme un philosophe ». Bonneval et Desfontaines lui opposent, en contraste, le « Vrai Philosophe », « qu'on peut à peine distinguer des honnêtes gens du monde ». (*Jugements sur quelques ouvrages nouveaux*, I, 40 sq.). Le thème de la *sociabilité* du philosophe servit de leit-motiv à Dumarsais, dans sa fameuse dissertation : *Le Philosophe*, imprimée pour la première fois en 1743, dans un recueil collectif : *Nouvelles libertés de penser*, et plusieurs fois reproduite ou adaptée depuis lors, en particulier par Voltaire dans les *Lois de Minos* (XXIX, 41-6). L'article *Philosophe* de l'*Encyclopédie*, attribué par Assézat à Diderot, mais probablement fabriqué à la hâte par quelque obscur collaborateur, se contente de démarquer quelques larges extraits de Dumarsais. « La philosophe, y lit-on, en particulier, est disposé plus que qui que ce soit par ses réflexions à trouver plus d'attraits et de plaisir à vivre avec vous, à s'attirer votre confiance et votre estime, à s'acquitter des devoirs de la reconnaissance et de l'amitié... L'idée de malhonnête est autant opposée à l'idée de philosophe que l'est l'idée de stupide; et l'expérience fait voir tous les jours que plus on a de raison et de lumière, plus on est sûr et propre pour le commerce de la vie... Le philosophe est donc un honnête homme qui agit en tout par raison, et qui joint à un esprit de justesse et de réflexion les mœurs et les qualités sociables... De cette idée il est aisé de conclure combien le sage insensible des stoïciens est éloigné de la perfection de notre philosophe... »

Ainsi le veut l'imagerie officielle du parti, à laquelle

Diderot n'est peut-être pas fâché de donner, en passant, un coup d'épingle. « Nous vivons en un siècle *philosophique*, écrit-il à l'article *Bois* de l'*Encyclopédie* (XIII, 485), où l'on fait tout pour soi et rien pour la postérité ».

L'ensemble des questions soulevées, soit par le texte même de l'article *Philosophe*, soit par son interprétation et sa portée, a fait récemment l'objet d'une étude admirablement documentée de M. Herbert DIECKMANN, *Le Philosophe, Texts and interpretations*, Washington University Studies, New Series. Language and Literature, n° 18 (Saint-Louis, 1948). On s'y reportera pour plus de détails.

29. — Rameau avait épousé, le 25 février 1726, Marie-Louise Mangot, fille d'un musicien du roi, de vingt-quatre ans sa cadette. Jal doutait de l'existence de la fille mentionnée ici par Diderot. En réalité, le ménage Rameau eut deux filles : la première entra, en 1751, aux Visitandines; la seconde, Marie-Alexandrine, épousa quatre mois, à peine, après la mort de son père, Messire François-Marie de Gaultier, mousquetaire (cf. LALOY, *Op. cit.* 87). Le musicien s'était formellement opposé à tout mariage de sa fille de son vivant (cf. COLLÉ, *Journal*, septembre 1764, III, 126-30). Les gazettes de l'époque abondent en anecdotes sur la dureté du grand Rameau, un être, dit Collé, « d'une personnalité aussi bête qu'injuste..., le mortel le plus impoli, le plus grossier et le plus insociable de son temps. » Il ne daignait même pas adresser la parole à sa fille et à sa femme : cette dernière ignora toujours ce qu'avait fait son mari pendant les quarante trois premières années de sa vie ! (Cf. CHABANON, *Eloge de M. Rameau*, 1764, p. 17).

30. — « C'est une vérité d'expérience reconnue depuis longtemps qu'un son rendu par un corps n'est pas unique de sa nature et qu'il est accompagné d'autres sons qui sont :

1. L'octave en dessus du son principal.

2. La douzième et la dix-septième majeure au dessus du même ton, c'est à dire l'octave au dessus de la quinte du son principal et la double octave au dessus de la tierce majeure de ce même son ». (D'ALEMBERT, *Encyclopédie*, article : *Fondamental*).

L'expérience est sensible surtout sur les grosses cordes d'un violoncelle : la douzième et la dix-septième s'y entendent mieux que l'octave. Mais, au premier chapitre de sa *Génération harmonique*, Rameau soutenait que non seulement au dessus, mais *en dessous* de l'ut fondamental, la douzième et la dix-septième majeures frémissaient aussi, toutefois sans sonner. A partir de l'ut, son principal, du la bémol, dix-septième en dessous, et du fa, douzième en dessous, Rameau construisait son système de la *basse fondamentale* : la bémol faisant tierce majeure avec ut et tierce mineure avec fa, ce fa était dit fondamental de cette tierce. « Dans tout accord parfait soit majeur, soit mineur, formé d'un son principal, de sa tierce majeure ou mineure et de sa quinte, on appelle fondamental le son principal, qui est le plus grave ou le plus bas de l'accord ». Jean-Jacques Rousseau critiqua vivement la théorie de la douzième et de la dix-septième en dessous (*Essai sur l'origine des langues*, chap. xix : *Comment la musique a dégénéré*), de même que d'Alembert, mais pour des raisons plus solides, tirées des expériences de Daniel Bernouilli sur les cordes vibrantes. La polémique atteignit son maximum d'acuité sur cette question essentiellement technique. La préoccupation que prête Diderot à Rameau n'est donc pas le ravissement d'un artiste absorbé par son art, mais l'idée fixe d'un théoricien, uniquement soucieux de faire triompher son système. Ici encore, on pourrait citer maintes anecdotes reflétant cette idée fixe de Rameau. Il aurait brutalement renvoyé le curé de Saint-Eustache qui prétendait l'assister à sa dernière heure, en alléguant qu'il avait la voix fausse ! (BACHAUMONT, *Mémoires secrets*, 12 septembre 1764).

31. — Diderot, en bonne humeur, se complaît à citer cet adage. On le retrouve dans le billet « pantagruélique », en style « d'ancien welche » qu'il écrit, le 21 mars 1774, de la Haye, au général et vice-chancelier Betzky (XX, 88-91) « ... soir et matin, récitez dévotieusement ces trois versets :

1. Facere officium suum taliter qualiter;
2. Sinere vivere mundum quomodo vult;
3. Semper benediceri de Domino priori.

L'efficace de ces trois sacro-saints versets est d'assurer prédestination, et arrondir le dévôt pantagruéliste à vue d'œil, tenir œil clair, teint frais, pituite douce etc. » — « Pantagruéliser, savez-vous ce que c'est : c'est boire, manger, dormir dans toutes les combinaisons possibles, ce qu'on appelle *vie de roi* ». Malgré le patronage invoqué de maître François, on ne trouve chez lui aucun texte qui donne littéralement ces trois « versets », peut-être très librement adaptés des chapitres XXXIX et XL du *Gargantua,* où frère Jean énumère les occupations des « ocieux » moines et les siennes propres. Mais ils font partie vraisemblablement de la légende orale de Rabelais. On les trouve exactement sous la forme que leur donne Diderot dans un petit pamphlet de Voltaire contre la négligence apportée dans l'entretien des rues de Paris : *Ce qu'on ne fait pas et ce qu'on pourrait faire* (1742) (XXIII, 185-7). Voltaire commence en ces termes : « Laisser aller le monde comme il va, faire son devoir tellement quellement, et dire toujours du bien de monsieur le prieur est une ancienne maxime de moine; mais elle peut laisser le couvent dans la médiocrité, le relâchement et le mépris... »

La sagesse pratique de Diderot s'accorde, cependant, assez souvent avec cette maxime, contre laquelle s'insurge l'alacrité de Voltaire. « Ne vous fâchez pas trop contre les hommes, dit-il à Damilaville. Prenez un peu le temps comme il vient. Songez que notre humeur ne change rien aux choses et que, de tous temps, notre boule y fut un éteuf que la Providence abandonne à peloter à de foutus personnages, foutus personnages couronnés, foutus personnages mîtrés, foutus personnages cuirassés, foutus personnages fourrés etc., etc. Le sage est celui qui connaît les devoirs de son état, les remplit et laisse aller le reste comme il plaît à Dieu. C'est une chose assez plaisante que ce proverbe qui dit de ce qui va mal, qu'il va comme il plaît à Dieu. » (Non daté, *Corr. Inéd.,* I, 249).

32. — Choiseul, à n'en pas douter, dont la réputation de cynisme et de causticité était solidement établie. Le même propos de lui est rapporté, sous une autre forme, dans la grande lettre de juillet 1767 à Falconet (XVIII, 238), où Choiseul, en passant, est fort cavalièrement traité. « ... Les

lettres languissent. On leur interdit le gouvernement, la religion et les mœurs. De quoi veut-on qu'elles s'entretiennent ? Le reste n'en vaut pas la peine. Un freluquet sans lumière et sans pudeur dit intrépidement à sa table que l'ignorance fait le bonheur des peuples, et que si l'on eût jeté Marmontel dans un cachot..., il n'aurait point fait *Bélisaire* ! Et cela s'appelle un ministre ! Nous n'avons jamais contristé cet homme là ; mais il se doute de notre mépris, et il nous hait ».

On ne doit pas oublier que Choiseul, excédé par le manque de loyalisme et de sens patriotique des philosophes, admirateurs obstinés du roi de Prusse, au cœur même de la guerre de Sept Ans, avait paru vouloir user contre eux des armes de la contre-propagande, plus efficace, au fond, que la répression administrative. La campagne contre les *Cacouacs* fut, vraisemblablement inspirée par lui, par l'intermédiaire de sa maîtresse et de sa sœur. Il encouragea Fréron et fit cadeau à Palissot d'une maison de campagne à Argenteuil, sur le fronton de laquelle son obligé avait gravé : *Deus nobis haec otia fecit* (Cf. AVÉZAC-LAVIGNE, *La société du baron d'Holbach*, p. 68). La présence du neveu de Rameau à la table de ce ministre n'a donc rien d'invraisemblable, en soi.

33. — Paradoxe essentiel à la pratique et même à la théorie du despotisme éclairé, préconisé par Voltaire, mais profondément détesté par Diderot : « Le gouvernement arbitraire d'un prince juste et éclairé est toujours mauvais... Un des plus grands malheurs qui pût arriver à une nation, ce seraient deux ou trois règnes d'une puissance juste, douce et éclairée mais arbitraire : les peuples seraient conduits par le bonheur à l'oubli complet de leurs privilèges, au plus parfait esclavage ». (*Réfutation de l'homme*, II, 381). Un texte de l'*Essai sur les règnes de Claude et de Néron* (III, 265) est plus net encore : « Un premier despote, juste, ferme et éclairé, est un fléau ; un second despote, juste, ferme et éclairé, est un fléau plus grand ; un troisième, qui ressemblerait aux deux premiers, en faisant oublier aux peuples leur privilège, consommerait leur esclavage ».

Le 23 octobre 1777, à la séance de rentrée de l'Académie de Berlin (*Nouveaux mémoires de l'Académie de Prusse*, VIII,

46), Formey lut une lettre de Frédéric, dans laquelle Sa Majesté ordonnait de mettre au concours la question suivante : *S'il est utile de tromper le peuple ?* En 1778, l'Académie modifie la question de la sorte : « Est-il utile au peuple d'être trompé, soit qu'on l'induise dans de nouvelles erreurs ou qu'on l'entretienne dans celles où il est ? » On reçut 33 réponses; 20 pour la négative; 13 pour l'affirmative, 4 mémoires furent jugés bons dans la première catégorie, 7 dans la seconde. Deux mémoires furent couronnés : celui de l'Allemand Becker dans la première catégorie; celui du mathématicien français, F. de Castillon, dans la seconde.

34. — Vous conçûtes donc *là* : c'est-à-dire, à ce dîner. Le passé simple est amusant : ce dîner chez le ministre fut dans la vie de Rameau mieux qu'un événement historique, une sorte d'illumination qui fixa une fois pour toutes ses idées.

35. — Diderot parle aussi bien de lui-même, puisque sa sagesse oscille en un débat entre son être prosaïque et son « être poétique », la tentation d'imiter M. Baliveau, capitoul de Toulouse, et la fierté d'appartenir à cette race de « rares et divins insensés », qui « font de la poésie dans la vie ». S'il conclut, une fois : « On veut être M. de l'Empyrée à vingt ans, et M. Baliveau à cinquante. C'est tout juste mon âge » (*Salon de 1767*, XI, 124 sq.), cette conclusion n'est qu'une boutade (Cf. Hubert GILLOT, *Denis Diderot. L'Homme, ses idées philosophiques, esthétiques, littéraires*. Paris, 1937, 1re partie, chapitre v : *Être soi*). Le drame de Diderot ne serait-il pas de se contenter de revanches purement imaginaires contre l'emprise grandissante de M. Baliveau ? Le *Neveu de Rameau* ne serait alors que la mieux aimée de ces revanches. Et Diderot reste pour ses critiques les plus bienveillants, M. Victor Johansson, par exemple, un mélange de « petit bourgeois » (dixit Faguet), et de « bohême radical ».

36. — Ce proverbe se trouve partout et, par exemple, dans Molière. « C'est une chose admirable, dit le *Médecin malgré lui* (I, 4) que tous les grands hommes ont toujours du caprice, quelque petit *grain de folie* mêlé à leur science ». Ainsi la sagesse des nations s'est-elle emparée d'un lieu commun familier à la sagesse des philosophes, celle d'Aristote (*Problèmes*

XXX, quest. I), ou de Sénèque : « Nullum magnum inge-
nium sine mixtura dementiae fuit » (*De tranquillitate animi*).

On citerait par dizaines les textes où Diderot fait l'éloge
de cette espèce de folie. « J'aime mieux encore ces folies
là, disait-il en parlant des paradoxes de Galiani, qui marquent du *génie*, des lumières, un penseur, que de plates et
fastidieuses rabâcheries sur Jésus-Christ et ses apôtres »
(A Mlle Volland, 12 novembre 1768, III, 175-6). Diderot n'a
donc aucune peine à faire cette concession à son interlocuteur. Mais il lui accordera, aussi volontiers, que l'homme
de génie est assez communément un homme malheureux et
qui fait le malheur de ses proches; un être anti-social ou
a-social; un être a-normal, qui échappe à la morale des
médiocres; un semeur d'inquiétude et de désordre; un facteur
de révolution permanente. Qu'importe, puisque ces inconvénients, inhérents à un manque d'adaptation peut-être
nécessaire, sont compensés au centuple par l'utilité future,
et le malaise d'une génération par l'ascension de l'espèce ?
Utilitarisme et « romantisme » se fondent, chez Diderot, en
une sorte d'humanisme supérieur.

37. — C'est exactement le style véhément et sentencieux
les lettres à Falconet sur la gloire.

38. — Sur ce point, du moins, Diderot n'a jamais varié.
Dans le *Rêve de d'Alembert*, Bordeu vient de donner une
démonstration irréfutable du déterminisme : il en résulte
sinon la faillite de toute morale, du moins la nécessité d'édi-
fier une morale sur des bases toutes nouvelles, d'en faire
une annexe de la police et de la médecine. Et Mlle de Lespinasse s'inquiète : « Toute cette doctrine n'a-t-elle rien de
dangereux ?

Bordeu. — Est-elle vraie ou est-elle fausse ?

L. — Je la crois vraie.

Bordeu. — C'est-à-dire que vous pensez que le mensonge
a ses avantages et la vérité ses inconvénients ?

Mme de Lespinasse. — Je le pense.

Bordeu. — Moi aussi : mais les avantages du mensonge
sont d'un moment et ceux de la vérité sont éternels; mais les
suites fâcheuses de la vérité, quand elle en a, passent vite, et
celles du mensonge ne finissent qu'avec lui ». (II, 176-7). « Le

vrai et l'utile sont inséparables », dit l'article *Polythéisme* de l'*Encyclopédie* (XVI, 378), ou encore : « La vérité est toujours utile et le mensonge toujours nuisible » (IV, 62).

C'est à ce titre qu'il convient de condamner le mensonge, sur lequel s'édifie toute religion et, en particulier, le Christianisme (Art. *Christianisme*, XIV, 145). Montaigne, admirable à tant d'autres égards, doit être condamné pour sa théorie de « l'illusion profitable » (A Falconet, septembre 1766, XVIII, 176-7). Voir de même : *Réfutation de l'homme* (II, 446). *Lettre,... sur la librairie* (XVIII, 66) etc.

39. Nulle part, la vieille opposition entre les lois écrites et non écrites, le droit et l'équité, thème favori de Diderot, ne se trouve mise en œuvre avec plus de verve, sinon de force, que dans l'*Entretien d'un Père avec ses enfants* (V, 301). *Moi,* contre le sentiment de son père, tâche d'établir que la raison du législateur doit le céder « à la raison de l'espèce humaine », et surtout que la raison éclairée d'un individu conscient de sa dignité peut s'identifier avec la raison de l'espèce, universelle et éternelle. On se rappelle la conclusion de l'entretien, redoutable sous sa bonhomie : « Lorsque ce fut à mon tour de lui souhaiter la bonne nuit, en l'embrassant, je lui dis à l'oreille : « Mon père, c'est qu'à la rigueur il n'y a point de loi pour le sage... — Parlez plus bas... — Toutes étant sujettes à des exceptions, c'est à lui qu'il appartient de juger des cas où il faut s'y soumettre ou s'en affranchir. — Je ne serais pas fâché, me répondit-il, qu'il y eût dans la ville un ou deux citoyens comme toi; mais je n'y habiterais pas, s'ils pensaient tous de même ». Sans rien abandonner de son idéalisme radical, Diderot penche, cependant, de plus en plus, pour la sagesse pratique de son père. « Nous parlerons contre les lois insensées jusqu'à ce qu'on les réforme; et, en attendant, nous nous y soumettrons. Celui qui, de son autorité privée, enfreint une mauvaise loi, autorise tout autre à enfreindre les bonnes. Il y a moins d'inconvénients à être fou avec des fous que sage tout seul ». (*Supplément au voyage de Bougainville*, II, 249). La forme dernière de sa pensée, dans cet épineux problème, se trouve exprimée dans *Diderot et Catherine II* (op. cit., 320-1) : « ... La loi qui prescrit à l'homme une chose contraire à son

bonheur est une mauvaise loi, et il est impossible qu'elle dure. Cependant, il faut s'y conformer, aussi longtemps qu'elle dure. La vertu se définit pour le législateur : la conformité habituelle des actions à la notion d'utilité publique ; peut-être la même définition convient-elle au philosophe, qui est censé avoir assez de lumières pour bien connaître ce que c'est que l'utilité publique. Pour la masse générale des sujets, la vertu est l'habitude de conformer ses actions à la loi, bonne ou mauvaise.

Socrate disait : « Je ne me conformerai pas à cette loi, parce qu'elle est mauvaise. » Aristippe répondait à Socrate : « Je sais aussi bien que toi que cette loi est mauvaise ; cependant je m'y conformerai, parce que, si le sage foule aux pieds une mauvaise loi, il autorise par son exemple tous les fous à fouler aux pieds les bonnes ». L'un parlait en souverain, l'autre en citoyen ». Mais Socrate, dans le *Phédon*, parle-t-il autrement qu'Aristippe ? Rameau a de bons répondants.

40. — Restriction traditionnelle et rassurante, invoquée par acquit de conscience. Elle s'autorise d'une maxime de La Rochefoucauld, citée par Dumarsais (loc. cit.) et dans l'article *Philosophe* : « Un sot, dit La Rochefoucauld, n'a pas assez d'étoffe pour être bon ; on ne pèche que parce que les lumières sont moins fortes que les passions, et c'est une maxime de théologie vraie dans un certain sens que tout pécheur est ignorant ». (XVI, 177). Vertu et lumières restent nécessairement associés pour Diderot, au moins dans sa philosophie officielle. « Il faut plus de raison, plus de lumières et de forces qu'on ne le suppose communément pour être vraiment homme de bien. Est-on homme de bien sans justice, et a-t-on de la justice sans lumières ? » (*Plan d'une Université*, III, 433). Mais ce qui est vrai du « sage » ne l'est pas forcément de ce « fou » qu'est l'homme de génie.

41. — Diderot tire lui-même cette conclusion dans son article *Platonisme*, compilation sans grand intérêt, mais où, prenant prétexte des bruits calomnieux répandus par Athénée sur les mœurs de Platon, il trouve l'occasion de placer un couplet qui lui tenait à cœur (XVI, 314-5). « Il semble qu'il soit plus permis aux grands hommes d'être méchants. Le mal

qu'ils commettent passe avec eux; le bien qui résulte de leurs ouvrages dure éternellement; ils ont affligé leurs parents, leurs amis, leurs concitoyens, leurs contemporains, je le veux; mais ils continuent d'instruire et d'éclairer l'univers. J'aimerais mieux Bacon (le chancelier), grand auteur et homme de bien; mais s'il faut opter, je l'aime mieux encore grand homme et fripon, qu'homme de bien et ignoré; ce qui eût été le mieux pour lui et pour les siens n'est pas le mieux pour moi; c'est un jugement que nous portons malgré nous.

Nous lisons Homère, Virgile, Horace, Cicéron, Milton, le Tasse, Corneille, Racine et ceux qu'un talent extraordinaire a placés sur la même ligne, et nous ne songeons guère à ce qu'ils ont été. Le méchant est sous la terre; nous n'en avohs plus rien à craindre; ce qui reste après lui subsiste et nous en jouissons. Voilà des lignes vraies que j'écris à regret; car il me plairait davantage de troubler le grand homme qui vit tranquille sur sa malfaisance, que de l'en consoler par l'oubli que je lui en promets; mais, après tout, cette éponge des siècles fait honneur à l'espèce humaine ».

Ainsi Diderot prend-il sa revanche contre l'art et la morale de l'honnête, dont il s'était fait le propagandiste enthousiaste jusqu'à la niaiserie. A l'exemple de Corneille, il goûte dans les âmes criminelles une énergie qui les arrache à la médiocrité, une vertu beaucoup plus significative et profonde que ce qu'on appelle communément la vertu (cf. infra, note 235 et Jean THOMAS, *L'humanisme de Diderot*, 2ᵉ éd. 1938, p. 129 sq.). Mais, surtout, il admet volontiers que le génie entre presque nécessairement en conflit avec les conventions et les normes historiquement transitoires de la morale (organisation de la famille et de l'état, devoirs des pères, des époux, des citoyens etc.), qu'il a le droit, sinon le devoir, de s'en affranchir, parce qu'au delà de ces normes, il existe une réalité morale que, dans ses écarts même, le génie, seul, permet d'entrevoir et d'affirmer.

42. — Selon Masson-Forestier (*Autour d'un Racine ignoré*, p. 194), Diderot est « le premier » qui ait mis « carrément » er question la bonté ou la méchanceté de Racine. Pour rendr compte de cette géniale anomalie, l'inventeur du « cruel »

Racine, va même jusqu'à supposer que Diderot aurait eu à sa disposition, par l'intermédiaire des Jacobi d'Ablancourt, famille langroise alliée aux descendants du poète, une documentation « intime et secrète » sur Racine, qui lui aurait permis de réagir vivement contre l'hagiographie et les « impostures justificatrices » de Louis Racine. A l'appui de cette hypothèse, il faudrait évidemment d'autres preuves que des considérations sur le portrait dit de Racine, gloire du musée de Langres, portrait dont il est fort vraisemblable que Racine ne fut jamais le modèle. On se contentera de remarquer que la légende du « sensible et tendre » Racine ne se constitua, au XVIIIe siècle, que grâce à l'affadissement de ces deux adjectifs. Du temps de Racine, sensible signifiait : passionné, et lorsque, dans ses *Dialogues sur l'éloquence*, Fénelon parle du « tendre Jérémie », cette « tendresse » doit évidemment être définie comme l'équivalent du plus violent pathétique. Sans même tenir compte des rapports de police, ragots et chansons, la réputation d'ingratitude, d'irritabilité, d'inconduite, puis d'hypocrisie, faite à Racine, semble avoir été assez couramment établie auprès de ses contemporains. Le piquant, c'est que, selon les critères de Diderot, il fut successivement Racine..., et Briasson. D'où la vertu démonstrative de l'exemple. L'admiration de Diderot pour le poète, « peut-être le plus grand qui ait jamais existé » (A Mlle Volland, 6 novembre 1760, I, 310), se fonde davantage sur la vérité et l'intensité des passions qu'il met en œuvre, que sur la perfection de son goût. L'éloge du Racine méchant et génial, par opposition à l'autre Racine, semble avoir été un des thèmes favoris de Diderot. La forme qu'il lui donne dans une lettre à Mlle Volland (31 juillet 1762, II, 103-4) est plus nette et plus expressive encore que dans notre passage. « Tout ce que la passion inspire, je le respecte... L'homme médiocre vit et meurt comme la brute... Comme je disais une fois à Uranie (Mme d'Epinay) s'il faut opter entre Racine méchant époux, méchant père, ami faux et poète sublime, et Racine bon père, bon époux, bon ami et plat honnête homme, je m'en tiens au premier. De Racine méchant, que reste-t-il ? Rien. De Racine homme de génie ? L'ouvrage est éternel. »

43. — Malgré les politesses plus ou moins forcées, les

admirations sincères et les enthousiasmes de façade, la solidarité de parti et les campagnes poursuivies en commun,
ceci pourrait bien révéler le véritable sentiment de Diderot
sur celui qu'il s'obstine à appeler *de Voltaire*, comme pour
mieux prendre ses distances, « le méchant et extraordinaire
enfant des Délices » (à Mlle Volland, 25 novembre 1760,
II, 11), « le Brigand illustre du lac » (*Ibid.* II, 18). Outre une
foncière incompatibilité d'humeur, Diderot en veut à Voltaire
pour le double jeu qu'il n'a cessé de jouer entre lui et Palissot,
pour « sa mauvaise tête » (à Grimm, 3 juin 1759, *Corr. inéd.*
I, 40), pour ses « petitesses », ses jalousies littéraires, pour
la médiocrité de son génie poétique. « Il en veut à tous
les pieds d'estaux. Il travaille à une édition de Corneille.
Je gage, si l'on veut, que les notes, dont elle sera farcie,
seront autant de petites satires. Il aura beau faire, beau
dégrader ; je vois une douzaine d'hommes chez la nation qui
sans s'élever sur la pointe du pied, le passeront toujours
de la tête. Cet homme n'est que le second dans tous les genres ». (A Mlle Volland, 12 août 1762, II, 121). Nul doute que
cette médiocrité ne soit aux yeux de Diderot un vice plus
irrémédiable qu'une âme criminelle ; c'est pourquoi Voltaire
ne retirera que des épigrammes de cette discussion sur les
droits du génie. Cependant, certains traits le relèvent ; et
Diderot balance perpétuellement entre le pour et le contre.
On se reportera à la célèbre lettre où, à la veille de la mort de
Voltaire, qui à l'âge de 78 ans et « tout couvert de lauriers »
est allé « se jeter dans un tas de boue », Diderot se demande
ce qu'il faut penser d'un si grand homme, grevé de tant de
petitesses et conclut positivement : « ... Son nom est en
honneur dans toutes les contrées et durera dans tous les
siècles... Un jour cet homme sera bien grand, et ses détracteurs bien petits ». (A *Naigeon*, S. d. XX, 72-3).

44. — Antoine-Claude Briasson, syndic de l'imprimerie
et de la librairie en 1768, était associé avec Lebreton, David
et Durand pour la publication de l'*Encyclopédie*. Lorsqu'en
novembre 1764, Diderot constata que les articles composés
clandestinement depuis la lettre H, avaient été outrageusement tronqués, et qu'il rendit Lebreton responsable de cette
trahison, ce fut Briasson qui réussit, tant bien que mal, à

l'apaiser, et obtint son consentement pour la reprise du
tirage. On se reportera à la lettre qu'écrit Diderot à Lebreton, le 12 novembre 1764 (XIX, 467-72). « ... Je me rends à la
sollicitation de M. Briasson... Ne manquez pas d'aller remer-
cier M. Briasson de la visite qu'il me rendit hier... Je lui
ai promis de me taire et je lui ai tenu parole... Vous exigez
que j'aille chez vous, comme auparavant, revoir les épreuves;
M. Briasson le demande aussi : vous ne savez ce que voulez
ni l'un ni l'autre; vous ne savez pas combien de mépris
vous aurez à digérer de ma part... » Briasson s'en tire à meilleur compte, dans le *Neveu de Rameau,* que ses confrères
Lebreton et David; mais il doit payer, lui aussi, sa dette de
mépris.

45. — Son adresse est ainsi donnée par l'almanach des
marchands de Thomas (1770) : « A la Barbe d'Or, rue des
Bourdonnais, au coin du cul de sac vis-à-vis de la rue de la
Limace; tient magasin de toute sorte d'étoffes de soie, d'or
et d'argent ». Il est également cité comme un des notables de
sa profession dans le *Dessinateur pour les fabriques d'étoffes
d'or, d'argent et de soie,* de Joubert de l'Hibernerie, 1765
(Note de Tourneux). Ce mépris de Diderot pour ceux qui ont
réussi une notable carrière, dans le milieu de la bourgeoisie
commerçante dont il est lui-même sorti, contraste avec la
littérature de son époque, toute à l'éloge du négociant.

46. — Sur le plan de l'éducation, Diderot essaye de trouver
à ce dilemme : honnête homme ou grand homme, une solution ou une échappatoire rassurantes. « Si j'avais un enfant
à élever, de quoi m'occuperais-je d'abord ? serait-ce de le
rendre honnête homme ou grand homme ? Et je me suis
répondu : honnête homme. Qu'il soit bon, premièrement ; il
sera grand après, s'il peut l'être. Je l'aime mieux pour lui, pour
moi, pour tous ceux qui l'environnent, avec une belle âme
qu'avec un beau génie.

Je l'élèverai donc pour l'instant de son existence et de la
mienne ? je préférerai donc mon bonheur et le sien à celui
de la nation ? Qu'importe cependant qu'il soit mauvais
père, mauvais époux, ami suspect, dangereux ami, méchant
homme ? Qu'il souffre, qu'il fasse souffrir les autres, pourvu
qu'il exécute de grandes choses ? Bientôt il ne sera plus;

mais les grandes choses qu'il aurait exécutées resteraient à jamais. Le méchant ne durera qu'un moment, le grand homme ne finira point.

Voilà ce que je me suis dit, et voici ce que je me suis répondu : « Je doute qu'un méchant puisse être véritablement grand. Je veux donc que mon enfant soit bon. Quand un méchant pourrait être véritablement grand, comme il serait du moins incertain s'il ferait le malheur ou le bonheur de sa nation, je voudrais encore qu'il fût bon » (*Lettre à Madame la comtesse de Forbach sur l'éducation de ses enfants*, III, 540-1).

47. — Diderot développe nettement, ailleurs (*Salon de 1767*, XI, 125), les considérations qu'il suggère ici, sur le lien nécessaire qui semble exister entre le malheur et le génie. « Il ne faut pas faire de poésie dans la vie. Les héros, les amants romanesques, les grands patriotes, les magistrats inflexibles, les apôtres de la religion, les philosophes à toute outrance, tous ces rares et divins insensés font de la poésie dans la vie; de là leur malheur... *Il est d'expérience que la nature condamne au malheur celui à qui elle a départi le génie.* Je faisais en moi-même l'éloge de la médiocrité qui met également à l'abri du blâme et de l'envie, et je me demandais pourquoi, cependant, personne ne voulait perdre de sa sensibilité et devenir médiocre... » Suit le fameux couplet : « Heureux, mille fois heureux, M. Baliveau... » Pierre Hermand parle, au sujet de ce texte, de Vigny et de son *Moïse* (?) et signale les considérations de Von Voss sur le nietzschéisme de Diderot.

48. — Malgré l'indignation de bon aloi, que *Moi* croit devoir afficher en la circonstance, il ne s'est pas fait faute de déplorer, à tout instant, l'absurde préjugé attaché à la fidélité amoureuse et à la tyrannie de ce « maudit lien conjugal » (Salon de 1767, XI, 265). Pierre Hermand (Op. cit. 218) rappelle que ces audaces sont courantes dans la littérature philosophique et que Rémond de Saint-Mard (*Nouveaux dialogues*, 1711, p. 112 sq) soutenait déjà que l'inconstance est le fond de notre nature et même un bienfait des Dieux, « le supplément du bonheur ». « Il n'est pas dans la nature qu'un homme n'épousera qu'une femme », écrit Diderot à Mlle Volland (7 octobre 1761, XIX, 64), et sa

maîtresse ne doit pas être assez déraisonnable pour exiger de lui la fidélité qu'il refuse à sa femme. Lorsque le « triste Suard » lui fait part de son mariage, « n'avez-vous pas été, lui *dit-il*, autrefois enfermé dans un cachot ? Eh bien ! mon ami, prenez garde de vous rappeler ce cachot et de le regretter ». Grimm, qui a eu la sagesse de rester célibataire, considère que si l'ami Suard ne s'est pas encore noyé, « ce n'est que partie remise » (A Mlle Volland, 18 janvier 1766, III, 29-1). Il y a dans cette insistance autre chose que l'écho de plaisanteries traditionnelles ou même l'expression de l'hédonisme qui s'épanouit dans le *Supplément au voyage de Bougainville* : l'expérience d'un homme plus ennuyé qu'aucun autre de ce qu'il appelle les « incendies domestiques » et de « l'éternelle cohabitation » avec une épouse qu'il dépeint comme un monstre femelle. « En vérité, dit-il à Grimm, cette femme à l'âme féroce » (*Corr. inédite*, I, 26).

49. — Tels sont à peu près les plaisirs que Diderot trouve dans la joyeuse société du Grand Val : la conversation en plus, cependant.

50. —   « Il eut l'emploi qui, certes, n'est pas mince,
            Et qu'à la cour, où tout se peint en beau,
            Nous appelons être l'ami du prince,
            Mais qu'à la ville, et surtout en province
            Les gens grossiers ont nommé maq... »

(VOLTAIRE, *La Pucelle d'Orléans*, Chant Ier, IX, 27).

51. — Ce qui est dit ici de la bienfaisance, au sens large, et à longue portée, de Racine se dit d'autant mieux de celle de Richardson. A Mlle Volland qui vient de lire *Clarisse* : « ... Imaginez que cet ouvrage est répandu sur toute la surface de la terre, et que voilà Richardson, l'auteur de cent bonnes actions par jour. Imaginez qu'il fera le bien de toutes les contrées, de longs siècles après sa mort. (22 septembre 1761, II, 29-30).

52. — Ce symbole de l'arbre développé, à l'ordinaire, par Diderot, avec une magnificence — ou avec une emphase — où l'on peut déceler quelque réminiscence, en contre point, de l'éloquence sacrée (v. le chène d'Assur selon Ezéchiel et

Bossuet dans le sermon sur l'*Ambition* de 1662), est lié aux thèmes essentiels de son esthétique et de sa morale.

« Les passions amorties dégradent les hommes extraordinaires. La contrainte anéantit la grandeur et l'énergie de la nature. Voyez cet arbre : c'est au luxe de ses branches que vous devez la fraîcheur et l'étendue de ses ombres; vous en jouirez jusqu'à ce que l'hiver vienne le dépouiller de sa chevelure... » (*Pensées philosophiques*, 3, I, 128) (1746). — « La nature est belle, si belle qu'il n'y faut pas toucher. Si nous portons le ciseau dans un endroit agreste et sauvage, tout est perdu. Pour Dieu ! laissez pousser l'arbre comme il lui plaît... » (Réponse à la lettre de Mme Riccoboni, 1758, VII, 397 sq). L'objurgation qui vaut pour l'arbre vaut aussi pour le génie.

53. — Le ton bon enfant de ce passage a trompé nombre de commentateurs, qui ont eu la candeur de prendre ces compliments à la lettre. Chacun des termes doit être, bien entendu, interprêté par antiphrase.

Charles Duclos (1704-26 mars 1772) était célèbre pour la verdeur de son langage et la brutalité de ses manières. Son successeur à l'Académie, Beauzée, y fait allusion jusque dans son discours de réception, et l'éditeur des ses *Mémoires secrets* reconnait « que M. Duclos dégénérait souvent en rudesse » (Lausanne, 1792, p. XI). Ce que les bienveillants interprétaient comme une honnête rusticité était considéré par d'autres comme noirceur d'âme : les *Mémoires* de Madame d'Epinay sont féroces pour Duclos, sa « voix de gourdin », sa grossièreté, son indélicatesse foncières. Sans trop s'interroger sur la valeur de ce témoignage, Sainte-Beuve en faisait état, pour exécuter, en quelques phrases, la mémoire de Duclos, « peste domestique..., ami dangereux, despote mordant, cynique et traitreusement brusque. On aura beau dire, le faux bonhomme en lui est démasqué, il ne s'en relèvera pas... » (*Lundis*, II, 195 et 201). Duclos s'en relève pourtant, et dès les articles plus attentifs que lui consacre ultérieurement Sainte-Beuve (*Lundis*, IX, 204-261), sans que le critique ait d'ailleurs soupçonné les véritables raisons qui poussaient Diderot et ses amis à tant charger Duclos : son indépendance de caractère et l'amitié qu'il n'avait cessé de garder pour

Jean-Jacques. La plaisanterie de Diderot sur la « douceur » bien connue de Duclos parait anodine en comparaison.

Sous l'apparente bonhomie de l'abbé Nicolas-Joseph-Charles Trublet (1697-14 mars 1770), l'archidiacre Trublet, si cocassement immortalisé par Voltaire, les philosophes découvraient un esprit ridiculement subtil, fuyant et retors. Grimm (ou Diderot) lui consacre un féroce nécrologe (*Corr. Lit.*, avril 1770, VII, 495-9) : « Il était juré peseur d'œufs de mouches dans des balances de toile d'araignée... Il mettait dans son petit style la recherche que les coquettes mettent dans leur parure... Il était flagorneur et bas dans ses manières... Il prétendait être fin et ingénieux dans ses tournures et jusque dans la manière de peser les virgules et les points; c'était une bête de beaucoup d'esprit ».

Quant à Pierre Jean Thoulier, abbé d'Olivet (1682-8 octobre 1768), que Piron appelait « maître Jobelin » (*Corr. Lit.*, nov. 1770, VII, 205), Diderot et ses amis ne cessaient de mettre Voltaire en garde contre son hypocrisie foncière. « C'était un passable académicien, lui écrit d'Alembert, à la mort de l'abbé, mais un bien mauvais confrère, qui haïssait tout le monde et qui, entre nous, ne vous aimait pas plus qu'un autre. Je sais qu'il envoyait à Fréron toutes les brochures contre vous qui lui tombaient sous les mains », (12 novembre 1768, XLVI, 229).

54. — Voilà le grand mot lâché, celui autour duquel s'ordonne la philosophie morale de Diderot, tentative pour concilier l'exigence individualiste et la primauté de l'espèce. Cette conciliation n'est pleinement atteinte que par le biais du génie, être « singulier » par excellence, mais dont la singularité, même si elle entre en conflit avec l'exigence collective momentanée, sert, en définitive, l'intérêt supérieur de l'espèce, envisagée dans son devenir. Le respect dû au génie n'est pas une revendication anarchiste, mais le fait d'une société consciente de sa pérennité : on pourrait dire qu'aux yeux de Diderot sa dignité se mesure à sa capacité d'intégrer les hommes supérieurs, même quand ceux-ci paraissent entrer en conflit avec elle. Loin de l'infirmer, ce passage du *Neveu de Rameau*, confirme donc l'exigence ordinaire de Diderot ; « Le système de l'individu ne doit pas être préféré

à celui de l'espèce » (Article : *Particulier*, XVI, 203). « Car l'individu passe, écrit-il à Falconet, mais l'espèce n'a point de fin, et voilà ce qui justifie l'homme qui se consume, l'holocauste immolé sur les autels de la postérité » (septembre 1766, XVII, 180). Comme il apparaît dans ces lettres à Falconet, l'idée de pérennité, si importante pour Diderot, répond d'abord au sentiment, mais aussi à la raison. La grande tare des « premières sectes du christianisme » résidait, selon lui, dans la persuasion de la fin prochaine du monde. « De là cette morale insociable, qu'on pourrait appeler celle d'un monde agonisant. Qu'on imagine ce que nous penserions de la plupart des objets, des devoirs et des liaisons qui nous attachent les uns aux autres, si nous croyions que ce monde n'a plus qu'un moment à durer » (Article : *Hiéracites*, XV, 88).

55. — Cette « sagesse » ne peut être interprétée en fonction de quelque finalisme nébuleux, mais doit être comprise selon le devenir inéluctable d'un principe constitutif qui ne peut être que la matière. Pour Diderot, comme pour son ami d'Holbach, l'homme, sous quelque apparence qu'il se manifeste, est toujours un être physique, et, à ce titre, l'ouvrage de la nature. « Tout ce que nous faisons et pensons, tout ce que nous sommes et serons n'est jamais qu'une suite de ce que la nature nous a faits... L'art n'est que la nature agissante à l'aide des instruments qu'elle a faits. » (*Système de la nature*, 1re partie, Chapitre 1). Le principe va recevoir dans ce qui suit une confirmation immédiate.

56. — Les lettres de Diderot à Falconet ne nous laissent rien ignorer de la vanité de Greuze : elle le rend insupportable : « c'est un excellent artiste, mais une bien mauvaise tête. Il faut avoir ses dessins et ses tableaux et laisser là l'homme... » (juillet 1767, XVIII, 247) — « Pour l'artiste, il continue à s'enivrer de lui-même ; et tant mieux, il ferait peut-être moins bien, sans l'énorme présomption qu'il a de son talent... » (*Ibid.*, 249). Et l'on se gardera bien d'envoyer en Russie « cet homme vain » (*Ibid.*, 317).

57. — *Mérope* (1743), cette contre-façon d'*Andromaque*, est la pièce la plus racinienne de Voltaire.

58. — Réponse toute provisoire à l'objection anthropomorphique de Rameau, dont le sophisme consiste à projeter

sur le plan transcendental des valeurs spécifiquement contingentes. Diderot la tire d'un vague rappel de Leibnitz et de
son harmonie préétablie, rappel aussitôt souligné par *Lui*.
Le recours à Spinoza, si discret soit-il, aura, tout à l'heure,
bien plus de pertinence. Mais on notera que Diderot s'est
réservé le soin d'exposer dans un long article (*Leibnitzianisme*,
XV, 436-73), le système de Leibnitz, de loin le plus prestigieux
pour la pensée philosophique moyenne de son temps.

59. — « BORDEU. — Croyez-vous, mademoiselle, qu'il soit
indifférent de nier ou d'admettre une intelligence suprême ?

Mademoiselle DE LESPINASSE. — Non.

B. — Croyez-vous qu'on puisse prendre parti sur l'intelligence suprême, sans savoir à quoi s'en tenir sur l'éternité
de la matière et ses propriétés, la distinction des deux subs-
tances, la nature de l'homme et la production des animaux ?

L. — Non.

B. — Ces questions ne sont donc pas aussi oiseuses que
vous les disiez.

L. — Mais que me fait à moi leur importance, si je ne sau-
rais les éclaircir ?

B. — Et comment le savez-vous, si vous ne les examinez
point ? Mais pourrais-je vous demander celles que vous
trouvez si claires que l'examen vous en parait superflu ?

L. — Celles de mon unité, de mon moi, par exemple.
Pardi, il me semble qu'il ne faut pas tant verbiager pour
savoir que je suis moi, que j'ai toujours été moi, et que je ne
serai jamais une autre ». (*Rêve de d'Alembert*).

La dialectique matérialiste de Bordeu a tôt fait de montrer
la fragilité de cette assurance purement sentimentale. Mais,
pratiquement, c'est de cette originalité irréductible de l'individu que doit faire état le moraliste. « Il faut que vous soyez
vous et que je sois moi » (A Falconet, septembre 1766,
XVII, 170).

60. — « D'ALEMBERT. — Je suis donc tel parce qu'il a
fallu que fusse tel. Changez le tout, vous me changerez
nécessairement; mais le tout change sans cesse... L'homme
n'est qu'un effet commun, le monstre qu'un effet rare; mais
tous les deux également naturels, également nécessaires,

également dans l'ordre universel et général... » (*Rêve de d'Alembert*, II, 138).

61. — Il ne peut y avoir de relation téléologique dans la nature; Diderot l'affirme avec force dès son *Introduction aux grands principes*. (II, 85, note 2) : « ...Pope a très bien prouvé, d'après Leibnitz, que le monde ne saurait être que ce qu'il est; mais lorsqu'il en a conclu que tout est bien, il a dit une absurdité; il devait se contenter de dire que tout est nécessaire ». La même prise de position est formulée plus nettement encore dans l'article *Laideur* (XV, 410) « ...Ce qui est nécessaire, n'est en soi ni bon, ni mauvais, ni beau, ni laid; ce monde n'est donc ni bon, ni mauvais, ni beau, ni laid en lui-même; ce qui n'est pas entièrement connu, ne peut être dit ni bon ni mauvais, ni beau ni laid. Or, on ne connaît ni l'univers entier ni son but; on ne peut donc rien prononcer ni sur sa perfection ni sur son imperfection... » Hermand, qui prolonge la citation (*Op cit.*, 253), essaye d'élucider, à ce propos, l'épineuse question du spinozisme de Diderot. Elle se pose pour lui dans les mêmes termes que pour la plupart des « philosophes » : a-t-il eu de Spinoza une connaissance approfondie et, surtout, directe, ou s'est-il contenté du relais de Bayle ? On serait tenté de voir dans les thèses de l'article *Laideur* un écho immédiat de l'appendice du livre Ier de l'*Ethique*, où Spinoza montre que, la notion de fin ne pouvant être rapportée à l'univers, qui est gouverné uniquement par une nécessité interne, les idées « de Bien, de Mal, d'ordre, de confusion, de chaud, de froid, de Beau, de Laid » sont là sans application. Spinoza revient d'ailleurs, sur ces idées dans la préface à la IVe partie de l'*Ethique*. Dans l'article *Liberté*, sous couleur de réfuter « l'absurde hypothèse » de Spinoza et de ses « sectateurs », Diderot expose avec complaisance les grandes thèses de son déterminisme, qu'il reprend volontiers à son compte. « Moins un être est libre, écrit-il à Landois, plus on est sûr de le modifier, et plus la modification lui est nécessairement attachée ». (XIX, 436). Telle est la base redoutable de la morale, nécessairement tyrannique, qu'entraîne la pleine acceptation d'un matérialisme conscient. On remarquera que Jacques, autre projection de Diderot, rapporte expressément sa philosophie à Spinoza (VI, 180-1).

62. — *Mahomet* (1742), où Voltaire fait, sous l'égide du pape Lambertini, le procès du fanatisme, resta naturellement, aux yeux des philosophes, son œuvre la plus courageuse et comme le « triomphe de la raison » (Cf. CONDORCET, *Vie de Voltaire*, Moland, I, 216). Mais, au lieu de s'indigner avec eux de la liquidation des Parlements par Maupeou (20 janvier 1771), Voltaire s'empresse d'en féliciter en vers et en prose le chancelier, moins par flagornerie, que parce qu'il était conséquent dans ses principes. « Vous semblez craindre la tyrannie, disait-il à ses amis, qui pourrait prendre, un jour, la place d'un pouvoir modéré; mais craignons encore plus l'anarchie, qui n'est qu'une tyrannie tumultueuse » (*L'Equivoque*, XXVIII, 420-4). Maupeou fit imprimer plusieurs opuscules écrits sur ce même thème par Voltaire, dans son *Recueil de toutes les pièces intéressantes publiées en France relativement aux troubles des Parlements*, (1771, 2 vol. 12). Voltaire n'avait eu que le tort de pousser l'éloge trop loin; son dithyrambe versifié à Maupeou (X, 558) fut parodié, vertement. « Une seule de vos lettres, écrivait-il au nouveau chancelier, est mieux écrite que tous leurs livres » (22 août 1770, XLVII, 182).

63. — Voir note 45.

64. — Air de *Castor et Pollux* (v, n. 275 et, pour les *Indes Galantes*, n. 285).

65. — Ainsi l'homme qu'on voyait, quelques pages plus haut, « passer dans la rue », est-il maintenant mort : 12 septembre 1764, et enterré ! Son neveu a dû assister, comme seul représentant masculin de la famille, à l'inventaire de sa succession. Le musicien laisse une fortune considérable : 200.000 livres, au moins, en prêts hypothécaires; on retrouve dans un secrétaire près de 50.000 livres en espèces. Par contre, ses « hardes » ne sont estimées qu'à 100 livres; en fait d'instruments de musique, Rameau ne possède qu'un vieux clavecin, estimé tout juste à 24 livres; l'inventaire ne fait mention d'aucune œuvre musicale inédite. De son vivant, Rameau avait publié quatre recueils de pièces de clavecin, auxquels il accordait surtout une valeur démonstrative. On comprend que Jean-François Rameau qui avait rêvé de s'imposer dans le monde des compositeurs par ses *Nouvelles pièces de clavecin*

(voir l'article de Fréron, appendice I), soit tenté rétrospectivement par cette partie de l'œuvre de son oncle et limite plaisamment ses prétentions à cet aspect mineur de son génie. Il en fut réduit à se plaindre assez piteusement dans la *Raméide* d'avoir été totalement oublié dans le testament de son oncle.

66. — Première apparition des animaux les plus notables de la « ménagerie ». Il convient de se demander ce qui leur a valu cette promotion dans la rancune de Diderot.

Charles Palissot de Montenoi (1730-1814), nommé en tête, restera sa victime de prédilection : il en fait le cynique par excellence, prince des fourbes et des parasites, mais sans fantaisie, sans génie, d'une servilité si basse qu'elle donne la nausée à Rameau lui-même. Du reste plagiaire et plat écrivain. Après ces hors-d'œuvre, vient une diatribe en règle dont l'âpreté tranche sur le ton ordinaire d'une satire beaucoup plus truculente et amusée que venimeuse. Un crescendo d'insinuations, toutes atroces, charge Palissot de griefs allant de la goujaterie au crime dûment qualifié et montre en Diderot un satiriste aussi férocement acharné à le poursuivre que Voltaire poursuit Fréron ou Jean-Jacques. Comment un personnage de caractère et de talent également médiocres, mais rien de plus, a-t-il pu inspirer une haine aussi excessive à un homme dont l'âme pouvait être assez vulgaire, mais point basse ? Question à laquelle peut seule suggérer des réponses une étude un peu serrée des relations entre Diderot et Palissot.

Ce Lorrain, de quelque vingt ans le cadet du philosophe, brillant élève des jésuites, rhétoricien à douze ans, poète à quinze, avait été lancé dans la littérature militante par le clan politicien et dévôt qui projetait de faire de la cour du bon Stanislas une redoute anti-philosophique. Dès 1750, les Stainville assurent à Palissot leur protection. Le 8 mai 1753, ils le font élire à l'Académie de Nancy, en même temps que Fréron. Bientôt Palissot servira de greffier au comte de Stainville, devenu duc de Choiseul et premier ministre, pour répondre aux grossièretés pseudo-littéraires du roi de Prusse (Cf. DELAFARGE, *op. cit.*, 114-5).

Le succès de sa comédie le *Cercle* ou les *Originaux*, repré-

sentée à Nancy, le 26 novembre 1755, alarme vivement les
philosophes. A vrai dire, Jean-Jacques, le plus visé d'entre
eux, comme « l'original » par excellence, leur joue le mauvais
tour de se dérober devant la polémique : il écrit au roi
Stanislas pour solliciter le maintien de Palissot à l'Académie de Nancy, dont le comte de Tressan, mandataire de la
« secte », prétendait à toute force l'exclure. De son côté,
Voltaire, encensé par Palissot et riant sous cape des coups
portés à Jean-Jacques et ses amis, se garde bien d'intervenir.
D'Alembert, assez imprudemment fourvoyé dans l'aventure,
doit donc mener à peu près seul... et perdre cette première
escarmouche contre Palissot.

Plus que jamais, celui-ci bénéficie de la faveur des Choiseul; en 1755, il obtient la Recette générale des tabacs
d'Avignon ; victime d'un banqueroutier frauduleux, un
certain M. La France, dont Suard et Deleyre l'accusent
d'avoir été le complice, il se fait cautionner par les Lamarck
et les Choiseul; les fermiers généraux lui font remise d'une
partie de sa dette et il sort, sans trop de dommage, de ce
mauvais pas (DELAFARGE, *Op. cit.*, 41, 81, 103-4).

A l'automne de 1757, lorsque l'avocat Moreau lance ses
fameux *Cacouacs*, Palissot appuie l'offensive de ses *Petites
lettres sur les grands philosophes*. Assez habilement, il oppose
les vrais philosophes; Locke, Condillac, Voltaire aux encyclopédistes et, surtout, porte la question sur le terrain de la
polémique littéraire. Puisqu'en cet hiver 1757-58, le sort de
l'*Encyclopédie* est en jeu, il juge de bonne guerre de ridiculiser
le directeur de l'entreprise, d'autant plus que celui-ci vient
d'en donner, avec le *Fils naturel*, une occasion facile. La seule
partie relativement amusante de ces *Petites lettres*, que Fréron
n'hésite pas à comparer aux *Provinciales*, est constituée par la
satire du drame bourgeois, cher à Diderot. Celui-ci aurait
peut-être pardonné à Palissot de l'avoir accusé d'athéisme
ou de complot contre l'ordre établi; il ne lui pardonna jamais
d'avoir fait rire aux dépens de sa mauvaise comédie. Il n'y a
rien là que de très ordinaire et de très humain.

Promu donc par Palissot et Fréron au rôle de moderne
Escobar, Diderot devait garder la vedette dans la comédie des
Philosophes : Fréron s'était chargé de lire cette pièce aux

comédiens français, qui ne l'acceptèrent qu'après une résistance acharnée de Mademoiselle Clairon, défenseur attitrée
des intérêts « philosophiques » dans la maison. Il n'aurait
tenu à Palissot que d'avoir du talent pour que la première des
Philosophes (2 mai 1760) devînt une des grandes dates du
siècle. Mais, loin de ressusciter, comme s'il s'en vantait,
Aristophane et la comédie politique, il s'était contenté de
démarquer assez platement les *Femmes savantes* et la comédie
des *Académistes*. Autour de Cydalise (Mme d'Epinay),
nouvelle Philaminte, on reconnaissait sans peine, parmi les
Vadius et Trissotins à la mode du jour, Marmontel, Helvétius,
voire Duclos. En revanche, Voltaire était, une fois de plus,
épargné, de même que d'Alembert, dont la défection dans la
bataille pour l'*Encyclopédie* recevait ainsi sa « récompense »,
et Jean-Jacques n'apparaissait dans la dernière scène que
sous la forme d'un rappel cocasse, mais anodin. Quant à
Diderot, crayonné sous le nom de Dortidius, Palissot le repré-
sentait à la fois cynique et papelard, le cœur sur la main,
mais prêt à sacrifier ses amis à son intérêt, prêcheur intaris-
sable mais grandiloquent et froid, enthousiaste mais « d'un
froid enthousiasme, imposant pour les sots ». Il lui faisait
reprendre, en outre, quelques couplets cosmopolites, placés
jadis dans la bouche de Jean-Jacques :

> Que me fait le succès d'un siège ou d'un combat ?
> Je laisse à nos oisifs ces affaires d'Etat ;
> Je m'embarrasse peu du pays que j'habite ;
> Le véritable sage est un cosmopolite.

Aux plus mauvaises heures de la guerre, l'accusation n'était
pas sans conséquence et, si le trait ne portait guère, d'autres
étaient mieux ajustés : Palissot avait eu l'idée assez piquante
d'imprimer en guise de préface à sa comédie un fragment de
l'article *Encyclopédie* sur la légitimité de la satire personnelle !
  Diderot dut cependant dévorer son humiliation en silence.
Au lendemain des *Petites lettres*, il avait mis la police en éveil
par des libelles injurieux contre Mmes de Lamark et de
Robecq, protectrices de Palissot ; la lutte politique contre
l'*Encyclopédie* battait son plein ; Marmontel venait d'être
enfermé à la Bastille pour une parodie de *Cinna*. Les amis qu'il

chargea de répondre à sa place accumulèrent les maladresses. L'abbé Morellet fut emprisonné à son tour (11 juin 1760) pour avoir écrit sa *Vision de Charles Palissot*, soi-disant préface à la comédie des *Philosophes* : il y insultait Mme de Robecq d'une façon d'autant plus indécente que la pauvre femme était mourante de consomption. Palissot traité d'ingrat, de voleur, de banqueroutier, était accusé de prostituer sa femme 'et d'avoir fait de sa maison un mauvais lieu. Mêmes gentillesses dans les *Quand* de La Condamine : tout le monde sait que son mari a fait enfermer Mme Palissot du jour où elle a cessé d'être lucrative; qu'il est coupable d'actes abominables qui relèvent de la police des mœurs; qu'il a accumulé les perfidies contre le fermier général Bouret, Patu, son ami intime, Helvétius et Jean-Jacques, ses bienfaiteurs ; qu'après la banqueroute d'Avignon, il a fait de la publication des *Gazettes étrangères*, entreprise avec le concours du libraire David, une mine d'escroqueries; qu'on aurait dû l'enfermer pour sacrilège, après la comédie de l'abjuration machinée contre Poinsinet, etc.

Pas un trait de la satire dirigée contre Palissot dans le *Neveu de Rameau* qu'on ne trouve déjà dans ces libelles publiés dans le feu de la polémique. Comme leur vilenie risquait de se retourner contre leurs auteurs, Voltaire, espoir suprême et suprême pensée, fut prié par les amis de Diderot d'intervenir à son tour. Mais il se garda bien d'attaquer ouvertement son admirateur Palissot et, dans sa comédie de l'*Écossaise*, tourna toute sa hargne contre Fréron. Pour « expier un peu sa honte du commerce épistolaire avec Palissot », c'est tout au plus s'il consentit à faire réimprimer à Genève la *Vision* (A Mlle Volland, 26 octobre 1760, I, 267-8). Encouragé par ces ménagements, Palissot revient à la charge, en publiant en 1763 sa *Dunciade* (d'un mot anglais Dunce : sot, forgé par Pope), épopée burlesque en trois chants, puis en six. Si Marmontel, promu prince des sots, dirige l'assaut des Dunces contre le Parnasse, Diderot figure en bonne place dans leur troupe, où il coudoie des compagnons assez inattendus : l'abbé Trublet, le gros abbé Bergier, Le Franc de Pompignan, en somme tous les ennemis de Voltaire, y compris Fréron, avec lequel Palissot vient de rompre assez vilainement. Bel

exemple du confusionnisme littéraire, si plaisamment mis en
œuvre dans le *Neveu de Rameau* !

Palissot, décidément peu apte à se renouveler, et d'ailleurs
abandonné par ses puissants protecteurs : Mme de Pompadour
et Choiseul, tenta, une fois encore, d'exploiter la même veine,
en écrivant, en 1770, sa comédie de l'*Homme dangereux*; il y
faisait l'éloge ironique de ses adversaires, dans l'espoir de les
couvrir de ridicule, en se dévoilant. Mais les philosophes,
réconciliés avec le pouvoir, firent interdire la pièce. Après
quoi, Palissot, déposant les armes, se contente d'éditer et de
rééditer ses œuvres complètes, de publier des *Mémoires sur la
littérature* dépourvus d'intérêt, puis, beaucoup plus tard,
en 1806, une compilation à l'honneur de son cher Voltaire.
Après avoir flagorné Louis XV et Louis XVI, il suivit
l'exemple de nombre d'anti-philosophes qui, comme Stanislas Fréron, se rallièrent aux formes les plus extrêmes de la
révolution. Un siège au Conseil des Anciens le récompensa
de son « civisme », puis un poste d'administrateur à la
bibliothèque Mazarine. Il mourut en 1814, âgé de 84 ans :
mais, au fond, sa carrière utile s'était terminée, dès 1760,
sur la comédie des *Philosophes*.

Il ne mérite ni d'être réhabilité, ni d'être plaint : ne doit-il
pas toute sa notoriété à l'amour-propre vexé de Diderot ?
Certes, son adversaire avait eu tort de n'attaquer en lui que
l'homme privé; mais à la différence des pamphlets de La
Condamine ou Morellet, le *Neveu de Rameau* resta soigneusement secret. Avec le temps, Palissot bénéficia de la vertu
poétique d'un texte où il prend, à force de vilenie, un relief
épique, que sa médiocrité ne méritait pas. Rameau contre
Palissot, c'est Falstaff faisant son procès à Tartuffe ! Sans cette
transfiguration, jamais l'érudition moderne n'aurait consacré
à cet obscur ennemi des philosophes un livre aussi attentif
que celui de Daniel Delafarge.

Si l'on ne tenait compte de raisons analogues : dépit
d'auteur sifflé ! on comprendrait bien moins encore que
Diderot eût accordé relativement tant d'importance aux

agissements d'un fantoche comme Antoine-Henri Poinsinet
(1734-1769), dit Poinsinet le Jeune, pour le distinguer de son
cousin germain, Louis Poinsinet de Sivry. Héros d'une geste
burlesque, dans le goût du *Berger extravagant*, Poinsinet fut le
souffre-douleur de ses confrères de la Bohême. C'est pour lui,
dit-on, que fut inventé le curieux verbe « mystifier »; les
petits journaux de l'époque (voir, par exemple, l'épisode de la
mort prétendue de Fréron dans l'*Espion anglais* III, 126 sq),
sont pleins du récit de ces mystifications, la plupart grossières
et cruelles, organisées par une bande de mauvais plaisants,
dont les meneurs semblent avoir été les deux « compères »,
Palissot et Fréron, flanqués des comédiens Préville et Belle-
cour. La gazette manuscrite que Favart fait tenir à son client
italien, le comte de Durazzo, conte avec complaisance
(24 juin 1760, I, 50-2) la plus célèbre de ces mystifications,
cascade de mésaventures dignes du *Roman comique* : elles trou-
vèrent place, d'ailleurs, dans le *Supplément au roman comique*,
publication humoristique lancée par Jean Monnet (Londres,
1772, II, 107).

Or donc, pour devenir précepteur d'un prince allemand
avec lequel Palissot prétend le mettre en rapports, Poinsinet
abjure le catholicisme et signe une profession de foi luthé-
rienne; on lui fait croire que la police le poursuit comme
rénégat; il se travestit en femme, se cache dans une cave;
puis un philosophe cabalistique lui vend une pommade qui a
le pouvoir de rendre invisible. Fort de cette assurance, il subit
patiemment les avanies de ses commensaux qui ne ménagent,
dit Favart, « ni ses mœurs, ni son esprit ». Toujours « invisible », Poinsinet tente de voler son père et se fait rosser;
après l'avoir enivré, on le fait battre contre un mannequin de
paille, etc. etc. Un tel mauvais sort s'acharne sur le pauvre
hère, que sa mort même devient un sujet de quolibets : ne
va-t-il pas se noyer dans le Guadalquivir ! Et Grimm, ou
Diderot qui tient pour lui la plume cette année là, fait de
Poinsinet une oraison funèbre bouffonne, dans le ton du
Neveu de Rameau : lui aussi est un «mélange assez bizarre de
bassesse et de vanité, d'insolence et de poltronnerie. Avec
plus de courage, il aurait pu être un instrument aux mains
du fanatisme. » (*Corr. Lit.*, 15 octobre 1769, VIII, 349 sq).

Qu'y avait-il donc dans ce grotesque qui pût inspirer de la haine et de la crainte à Diderot ?

En fait, il redoute ses relations : son cousin Poinsinet de Sivry, auteur de tragédies à ses heures, mais, surtout, homme de confiance du duc d'Orléans, est en position de faire du mal aux philosophes, et ne s'en prive pas (cf. A Grimm, 13 juillet 1759. *Corr. inédite*, I, 50 etc.). Mais, surtout, le pauvre Poinsinet fait du théâtre. N'a-t-il pas tiré une comédie lyrique du *Tom Jones* de Fielding ! Il réussit mieux, cependant, dans les parades, et Diderot a gardé une de ces parades sur le cœur : à la suite des *Philosophes* de Palissot, Poinsinet a fait jouer aux Italiens, en juillet 1760, une farce qui s'intitule *le Petit philosophe*. C'est essentiellement une caricature de Diderot, et pas mal réussie. Il est vrai que Poinsinet n'épargne pas davantage ses amis. En septembre 1764, il donne, aux Français, une comédie appelée *le Cercle*, contre-façon et parodie de la première comédie de Palissot, très supérieure à l'original. D'où fureur de Palissot, bordées d'injures réciproques, accusations calomnieuses : Palissot soupçonne même son compère d'être l'auteur de l'article *Parade* de l'*Encyclopédie*, très injurieux pour lui, sous le couvert du comte de Tressan ! Diderot s'amuse de ces singes qui se déchirent entre eux. Mais il ne leur pardonne pas d'avoir essayé de le mordre, et Poinsinet figurera en bonne place dans le jeu de massacre auquel se livre le *Neveu de Rameau*.

Le voisinage de cet extravagant est injurieux pour Elie-Catherine Fréron (1719-1776). Cet adversaire redoutable, le plus mordant, le plus courageux, méritait mieux que d'être confondu dans la masse des bohèmes sans esprit ni talent. Acharné contre Diderot depuis les débuts de l'*Encyclopédie*, il avait porté à sa vanité des coups sensibles, en dénonçant dans le *Fils naturel* un plagiat de Goldoni, puis en montrant avec verve et mesure, dans son feuilleton du 30 juin 1758, l'inanité littéraire de la pièce. En vain Malesherbes avait-il essayé de l'émouvoir en faveur de Diderot : comme Fréron tenait davantage encore à ses goûts et aversions littéraires qu'à ses convictions politiques et religieuses, il répondit assez vertement aux jérémiades de sa victime. « Mais on ne hait pas M. Diderot; on n'est point furieux contre M. Diderot

on n'envie point M. Diderot; on ne discute point à M. Diderot la gloire dont il peut jouir; enfin, le mérite de M. Diderot
peut demeurer tranquille. Quelle est donc cette manie de
prétendre que c'est haïr, envier, persécuter les gens, que de ne
pas les admirer ? » (*Année littéraire*, 1758, II, 24 sq., cité par
le chanoine CORNOU, *Elie Fréron*, p. 199). Des sarcasmes
aussi bien ajustés suffisaient pour valoir au polémiste, de la
part d'un auteur si cruellement blessé, une haine assez solide
pour se reporter sur son fils. Si Diderot semble l'épargner
relativement, dans le *Neveu* et dans sa correspondance, c'est
que Fréron est essentiellement l'ennemi de Voltaire — qu'il
n'aime guère ! et, surtout, que le même Fréron, après avoir
été l'hôte et le compère de Palissot, est devenu son détrac-
teur le plus acharné : il ne pouvait lui pardonner ni d'avoir
aucun talent, ni de multiplier les flagorneries à l'égard de
Voltaire.

Mais la haine de Diderot n'attendait qu'une occasion pour
se réveiller. Un fragment des *Mémoires secrets*, en date du
19 avril 1774 (*op. cit.*, VIII, 5) révèle cette occasion. « Le
sieur Fréron s'étant permis dans une des dernières feuilles
de son *Année Littéraire* 1774, pour piquer ses lecteurs,
de s'égayer trop indécemment sur le compte de Diderot
(à l'occasion de son voyage en Russie), de le représenter même
comme un apôtre de l'incrédulité, cherchant à la répandre
et à l'accréditer, de le dénoncer, en quelque sorte, ainsi au
gouvernement, le parti des encyclopédistes, qui est aujour-
d'hui très soutenu, s'est prévalu de la circonstance, a fait
arrêter plusieurs numéros de l'année dernière, et suspendre
la continuation de l'ouvrage du critique. Comme cet auteur
n'a aucune conduite, qu'il n'a pas su profiter de sa fortune
et se ménager une ressource pour l'avenir, il court risque de
devenir très misérable ». Le procédé ne fait pas honneur
à Diderot, bien nanti par Catherine et s'acharnant sur un
homme dont c'était le tour d'être traqué.

Lorsque le polémiste mourut à la tâche, le 18 mars 1776,
son fils lui succéda aussitôt, à la tête de l'*Année littéraire*.
Né le 17 août 1754, Stanislas-Louis-Marie Féron comptait à
peine 22 ans et ne pouvait guère, aux yeux de Diderot, avoir
d'autre tort que d'être le fils de son père. Son apparition

ne laisse pas d'étonner, dans un texte, dont la plupart des circonstances ramènent à une actualité à peu près contemporaine de sa naissance ! A moins de supposer avec Assézat (V, 386) que la mention de Stanislas Fréron s'explique par les injures violentes qu'adresse à Diderot, à propos de son *Essai sur Sénèque*, l'*Année littéraire*, tout au long de 1779. Ce serait rejeter bien tard la dernière mise au point du *Neveu* !

Quant à l'abbé Joseph Delaporte (1718-1779), cause occasionnelle de la déconfiture de Rameau, directeur de l'éphémère *Observateur littéraire* (1758-1761), il avait été d'abord le collaborateur de Fréron, puis, après s'être brouillé avec lui, avait conçu son périodique comme une concurrence à l'*Année littéraire*. A ce titre, il avait été amené à faire certaines avances aux philosophes. Vers 1760, il compte parmi les familiers de Diderot. C'est lui qui l'informe des mésaventures du couple Hus-Bertin et, en particulier, de l'épisode, dans le style de Boubouroche, qui amena leur rupture (A Mlle Volland, 13 septembre 1761, II, 22). Mais cet entrepreneur littéraire, qui mérite mieux que les sarcasmes de Pidansat de Mairobert ou de Diderot (Hatin apprécie fort élogieusement son activité dans son *Histoire de la presse*, III, 48-69), prétendait tenir la balance égale entre les deux partis et fut vilipendé par les deux (v. infra, note 212).

67. — L'édition originale des *Trois siècles de la littérature française* (3 vol., 8º) date de 1772. L'abbé Sabatier de Castres (1742-1817), qui prétendait ériger dans cette publication une sorte de Panthéon littéraire, s'était fait aider de Palissot et de l'abbé Martin, vicaire de Saint-André-des-Arts : ce fut à ce dernier qu'on attribua d'abord l'ouvrage (Cf. *Mémoires secrets*, 7 août 1774, VII, 197). Les notices qui concernent les ennemis de Voltaire et de l'*Encyclopédie* sont enthousiastes; celles que Sabatier consacre à Diderot et à ses amis très réticentes et parfois haineuses. L'article Diderot commence en ces termes :

« Auteur plus prôné que savant, plus savant qu'homme d'esprit, plus homme d'esprit qu'homme de génie; écrivain incorrect, traducteur infidèle, métaphysicien hardi, moraliste dangereux, mauvais géomètre, physicien médiocre, philo-

sophe enthousiaste, littérateur enfin qui a fait beaucoup d'ouvrages, sans qu'on puisse dire que nous ayons de lui un bon
livre ». (5e édition. La Haye, 1781, II, 168 sq). Suit un réquisitoire en règle, que Sabatier complète çà et là, en lançant,
dans de nombreux articles, des flèches contre Diderot.
Voltaire, d'Alembert, Marmontel etc. ne sont pas mieux
traités. En revanche, on lit de Rousseau que « malgré ses
singularités, ses paradoxes, ses erreurs, on ne peut lui discuter
la gloire de l'éloquence, du génie, et d'être l'écrivain le plus
mâle, le plus profond, le plus sublime de ce siècle ». (IV, 139).
Voltaire réagit, à son ordinaire, sur le champ, en répandant
« une feuille sanglante contre ce petit auteur ». Elle a pour
titre : *Extrait d'un ouvrage nouveau des dictionnaires de calomnie...*
Il y peint Sabatier comme un nouveau Tartuffe qui accueilli,
nourri, habillé, etc., chez M. Helvétius, a fini par diffamer son bienfaiteur après sa mort (*Mémoires secrets*, 15 et
20 octobre 1773, VII, 70-3).

Il est piquant de noter que Diderot, lors du coup de griffe
qu'il donne, en passant, à Sabatier, lui emprunte un de ses
procédés. « Que ne s'était-il fait philosophe, ce M. Fréron !
il aurait pu alors, impunément attaquer les grands hommes,
donner des brevets d'honneur aux petits, en obtenir un pour
lui-même, et espérer de figurer, après sa mort, dans le calendrier des véritables gens de lettres » (Fin de l'article *Fréron*,
Trois siècles, II, 353).

68. — Diderot, quant à lui, en est sûr et oppose son sommeil d'homme heureux aux nuits inquiètes de Jean-Jacques
(A Falconet, 6 septembre 1768, XVIII, 270).

69. — Monval suppose qu'il s'agit de Fréron (ou de Poinsinet de Sivry ?), tous deux confrères de Palissot à l'Académie
de Nancy. Mais, beaucoup plus vraisemblablement, comme
l'indique ce terme même de collègue, il faut voir là une allusion au libraire David (auquel Diderot avait de particulières
raisons d'en vouloir), associé à Palissot pour la publication
des *Gazettes anglaises*, subventionnées, à partir de 1759,
par Choiseul, pour mener campagne contre l'Angleterre
(Cf., Delafarge, *op. cit.*, 116-7). Après que les associés se
furent accusés d'escroqueries réciproques, l'entreprise finit
par un fiasco financier.

70. — Les financiers qui se piquaient de réunir autour d'eux une société littéraire comptaient surtout sur la bonne chère pour retenir leurs hôtes. Les soupers de Grimod de la Reynière sont restés célèbres. Et le *Colporteur* de Chevrier dit de sa Mme de Sarmé : « ...Aimant surtout à protéger les gens de lettres, sa maison leur était ouverte dans tous les temps, et jamais on ne prit chez Monsieur de la Popelinière autant d'indigestions qu'à la table de Madame de Sarmé ». (I, 19).

71. — L'hôtel de Soubise, où sont aujourd'hui les Archives Nationales, possédait les écuries les plus vastes de Paris, et beaucoup de vagabonds y trouvaient asile, à côté des palefreniers. On n'est pas autrement étonné, de trouver, parmi ses hôtes ordinaires, Pierre-Honoré Robbé de Beauveset (1712-1792), auteur d'un poème sur la Vérole, qu'il récitait à tout venant, et dont on devine les quolibets qu'il lui valait. Robbé était pour tous l'ami Robbé, depuis que, dans sa *Dunciade*, Palissot l'avait interpellé de la sorte :

Ami Robé, chantre du mal immonde...

Sabatier lui-même, tenté d'être indulgent pour Robbé, à cause de sa conversion (v. note 203), exécute durement, pour des raisons de forme, un de ses poèmes intitulé *Mon Odyssée*, « qu'on croirait avoir été fait pour des lecteurs tudesques, tant le style en est dur et barbare, tant les rimes en sont bizarres » (*Trois siècles*, IV, 100).

72. — Cette périphrase ironique convient assez bien à Mlle Hus, blonde et plantureuse Junon, dont Diderot, sans jamais se donner la peine de faire son portrait, va laisser une inoubliable silhouette. Adélaïde-Louise-Pauline Hus, née à Rennes, le 31 mars 1734, avait été refusée à la Comédie Française, le 26 juillet 1751, dans le rôle de Zaïre, mais y fut reçue, le 21 mars 1753. Elle figura dans la troupe jusqu'au 31 mars 1780, date de sa retraite et y disputa les premiers rôles tragiques à Mlle Clairon, muse des Philosophes, contre laquelle elle avait fait imposer, en 1760, la comédie de Palissot. A défaut de talent, le public lui trouvait de la prestance et du charme. Mais nous la connaissons, surtout, par les attaques de ses détracteurs. « Mademoiselle Hus, dit Chevrier,

dans son *Almanach* pour 1762 (I, 300-1), joue depuis neuf ans
quantité de petits bouts de rôles. Son nom est plus célèbre
par les amours, les prodigalités, les abandons et les retours
de M. Bertin que par ses propres talents... » Les ennemis du
financier et de sa maîtresse ne nous ont rien laissé ignorer
de cette liaison mouvementée. « Le sieur La Chassaigne, continue Chevrier... fut le premier qui rendit Mademoiselle Hus
infidèle à son financier; les lecteurs me dispenseront de
donner ici la liste des heureux, le calendrier deviendrait
trop considérable... » Pourtant, Bertin faisait bonne garde.
Toujours d'après Chevrier (*Le Colporteur*, op. cit., p. 59), tous
les surnuméraires, qui briguaient les trente emplois de commis, dont il disposait, comme receveur-général des parties
casuelles, « voulant complaire, *faisaient* jour et nuit le guet
devant la maison et dans les rues voisines. » A l'intérieur,
la même surveillance était assurée par la foule « des petits
auteurs parasites et des vieux savants », qui « inondaient »
la maison de Bertin, en sa qualité de membre de l'Académie
des Inscriptions. Chevrier en voulait au financier qui, le
27 décembre 1753, avait appointé Palissot, les Poinsinet et
quelques autres pour faire tomber une de ses pièces. Les
motifs de la rancune de Diderot ne paraissent pas avoir été
d'un ordre beaucoup plus relevé. Mademoiselle Hus ne
retrouva jamais de protecteur aussi généreux que Bertin.
Elle épousa, en 1774, le dessinateur Lelièvre, qui vécut à ses
crochets, et elle mourut dans la misère, le 18 octobre 1805.

73. — On devine ce qu'il faut entendre par la « bonté » de
Mlle Hus, surtout si c'est M. Vieillard qui s'en porte garant.
Ce personnage, fils du directeur des Eaux de Passy, était
voisin de la maison de campagne, où Bertin passait l'été avec
sa maîtresse. Il fut le héros de la mésaventure, digne du
Décaméron, qui fit l'objet d'un rapport de police adressé à
Sartines, qu'élucidèrent à l'envi les gazettes manuscrites
et que conte longuement Diderot, informé par l'abbé Delaporte, dans sa lettre du 12 septembre 1761 à Mlle Volland
(II, 22-5). Le financier chassa sur le champ son infidèle. « Il y
avait quinze ans qu'ils étaient ensemble, conclut Diderot;
Bertin en avait une poussinée d'enfants. Ces enfants, une
vieille passion, le tireront; il suivra; il demandera à rentrer en

grâce, et il sera exaucé pour dix mille écus ; voilà la gageure que je propose à quiconque voudra. » Gageure perdue. Diderot, qui suit l'affaire de semaine en semaine, constate, le 12 octobre 1761 (*Ibid.*, II, 53), que « M. Bertin n'est pas raccommodé ; il ne se raccommodera pas. Les amis y mettent bon ordre ». D'après le contexte (« il y eut avant-hier huit jours », dit la première lettre), on peut dater exactement cette rupture, qui fut définitive : 2 septembre 1761. Or, il n'en est fait aucune mention directe dans le *Neveu de Rameau* ; le récit des malheurs de Rameau, qui sert de prétexte au dialogue est donc — ou est censé être — antérieur à cette date.

74. — Les commentateurs indiquent ici la confusion probable entre Rameau et Piron, autre gloire dijonnaise, dont le père et le frère tenaient, en effet, boutique d'apothicaire. A moins que l'organiste Claude-François Rameau n'ait cumulé les deux emplois !

75. — La pochade que dessina Carmontelle du grand Rameau existe, en deux états, au Cabinet des Estampes. Elle fut très répandue à l'époque ; Sébastien Mercier (*loc. cit.*) évoque, sous forme de souvenir personnel ou prétendu tel, une silhouette qui lui est exactement conforme. « J'ai connu, dit-il, dans ma jeunesse, le musicien Rameau ; c'était un grand homme sec et maigre, qui n'avait point de ventre et qui, comme il était courbé, se promenait au Palais-Royal toujours les mains derrière le dos, pour faire son aplomb. Il avait un long nez, un menton aigu, des flutes au lieu de jambes, la voix rauque. Il paraissait de difficile humeur. A l'exemple des poètes, il déraisonnait sur son art ». Le grand Rameau se redresse en vertu de cette fierté qui est de tradition familiale, parce que, lui aussi, ne veut se courber devant personne, pas même devant la fatigue ou la maladie.

76. — La prophétie ne s'est pas réalisée, puisque, au grand dépit des musicologues, le *Général d'armée*, les *Petits maîtres*, le *Voltaire*, les *Trois Rameaux*, le *Menuet encyclopédique* et autres chefs-d'œuvre du claveciniste Jean-François Rameau, ne restent connus que par l'article de Fréron (Cf. appendice I).

77. — Rencontre inattendue, mais peut-être non fortuite avec Pascal (*Pensées*-B. 411 et *PR.* XXIV, 6) : « Malgré la vue

de toutes nos misères, qui nous touchent, *qui nous tiennent à la gorge*, nous avons un instinct que nous ne pouvons réprimer qui nous élève ».

78. — Nicolas-Sylvestre abbé Bergier (1718-1790), auteur du *Dictionnaire théologique*. Il avait commencé à donner de nombreux gages aux philosophes. Il fut l'un des hôtes de Ferney et l'un des familiers de la « synagogue » du Grand Val. Il apparaît une première fois dans les lettres à Mlle Volland (24 septembre 1767, III, 95) pour une histoire de cheval prêté et non rendu. Quelques jours après, Diderot, de retour à Paris, pense à lui pour le remplacer au Grand Val. « On débaucherait aisément le gros Bergier, mais on ne s'en soucie pas, parce qu'il est triste, muet, dormeur et d'un commerce suspect ». (III, 108-septembre-4 octobre, sur la copie). On comprend mieux cette suspicion, quand on constate que l'abbé défend, non sans courage, devant d'Holbach et ses amis, les points de vue de sa religion. « Naigeon, Suard, le Baron, et *cette grosse citrouille de Bergier*, se sont arraché les yeux sur cette question du sacrifice de la vie au témoignage de la vérité » (Fragment non daté, II, 267). Toutefois, ce ne fut qu'assez tard que Bergier se décida à une polémique ouverte. Il publia, en 1771, un *Examen du matérialisme*, réfutation du *Système de la Nature*, où l'on vit une marque d'ingratitude contre son hôte du Grand Val.

79. — Marie-Anne-Françoise de Noailles, née le 12 janvier 1719, avait épousé, en avril 1754, Louis-Engelbert de La Marck. Ce fut une des premières protectrices de Palissot qui lui dédia ses *Tuteurs* (1754) et ses *Petites lettres sur les grands philosophes*. Grimm et Diderot l'avaient mise en cause grossièrement dans leur préface aux traductions de deux comédies de GOLDONI, le *Véritable ami* et le *Père de Famille* (Cf. DELAFARGE, *op. cit.*, 104-5). Le comte de Luynes la peint ainsi, lors de son mariage (*Mémoires*, V, 386. Texte cité par Isambert et Tourneux) : « Elle est grande et assez grasse ; elle n'est point du tout jolie ; cependant sa figure ne déplaît point ; elle se tient mal et a l'air matériel ». Madame de La Marck était considérée comme l'une des inspiratrices du parti dévôt.

80. — La mode de ces robes d'apparat, généralement bor-

dées de fourrure, avait été lancée par la Navarre, comédienne et maîtresse du maréchal de Saxe, pour faire honneur à ce grand homme, bâtard du roi de Pologne Auguste II, en même temps qu'à la reine Marie Leszczynska.

81. — Cette chanson intitulée la *Sollicitation* se trouve p. 37 du tome XVI et dernier du *Chansonnier français*, publié de 1750 à 1762 (Note de Tourneux).

82. — Soit des camées à l'effigie de ces philosophes, soit, plus probablement, des diamants, classés sous ces appellations, suivant le nombre de carats.

83. — Rappel mi-bouffon, mi-tragique du livre de Job (III, 1-11) : « Périsse le jour où je suis né... que ne suis-je mort dans le ventre de ma mère ! », comme, un peu plus loin, de la *Sagesse* de Salomon.

84. — Application imprévue d'un adage familier aux agronomes anciens, sur la valeur du fumier. Meister (*Corr. Lit.* janvier 1784, XIII, 461) met un propos très analogue au compte de d'Alembert.

85. — Samuel Bernard (1651-1739). Ce prince des traitants, devant lequel Louis XIV, lui-même, avait joué le rôle de solliciteur, laissa à sa mort une fortune évaluée à 33 millions de livres, dont 27 en or.

86. — On appelait ainsi populairement, suivant leur vêtement de chœur, les pupilles des deux orphelinats de Paris qui, moyennant une rétribution versée à leur hospice, figuraient aux enterrements luxueux. L'hospice des *Enfants Rouges*, fondé en 1536, rue Porte-Foin, par Marguerite de Valois, fut supprimé en 1772. Les Enfants Bleus étaient élevés à l'hospice de la Trinité, situé rues d'Athènes et Saint-Denis, et suivaient des cours d'arts et métiers. Monval rappelle que figuraient aux obsèques de Molière (21 février 1763) « six Enfants Bleus portant six cierges dans six chandeliers d'argent ».

87. — Pietro Locatelli de Bergame (1693-1764) mourut en Hollande; il y avait fait une grande partie de sa carrière et fondé le Concert Spirituel d'Amsterdam. L'œuvre très abondante de cet illustre violoniste (dix recueils de concertos, sonates, caprices) accumule les difficultés techniques et exige de ses interprètes une grande virtuosité.

88. — Pendant la quinzaine de Pâques, à l'Académie Royale de Musique, l'habitude s'était établie, au début du siècle, de donner des concerts de musique religieuse au lieu de spectacles. Devant le succès de ces auditions, un Concert Spirituel fut établi à titre fixe, en 1725, par Anne-Danican Philidor. Il se tenait au Chateau des Tuileries, dans le salon des Cent Suisses. Sébastien Mercier signale qu'au temps de Pâques, de Pentecôtte ou des fêtes solennelles, l'orchestre et les chanteurs de l'opéra se transportaient « sur un autre théâtre, qu'on appelle Concert spirituel ». Mais le Concert spirituel servait surtout à mettre en valeur les solistes. « Le violon est aujourd'hui poussé à un point de perfection incroyable, notent les *Mémoires secrets*. C'est au Concert spirituel, le plus beau théâtre des grands talents, que les virtuoses dans tous les genres viennent se présenter et disputer la couronne ». (22 mai 1775, VIII, 43).

89. — Domenico et son frère Lodovico Ferrari, dit le boiteux, de Plaisance, se firent entendre au Concert spirituel l'un sur le violon, l'autre sur le violoncelle, en 1754 et 1758. Le violoniste piémontais Chiabran les y avait précédés dans le succès, en 1751.

90. — Non, comme le suggérait Gœthe, l'amateur vénitien Domenico Alberti, mais, plus vraisemblablement, le bolonais Giuseppe-Mateo Alberti, né en 1685, auteur de plusieurs recueils de sonates pour violon et clavecin. Diderot avait une grande admiration pour ce musicien « toujours nouveau », disait-il, et « qui veut être joué avec délicatesse et goût », à la différence des « forts d'harmonie » comme Muthel, les Bach ou Beecke qui, eux, « n'exigent que de la précision et de la mesure » (*Leçons de clavecin*, Sixième dialogue, XII, 321).

91. — Galuppi, Baldassare (1706-1785), communément appelé le Buranello, du nom de sa ville natale, Burano. Il accepta, en 1765, l'invitation de Catherine II et séjourna en Russie jusqu'en 1768. Il fut un des créateurs de l'opéra bouffe.

92. — *Triton.* — « Intervalle dissonant composé de trois tons, deux majeurs et un mineur, et qu'on peut appeler quarte superflue » (JEAN-JACQUES ROUSSEAU, *Dictionnaire de musique*).

93. — *Quinte superflue.* — « Une quinte est composée de

quatre degrés diatoniques, arrivant au cinquième son; son intervalle est de trois tons et demi; savoir deux tons majeurs, un ton mineur et un demi-ton majeur. La quinte peut s'altérer de deux manières, savoir : en diminuant son intervalle d'un demi ton, et alors elle s'appelle fausse-quinte, et devrait s'appeler quinte diminuée; ou en augmentant d'un demi ton le même intervalle, et alors elle s'appelle quinte superflue ». (Rousseau, *Ibid.*). La quinte superflue était traitée de façon différente dans l'harmonie italienne et dans l'harmonie française; sur ce point, l'école harmonique française, grâce à Rameau, avait fini par imposer son point de vue. Rousseau se borne à reprocher au maître français son excès de dogmatisme dans sa théorie de l'enchaînement harmonique des quintes.

94. — Des trois notes es entielles du ton, la dominante est, comme on sait, celle qui est une quinte au dessus de la tonique. La tonique et la dominante déterminent le ton; elles y sont chacune la fondamentale d'un accord parfait; au lieu que la médiante, qui constitue le mode, n'a point d'accord à elle, et fait seulement partie de celui de la tonique. Après avoir rappelé ces définitions, Rousseau, (*Ibid.* article *Dominante*) conteste l'utilité de la distinction proposée par Rameau entre la dominante simple (toute note qui porte un accord de septième) et la dominante tonique (celle qui porte l'accord sensible).

95. — Le genre enharmonique, auquel Rousseau consacre un long et épineux article est défini par lui comme « une progression particulière de l'harmonie, qui engendre, dans la marche des parties, des *intervalles enharmoniques*, en employant à la fois ou successivement entre deux notes qui sont à un ton l'une de l'autre le bémol de la supérieure et le dièse de l'inférieure ». Le genre enharmonique s'oppose au genre diatonique. Rousseau qui reconnaît sa valeur expressive dans la modulation et qui admet que les transitions enharmoniques conviennent admirablement au *récitatif obligé*, conteste, en revanche, la théorie et même la pratique de Rameau qui prétendait écrire des mesures entières dans le genre enharmonique, c'est-à-dire en procédant par successions de demi-tons soit majeurs, soit mineurs. Rameau était particulière-

ment fier des réussites obtenues dans ce genre (p. ex. le trio
des Parques dans l'opéra d'*Hippolyte er Aricie*).

96. — Rousseau reconnaît dans les *Confessions* avoir
enseigné la musique, sans la savoir, et Diderot va faire le
même aveu pour les mathématiques.

97. — Le jardin du Luxembourg, à proximité des premiers
domiciles de Diderot, était alors naturellement son lieu de
promenade le plus indiqué. L'allée des Soupirs, ainsi nommée, probablement, parce qu'on n'y rencontrait guère que des
amoureux, était une avenue de platanes, en bordure du jardin,
et à l'écart, sur l'emplacement actuel de la rue de Fleurus.
Les souvenirs de Rameau se rapportent aux années difficiles
et obscures de Diderot, autour de 1740. Il est probable que
le musicien comptait dès ce moment au nombre de ces fréquentations douteuses : Leguay de Premontval, Fougeret de
Monbron, Baculard d'Arnaud et bien d'autres, tous solidaires dans la vie de bohème, et auxquels Naigeon, aussi bien
que Madame de Vandeul, font une discrète allusion.

98. — Selon Naigeon et Madame de Vandeul, Diderot tira
le plus clair de sa subsistance de leçons, avant qu'il eût
commencé sa carrière littéraire. Il avait abordé l'étude des
mathématiques avec passion pour réagir contre les « frivo-
lités de la scholastique », et même lorsqu'il se détourna
quelque peu de cette étude au profit des poètes : Homère,
Virgile, Le Tasse, Milton, il y revint toujours « comme un
époux infidèle, las de sa maîtresse, revient de temps en temps
à sa femme » (II, 399). Les *Mémoires sur différents sujets de,
mathématiques* (1748) portent témoignage de sa compétence.
Sur l'activité de Diderot dans le domaine mathématique,
voir VENTURI (*Jeunesse de Diderot*, op. cit., 32 sq) et POM-
MIER, *Diderot avant Vincennes*, R. C. C. 30 avril 1938, V.
Diderot savant, les *Mémoires de 1748*.

99. — Demi-aveu, assez piquant et déjà courtelinesque,
de la « paix » qui règne dans le ménage de Diderot. Mme Diderot, « harengère » et « pie grièche », selon Jean-Jacques,
paraît avoir mérité ces qualificatifs. (Cf. Jean Massiet du
BIEST, *La fille de Diderot*, Tours, 1949, p. 359). Pour avoir
« la paix », en tout cas, Diderot lui a abandonné l'éducation
de la petite Angélique : elle ne souffrirait pas, dit-il, « que j'en

fasse quelque chose ». « Sa mère, dit-il encore, lui remplit la mémoire de sots rébus ». Elle ne lui fait entendre, du matin au soir, que « des quolibets et des sottises », et il est à craindre qu'il « lui reste quelques vestiges de cette première incrustation mauvaise ». (A Mlle Volland, 31 juillet et 22 septembre 1762). Voltaire (à Damilaville, 30 janvier 1767) et ses amis philosophes semblent avoir reproché assez vivement à Diderot cette démission de sa part. Mme de Genlis fait spirituellement écho à leurs critiques dans ses *Diners du baron d'Holbach* (Paris, 1822). (Cf. Chanoine MARCEL, *Une Légende : Diderot catéchiste de sa fille*, Paris, Champion, 1913).

100. — Ursule-Nicole-Félix Fruchet, fille d'un maître-tailleur de la rue d'Enfer. Le mariage eut lieu le 3 février 1757, en l'église Saint-Séverin. Rameau avait 41 ans; son épouse 24 ans et demi. Elle mourut au début de 1761. On trouve son éloge funèbre dans la *Raméide*,

....J'eus une brave femme,
Fille qui fut honnête, exempte de tout blâme,
Ses nœuds donc avec moi furent ses premiers nœuds

101. — Marie-Angélique Diderot, la future Madame de Vandeul, était née le 2 septembre 1753. Ce qui placerait la composition du « dialogue » entre septembre 1761 et septembre 1762. « Je suis fou de ma petite fille, écrivait Diderot à Grimm. Ah ! mon ami, le joli caractère; la jolie âme ! quelle femme on ferait de cet enfant, si la mère le permettait... » (1er mai 1759. *Corr. inéd.*, I, 31). On comprend la pudeur de Diderot à faire une place à sa fille dans une conversation avec un être tel que Rameau.

102. — C'est exactement ce que dit, quelques années plus tard, Diderot au maître d'harmonie qu'il va engager pour sa fille. « Je mets beaucoup d'importance à la droiture de l'esprit, à la bonté du cœur, aux connaissances utiles; médiocrement aux talents agréables. Lorsque je trouverai mon enfant avec un bon livre à la main, jamais je ne lui dirai pourquoi n'êtes vous pas à votre clavecin... » Il est vrai que le maître lui-même est parfaitement gagné à cette opinion, puisque cet honnête Alsacien, qui ne fait de la musique qu'à son corps défendant, est « fou de géographie, d'histoire, de mathé-

matiques » (*Leçons de clavecin, Op. cit.*, XII, 285 et 289).

103. — Ce n'est pas une boutade, mais le corollaire des considérations célèbres, où Diderot exprime, avec une éloquence quelque peu indiscrète et grandiloquente, sa pitié pour les femmes, grevées de si lourdes servitudes par leur physiologie même et la condition sociale qu'elle entraîne (Cf. : *Sur les femmes*, II, 251-61, en marge de l'*Essai sur les femmes*, de THOMAS, et Pierre TRAHARD, *Les Maîtres de la sensibilité française au XVIII⁰ siècle*, tome II, *Diderot*).

104. — S'il faut en croire Diderot, huit mois suffirent au maître d'harmonie, l'Alsacien Bemetzrieder, pour que sa fille « se trouvât rompue dans la science des accords et dans l'art du prélude » (*Ibid.* 526).

105. — Ce principe est considéré par Diderot comme un axiome pédagogique, qu'il répète ailleurs presque dans les mêmes termes : « Les ouvrages élémentaires ne peuvent être bien faits que par un homme consommé, et voilà la raison pour laquelle les bons ouvrages classiques sont si rares ». (Fragment inédit publié dans *La Nouvelle Revue*, 15 septembre 1883). Au lieu de paradoxe, ceci pourrait bien n'être, dans la bouche de Rameau, qu'un lieu commun. Pour doter ses écoles secondaires de bons manuels, la Commission polonaise d'Education n'hésita pas à s'adresser aux plus hautes sommités européennes : Condillac accepta d'écrire une *Logique*, mais d'Alembert se déroba devant le traité de mathématiques élémentaires qu'on attendait de lui.

106. — Le grand Rameau avait tout juste quarante ans lorsqu'il se décida à publier son *Traité de l'harmonie réduite à ses principes essentiels* (1722), qui n'est, en effet, que l'ébauche de son système.

107. — C'est une image qu'affectionne Diderot pour exprimer la disproportion entre le pouvoir de l'homme et l'immensité de la nature. Cf. *Rêve de d'Alembert* : « ... qu'est-ce que notre durée en comparaison de l'éternité des temps ? *Moins que la goutte d'eau que j'ai prise avec la pointe d'une aiguille*, en comparaison de l'espace illimité qui m'environne... » Le point de vue de Rameau rejoint le mépris traditionnel des libertins pour la science, que Pascal s'annexe volontiers pour lui donner une forme systématique... « Donc toutes choses étant

causées et causantes, aidées et aidantes, médiatement et immédiatement, et toutes s'entretenant par un lien naturel et insensible qui lie les plus éloignées et les plus différentes, *je tiens impossible de connaître les parties sans connaître le tout,* non plus que de connaître le tout sans connaître particulièrement les parties » (B. 72 et PR XXXI, 23) (Voir, de même, MONTAIGNE, *Apologie*).

108. — Spécieux, parce que Diderot, à mesure qu'il vieillit, sent diminuer le goût qu'il portait jadis aux mathématiques et aux sciences de l'univers, tandis qu'il s'intéresse de plus en plus à la science des mœurs, celle qui « consolera toujours de l'ignorance des sciences extérieures » (Pascal, Fr. 67); peu solide, parce que, pour le matérialiste conséquent qu'il n'a cessé d'être, la physique entraîne la morale et parce que la science tire de la conscience même de ses limites une des preuves de son efficacité. On se reportera à sa prise de position dès les *Pensées sur l'Interprétation de la Nature* (II, p. 12-3, Chap. VI) : « Quand on vient à comparer la multitude infinie des phénomènes de la nature avec les bornes de notre entendement et la faiblesse de nos organes, peut-on jamais attendre autre chose de la lenteur de nos travaux, de leurs longues et fréquentes interruptions et de la rareté des génies créateurs, que quelques pièces rompues et séparées de la grande chaîne qui lie toutes choses ?... La philosophie expérimentale travaillerait pendant les siècles des siècles, que les matériaux qu'elle entasserait, devenus à la fin par leur nombre au dessus de toute combinaison, seraient encore bien loin d'une énumération exacte... » Jusqu'ici, c'est donc bien Rameau qui a raison. Mais, « l'utile circonscrit tout. Ce sera l'utile qui, dans quelques siècles, donnera des bornes à la physique expérimentale, comme il est sur le point d'en donner à la géométrie. J'accorde des siècles à cette étude, parce que la sphère de son utilité est infiniment plus étendue que celle d'aucune science abstraite, et qu'elle est, sans contredit, la base de nos véritables connaissances ».

109. — Ce qui suit paraît être une variation brillante sur un thème consacré. On trouve dans *Imirce* ou la *Fille de la Nature* (*op. cit.*, 1765, édit. Flammarion, p. 67) le pendant de cette scène de comédie, avec cette différence que c'est un

médecin, et non un maître de musique qui en est le héros.
« ... Je vis entrer un homme élégant; il se plaça à mon côté,
s'appuya un moment sur une canne à pomme d'or, fit un
détail de ses fatigues, où il mêlait avec affectation le nom de ses
grandes pratiques. M. le Comte, je viens de chez le Duc de
*** ; il crèvera d'apoplexie, il ne se donne aucun exercice; il
faudrait, pour sa santé, lui faire traîner avec son licol bleu
la charrette de l'Hôtel Dieu... La marquise de *** est un
bon pigeon; elle s'est mise sur le ton des vapeurs; cela me
vaut 1.500 livres par an... » etc. etc. Le principe du développement est le même : propos avantageux, indiscrétions
et commérages à bâtons rompus. Mais l'application en est
guindée et monocorde; la fantaisie sans piquant; on a
affaire à un hâbleur avantageux, non à un virtuose du
bavardage.

La leçon de danse et de musique rapportée dans *Angola*
(texte cité par Daniel MORNET, *Le Neveu de Rameau*, Cours de
Lettres, 1947-48, fascicule II, p. 109-10) a plus de grâce
et de piquant; certains traits, communs avec le *Neveu de
Rameau*, ne perdent rien à la comparaison; mais le tout est
rapporté au style indirect : « ... Un autre... s'interrompait
dix fois pour tirer cinq ou six montres différentes, jouait
l'affairé et feignait d'être asservi à la minute. C'était Mᵐᵉ une
telle qui l'attendait, qui avait la fureur de ne jamais chanter
qu'au lit; il devait dîner chez la duchesse de*** ... Il se levait
ensuite, raccommodait sa coiffure et son jabot dans le tru-
meau, et finissait par apprendre au Prince, d'un air précieux,
des couplets méchants et obscènes..., l'assurait qu'il avait la
main brillante, la voix flutée, la cadence perlée, enfin des
dispositions uniques...; et après l'avoir accablé de fadeurs de
cette nature, il sortait en lui prodiguant des courbettes pros-
ternées... »

110. — Marie Jeanne Lemière, née à Sedan, le 29 novembre 1733, débuta à l'Opéra, en 1750. D'abord maîtresse du
prince de Conti, elle épousa, en 1762, le célèbre chanteur
Larrivée, puis dut le quitter, en 1767, à la suite de démêlés
scandaleux, (*Mémoires secrets*, 28 février 1767). Elle mourut à
Paris, en octobre 1786, laissant deux filles mineures. Il est
probable que le rôle de Vestale, dont il est question ici,

était tenu par elle dans l'acte du Feu de l'opéra : les *Eléments* du poète Roy. Ce ballet, joué pour la première fois en 1721, fut repris en mai-juin 1754 et connut un grand succès, en dépit des quolibets de Grimm (*Corr. Lit.*, juin 1754, II, 370).

III. — Madeleine Sophie Arnould, née à Paris, le 13 février 1740, avait débuté à l'opéra, le 15 décembre 1757 dans le divertissement de l'opéra les *Amours des Dieux*. Elle se retira de la scène en 1778 et mourut en 1802. Autant que par son talent, elle était célèbre par ses frasques et, surtout, par son esprit (Cf. Edmond et Jules de GONCOURT, *Sophie Arnould*, Paris, 1857). Diderot semble avoir éprouvé à son égard des sentiments assez mêlés; peut-être parce qu'il avait été la victime occasionnelle de quelques-uns de ses bons mots. Lors de sa rupture avec Lauraguais, qu'il annonce, le 29 octobre 1761, à Mlle Volland comme l'événement du jour et dont il rejette d'abord la responsabilité sur le « petit comte », il semble la traiter en victime. (II, 43 et *Ibid.*, 28-9). Mais le 7 octobre il a changé d'avis. « ...Elle oublie qu'elle est mère. Ce n'est plus un amant, c'est le père de ses enfants qu'elle quitte. Mlle Arnould n'est à mes yeux qu'une petite gueuse. Elle a été se plaindre chez M. de Saint Florentin que le comte l'avait menacée de l'empoisonner. A peine était-il parti de Paris (pour se rendre à Genève et à Ferney voir Voltaire) qu'il était suivi d'une lettre lui annonçant sa rupture. A peine cette lettre était-elle partie, qu'elle s'amusait avec M. Bertin et qu'elle signait les articles de sa nouvelle prostitution. Je suis enchanté de m'être refusé à sa connaissance. Autre carogne; il n'y a que cela. C'est cette Hus... » (II, 48-9). Le 25 octobre, même sévérité : « Ne me parlez pas de cette petite guenon ». (*Ibid.*, 62). Par contre, un peu plus tard, Diderot se plaît à louer tel trait de sa délicatesse, dans un épisode particulièrement scabreux de sa longue liaison avec le comte de Lauraguais (27 janvier 1766, III, 25 sq.).

Les *Mémoires secrets* de Bachaumont qui doivent refléter, en la circonstance, l'opinion moyenne, accusent des variations assez analogues, tout au long de cette affaire. Lorsque, le 29 janvier 1762, Bachaumont signale « le retour de Mlle Arnould à M. le comte de Lauraguais », le rédacteur suggère que leur rupture pourrait bien n'avoir été qu'une comédie

machinée pour escroquer 20.000 écus au trop généreux
M. Bertin ! (I, 24-5).

112. — Louis-Léon-Félicité, comte de Lauraguais, duc de
Brancas (1733-1824). Ce cadet de famille, fils du duc de
Villars-Brancas, fut un des personnages les plus célèbres et
des plus remuants de son temps. Il s'occupa de tout : sciences,
théâtre, poésie, politique, et se jeta souvent en hurluberlu
dans les querelles des philosophes. Les désordres de sa vie
privée, plus encore que les hardiesses de ses polémiques,
lui valurent nombre de lettres de cachet. Diderot, qui rend
compte soigneusement à Mlle Volland, des extravagances de
ce « petit fou », lui prédisait un sombre avenir. « Il s'ennuiera
et finira par casser sa mauvaise tête d'un coup de pistolet... »
(19 octobre 1761, II, 54-5). Jamais prédiction ne fut plus
joliment démentie. Sans cesser d'être un grand homme pour
les petits journaux, Lauraguais vieillit, en somme, paisiblement. Pendant la révolution, on voit le citoyen Brancas-
Lauraguais, « propriétaire et cultivateur », retiré à Manicamp
par Chauny, (Aisne), rêver de finir ses jours auprès de
Sophie Arnould, dont il ne s'était jamais détaché : Dorval
et Sophie deviendraient Philémon et Baucis ! Il survécut
largement à sa vieille maîtresse et mourut âgé de plus de
90 ans !

113. — Il s'agit de Louis-Auguste Bertin de Blagny, trop
souvent confondu par les commentateurs du *Neveu* avec
son illustre cousin Henri-Léonard-Jean-Baptiste Bertin
d'Antilly (1719-1792). Ce dernier occupa de très hautes
charges dans l'Etat : conseiller et président du Grand Conseil,
intendant du Roussillon, puis de Lyon, lieutenant de police
en 1757, deux fois contrôleur général des finances : une première fois, en 1759, à la demande expresse du roi, pour
liquider une situation fort embrouillée par les expériences de
Silhouette; une seconde fois, en 1774. Ce fut un grand
commis dont Turgot et Condorcet ne parlent qu'avec admiration. On lui est redevable de maintes réalisations dans le
domaine de la culture : manufacture de Sèvres, école vétérinaire de Lyon, premières écoles d'agriculture, création des
archives, etc. Il patronna, en outre, de vastes entreprises
érudites, comme la publication des *Mémoires sur les Chinois*

de l'illustre sinologue, le P. Amiot. Diderot se trouva, à deux reprises, en posture de solliciteur vis-à-vis de ce puissant personnage : en 1759, en pleine fièvre de la guerre contre les Cacouacs, Bertin s'entremit pour lui permettre de liquider à l'amiable une dangereuse affaire avec Abraham Chaumeix (Cf. A. Grimm, 5 juin 1759, *Corr.*, *Inédite*, I, 39); à partir de 1774, on vit le philosophe faire antichambre chez le ministre pour faciliter les entreprises industrielles de son gendre Caroillon (cf. n. 325). Chacun a son Bertin... Mais le sort ne poussa pas l'ironie jusqu'à donner à Diderot le même Bertin qu'à Rameau !

Ce second Bertin, celui des Parties Casuelles, fit une carrière beaucoup plus obscure que son prestigieux cousin. On ignore même les dates de sa naissance et de sa mort. Après un court passage dans les Fermes, il obtint, en 1742, la charge de Trésorier des fonds particuliers du roi (bureau des parties casuelles, v. n. 189), et se maintint dans cette charge-sinécure, jusqu'à la suppression de la caisse, qui fut réunie au domaine en janvier 1788. Son élection à l'Académie des Inscriptions avait fait jaser; on l'attribua plutôt à ses 100.000 livres de rente qu'à son érudition (cf. Raynal, *Corr. Lit.*, I, 310). Cet honneur combiné avec le nom de sa maîtresse, lui valut le sobriquet de *Bertinus*. Il fut pourtant un académicien assidu, soumit à ses confrères de savants mémoires sur la vénalité des charges ou les bailliages royaux, passa en 1759 dans la classe des « vétérans » et figure encore, en 1791, sur les registres de l'Académie. Tout porte à croire qu'il méritait mieux que la burlesque réputation qu'il doit au *Neveu de Rameau*.

Beaucoup plus que de graves dissentiments philosophiques, ce fut encore, semble-t-il, l'amour-propre d'auteur qui amena Diderot à tirer vengeance de Bertin. Le 20 juillet 1760, Grimm signale une pièce de marionnettes, *Les Philosophes de Bois*, qui reprend contre son ami, et non sans esprit, les quolibets de Palissot. Il en attribue la paternité à Bertin, trésorier des parties casuelles, de Mouy et Favart (*Corr. Lit.* IV, 305). D'autres, dont Quérard, désignent Poinsinet de Sivry, comme l'auteur de cette pochade. De toutes façons, il s'agissait d'un divertissement de société conçu dans l'entourage de Bertin.

Diderot en rendit le financier personnellement responsable
et se vengea en faisant de Bertinus l'une des « pagodes » les
mieux réussies de sa sotie.

114. — Lauraguais avait fait installer dans son hôtel un
laboratoire, où il enfermait volontiers des chimistes, et
contre le vivre et le couvert, qu'il leur assurait d'ailleurs
avec ladrerie, s'appropriait, ensuite, leurs découvertes. Deux
d'entre eux étaient à l'œuvre, au moment où le « petit comte »
se débattait dans ses mésaventures avec Sophie Arnould
(Cf. *A Mlle Volland*, II, 45-4). Quelques années plus tard,
l'illustre Darcet fut ainsi un des « collaborateurs », plus ou
moins bénévoles, de Lauraguais (septembre 1767, *Ibid*, III,
109). Voltaire, dans la dédicace de l'*Ecossais*, met à l'actif du
comte la protection — hautement intéressée — qu'il accorde
ainsi aux chimistes. Le 30 juin 1764, Lauraguais fit déposer
sur le bureau de l'Académie des Sciences un échantillon des
résultats obtenus suivant cette méthode; le *Mercure* en rend
compte élogieusement : « Il a voulu, dit-il, rendre ses travaux
utiles à sa patrie et a recherché la véritable porcelaine de
Chine. Il n'a épargné ni soins, ni veilles, ni études, et, après
avoir dépensé un argent immense, il est parvenu à trouver la
véritable pâte de cette porcelaine... Il n'est pas de notre siècle
de voir un simple particulier entreprendre une découverte
utile, dont la nation en corps aurait dû s'occuper ». (*Mercure*.
juillet 1764, II, 145).

A défaut de la « nation en corps », un autre chimiste beaucoup plus sérieux, était alors occupé de travaux du même
ordre et, par excès de conscience, venait de se laisser dis-
tancer par l'entreprise du « petit comte ». Didier François
d'Arclais de Montamy, premier maître d'hôtel du duc d'Orléans, comptait parmi les familiers du baron d'Holbach et de
Diderot. Lorsqu'il mourut, en février 1766, âgé de 62 ans,
il n'avait pas encore livré au public le résultat de ses recherches. Diderot lui en faisait amicalement reproche. « Mon ami,
lui disait-il, vous serez arrêté au milieu de vos travaux. Eh !
qu'est-ce que cela me fait, répondait-il, cela ne sera pas
perdu ». (*A Falconet*, février 1766, XVIII, 126). Pour ne pas
démentir cet espoir, Diderot s'empressa de publier un manuscrit laissé par MONTAMY, *Traité des couleurs pour la peinture*

en émail et sur la porcelaine. Il en rétrocéda le privilège au libraire Cavelier, le 13 août 1765.

115. — C'est en 1775 seulement que la *Correspondance* de Metra parle, pour la première fois du Concert des Amateurs. Il est donc probable que l'Italienne en question est la signora Farinella, arrivée récemment de Londres, qui débuta, le 8 septembre 1775, au Concert Spirituel (Cf. *Mémoires secrets*, 9 septembre 1775, VIII, 172).

116. — Pierre-Louis Dubus (1721-1799), dit Préville, avait débuté, en 1753, à la Comédie française; il prit sa retraite en 1786. On l'appréciait, surtout, dans les rôles « de composition » et comme acteur à transformations. D'où l'éloge : c'est un rare corps... (comme on disait : c'est un pauvre corps, un plaisant corps, etc.). Il avait conquis le public, dès son début, dans une reprise du *Mercure Galant* ou la *Comédie sans titre* de Boursault, comédie-revue du même type que les *Visionnaires* ou les *Fâcheux*. Il n'y jouait pas moins de cinq rôles : Longuemain, receveur des gabelles; Boniface, imprimeur; Du Mesnil, professeur de langues; La Rissole, soldat; Beaugénie, poète. Pour les *Mémoires* de Bachaumont (I, 34), Préville est admirable dans la pantomine, acteur jusqu'au bout des doigts, ses moindres gestes font épigramme; il charge avec tout l'esprit possible; c'est le Callot du théâtre. Voir sur ce comédien : J. J. OLIVIER, *Pierre-Louis Dubus de Préville de la Comédie Française*. Paris, Soc. d'Imprimerie et de Librairie, 1913.

117. — Cette énigme que vient débiter l'abbé Beaugénie, à la fin de la pièce (Acte V, Scène 8),

« ... si belle
qu'elle fera du bruit dans plus d'une ruelle »,

est en réalité fort grossière :

« Je suis un invisible corps
Qui de bas lieu tire mon être » etc...

On disait l'abbé Cotin responsable de « cet effort d'esprit ». Le comique n'en peut être goûté que par un public peu délicat.

118. — Dans *le Paradoxe sur le comédien*, Diderot ne s'exprime pas autrement sur cet tragédienne : « Elle monte sur

les planches sans savoir ce qu'elle dira ; la moitié du temps, elle ne sait ce qu'elle dit. Mais, ajoute-t-il, il vient « un moment sublime », et il voit dans cette inégalité la démarche de l'enthousiasme et du génie. La rumeur publique était moins bienveillante et attribuait à une autre cause « les écarts de la raison », que Mlle Dumesnil substituait « aux désordres des grandes passions », qu'elle avait charge de représenter. « Elle boit comme un cocher, précisent tout crûment les *Mémoires* de *Bachaumont* (30 janvier 1762) ; son laquais, lorsqu'elle joue, est toujours dans la coulisse, la bouteille à la main, pour l'abreuver ».

Marie Françoise Marchand, dite la Dumesnil (1714-1803) avait débuté en 1737 et se retira en 1776. « Elle joue depuis 25 ans les rôles de reines et de mères, déclare Chevrier dans son *Almanach* de 1762 (*Op. cit.*, I, 298) ; elle a survécu à sa réputation ; et depuis que Mlle Clairon s'est emparée du théâtre français, il ne reste à Mademoiselle Dumesnil que Cléopâtre dans *Rodogune*, Mérope dans la tragédie de ce nom, et Clytemnestre dans *Iphigénie*, rôle dans lequel elle débuta à Paris ». *Bachaumont*, pour une fois, est d'accord avec Chevrier, mais signale les « élans de génie », sous lesquels il arrive encore à Mlle Dumesnil d'écraser sa rivale.

119. — Claire Hippolyte Josèphe Legris de Latude, dite Mlle Clairon (1723-1802), était, en effet, « incompréhensible », de par son humeur impérieuse et ses caprices. Collé s'amusa fort, lorsque pour avoir soutenu par une cabale « l'honneur » des comédiens (prétention qu'il trouve saugrenue), elle fut conduite au Fort l'Evêque et, devant les sifflets qui l'accueillirent à sa rentrée, dut prendre sa retraite (avril 1765). « Cette superbe reine, dit Collé, n'est descendue de son trône que par un excès d'amour-propre, démesuré et extravagant » (*Journal*, III, 186 sq).

120. — Le bruit en avait couru, en effet, à trois reprises : à la fin de 1753 ; à l'automne 1760 (d'Alèmbert lui écrivait, le 14 novembre : « Tout le monde veut ici que vous soyez mort ») ; au printemps 1762, au moment de la campagne pour la réhabilitation des Calas. Voltaire s'en amusait fort, y voyant un excellent moyen de propagande et l'occasion de jouer un mauvais tour aux gens trop pressés de l'enterrer.

121. — Allusion probable au *Colporteur* de Chevrier (*op. cit.*), qui ne colporte guère, en effet, que des ragots de ce genre, ou pire encore.

122. — Le dernier des quatre Javillier qui brillèrent à l'opéra de 1702 à 1748. Jacques Javillier-Létang s'était retiré, en 1747, de la scène, en recevant le privilège de maître à danser du roi, et connaissait depuis lors une vogue ininterrompue.

123. — Le baron de Bagge (?-1791), gentilhomme hollandais, retiré à Paris, avec le titre de chambellan du roi de Prusse, avait la passion de la musique, mais peu de talent. Il payait, dit-on, des jeunes gens pour leur donner des leçons de violon ! Les concerts qu'il organisait dans son hôtel de la place des Victoires comptaient, cependant, parmi les meilleurs de Paris. Son excentricité et la note que lui a consacrée Gœthe dans sa traduction du *Neveu de Rameau* lui ont valu d'être choisi par Hoffmann comme héros d'un de ses contes.

124. — Et Diderot, en particulier, pour qui « la morale universelle » se fonde sur « une cause physique, constante et éternelle », qui est « dans l'homme même » (*Fragments échappés du porte-feuille d'un philosophe*, 1772, VI, 444), qui confond la prédication et la pratique de la vertu et a tendance à se satisfaire, comme Jean-Jacques, d'une morale de l'intention. « Je pratique trop peu la vertu, disait Dorval, mais personne n'en a une plus haute idée que moi » (VII, 127). Toutefois, il a lu Hobbes et l'admire et n'a pas en vain fréquenté des cyniques comme ce Fougeret de Monbron, l'homme au « cœur velu », « le tigre à deux pieds », qui refuse de se laisser attendrir à l'opéra, « beaucoup de fiel et peu, très peu de talent », trop compromettant pour que l'honnête Diderot ne le désavoue pas, trop hardi dans ses paradoxes pour qu'il n'ait pas été ébranlé par eux (Cf. Satire 1. *Sur les caractères et les mots de caractère*.), M. Venturi a fort justement montré en ce personnage, un répondant, sinon un modèle du *Neveu de Rameau*. Nulle part le procès de la morale valable pour tous et de la conscience générale n'est mené avec plus de vigueur que dans le *Cosmopolite* de ce scandaleux auteur. « Je suis, dit son héros qui lui ressemble comme un frère,

parfaitement convaincu que la droiture et l'humanité ne sont
en tous lieux que des termes de convention, qui n'ont, au
fond, rien de réel et de vrai, que chacun ne vit que pour soi,
n'aime que soi; et que le plus honnête homme n'est, à proprement parler, qu'un habile comédien... » La diatribe continue sur ce ton entre deux escales chez le Grand Turc et au
pays de Papimanie, (Le *Cosmopolite*, 42-7). La devise de Monbron est : *Contemni et contemnere*. Jean-François Rameau n'aura
pas tant d'outrecuidance, et le cynisme sera toujours voilé
chez lui d'indulgence, de bonne humeur et de modestie.

125. — La concession est importante; Rameau se montre,
en somme, moins radical que Montaigne qui, lui, refusait,
sans autre forme de procès, toute réalité à la conscience
générale : ... « Il est croyable qu'il y a des lois naturelles,
comme il se voit ès autres créatures; mais en tout elles sont
perdues, cette belle raison humaine s'ingérant partout de
maîtriser et de commander, brouillant et confondant le visage
des choses selon sa vanité et inconstance. (*Essais*, II, XII,
Apologie... Edition de la *Pléiade*, p. 567).

126. — Cette analogie entre grammaire générale et conscience générale permet de pénétrer fort avant dans la pensée
de Diderot. La grammaire générale est le grand cheval de
bataille des grammairiens rationalistes patronnés par les
philosophes, qui s'expriment dans l'*Encyclopédie*. Contre
l'usage cher à Vaugelas, c'est la logique invoquée déjà par
Port-Royal, que ces grammairiens rêvent de faire triompher
dans leurs théories sur la constitution des langues et la stylistique. Pour Dumarsais déjà, le philologue-philosophe auteur
du fameux *Traité des Tropes* (1730), l'étude de la langue était
fondée sur l'analyse de la pensée logique, une « sciagraphie »
de l'art de penser (Cf. Gunvor SAHLIN, *César Chesneau du
Marsais et son rôle dans l'évolution de la grammaire générale*,
Paris, 1928). Dumarsais, chargé des articles de grammaire
pour l'*Encyclopédie* ne put les pousser, avant de mourir, que
jusqu'à la lettre F. Son meilleur disciple, Beauzée, prit
alors sa succession et donna une forme encore plus radicale
aux théories du maître. On en a la preuve dès le titre même
du grand ouvrage qu'il fit paraître en 1767 : *Grammaire
générale ou exposition raisonnée des éléments nécessaires du langage*

pour servir de fondement à l'étude de toutes les langues. A la raison
considérée comme universelle, doit nécessairement répondre
une grammaire universelle, comme une morale universelle.
Ces conceptions furent reprises, sous des formes diverses, par
Condillac, Lavater, Destutt de Tracy.

Une objection se présentait nécessairement à l'esprit :
pourquoi les langues sont-elles alors si profondément
différentes ? Que vont faire les « savants » des « exceptions »
qu'il leur faut bien admettre ? Ces exceptions, ils cherchent,
cependant, à les minimiser ou à les réduire par leur théorie
des *idiotismes*. Le mot était ancien, utilisé déjà par l'ancêtre
des lexicologues, Cotgrave. Beauzée qui se chargea de rédiger
pour l'*Encyclopédie* les articles *Gallicisme* et *Idiotisme* (les
premiers étant un cas particulier des seconds), le définit
ainsi : « Façon de s'écarter des usages ordinaires ou des lois
générales du langage, adaptée au génie propre de chaque
langue ». Définition tendancieuse qui tendait à éliminer
pratiquement les idiotismes. Beauzée les divise en deux
classes : les idiotismes réguliers, c'est-à-dire communs à
plusieurs langues (à la suite d'Henri Estienne, il essaye de
montrer, par exemple, que les « gallicismes » sont presque
toujours des « hellénismes »); et les idiotismes particuliers,
imposés par le « génie » d'une langue (Ex. : mon âme, ma
vie). Il montre alors que même ces idiotismes « particuliers »
manifestent à leur façon la logique fondamentale.

L'*Encyclopédie* avait beau servir de tribune aux Dumarsais
et aux Beauzée, Diderot était trop bon écrivain pour se
laisser duper par cette logique, trop vite triomphante. Moins
puriste que Voltaire, il n'était pas d'humeur à supporter
la tyrannie des grammairiens. Déjà dans sa *Lettre sur les
Sourds et les Muets*, il était parti du phénomène d'aberrance
que constitue l'inversion pour montrer la vanité de l'ordre
analytique : réaction naturelle de la « curiosité linguistique »
contre « la métaphysique du langage » (Cf VENTURI, *Op.
cit.*, 242 sq). Rameau s'autorise donc de Diderot lui-même
pour porter son attaque sur le terrain connexe de la conscience
générale.

127. — Si quelqu'un est visé par cette expression, c'est
bien Diderot. Certes, en réfutant Helvétius, pour qui tout

dans l'homme était acquis, affaire d'éducation, et, par conséquent, réductible à l'ordre social, il lui opposait l'individualité naturelle, la force du tempérament, la fatalité organique. Mais ses recherches dramatiques (Cf. *Dorval et moi*) l'avaient amené à substituer les conditions aux caractères, à envisager les sentiments et la moralité en fonction du métier. Là aussi, le social tendait à remplacer le moral. Démon malicieux de Diderot, Rameau va en tirer des conséquences imprévues.

128. — Les gallicismes de Fontenelle avaient été relevés, assez pédantesquement, par l'abbé d'Olivet et l'abbé Rothelin, qui prétendait se faire le grammairien des gallicismes.

129. — Parce que la lutte pour la vie, l'instinct de puissance et l'appât du gain rendent l'exercice du métier plus féroce. En période de réglementation et de disette, les idiotismes qui règlent la conduite du boucher ou de l'épicier se multiplient, en effet.

130. — Voir la note 118 et la théorie de Beauzée sur les idiotismes communs ou réguliers.

131. — Furetière, cherchant à rendre compte des origines du proverbe, le rapporte aux temps, non autrement spécifiés, où les lois somptuaires permettaient aux honnêtes femmes seulement ou à celles qui, socialement, étaient censées l'être, de porter des ceintures dorées. Le renom conférait la ceinture; pour Rameau, qui joue sur l'adjectif : dorée, la ceinture confère le renom; c'est le point de vue traditionnel des satiristes. Cf. Horace, *Epîtres*, I, VI, 36-38 et *Satires*, III, 94-98 :

.....Omnis enim res,
Virtus, fama, divina humanaque pulchris
Divitiis parent; quas qui contruxerit, ille
Clarus erit, fortis, justus. Sapiens ne ? Etiam et rex
Et quidquid volet...

De même Boileau, Satire VIII, 202 sq.

Quiconque est riche est tout. Sans sagesse il est sage, etc.

132. — V. *note 28*. Jean-François Rameau ne manque pas de signaler dans la *Raméide* que c'est de son oncle lui-même qu'il tient les secrets de la basse fondamentale.

« … Très souvent, toutefois, approuvant sa doctrine,
Aux jardins, on le vit me faire bonne mine ;
Des heures se passaient tous deux à discourir,
Mon art à l'écouter savait le retenir,
Surtout à ce grand mot, basse fondamentale… »

Suit un couplet enthousiaste à l'éloge de ce « grand mot »,
En se séparant de Rameau, d'Alembert ne conteste pas la
vertu simplificatrice de la basse fondamentale. « La basse
continue, qui forme ce qu'on appelle accompagnement, n'est
proprement que le renversement de la basse fondamentale et
contient beaucoup d'autres accords, tous dérivés des fonda-
mentaux » Mais « référer les effets de l'harmonie à ceux de la
mélodie, pour ce prétexte que l'une est le fondement de
l'autre, c'est à peu près comme si l'on pouvait soutenir que les
fondements d'une maison sont l'endroit le plus agréable à
habiter, parce que tout l'édifice porte sur eux ». Et d'Alembert proteste, en sa qualité de géomètre, « contre cet abus
si ridicule de la géométrie dans la musique ». (*Encyclopédie*,
Article *Fondamental*). Quant à Bemetzrieder-Diderot, ils font
un large appel à la basse fondamentale dans les dernières
leçons de leur cours d'harmonie.

133. — Anne Marie Pagès, dite la Deschamps, (1730-
1775 ?) fit, dans la galanterie, plus que dans la danse, une
carrière aussi courte que tumultueuse et brillante. Relatant
une conversation avec le père Hoop, Diderot rapporte à
Mlle Volland, le 26 octobre 1760 (I, 271) : « A propos de la
facilité de dépenser, qui est presque toujours en proportion
avec la facilité d'acquérir, je lui citais nos filles de joie et,
surtout, la Deschamps, qui a à peine trente ans et qui se vante
d'avoir déjà dissipé deux millions ». La Deschamps venait
alors de mettre en vente, pour payer ses dettes, le 9 avril 1760,
son mobilier et le somptueux hôtel qu'elle possédait rue
Saint-Nicaise, pour la construction duquel elle avait fait
refaire, plus de vingt fois, les plans que lui soumettait l'archi-
tecte Beauchard ! L'événement fut presque l'occasion d'une
émeute. (Cf. le *Journal* de Barbier et le *Colporteur*, op. cit.,
I, 112-3). Après cette vente, la Deschamps essaya maladroite-
ment la carrière de l'usure, défraya la chronique pour une

fugue avec M. de Salin, en 1762, se fit emprisonner à Saint-Lazare, s'évada. Puis elle sombra dans la misère et l'oubli. Grimm (*Note* pour le *Salon de 1765*) la fait déjà mourir en 1764, « dans la plus austère pénitence ». Elle paraît, néanmoins, avoir survécu obscurément jusqu'en 1775.

Marie Madeleine Morelle, dite la Guimard (1743-1816), danseuse à la Comédie Française, puis à l'Opéra, avait pris immédiatement sa succession et connut, à peu près, le même sort. Elle aussi se fit construire, chaussée d'Antin, un hôtel, où l'on trouvait jusqu'à un théâtre pouvant contenir 500 spectateurs ! De 1772 à 1785, elle y donna des fêtes splendides. Vieillie et ruinée, elle fut obligée de le mettre en loterie. Jules Janin a retenu cet épisode pour donner un dénouement mélodramatique à la suite qu'il imagina pour le *Neveu de Rameau* : c'est Jean François qui a le billet gagnant et s'en laisse immédiatement déposséder ! La Guimard comptait parmi ses adorateurs : le maréchal de Soubise, M. de Jarente, le banquier Laborde et, pendant quelques mois, Bertin d'Antilly. Diderot fréquenta volontiers chez elle, depuis 1768, et devait s'en excuser, tant bien que mal, auprès de Mlle Volland (22 novembre 1768, III, 182). La Guimard a été immortalisée dans tout son éclat par le célèbre portrait qu'en peignit Fragonard.

134. — Horace (Odes II, IX, 5-7), Juvénal (et Boileau en écho) ne parlaient, en semblable occurrence, que de la voix de l'inspiration et du génie :

> « ...Neque enim cantare sub antro
> Pierio thyrsumque potest contingere moesta
> Paupertas atque oeris inops, quo nocte dieque
> Corpus eget : satur est cum dicit Horatius : « Euhoe ».

(Chanter sous l'antre des Piérides, toucher le thyrse est interdit à la triste pauvreté, faute de ce billon dont le corps a besoin nuit et jour : Horace a mangé son soûl quand il crie « Evohé ! »)

(JUVÉNAL, VII, 59-62 sq).

135. — Dérivé pittoresque et énergique, à partir d'un nom où il y a vil et presque vaurien. Philippe Charles Le Gendre de Villemorien, que l'on retrouvera un peu plus loin

(V. n. 177), fils de la belle Mme Le Gendre et gendre de Bouret, était, comme son beau-père, fermier général à part entière. Il avait déposé sa charge de conseiller-clerc au Parlement, pour entrer dans la finance et devenir administrateur général des Postes, dérogeance dont s'étaient indignés des hommes comme Duclos.

136. — Le tutoiement, si bien porté chez les petits marquis du temps de Molière, était devenu, vers la fin du xviie siècle déjà, un signe d'encanaillement. Il était de règle, parmi les convives, aux soupers du Régent. Palissot et Fréron se tutoient dans leur correspondance, fait très exceptionnel à cette époque.

137. — Ce dénigrement systématique des grands hommes est déjà l'un des divertissements favoris des dîners « littéraires » organisés par Margot l'ex-Ravaudeuse, une fois qu'elle a été installée dans ses meubles par « un des quarante de l'Hôtel des Fermes » (*Op. cit.*, 133-4). « ...J'avais soir et matin une table de huit couverts, dont six étaient régulièrement occupés par des poètes, des peintres et des musiciens, lesquels pour l'intérêt de leur ventre, prodiguaient en esclaves leur encens mercenaire à mon Crésus. Ma maison était un tribunal où l'on jugeait aussi souverainement les talents et les arts, que dans la gargote littéraire de Mme T*** (Madame de Tencin). ...Tous les bons auteurs y étaient mis en pièces et déchirés à belles dents, comme chez elle ; on ne faisait grâce qu'aux mauvais : souvent même on les plaçait au premier rang. J'ai vu cette vermine déprimer les inimitables lettres de l'auteur du *Temple de Gnide*, et pétarder (sic) le bon abbé Pèlegrin, pour avoir soutenu que les *Lettres Juives* n'étaient qu'un ramas monstrueux de pensées extraites de Bayle, de la *Bibliothèque Universelle* de Leclerc, de l'*Espion Turc* etc., toutes pitoyablement défigurées et sentant le terroir provençal à chaque ligne... »

Diderot-Lui, qui s'attaque à plus gros gibier et y apporte une autre fantaisie, n'est pas fâché, à la faveur des folies de Rameau, de dire hautement ce qu'il est tenté de penser parfois, en secret, de ses illustres confrères. Il est à noter que Montesquieu figure parmi eux, en bonne place, quoique mort en 1755 : mais le présent peut avoir, tout aussi bien, s'il s'agit d'un si grand homme, une valeur intemporelle.

138. — Le rapprochement avec Molière (*Don Juan*, V, 1);
« ... se faire un bouclier du *manteau* de la religion », aurait dû
préserver les premiers éditeurs de corriger malencontreuse-
ment en « le maintien de l'orgueil ! »

139. — Même le Diderot « officiel » n'a jamais eu la prétention de soutenir que le même bonheur est fait pour tous.
Il s'est plu, au contraire, à affirmer que « chacun a son bonheur particulier ». V. VI, 438 (*Temple du Bonheur*) : « Il
n'en fallut pas davantage pour me faire sentir que le bonheur
d'un homme différait du bonheur d'un autre et pour me
dégoûter de tous ces traités du bonheur qui ne sont jamais que
l'histoire du bonheur de ceux qui les ont faits ».

140. — C'est la sagesse non du livre qu'on appelle la
Sagesse de Salomon, mais bien celle de l'*Ecclésiaste*, plaisamment interprêtée et tronquée, selon la coutume des clercs en
belle humeur. « C'est une chose bonne et agréable à l'homme
de manger et de boire... » (V, 18). « Va, mange ton pain avec
joie et bois gaiement ton vin, car Dieu a déjà tes œuvres pour
agréables » (IX, 7); « Jouis de la vie avec la femme que tu
aimes » (IX, 9). Diderot aime à reprendre ces adages, tantôt
sur le mode grave et presqu'angoissé : « O vanité de nos
pensées ! ô pauvreté de la gloire et de nos travaux ! ô misère,
ô petitesse de nos vues ! Il n'y a rien de solide que de boire,
manger, vivre, aimer et dormir » (*Rêve de d'Alembert*, II, 132),
tantôt aussi pour protester contre la démission où cette prétendue « sagesse » risque d'entraîner l'homme. Tel ce
M. Venel, qui pourrait être le premier chimiste du royaume
et qui se contente de végéter à Montpellier, parce qu'il est
« le plus grand amateur des aises de la vie, le contempteur le
plus insigne et le plus vrai de la gloire et de l'utilité publique,
et le moraliste le plus circonscrit... Il boit, il mange, il dort;
il est profond dans la pratique de la *morale de Salomon*, la
seule qui lui paraisse sensée pour des êtres destinés à n'être
un jour qu'une pincée de poussière. Sans l'amour de ses semblables, sans la folie sublime d'en être estimé, sans le respect
pour la postérité, sans la belle chimère de vivre après la mort,
on ne fait rien. On dit avec le poète Piron :

> ...Bien fou qui se propose,
> De rien venu s'en retournant à rien,
> D'être en passant, ici-bas, quelque chose.
>   (*Voyage à Bourbonne*, XVII, 41-2).

141. — Diderot, servant de bouc émissaire pour les
« Cacouacs », avait été accusé de « cosmopolitisme », en pleine
guerre de Sept Ans, par Palissot et Poinsinet, encouragés,
sinon mandatés, par Choiseul. A Cydalise, qui s'étonne avec
la même candeur que *Moi* dans ce passage :

> On tient à la patrie et c'est le seul lien...

Dortidius répliquait :

> Fi donc ! c'est se borner que d'être citoyen.
> Loin de ces grands revers qui désolent le monde,
> Le sage vit chez lui dans une paix profonde :
> Il est son seul monarque et son législateur.

La philosophe avait été d'autant plus touché de cette attaque
qu'il la considérait légitimement comme calomnieuse. Il
tenait presqu'autant à son titre de « bon Français » que Jean-
Jacques à celui de « citoyen » (Cf. POMMIER, *Diderot avant
Vincennes. Op cit.*, R. C. C., 30 avril 1938, p. 161). N'avait-il
pas chargé l'abbé Coyer de rédiger pour l'*Encyclopédie* un
article réhabilitant « le beau nom » de patrie, pour en opposer,
il est vrai, la définition à la notion d'Etat ? Même s'il y avait
là une critique implicite du régime qui ne tolérait pas des
citoyens, mais seulement des sujets, nul n'était plus éloigné que lui du cynisme apatride d'un Monbron. « Patria est
ubicumque est bene », déclarait celui-ci d'après Cicéron (*Tuscu
lanes*, V, 37), en exergue de son *Cosmopolite* (Londres, 1753).
Et il continuait « Je haïssais ma patrie. Toutes les impertinences des peuples divers parmi lesquels j'ai vécu m'ont
réconcilié avec elle... Tous les pays me sont égaux, pourvu
que j'y jouisse en liberté de la clarté des cieux, et que je
puisse entretenir convenablement mon individu jusqu'à la fin
de son terme. Maître absolu de mes volontés et souverainement indépendant, changeant de demeure, d'habitudes, de
climat, selon mon caprice, je tiens à tout et ne tiens à rien... »
Le pessimisme de Rameau est d'un ordre infiniment plus

relevé. Mais pour le laisser sans réponse, il faut que Diderot soit revenu de bien des illusions. Il est infiniment probable que cette phrase, qui semble jaillie du fond du cœur : « Il n'y a *plus* de patrie, je ne vois d'un pôle à l'autre que des tyrans et des esclaves » a été écrite de la même encre que l'*Essai sur les règnes de Claude et de Néron*, par l'homme qui a condamné le partage de la Pologne comme « un attentat contre l'espèce humaine », enregistré la grande trahison du despotisme éclairé, et qui sait que, près du pôle, plus encore qu'ailleurs, au pays de Gustave III, comme au pays de Catherine II, il n'y a rien qui puisse autoriser désormais l'illusion du patriotisme, qu'il célébrait jadis à propos du Danemark. « C'est chez le Danois, disait-il, que le patriotisme s'est réfugié ». (A Mlle Volland, 25 juillet 1762, II, 91).

142. — Pessimisme non moins énergique : le fardeau de la reconnaissance n'est pas même déposé mais secoué ! Pour faire aussi vivement écho à telles maximes de La Rochefoucauld (238) : « Il n'est pas si dangereux de faire du mal à la plupart des hommes que de leur faire trop de bien », et toutes les maximes sur l'amitié, ou à telles réflexions de Pascal « ... Trop de bienfaits irritent... » (B. 72 et P. R. XXXI, 23), il faut que l'homme qui a célébré si souvent l'amitié en termes si chaleureux et si naïfs, en ait fait aussi l'amère expérience : avec le « monstre » Jean-Jacques, l'ingrat Falconet, le trop habile Grimm. En d'autres dispositions d'esprit, il eût pour le moins répondu ce que répond, ailleurs, Constance à Dorval : « Ne vaut-il pas mieux faire des ingrats, que de manquer à faire le bien ? » (*Dorval et moi*, 2e entretien, VII, 126), ou comme La Rochefoucauld lui-même : « Il est plus honteux de se défier de ses amis que d'en être trompé. » (84).

143. — C'est un des passages où, dans le ton même, Rameau fait pressentir le plus directement *Figaro* (Acte III, Scène V) :

Le Comte : « ...Avec du caractère et de l'esprit, tu pourrais un jour *t'avancer* dans les bureaux.

Figaro : « De l'esprit pour s'avancer ? Monseigneur se rit du mien. Médiocre et rampant, et l'on arrive à tout ».

144. — Chez Elie Randon de Massane, receveur général des

Finances de Poitiers, et riche de toute la richesse dont rêve
Rameau, Diderot, lui-même, avait fait jadis l'expérience de
ce métier de précepteur, pendant trois mois, mais pas plus.
Il en avait retiré un scepticisme, qui se précisera plus tard,
sur les résultats à attendre de l'éducation. « Pas trop élever,
écrit-il à Mlle Volland, est une maxime qui convient surtout
aux garçons; il faut un peu les abandonner à l'énergie de la
nature... Une tête ébouriffée me plait plus qu'une tête bien
peignée. Laissons les prendre une physionomie qui leur
appartienne. Si j'aperçois à travers leurs sottises un trait
d'originalité, je suis content. Nos petits ours mal léchés de
province me plaisent cent fois plus que tous vos petits
épagneuls si ennuyeusement dressés ». (25 juillet 1765, II,
257).

145. — Par la concision et la hardiesse de ce trait, Diderot laisse loin derrière lui ses prédécesseurs dans l'éloge
ironique de la richesse : Horace, Juvénal (...Inter nos divitia-
rum sanctissima majestas. I, 110) et même le virulent Boileau
de la *Satire* VII (V. 176-210).

146. — Le texte : si vous vous *dispensiez*, donné par les
anciennes éditions (dont Tourneux !) est non seulement une
faute de lecture, mais un contre-sens, *si* signifiant : *du moment
que*.

147. — A son affaire, à ce qui lui convient. Bien entendu,
Moi et *Lui* ne s'accordent que sur le mot. Lorsque Diderot
écrit pour son compte : « Heureuse la société où chacun serait
à sa chose » (*Satire* Ire, VI, 309), il entend par là la compétence professionnelle, le métier. Rameau ne pense qu'à l'insouciance et au plaisir. On notera ici le caractère, tout au
moins elliptique, des transitions : il s'agit peut-être d'un
raccord mal fait entre divers états du dialogue.

148. — C'est la morale de *Zadig* : « Toujours du plaisir
n'est pas du plaisir », et celle de Voltaire, aussi infatigable à
« sa chose » que Diderot.

149. — Dans l'article *Besoin* qu'il a dû « suppléer » comme
éditeur de l'*Encyclopédie*, Diderot formule un certain nombre
de propositions qui peuvent être utiles à l'interprétation
de ce passage : « Le besoin est un sentiment désagréable,
occasionné par l'absence aperçue et la présence désirée d'un

objet. Il s'ensuit de là : ... 3° que puisque l'absence de l'objet qui occasionnait le besoin était désagréable, la présence de l'objet qui le satisfait est douce ; 4° qu'il n'y a point de plaisir sans besoin ; 5° que l'état d'un homme qui aurait toujours du plaisir, sans jamais avoir éprouvé de la peine, eu toujours de la peine sans avoir connu le plaisir, est un état chimérique ; 6° que ce sont les alternatives de peines et de plaisirs qui donnent de la pointe aux plaisirs et de l'amertume aux peines... ; 8° que des sensations ininterrompues ne feraient jamais ni notre bonheur, ni notre malheur... » (XIII, 427).

150. — Le mot débauche est plutôt un euphémisme puisqu'on le prend encore en bonne part, pour dire « petite réjouissance entre honnêtes gens ». Les « parties » auxquelles Diderot fait allusion ressemblent fort à celle où Jean-Jacques se plaignait d'être entraîné jadis par ses amis philosophes. Telle lettre plus que gaillarde, au prince Betzky (1777) prouve qu'en dépit de l'âge, l'art d'aimer, selon Diderot, n'a pas gagné en délicatesse. Le *Supplément* et *Jacques* se chargent de rappeler que le naturalisme exclut l'ascétisme, et même la pudeur. Et les confidences recueillies par d'Escherny de la bouche du philosophe paraissent fort vraisemblables : « J'étais né, nous disait-il froidement, pour vivre cent ans. Les uns disent que j'ai abusé, moi, je dirai que je n'ai fait qu'user. Je ne jette point sur le passé les yeux de l'affliction. Je n'ai pas de regret, car j'ai plus vécu en cinquante ans que ceux qui atteignent le siècle. Je me suis affranchi de la gêne, des privations, j'ai vécu pour le bonheur et je ne l'ai pleinement goûté que dans les orgies que nous faisions chez Landès (fameux traiteur de l'époque 1750-60), où je jouissais avec excès de tous les plaisirs que nous y rassemblions, plaisirs des sens et plaisirs de l'esprit, dans des conversations vives, animées, avec deux ou trois de mes amis, au milieu des plus excellents vins et des plus jolies femmes. Je rentrais la nuit chez moi, à moitié ivre, je la passais entière à travailler et jamais je ne me sentais plus de verve et de facilité ». (D'ESCHERNY, *Mélanges de littérature, d'histoire*, etc., Extrait dans ASSÉZAT, XX, 136-40).

151. — La bienfaisance — très réelle — de Diderot serait plus convaincante, s'il avait mis moins d'ostentation à pra-

tiquer et à célébrer cette vertu. Lorsqu'après l'immoraliste, le moraliste prend la parole, ni la pensée ni le style n'y gagnent. Le ton prêcheur qu'il prend en la circonstance (« secourir *le* malheureux, » en soi !) en est un indice certain : Diderot va retomber dans son ornière habituelle. C'est avec ses bons sentiments qu'il fait sa mauvaise littérature !

152. — Double spécialité — assez malencontreuse — d'Ariste : arranger les affaires des autres (par ex. : le départ de Jean-Jacques pour Genève, à la suite de Madame d'Epinay) et donner des conseils « salutaires », qu'il s'agisse de régler l'inconduite d'une petite actrice, Mlle Jodin, ou de suggérer à la tsarine la réforme de son empire.

153. — Diderot n'a qu'une fille, puisqu'une première petite Angélique et le petit Didier sont morts en bas âge. Qu'importe ! Le pluriel : mes enfants, est dans la même note que le singulier collectif qu'on vient de relever.

154. — La réhabilitation de Jean Calas fut prononcée officiellement le 9 mars 1765. Diderot avait suivi l'affaire, mémoire par mémoire, depuis le 9 août 1762. Il écrivait alors à Mlle Volland (II, 17) : « C'est de Voltaire qui écrit pour cette malheureuse famille. Oh ! mon amie, le bel emploi du génie. Il faut que cet homme ait de l'âme, de la sensibilité, que l'injustice le révolte, et qu'il sente l'attrait de la vertu. ...Quand il y aurait un Christ, je vous assure que Voltaire serait sauvé ».

155. — C'est une histoire vraie, puisque Diderot la rapporte longuement dans une lettre à Mlle Volland (14 octobre 1760, I, 221-2). Son héros, qui lui en a fait la confidence, est celui qu'il appelle le père Hoop, ce vieux chirurgien écossais, splénétique et original, l'un des hôtes les plus pittoresques du Grand Val (Sur ce personnage, voir : Ritchie, R. L. Graeme, *Le père Hoop de Diderot ; essai d'identification* in *A Miscellany of Studies in Romance Languages and Literatures, presented to Leon E. Kastner, Cambridge*, 1932, pp. 409-26). Si on compare les deux récits, on constate que Diderot résume, simplifie, ennoblit. L'Ecosse et ses coutumes disparaissent; la maison natale d'Edimbourg devient un château, etc. Les faits et la conclusion restent cependant les mêmes. « Je fus, je crois, l'homme le plus heureux qu'il y eût au

monde », conclut le mélancolique Ecossais. Le tout s'organise
spontanément en conte moral : et, de fait, parmi les premiers
Contes moraux de Marmontel (1761), il en est un : *La Mauvaise
mère*, histoire de Madame Corée et de Jacquaut, le bon cadet,
qui est construit exactement sur le même thème.

156. — La correspondance de Diderot est pleine d'atten-
drissements de ce genre; il en décrit les symptômes avec une
précision toute médicale dans une lettre à Mlle Volland
(18 octobre 1760, I, 242-3) : « (le spectacle) de l'équité me
remplit d'une douceur, m'enflamme d'une chaleur et d'un
enthousiasme où la vie, s'il fallait la perdre, ne me tiendrait
à rien; alors il me semble que mon cœur s'étend au dedans de
moi, qu'il nage; je ne sais quelle situation (sensation ?) déli-
cieuse et subite me parcourt partout; j'ai peine à respirer;
il s'excite à toute la surface de mon corps comme un frémis-
sement; c'est surtout en haut du front, à l'origine des cheveux qu'il se fait sentir; et puis les symptômes de l'admiration et du plaisir viennent se mêler sur mon visage à ceux
de la joie et mes yeux se remplissent de pleurs. Voilà ce
que je suis quand je m'intéresse vraiment à celui qui fait le
bien ».

157. — Le bonheur des bons, « la paix de l'âme » qu'on
trouve dans la bienfaisance est un des thèmes développés
jusqu'au vertige, par Diderot. Voir : article *Eclectisme* XIV,
332; *Leçons de clavecin* XII, 316; etc... etc. « On est heureux
partout où l'on fait le bien; aimer ou faire le bien, c'est,
comme vous savez, ma devise ». (A Mlle Volland, 25 juillet
1762, II, 95).

158. — L'accord de la vertu et du bonheur est, comme dit
Hermand (*Op. cit.*, 275), « la clef de voûte » de la doctrine
morale de Diderot. « J'étais bien jeune, déclare le philosophe,
lorsqu'il me vint en tête que la morale entière consistait
à prouver aux hommes qu'après tout, pour être heureux, on
n'avait rien de mieux à faire en ce monde que d'être vertueux; tout de suite, je me mis à méditer cette question
et je la médite encore » (*Le Temple du Bonheur*, VI,
439).

159. — Cet accord, qui laisse le champ libre à Rameau,
met en jeu l'essentiel de la philosophie de Diderot, sa con-

viction qu'en l'homme, le donné est plus décisif que l'acquis,
que le tempérament prime sur l'éducation, que la nature
contrecarre les efforts déployés en vain pour l'améliorer.
C'est au nom de ces principes qu'il réfute les thèses d'Helvétius et que sa méditation sur l'accord de la vertu et du bonheur se poursuit en ces termes (*Loc. cit.*, VI, 438-9) : « Mais
quoi ! Est-ce que la pratique de la vertu n'est pas un moyen
sûr d'être heureux ?... Non, parbleu, il y a tel homme si
malheureusement né, si violemment entraîné par l'avarice,
l'ambition, l'amour désordonné des femmes, que je le condam-
nerais au malheur, si je lui prescrivais une lutte continuelle
contre sa passion dominante. Mais cet homme ne sera-t-il
pas plus malheureux des suites de sa passion que par la lutte
qu'il exercera contre elle ? Ma foi, je n'en sais rien, et je vois
tous les jours des hommes qui aiment mieux mourir que de
se corriger. » Matérialisme pour matérialisme, sa raison
lui commande de pencher du côté de d'Holbach plutôt que
d'Helvétius, et d'admettre avec le *Système de la Nature*,
qu'il a d'ailleurs peut-être inspiré, que l'homme étant un
« être purement physique », il reste ce que son « organisation
particulière » l'a fait. Réciproquement, « tout individu n'est
donc pas propre à tout, pas même à être bon acteur, si la
nature s'y oppose » (*Réfutation de l'homme*, II, 333). Et pas
davantage honnête, bienfaisant, vertueux (*Rêve de d'Alembert*,
II, 176) : « On est heureusement ou malheureusement né ; on
est *irrésistiblement* entraîné par le torrent général, qui conduit l'un à la gloire, l'autre à l'ignominie. Et l'estime de soi ?
et la honte ? et le remords ? Puérilité fondée sur l'ignorance et la vanité d'un être qui s'impute à soi même le
mérite ou le démérite d'un instant ». Tout ce qu'on peut
opposer à ce déterminisme, c'est une conviction de sentiment, un acte de foi dans la bonté de la nature. Diderot ne s'en
fait pas faute. « J'ai défié le Baron, écrit-il à Sophie Volland,
de me trouver dans l'histoire un scélérat, si parfaitement
heureux qu'il ait été, dont la vie ne m'offrît les plus fortes
présomptions d'un malheur proportionné à sa méchanceté ;
et un homme de bien, si parfaitement malheureux qu'il ait été,
dont la vie ne m'offrît les plus fortes présomptions d'un
bonheur proportionné à sa bonté. Chère amie, la belle tâche

que l'histoire inconnue et secrète de ces deux hommes ! Si
je la remplissais à mon gré, la grande question du bonheur
et de la vertu serait bien avancée : il faudra voir... » Mais,
en attendant, l'impitoyable Baron ne fait qu'en rire : il
lui suffit d'ouvrir un volume de l'*Histoire Universelle* pour
y trouver la méchanceté triomphante. Et Diderot en est
réduit à reprendre avec une sorte d'obstination désespérée le
postulat de Jean-Jacques : « Non chère amie, la nature ne nous
a pas faits méchants ; c'est la mauvaise éducation, le mauvais
exemple, la mauvaise législation qui nous corrompent. Si
c'est là une erreur, du moins je suis bien aise de la trouver
au fond de mon cœur... » (26 octobre et 3 novembre 1770,
I, 273 sq. ; 299).

160. —   Paraphrase de Juvénal I, 74 :
            ... Probitas laudatur et alget.

Mais l'hyperbolique Juvénal parle aussitôt de crimes et de
forfaits : « Voulez-vous être quelque chose ? Osez quelque
entreprise digne du bagne ou de la prison... » Rameau, qui
reste dans le ton de la malice populaire, se contentera de la
pratique du parasitisme, considéré comme l'un des beaux-
arts.

161. — Ce passage pourrait être écrit en exergue de la
Religieuse. Si Diderot condamne le christianisme, c'est qu'il
y voit un défi à la nature. Il dit de son frère : « C'est un bon
chrétien qui me prouve à tout moment qu'il vaudrait mieux
être un bon homme, et que ce qu'ils appellent la perfection
évangélique n'est que l'art funeste d'étouffer la nature, qui
eût parlé en lui aussi fortement qu'en moi ». (A Mlle Volland,
17 août 1759, I, 71). Malgré cette pointe, assez anodine, on
remarquera la discrétion de Diderot, dans tout le dialogue,
en ce qui concerne la satire de la religion. L'anticléricalisme
n'est pas le moins du monde son idée fixe, à la différence
d'un Chevrier ou d'un Dulaurens.

162. — Le *Cosmopolite* de Fougeret de Monbron faisait
déjà du cynisme une vertu : «... Ce n'est pas que je crois valoir
mieux que le reste des humains : à Dieu ne plaise que ce soit
ma pensée ! au contraire, j'avoue de la meilleure foi du monde
que je ne vaux précisément rien ; et que la seule différence

qu'il y a entre les autres et moi, c'est que j'ai la hardiesse de me démasquer, et qu'ils n'osent en faire autant... *Op. cit.*, p. 46).

Tout le développement qui suit, y compris les portraits, se trouve fort joliment esquissé dans la lettre du 20 octobre 1761 à Mlle Volland (II, 42-3). Diderot vient de passer quelques jours à Massy-Palaiseaux, dans la propriété de son libraire Le Breton, et la gaillarde Mme Le Breton lui fait quelques confidences morales, qu'il juge dignes d'être rapportées : « Un de ces jours que je témoignais à mon hôtesse de Massi combien j'étais surpris de ses inégalités, elle me fit une réponse assez singulière : « C'est, me dit-elle, ma foi, qu'il n'y a point de dévôts, il n'y a que des hypocrites. On a beau, ajouta-t-elle, se mettre à genoux, prier, veiller, jeûner, joindre les mains, élever son cœur et ses yeux au ciel, la nature ne change pas, on reste ce qu'on est. Un homme prend un habit bleu, il attache une aiguillette à son épaule, il suspend à son côté une longue épée, il charge de plumes son chapeau; mais il a beau affecter une démarche fière, relever sa tête, menacer du regard, c'est un lâche qui a tous les dehors d'un homme de cœur. Quand je suis réservée, sérieuse, composée, c'est que je ne suis pas moi. J'ai un air d'église, un air du monde, un air de comptoir, un air de maison, voilà ma vie grimacière; ma vie réelle, mon vrai visage, mon allure naturelle, je la prends rarement... »

163. — Cette truculente silhouette de matamore des lettres, campée déjà avec le relief d'un César de Bazan ou d'un Cyrano — couardise en plus — est aussi un croquis fort véridique. On se reportera aux « pièces justificatives » réunies par Emile Henriot dans un pittoresque article (*Les livres du second rayon. Irréguliers et libertins*, Paris, 1926, p. 203-24), pour servir de complément au médaillon de Diderot. Qu'il s'agisse de la *Correspondance* de Métra, de la *Nouvelle correspondance* de Briasson, des *Tablettes d'un curieux*, des *Mémoires secrets* de Bachaumont, tous les nouvellistes sont d'accord pour souligner la gueuserie, la jactance et la lâcheté du chevalier de La Morlière. « C'est un mauvais sujet, dit Collé, qui a été chassé des mousquetaires pour des causes déshonorantes, à ce qu'on prétend; c'est, ajoute-t-on, un homme qui ne parle

que de coups d'épée, jusqu'au moment où on lui donne des coups de bâton ».

Jacques Rochette de La Morlière (1719-1785), grenoblois d'honorable famille, n'a gardé de son passage scandaleux aux mousquetaires que sa rapière et son chapeau, digne du feutre à pennache, dont Boileau coiffait son « campagnard » du *Repas ridicule*. Il écrit à ses heures : la manière de Crébillon lui a réussi assez bien dans *Angola*. Il a tâté du théâtre : *la Créole* et l'*Amant déguisé* ont été sifflés aux Français, le *Gouverneur* aux Italiens. Une rancune d'auteur conspué semble avoir orienté ce qu'on n'ose appeler sa carrière. Entre dix métiers, tous moins avouables les uns que les autres : brelandier, écornifleur, escroc, maître-chanteur, La Morlière exerce avec prédilection celui de chef de claque et de terreur des théâtres. Le soir des premières, il recrute une centaine de drôles de son espèce et, en dépit de la police, se charge d'enterrer une pièce. Il est au service de celui qui le paye. Chose amusante, les philosophes ont eu souvent recours à ses bons offices ; il est arrivé à Voltaire de se mettre en frais pour le neutraliser. D'où ce quatrain malicieux :

> Or, dites moi, pour le divin Voltaire
> Lequel doit être un plus sensible affront :
> D'être prôné par La Morlière
> Ou déchiré par la main de Fréron ?

Et, surtout, les philosophes n'ont pas dédaigné d'employer ce capitan à décrier les comédies du dangereux Palissot. Mais La Morlière n'aime pas la Clairon, qu'il appelle Mlle Frétillon et qui a tâché de lui interdire l'accès des Français. Diderot se console du piètre accueil réservé au *Fils Naturel*, en se disant que La Morlière y a été pour quelque chose. Cet adversaire est, d'ailleurs, de ceux qui s'éliminent d'eux-mêmes : le 13 août 1762, les *Mémoires secrets* rapportent sa détention à Saint-Lazare, et il fera connaissance avec d'autres prisons, avant de mourir, en 1785, dans un taudis.

164. — Tourneux rapproche l'allusion de Diderot d'un conte libertin attribué à Voisenon et à Meusnier de Querlon : *Exercices de dévotion de M. Henri Roch avec M*me *la duchesse*

de Condor, et voit dans ce passage un portrait à clé. C'est vraisemblablement se donner une peine inutile. Ce pendant femelle de Tartuffe,

> Si l'on vient pour me voir, je vais aux prisonniers
> Des aumônes que j'ai partager les deniers (855-6).

appartient à la tradition littéraire la mieux consacrée.

165. — Diderot fait preuve, ici, d'une discrétion relative. Alors qu'il aurait pu reprendre des scènes de la *Religieuse* ou simplement suivre les traces de Juvénal et de la satire sur les Femmes, il se contente d'allusions. L'*Histoire de dom B****, *portier des Chartreux, écrite par lui-même*, fut éditée fictivement à Rome, réimprimée à Francfort (1748), et maintes fois, depuis lors. On l'attribua à l'avocat Gervaise de Latouche. Le comte de Caylus se chargea de l'illustrer, de façon particulièrement immonde. Quant aux *Postures* de l'Arétin, illustrées par Annibal Carrache, elles constituent une sorte de classique de la pornographie.

166. — ... *Et pour le trancher net,*
L'ami du genre humain n'est pas du tout mon fait.

Il y a parfois de l'Alceste en Rameau, qui est lui aussi un misanthrope, dans son espèce.

167. — « Rien ne peut lui plaire », disait Candide du sénateur Pococurante, mais Bertin a un autre relief.

168. — Ce bénédictin de Reims fabriquait des instruments d'optique. Pendant un séjour de la cour à Compiègne, en 1750, il fut autorisé à faire devant le roi la démonstration d'un microscope de sa façon. Le roi le lui acheta aussitôt pour 400 louis et lui commanda un télescope pour le Dauphin. Puis, il le fit venir à Paris et lui installa un véritable atelier d'optique, à l'abbaye de Saint-Germain des Prés. « Ce religieux est un bon homme, extrêmement simple », ajoute Luynes dans ses *Mémoires* (Tome XI, cité par Gustave Isambert). Le succès de ce physicien, peut-être un peu charlatan, avait fait des jaloux. Peut-être Diderot lui en voulait-il pour son refus de collaborer à l'*Encyclopédie*.

169. — Le plus ancien hôpital d'aliénés à Paris s'appelait ainsi parce qu'il avait été installé dans les bâtiments de la

maladrerie désaffectée de Saint-Germain des Prés, où les malades étaient isolés en « petites maisons ». L'emploi métaphorique de l'expression est déjà signalé comme courant par Furetière.

170. — Bertin est, en effet, pour Rameau, la personnification du destin. Toutefois, le souvenir qui va suivre du *Roman Comique* pourrait suggérer une autre explication : ce personnage a toute la « taciturnité » habituelle au héros du *Roman Comique*, le comédien qui se fait appeler le *Destin*, « taciturnité » jamais plus grande que lorsqu'il est en proie aux avances de « la non pareille Bouvillon ».

171. — « Madame.Bouvillon était une des plus grosses femmes de France, quoique des plus courtes ; et l'on m'a assuré qu'elle portait d'ordinaire, bon an mal an, trente quintaux de chair, sans les autres matières pesantes ou solides qui entrent dans la composition d'un corps humain... » (*Le Roman Comique*, IIe partie, Chap. VIII). Trois quintaux auraient largement suffi pour peindre une personne, au nom déjà si expressif ! Mais ces exagérations toutes rabelaisiennes, ne déplaisent pas à Diderot, et il est passé quelque chose de la manière de Scarron dans le « réalisme » du *Neveu de Rameau*.

172. — Rappel inattendu et plaisant d'un principe que le philosophe Diderot juge primordial. Voir (II, 64-70) ses *Principes philosophiques sur la matière et le mouvement*, où prenant vivement à partie les philosophes qui ont supposé que « la matière était indifférente au mouvement et au repos », il soutient contre eux que « le mouvement est essentiel à la matière ».

173. — François-Thomas de Baculard d'Arnaud (1718-1805), qui vient s'ajouter à la liste, est une des plus vieilles connaissances de Diderot. Ils vivaient en fort bons termes, vers les années 40, au temps où le jeune Baculard se faisait mettre à la Bastille, pour « être l'élève de Voltaire » et avoir publié certain ballet pornographique. C'est à ce compagnon de bohême, comme l'a prouvé Franco Venturi (*Op. cit.* 41-2), qu'est adressée une des premières épîtres versifiées par Diderot.

> Vous scavez d'une verve aisée
> Joindre au charme du sentiment
> L'éclat piquant de la pensée
> Oncques ne fut un rimeur si charmant...

Mais ce rimeur ne roulait pas sur l'or :

> ...Je dis cent fois peste et rage
> Quand je vois au dernier étage
> Apollon logé tristement...

et Diderot finissait par ce souhait :

> Le destin réglant la mesure
> De ses présents sur vos vertus
> Ja de Vénus vous aurez la ceinture
> Aurez un jour la bourse de Plutus...

Ni les drames larmoyants, ni les romans sentimentaux, ni les flagorneries qu'il multiplia à l'égard du roi de Prusse, ne valurent cependant à Baculard les faveurs de Plutus. Chamfort dira de lui qu'il devait 300.000 livres en pièces de dix sous ! Et comme Charles Monselet (*Op. cit.*, II, 163), on est tenté d'en faire un cousin de Rameau : « ... On ne sait où le prendre ; aujourd'hui dans le ruisseau, décochant des œillades aux viandes rôties ; demain à la cour de Berlin, balançant la réputation de M. de Voltaire ; il sort des cafés borgnes pour se rendre dans les couvents ; c'est le Protée de la littérature de deuxième ordre... » Il est presque comique de voir ce panier percé accusé d'avoir « quelque chose ». Diderot s'exagérait, sans doute, la générosité de Frédéric à l'égard de son protégé ; et, s'il pardonnait, à la rigueur, à Baculard ses démêlés retentissants avec Voltaire, il lui en voulait de frayer dans les cercles littéraires opposés aux *Encyclopédistes*.

174. — Son apprentissage de musicien sert à Rameau jusque dans la dispute ! L'art de flagorner est porté par lui à d'autres hauteurs qu'au temps du *Parasite* de Lucien, des parasites de Plaute, ou même du Gnathon de Térence, le plus artiste de tous. Gnathon aussi avait déjà sa méthode : « Hoc novomst aucupium ; ego adeo hanc primus inveni viam (Voici ma nouvelle méthode de pipée ; j'ai été le premier à découvrir cette voie).

Mais l'exposé qui suit s'en tient aux balbutiements de l'art :

Est genus hominum qui esse primos se omnium rerum volunt
Nec sunt ; hos consector, hisce ego non paro vt me rideant
Sed eis ultro adrideo et eorum ingenia admiror simul.
Quidquid dicunt, laudo ; id rursum si negant laudo id quoque ;
Negat quis, nego ; ait, aio ; postremo imperavi egomet mihi
Omnia adsentari. Is quoestus nunc est mihi multo uberrimus.

(*Eunuque*, II, 2, v. 247-253 sq). Rameau laisse loin derrière lui les « gnatoniciens ». De même que les « avanies » qu'il doit subir chez Bertin, sont autrement poignantes que les déconvenues purement culinaires de Trebius, client pauvre, chez son patron opulent, Virron (JUVÉNAL, Satire V). C'est l'occasion — ou jamais — d'illustrer la « supériorité » des modernes sur les anciens !

175. — Cette bombe de gros calibre — jusqu'à 500 livres, selon l'article de l'*Encyclopédie* — avait été employée pour la première fois, au siège de Mons, en 1691. Elle devait son nom à la corpulence de son inventeur, le comte de Comminges, aide de camp de Louis XIV.

176. — La correction de Tourneux : *faire le fou*, se justifie d'autant moins que l'expression est préparée par la phrase qui précède : « Croyez-vous qu'il y ait cervelle de femme un peu vaine qui tienne à cela ? »

177. — Etienne-Michel Bouret (1710-1777). Diderot en veut à ce potentat de la finance pour les mêmes raisons qu'à Bertin : non tant pour sa fortune scandaleuse, que pour le concours actif qu'il a prêté à Choiseul, lors de la grande répression organisée contre les « Cacouacs », et pour un mécénat dont bénéficient, seuls, les hommes de lettres adversaires des Philosophes. Marié en 1735 à Mlle Fellez d'Acosta, fille d'un entrepreneur des vivres, Bouret, qui, bien que fils d'un simple laquais de M. de Fériol, se faisait appeler déjà Bouret de Silhouette, était, dès 1738, trésorier général de la maison du roi. Il entra dans les Fermes, à partir de 1743, et, en spéculant sur les blés et le sel, amassa une fortune que Voltaire, qui se connaissait en la matière, évalue à plus de quarante millions. La protection de Machault lui valut

d'être nommé administrateur général des Postes et directeur du personnel des Fermes. Il avait la manie des constructions et emplissait de statues ses divers châteaux. Ses prodigalités de parvenu lui attirèrent de nombreuses inimitiés : d'Argenson s'exprime très durement à son sujet dans son *Journal*. Sa fortune paraissait inébranlable : il avait cédé sa charge de trésorier général à l'un de ses frères, Bouret de Villaumont; un autre de ses frères, Bouret d'Erigny, avait épousé, le 4 avril 1750, à Bellevue, en présence du Roi, Madeleine Poisson de Malvoisin, cousine de Madame de Pompadour. Il avait marié ses trois filles à trois fermiers généraux : Philippe-Charles Legendre de Villemorien, Denis-Philippe Thiroux de Monsauge et Etienne Marin de la Haye; les deux premiers sont pris à partie dans le *Neveu de Rameau*. L'apogée de sa carrière coïncide avec cette journée du 30 avril 1759 où il reçut le roi dans sa terre de Croix-Fontaine, près de la forêt de Sénart, et lui présenta le *Livre du vrai Bonheur*. Le déclin commença peu après. Ruiné par des spéculations malheureuses, Bouret mourut insolvable, le 10 avril 1777. Le bruit courut qu'il s'était suicidé. (Cf. Pierre CLÉMENT et Alfred LEMOINE, *M. de Silhouette-Bouret, le dernier des fermiers généraux*, Paris, 1872).

178. — Voici l'histoire du petit chien, telle que la raconte Pidansat de Mairobert (L'*Espion Anglais*, 2 janvier 1774, I, 249 note) :

« M. de Machault avait perdu une levrette qu'il aimait beaucoup; le Sr Bouret en fait chercher une exactement semblable; il la trouve, il la prend chez lui; il fait faire un mannequin qu'il fait revêtir d'une simarre, ornement que portait toujours le contrôleur général, comme garde des sceaux. Il habitue cette chienne à caresser ce simulacre, à ne manger qu'après lui avoir rendu hommage. Quand il la juge assez bien dressée, il la mène avec lui et dès que l'animal voit M. de Machault, il court au ministre et saute à son col, au point que celui-ci croit que c'est le sien. On sent combien un homme capable d'une constance aussi minutieuse et aussi recherchée doit réussir auprès des grands ». On sent aussi combien l'histoire gagne à être transfigurée par l'imagination de Rameau-Diderot !

Quant au *Livre de la Félicité* et aux *Flambeaux*, ils remplissent les gazettes de l'époque : c'est pourquoi, sans doute, Diderot-Lui dédaigne de s'expliquer davantage à leur sujet. Le *Vrai Bonheur* était un registre manuscrit de 50 feuillets, dont chacune des pages contenait seulement les mots : *le Roi est venu chez Bouret*, et n'attendait que la date. Il n'y eut hélas ! qu'une visite, le 30 avril 1759. Ce jour-là, Bouret avait disposé, de vingt mètres en vingt mètres, sur la route de Croix-Fontaine à Versailles, des piqueurs et des paysans, munis de torches, pour éclairer le carrosse de Sa Majesté.

179. — Il s'agit de Jean-Baptiste Machault d'Arnouville (1701-1794) qui, le 9 décembre 1750, avait joint la charge de garde des sceaux au contrôle général des finances.

180. — Transposition bouffonne, appliquée aux circonstances (la route de Versailles et les flambeaux), de la parole évangélique : « Je vous dis que si ceux-ci se taisent, *les pierres crieront* » (Luc, XIX, 40).

181. — L'abandon, sinon la misère, des vieux officiers blanchis sous le harnois était un thème favori des satiristes depuis Montesquieu (*Lettres Persanes*, 48). L'ordre de Saint-Louis, créé, en avril 1693, par Louis XIV, pour récompenser les officiers qui avaient donné des preuves de leur valeur et comptaient au moins dix ans de service, donnait droit à une pension : mais celle-ci se montait seulement de 200 à 800 livres pour les simples chevaliers (*Encyclopédie*. Article Louis, l'ordre de saint). A l'article : *Ordre militaire*, Jaucourt cite longuement Montaigne pour prouver combien il est commode au roi de récompenser ses bons serviteurs, sans presque bourse délier.

182. — La phrase, difficilement compréhensible, représente sans doute une faute de copie de Diderot, due à la similitude de f et s initiale. On peut donc corriger : vous serait-ce un honneur singulier ? Brière a préféré s'inspirer de de Saur (« vous passeriez pour un homme extraordinaire ») et écrire : *vous feriez un homme singulier*.

183. — Malgré le *Paradoxe sur le Comédien*, Diderot n'en fait guère plus de cas que Rameau. On se rappelle le débat entre Grimm et M. Le Roy sur « le génie qui crée et la méthode qui ordonne » et la fable du coucou et du rossignol

(A Mlle Volland, 18 octobre 1760, I, 249 sq). Grimm déteste la méthode, cette « pédanterie des lettres ; ceux qui ne savent qu'arranger feraient aussi bien de rester en repos ; ceux qui ne peuvent être instruits que par des choses arrangées feraient aussi bien de rester ignorants ».

184. — « Le génie est un pur don de nature ; ce qu'il produit est l'ouvrage d'un moment ; le goût est l'ouvrage de l'étude et du temps ; il tient à la connaissance d'une multitude de règles ou établies ou supposées. » (Article *Génie*, XV, 37).

185. — Dans ce savoureux decrescendo, en deux séries symétriques, dont les termes se répondent cocassement, Claudine Alexandrine de Guérin de Tencin (1682-1749) tient, à juste titre, la place de César, le génie pur. Sa carrière, éclatante et scandaleuse, ne fut-elle pas un chef-d'œuvre de cynisme, pour ne pas dire plus ? Le tout couronné par l'applaudissement des gens de lettres et une place au fronton des *Trois Siècles*. « On se ressouvient encore, écrit Sabatier (IV, 317), de l'empire que cette Dame exerçait sur les auteurs qu'elle recevait. Elle les appelait ses Bêtes et proposa un jour à un seigneur, qui était venu la voir, de dîner avec sa ménagerie ». Et Sabatier de rappeler, avec une émotion rétrospective, « qu'elle avait l'attention de donner, tous les ans, pour étrennes, aux auteurs qu'elle recevait chez elle, deux aunes de velours, pour en faire des culottes ». Voilà un trait qui parle au cœur de Rameau ! On se souvient de Rabelais : Maître Janotus voulut porter le drap...

L'abbé Pierre Guérin de Tencin (1680-1758), évêque d'Embrun en 1724, cardinal en 1739, archevêque de Lyon en 1740, que « le diable poussa à si étonnante fortune, tant il est vrai qu'il sort quelquefois de ses règles ordinaires pour récompenser les siens », dut presqu'autant à sa sœur qu'au diable lui-même ! « Elle et lui ne furent jamais qu'un cœur et une âme par la conformité des cœurs, si tant est que cela se puisse dire en avoir ». (Saint-Simon, 1719. Chapitre XVI). Laissé comme veuf par la mort d'Alexandrine, le cardinal n'eut d'autre ressource que de se retirer benoîtement en son diocèse et d'y faire « une fin fort décente, presqu'apostolique » (Pierre-Maurice MASSON, *Madame de Tencin*, Paris, 1910, p. 135).

L'abbé Trublet, qui avait suivi à Rome l'abbé de Tencin, conclaviste du cardinal de Bissy, après la mort de Clément XI, en 1721, n'eut garde de négliger un si chanceux protecteur. Sa fortune littéraire, œuvre de patience et guerre de siège ! fait bien de lui, dans l'échelle des valeurs selon Rameau, une sorte de Vauban au petit pied !

186. — Marie Anne Botot (1714-1796). Elle avait débuté sur la scène des Français à seize ans et prit sa retraite, le 31 mars 1763, deux ans avant Mlle Clairon. Chevrier (*Almanach, Op. cit.*, I, 295) la présentait en ces termes : « Mademoiselle Dangeville joue depuis trente ans les rôles de soubrette avec une vérité et une finesse qui ont uni tous les suffrages... Mademoiselle Dangeville, qui jouit d'une fortune aisée, qui peut être le fruit de son économie, a toujours mené une vie très régulière ; on lui a soupçonné quelques amants ; mais on n'aurait pu affirmer qu'elle en avait ». Cette petite personne, brune et fûtée, était à la scène comme à la ville, tout à l'opposé de Mlle Hus. Diderot appréciait fort son talent.

187. — Collé qui se refuse à voir dans les comédiens autre chose que des « perroquets », veut bien avouer que la Clairon est « un des meilleurs perroquets » qu'il ait entendus ; il lui manque cependant des « entrailles » et du naturel (avril 1765, III, 188). Diderot n'est pas si éloigné de ce sentiment dans son *Paradoxe sur le Comédien* : chacun des cinglants adjectifs de Rameau n'est que la transposition des éloges que Diderot, dans ce texte déconcertant, accorde à l'actrice qui guindait sa maigre personne et sa voix, dans les rôles de Camille, Electre ou Médée.

188. — Vers la fin de 1762, à une reprise du *Comte d'Essex* où la Dumesnil faisait sa rentrée dans le rôle d'Elisabeth, la Clairon offrit de jouer la Duchesse d'Irton ; mais la petite Hus était titulaire du rôle et refusa de s'en dessaisir. De dépit, la Clairon se rabattit sur le rôle de Tilney, confidente d'Elisabeth : elle n'avait qu'une soixantaine de vers à dire et restait muette pendant la plupart des scènes. Le parterre lui fit ovation sur ovation et conspua l'infortunée Hus !

189. — « Les Parties Casuelles étaient les droits qui revenaient au roi, pour les charges de judicature et de finance, quand elles changeaient de titulaire » (Ac. 1762). Mais on

devine à quels calembours rabelaisiens sa charge de trésorier
des Parties Casuelles exposait inévitablement Bertin !

190. — Quis expedivit psittaco suum « Chaere »
Picasque docuit verba nostra conari ?
Magister artis ingenique largitor
Venter...

(Qui a donné au perroquet le pouvoir de lancer son « Bon-
jour ! », qui a enseigné aux pies à reproduire laborieusement
nos paroles ? C'est le ventre, maître de l'art et pourvoyeur
du génie...) Ainsi disait Perse (*Choliambes*, v. 9-11), et Rabelais amplifiait à la suite, en chantant le los de Messer Gaster,
« premier maître ès arts du monde ». « Pour le servir, tout le
monde est empesché, tout le monde laboure. Aussi, pour
récompense, il fait ce bien au monde qu'il lui invente toutes
arts, toutes machines, tous mestiers, tous engins et subtilitez.
Mesmes es animaux brutaulx, il apprend arts deniées de
Nature » (*Le Quart Livre*, LVII). Deux textes familiers à
Diderot, aussi bien qu'à l'authentique Rameau, philosophe et
poète de « la mastication universelle ».

191. — Construction libre et brachilogique : pour que
nous arrivions à lui en imposer.

192. — *Zarès*, titre de la première tragédie de Palissot,
estropié à dessein. Dès avant sa représentation, les avatars
de cette pièce étaient célèbres. Le *Journal* de Collé (décembre
1750, I, 322) signale que les Comédiens Français, ayant
accueilli assez imprudemment une tragédie d'un débutant,
très protégé, « M. Palissot ou Palaizeau », ils en furent si
mécontents aux répétitions qu'ils le prièrent de retoucher
sa pièce, à commencer par le titre. C'est ainsi que *Sardanapale*,
devint *Zarès*, dont la première eut lieu seulement le 3 juin
1761. Après trois représentations, Palissot dut retirer sa pièce
et ne la publia que beaucoup plus tard dans ses *Œuvres complètes*, sous un troisième titre : *Ninus II*, en se plaignant
d'avoir été trahi par les comédiens.

193. — Antoine Bret, de Dijon, lui aussi, (1717-1792), fut
plus heureux comme éditeur et commentateur de Molière, que
comme auteur. En mai 1755, son *Jaloux*, adapté de *Zaïde* n'eut
que quatre représentations, copieusement sifflées (Collé, II,

96); en janvier 1758, le *Faux Généreux*, « mauvaise homélie »,
dit Collé (18 janvier 1758, II, 221), sombra, au bout de cinq
soirées, dans l'ennui; en décembre 1763, la *Confiance trahie*,
comédie « anti-financière » fut interdite sur l'intervention de
Bouret, flanqué de son frère d'Erigny et de son gendre Vilmorien (*Ibid.*, III, 73-4); un mois plus tard, l'*Epreuve indiscrète*
dut aussitôt être enlevée de l'affiche devant l'indifférence
du public, etc. Le *Faux Généreux*, réduit à trois actes et
sous un titre prudemment changé : l'*Orpheline*, ne parut qu'en
1765 dans les *Œuvres de théâtre* de M. Bret. Autant que ces
échecs réitérés, les démêlés de Bret avec la bande « Vilmorienne » devaient amuser Diderot; mais cet auteur écrivait,
en outre, beaucoup, dans la presse hostile aux philosophes,
et fut nommé directeur général de la *Gazette*, le 1er avril 1775
(*Mémoires secrets*, VIII, 3).

194. — C'est ce qui s'était produit, par exemple, pour
soutenir le succès de la comédie de Palissot. Revenant sur
cette comédie des *Philosophes*, dont il avait déjà largement
rendu compte en mai 1760, Collé signale dans son *Journal* de
juillet (II, 368-9), « qu'à l'une des représentations de cette
pièce, les sieurs de Vilmorien et de Mont-Sauge (sic), gen-
dres de Bouret (Cf. notes 135 et 177), péroraient dans le
foyer de la Comédie, élevaient celle des *Philosophes* aux nues
et soutenaient que, depuis Molière, on n'avait rien vu d'aussi
bon. M. de Sainte-Foix, ennuyé et impatienté de leur éloquence, leur dit : Je souscris, Messieurs, à tous les éloges
que vous donnez aux *Philosophes*; cependant vous m'avouerez
que *Turcaret* est encore au dessus de cette comédie ».

195. — Le mot avait été lancé par Mme de Tencin (v. note
178), repris par La Popelinière (Cf. ÇHEVRIER, *Colporteur*, I,
19), pour désigner les sociétés littéraires, à la solde de puissants protecteurs. Mais Rameau dans cette espèce de *Livre
de la Jungle* que devient la satire, en cet endroit, lui rend toute
sa force littérale : il parlera plus loin de la ménagerie de Versailles.

196. — « Nul n'aura de l'esprit, hors nous et nos amis ».
(Molière, *Femmes Savantes*, III, 2).

197. — Accusation assez vraisemblable, puisque Palissot
est porté par une véritable cabale. Diderot garde ces *Philo-*

sophes sur le cœur. Il en parle sur un ton volontiers mélodramatique, qui fait sourire. « Il y a six mois qu'on s'étouffait à la comédie des *Philosophes* : qu'est-elle devenue ? Elle est au fond de l'abîme qui reste ouvert aux productions sans mœurs et sans génie, et l'ignominie est restée à l'auteur. Que le mot du philosophe athénien est beau ! Il disait à ceux qui le plaignaient : « Ce n'est pas moi, c'est Anite et Mélite qu'il faut plaindre. S'il fallait être à leur place ou à la mienne, balanceriez-vous ? » Combien de circonstances dans la vie, où l'on se consolerait de la même manière ! » (*A Mᴵˡᵉ Volland*, 26 octobre 1760, I, 267-8). C'est une des manies de Diderot que d'assimiler son sort, à tout propos, à celui de Socrate, surtout depuis que Voltaire l'a représenté sous ce grand nom dans sa *Mort de Socrate*.

198. — Diderot cherche à retourner contre Palissot les reproches de plagiat qui, sous la plume de Fréron, l'avaient tant mortifié lui-même, lors du *Père de Famille*. La *Femme Docteur* ou la *Théologie Janséniste tombée en Quenouille*, comédie en cinq actes, en prose, du père Bougeant, S. J., avait été imprimée en 1731, mais non représentée. A la scène 7 de l'acte IV, Gilotin, colporteur de livres, y faisait une présentation satirique des dernières nouveautés jansénistes, procédé de théâtre bien connu, depuis Corneille et la *Galerie du Palais*. Tout semblablement, dans les *Philosophes* (III, 6), M. Propice, colporteur, vient offrir sa marchandise, où Diderot tient une place de choix, et exécute, en quelques vers qui veulent être humoristiques, les *Bijoux Indiscrets*, la *Lettre sur les Sourds*, et le *Père de Famille*.

199. — L'abbé Jean Bernard Le Blanc (1707-1781), — encore un Dijonnais ! — protégé de Madame de Pompadour, historiographe des bâtiments du roi, servile envers les grands, arrogant et brutal envers les écrivains ses confrères, d'une loquacité proverbiale — avant dîner, précise Rameau ! — fut l'un des adversaires les plus mordants des *Philosophes*. Sa carrière eut à souffrir de ses origines : il était fils du geôlier de Dijon, et l'ami Robé, piqué par les mépris de l'abbé, n'en laissa rien ignorer à personne. Démesurément amplifié par les épigrammes de Piron, Voisenon, Palissot et Cᴵᵉ, ce reproche fut la principale cause des échecs répétés de l'abbé Le Blanc à

l'Académie (Cf. infra n. 294). Il ne réussit jamais à y entrer, en dépit de la protection de Mme de Pompadour et du patronage de Buffon.

200. — L'abbé Charles Batteux (1713-1780), de l'Académie française depuis 1761, dont Diderot faisait grand cas comme esthéticien, dans l'article *Beau*, avait contre lui d'être l'ami de l'abbé d'Olivet et l'ennemi de Voltaire. Son humeur paisible et sa modération quasi proverbiales deviennent donc de l'hypocrisie !

201. — Ce débat, entretenu par l'amour propre des deux concurrents, était un lieu commun de la conversation au xviiie siècle. Alexis Piron (1684-1773) avait pour lui sa présence à Paris, sa jovialité bourguignonne, sa malice primesautière, sa parfaite liberté d'esprit ; mais il dépensa cet esprit en saillies et en bons mots, se montra incapable de le mettre au service d'une cause sérieuse, s'abandonna à son insouciance et à sa paresse, et ne laissa qu'une réputation d'humoriste, au lieu d'une œuvre d'écrivain.

202. — Il suffit de feuilleter la thèse de Raymond Naves, *Le Goût de Voltaire*, Paris, 1937, et sa bibliographie, pour constater la vogue, poussée jusqu'à la manie, des dissertations sur le goût, autour de 1760. Alors que dans la période « prévoltairienne », on découvre à peine deux ou trois précurseurs obscurs : l'abbé Gédoyn, Cartaut de la Vilate, qui se préoccupent directement de définir le goût, à partir du *Temple du Goût* (1733), et surtout du *Siècle de Louis XIV*, les grands esprits : Montesquieu, d'Alembert ; les bons esprits : Duclos ; les médiocres : Formey (*Analyse de la notion de goût*, 1759), Trublet ; et les obscurs : Patu et Portelange, d'Aquin de Chateaulyon, Rigoley de Juvigny, Séran de la Tour, etc., etc., discourent à qui mieux mieux sur les caractères et les exigences du goût (Cf. Naves, *op. cit.*, Quatrième partie : *Le goût autour de Voltaire*.) On comprend que Diderot en ait été excédé. Il voit dans « les lois du goût... des entraves au génie » (Article *Génie*), qu'il supporte de plus en plus malaisément (*Réflexions sur Térence, Salon de 1765*, etc.).

203. — La conversion de l'ami Robé au mysticisme des convulsionnaires, qui discrédita le jansénisme après les prétendus miracles opérés sur la tombe du diacre Paris, ne

devint publique qu'en 1763. Personne ne prit alors cette conversion au sérieux. Les quolibets provoqués par le poème que Robé méditait d'écrire *sur les peines de l'Enfer*, vinrent s'ajouter à ceux qui couraient sur le poème de *La Vérole*, à propos duquel Piron disait qu'il n'avait jamais vu un auteur aussi plein de son sujet ! Quant à l'*Enfer*, pour en inspirer l'horreur à tout le monde, Palissot prétendait qu'il suffirait à l'auteur de se faire peindre en tête du livre ! Sabatier de Castres s'indigne benoitement de cette méchanceté (*Trois Siècles*, Article *Trublet*, IV, 383 n.). Mais Collé signalait que sa foi de néophyte n'avait rien changé au tempérament ordinaire de Robé, moins que jamais disposé à pratiquer le pardon des injures : témoin sa conduite à l'égard de l'abbé Le Blanc (*Journal*, avril 1763, III, 31-2). De même, le talent de Robé restait égal à lui-même : « les sons les plus 'durs, les plus bizarres, les plus discordants ne donneraient qu'une idée faible du jargon barbare de ce prétendu poète », déclare Palissot qui ajoute que cet énergumène finit dans un asile d'aliénés : « une de ses manies favorites était d'annoncer aux Petites-Maisons l'arrivée prochaine du prophète Elie » (*Mémoires sur la littérature*, II, 314).

204. — Le signalement conviendrait, évidemment, assez bien à Poinsinet le Mystifié qui, « à la malice d'un singe unissait l'imbécilité d'un oison » (MONNET, cité par MONVAL, p. 94). Mais, on ne voit pas bien pour quelles raisons, Diderot, après l'avoir mis nommément en cause, avec un parfait sans gêne, le laisserait ici dans l'anonymat. Par contre, le signalement convient tout aussi bien à l'abbé de Voisenon (Claude Henri de Fusée de Voisenon, 1708-1775, l'auteur du *Sultan Misapouf*), qu'aussi bien Collé que Bachaumont, qui le détestent, peignent jaune comme un coing, l'air simiesque, à la fois héros et victime d'innombrables mésaventures, d'autant plus dangereux dans ses épigrammes et ses méchancetés, qu'il les dissimulait sous un air de parfaite naïveté. Diderot n'avait pas engagé avec lui d'hostilités ouvertes; mais les *Anecdotes littéraires* publiées dans les *Œuvres* de Voisenon, traitent fort cavalièrement le philosophe; encore n'ont-elles recueilli, vraisemblablement, qu'une faible partie des flèches que Voisenon décochait à tout venant.

205. — Trait authentique. Grimm (ou Diderot) dit de Jean-François (*Corr. Lit.*, VII, p. 124) : « On lui trouva un jour un Molière dans sa poche, et on lui demanda ce qu'il en faisait : j'y apprends, répondit-il, ce qu'il ne faut pas dire, mais ce qu'il faut faire ».

206. — *Moi*, décidément en veine de poncifs et de truismes, se réfère aux vers d'Horace, si souvent invoqués par les théoriciens de l'art :

Omne tulit punctum qui miscuit utile dulci
Lectorem delectando pariterque monendo.
(*Art Poétique*, v. 343-44).

207. — « Le Théâtre, me dit-on, dirigé comme il peut et doit l'être, rend la vertu aimable et le vice odieux » (*Lettre à d'Alembert*, édition M. Fuchs, Paris-Genève 1948, p. 29). On sait avec quelle complaisance, Rousseau (*Ibid.*, 29-77) réfute cette naïve prétention. Le développement qui va suivre aurait pu trouver avantageusement sa place dans la *Lettre sur les Spectacles* : ce n'est pas la seule occasion où l'on découvre tout un fonds d'idées ou de paradoxes indivis entre Jean-Jacques et Diderot. Mais la doctrine de *Diderot-Lui* se trouve beaucoup plus directement encore inspirée par les réflexions qui ont conduit La Bruyère à donner en *Onuphre* une version corrigée du caractère de Tartuffe (*Caractères* XIII, 24) : l'optique du théâtre sert à l'hypocrite non à corriger son hypocrisie, mais à la masquer.

208. — Le chevalier de Jaucourt fait l'historique de cette espèce d'institution dans l'article *Fol* de l'*Encyclopédie* et signale que « le dernier fou de cour de notre histoire est le fameux Langély, que M. le Prince (le grand Condé) amena des Pays-Bas et offrit à Louis XIV ». On connaît les vers de Boileau (*Satire* I, 109-12) :

Un poète à la cour fut jadis à la mode :
Mais des Fous aujourd'hui c'est le plus incommode :
Et l'Esprit le plus beau, l'Auteur le plus poli
N'y parviendra jamais au sort de l'Angeli.
Cf. Appendice III, p. 250.

209. — « Chacun a sa marote », dit le proverbe. Et Diderot, comme l'on s'en apercevra lors de la grande pantomine

des gueux, cette farandole de masques, qui couronne le dialogue, ne répugnait nullement à l'idée de la folie universelle. « Combien de sortes diverses de folies parmi les hommes », écrivait-il à Mlle Volland. Et, loin de s'en excepter, il ajoutait, en guise de madrigal : « Il est vrai que j'ai mon petit grelot aussi, mais c'est un grelot joli : c'est vous qui me l'avez attaché » (19 octobre 1761, I, 56). Mais Pascal, qu'il faut ajouter à la liste des moralistes pratiqués par Rameau, disait plus brutalement : « Les hommes sont si nécessairement fous, que ce serait être fou par un autre tour de folie, que de n'être pas fou ». (B. 414).

210. — Le compliment est évidemment ironique. Tous ceux que Rameau vient de nommer sont de la même espèce que les auteurs illisibles et les acteurs sifflés ; Bertin les recueille à la veille de la déconfiture. L'Opéra-Comique, dont Jean Monnet avait passé la direction, en 1757, à Nicolas Corby et à Pierre Moette (ou Moet) n'évita la faillite qu'en fusionnant, en 1762, avec la Comédie italienne. Corby vécut d'expédients jusqu'en 1775 ; Collé résumait sa vie en une phrase : « Il a fait fortune, banqueroute et est devenu fou ». Grâce à d'obscures compilations, Moet réussit à ne pas mourir de faim, jusqu'en 1802 ; sur ses vieux jours, il versa, dit-on, dans l'illuminisme, à la manière de Swedenborg. L'espace laissé en blanc après leurs noms, pourrait être rempli par ceux de Monnet, Dehesse et Favart, plus ou moins intéressés dans l'entreprise. Diderot, après l'échec de ses comédies, s'était vu chansonner à l'Opéra-Comique, et il supportait mal ces plaisanteries.

211. — Au tour de la presse imprimée, en son immense majorité ennemie des Encyclopédistes, les gazettes à la main leur étant, en général, plus favorables. L'*Avant-Coureur*, nommé en tête à cause de son nom, feuille hebdomadaire paraissant le lundi, était rédigé par Jonval de Villemert, directeur, son cousin Boudier de Villemert, Meusnier de Querlon, La Combe et La Dixmerie ; il durait depuis 1758 ; les *Mémoires Secrets* signalent sa disparition, le 5 janvier 1774 (VII, 104) ; la *Gazette Littéraire* d'Antoine Bret recueillit sa succession (16 vol., 8°).

Les *Petites Affiches*, nom donné familièrement aux *Annonces*,

Affiches et *Avis divers*, se divisaient en deux séries : les *Affiches de Paris*, bi-hebdomadaire, dirigé par l'abbé Aubert (1751-1790), et les *Affiches de Province* (1752-1779, date à laquelle elles se fondirent avec les *Affiches de Paris*), dirigées par Meusnier de Querlon, puis l'abbé de Fontenai : dans l'une et l'autre série, la polémique anti-encyclopédique revêtit, parfois, une extrême violence. L'*Année Littéraire* avait pris la suite des *Lettres sur quelques écrits de ce temps*, hebdomadaire fondé par Fréron (13 volumes, 12°, 1749-1754); grâce à la conscience et au talent de son rédacteur, l'*Année littéraire* fut, jusqu'à la mort d'Elie Fréron (10 mars 1776), l'adversaire le plus redoutable des philosophes. Sa qualité baissa fortement, lorsque Stanislas Fréron, secondé plus tard par Geoffroy et les abbés Royou et Grosier, y prit la succession de son père (1776-1790).

L'*Observateur littéraire* né, comme on l'a vu (n. 67), de la dissidence de l'abbé Joseph Delaporte, d'abord lieutenant, puis ennemi personnel de Fréron, lui fit, pendant trois ans (1758-1761, 17 vol., 12°), une concurrence virulente, mais éphémère.

Quant au *Censeur hebdomadaire* d'Abraham Chaumeix et d'Aquin, les publicistes peut-être les plus enragés contre Diderot et ses amis, sa durée fut plus éphémère encore : 8 vol., 8°, pour les années 1760 et 1761.

Les philosophes ressentirent avec dépit cette hostilité quasi générale de la presse et affichaient pour elle le plus grand mépris. « Nombre de journaux imprimés en Europe ? demande Chevrier (*Almanach des gens d'esprit pour toute la vie, publié en l'année 1762*, p. 287). Et il répond : « 172. Combien de bons ? Celui des *Savants* et cinq autres. Combien de médiocres ? Celui de Trévoux et huit autres. Combien de détestables ? Celui de Fréron et cent-cinquante-six autres, parmi lesquels vous aurez l'attention de comprendre : le *Journal du Commerce*, la *Feuille Nécessaire*, l'*Avant-Coureur*, le *Monde*, la *Spectatrice*, ouvrages mauvais par excellence ».

212. — Ce portrait concorde exactement avec celui que Pidansat de Mairobert (*Espion Anglais*, III, 43) donne du même personnage : « Il a un air chafouin qui le fait remarquer... Il n'est ni homme à bonnes fortunes, ni curieux de

renommée. Il vise au solide, à amasser de l'argent. Il est sorti des jésuites nud comme un ver, et a dix ou douze mille livres de rente aujourd'hui. Il se nomme l'abbé de La Porte,.. Il a dressé une manufacture de livres, il occupe cinq ou six imprimeries à la fois. Il fait des journaux, des dictionnaires, des voyages, des almanachs; il abrège les longs ouvrages et allonge les petits... Du reste il vit avec une économie sordide, amasse sols sur sols, prête à usure; en un mot, c'est un fripier de la littérature, dans toute la valeur du terme ».

Ajoutons ce quatrain que donne l'*Espion Anglais* (III, 152), pour opposer la diligence malencontreuse de l'abbé à la paresse — au moins relative — de Fréron :

> Fréron de La Porte diffère;
> Voilà leur service à tous deux :
> L'un fait bien, mais est paresseux,
> L'autre est diligent à mal faire.

213. — Comme un astre de mauvais augure (Cf. plus loin : une pensée *funeste*).

214. — C'était le tarif uniforme, et relativement considérable, pour une course en fiacre.

215. — Expression proverbiale pour tout poète crotté, depuis Saint-Amant et Boileau, *Sat.* I, v. 77-8 :

> Tandis que Colletet *crotté jusqu'à l'échine*,
> S'en va chercher son pain de cuisine en cuisine.

216. — Les Savoyards exerçaient à Paris cent petits métiers, dont celui de décrotteur. On comprend pourquoi l'un d'entre eux s'était établi à la porte de Bertin : il était sûr d'y trouver une clientèle !

217. — Claude-Joseph Dorat (1734-1780), petit maître et poète assez inoffensif, cherchait à se donner une réputation d'esprit, aux dépens des philosophes. Pidansat de Mairobert (*Espion Anglais*, XXVII, à propos de la réception de M. de Boisgelin, 29 février 1776, III, 46) prétend que « sa brouille avec le parti encyclopédiste lui ferme les portes de l'académie ». Sa suffisance valut à Dorat de nombreuses épigrammes (Cf. COLLÉ, *Journal*, novembre 1767, III, 334).

218. — Il serait malséant de traduire. Au chapitre XLVII

des *Bijoux Indiscrets*, Diderot employait non seulement le latin, mais aussi l'anglais, l'italien et même quelques bribes d'espagnol, pour braver plus commodément l'honnêteté.

219. — L'abbé poussa l'esprit de conciliation plus loin encore, puisque, selon Diderot, il s'était entièrement rallié au point de vue de Rameau. « ... Je dirai comme l'abbé de La Porte : *Je me croyais quelque chose ; mais j'ai découvert que je n'étais qu'un plat bougre, comme un autre* » (A Grimm, Du Grandval, 10 novembre 1770, XX, 25).

220. — ... « Χωόμενος κῆρ, le cœur en courroux,... ὁ δ'ἤιε νυκτὶ ἐοικώς, il allait semblable à la nuit, dit, en effet Homère de Phoïbos Apollon, lorsqu'à l'appel de Chrysès, le Dieu descend des cîmes de l'Olympe, pour vider son carquois empesté sur les Grecs. Rameau sait au moins son début de l'*Iliade* ! (I, v. 43-52).

221. — Suppléer : « que je rencontrerai ». Mais Rameau n'a pas le temps d'achever sa phrase. Les répliques sont à répartir entre trois personnages : Bertin. Mademoiselle et Rameau.

222. — Le dialogue revient aux propos tenus p. 20 : « Ho ! je suis sûr qu'à présent qu'ils ne m'ont pas pour les faire rire, *ils s'ennuyent comme des chiens* ».

223. — Parmi les pauvres diables, pressés par la misère, qui vendirent à Mlle Hus l'autorisation de jouer leurs pièces, Tourneux cite Mailhol, auteur de *Peros*. Mais elle ne put arriver à vaincre la résistance de Peloux de Clairefontaine, de qui elle voulait obtenir le rôle principal dans certaine tragédie d'*Hector*, et qui préféra perdre sa place dans les bureaux de Bertin.

224. — Les détourner vers moi, alors qu'ils lui étaient bien dûs.

225. — A la façon du chevalier de La Morlière, spécialiste de ces sortes d'entreprises.

226. — Dans *Lucien*, le philosophe Thesmopolis devait s'occuper déjà des maux de ventre de la petite chienne Myrrhine ! (Περὶ τῶν ἐπὶ μίσθῳ συνόντων — De ceux qui sont aux gages des grands. Edit. Bekker, Leipzig, 1853, LI, 34). Dans la même diatribe, le premier repas de l'apprenti parasite se déroule exactement suivant le même cérémonial que chez

Bertin : compliments, place d'honneur, jalousie des commensaux ordinaires, « irrités de voir l'intrus préféré à ceux qui ont épuisé les dégoûts d'une longue servitude » (*Ibid.*, 14 : Ἄρξομαι δ' ἀπὸ τοῦ πρώτου δείπνου... 17).

227. — Isambert et Tourneux pensent qu'il s'agit non de la chaise percée, mais de la chaise à porteurs de Mme de Maintenon. Les *Mémoires* de Saint-Simon disent l'émoi des courtisans à voir le roi suivre à pied, à Marly et à Compiègne, la chaise de sa maîtresse et s'appuyer à la portière durant les haltes. Bel exemple de légende née d'un contre-sens !

228. — Ce nom, péjorativement simplifié, peut aussi bien désigner Ponce Denis Ecouchard Le Brun, dit Le Brun-Pindare (1729-1807), qui, en 1761, descendit des hauteurs du Parnasse pour polémiquer férocement contre Fréron, que son frère J. Etienne Le Brun de Granville (1738-1765), qui, en 1762, rédigea la *Renommée littéraire* (une douzaine de numéros en tout), entreprise analogue à celle de l'*Observateur littéraire* et conçue, elle aussi, pour nuire à Fréron; Monval p. 109, note 3, décrit longuement le burlesque frontispice de cette publication. Il est difficile de retrouver les couplets en question, car le procédé était courant à l'époque, et Palissot, aussi bien que Voltaire, excellait à mettre sur le compte d'autrui les plus venimeux produits de sa plume; dans une lettre à Baculard d'Arnaud du 16 juin 175... Chevrier se plaint que des vers de Palissot contre d'Arnaud aient été attribués à lui Chevrier (Cf. MONVAL, 110, note 1).

229. — Ce comparse a échappé, jusqu'ici, à la diligence des commentateurs. Monval suggère qu'il pourrait s'agir de l'abbé Rey, aumônier de l'ordre de Saint-Lazare, qui publia des *Considérations philosophiques sur le christianisme* (Bruxelles et Paris, 1785), à lui attribuées par Barbier et Quérard.

230. — On a vu précédemment (n. 69) en quoi consistait l'association Palissot-David. Précisons (d'après Isambert, p. 260) que Michel-Antoine David, descendant d'une vieille dynastie de libraires, avantageusement connue depuis 1544, inspecteur-libraire depuis 1751, avait obtenu, à la même époque, le privilège de distribuer les gazettes étrangères. Un peu à son corps défendant, il s'était associé pour dix années avec Palissot, qui venait de se faire privilégier pour la

traduction des gazettes écrites en langue étrangère. Les deux associés publièrent à leur Bureau général des Gazettes Etrangères, rue et vis-à-vis la Grille des Mathurins, une feuille qui s'appela successivement : les *Papiers Publics d'Angleterre*, l'*Etat actuel et politique de l'Angleterre ou Journal britannique, Gazettes et Papiers anglais*, etc. (1760-1761). Suard était chargé de la traduction.

On remarquera que le procédé de Diderot manque d'élégance, sinon à l'égard d'un des éditeurs de l'*Encyclopédie*, coupable, envers lui, de torts très réels, (il le disculpe, cependant, dans sa lettre du 18 août 1765 à Mlle Volland, II, 274, et prétend que cet homme « dur, avare, mais juste » ignorait la manœuvre de Le Breton), du moins à l'égard de Mme David, chez laquelle il était familièrement reçu. Ne se rend-il pas moralement coupable d'une indélicatesse assez voisine de celles qu'il reproche à Palissot ?

231. — Palissot se défendit vigoureusement d'avoir mis Helvétius en scène dans sa comédie des *Philosophes*, tout en soutenant qu'il ne devait rien à Helvétius. « Si je ne me suis pas pressé de réfuter cette calomnie et beaucoup d'autres plus graves encore, c'est que je les méprise ». Le mécénat libéral, mais un peu indiscret, qu'Helvétius pratiquait systématiquement à l'égard des écrivains débutants, l'exposait forcément à des mécomptes de ce genre. Plus tard, Sabatier de Castres fut en butte aux mêmes reproches d'ingratitude, et, dans son *Extrait... des dictionnaires de calomnie*, Voltaire le peignait « comme un nouveau Tartuffe qui, accueilli, nourri, habillé, etc. chez M. Helvétius, a fini par diffamer son protecteur après sa mort » (*Mémoires secrets*, 20 octobre 1773, VII, 73). Sabatier se défend exactement de la même façon que Palissot (Cf. *Trois Siècles*, notices sur Condorcet et Helvétius, II, 25-32 et 490-6). Pour comble, Palissot et Sabatier, qui ne s'aimaient pas (Cf. *Mémoires de Littérature*, article *Sabatier*, II, 362-5 et *Trois Siècles*, article *Palissot*, III, 430 sq.), se retournaient réciproquement le reproche ! Tigres ou singes, il est un fait que les animaux de la « ménagerie » se déchiraient exactement comme le décrit Rameau ! Pour la « mauvaise santé » de Palissot, on devine ce que Rameau, auditeur de Robé, pouvait entendre par là.

232. — Le *Colporteur* (p. 135); les *Mémoires* de Monnet, qui consacrent tout un appendice aux *Mystifications du Sr P****; les *Mémoires* de Favart et beaucoup d'autres gazettes content, comme on l'a vu, l'histoire de la conversion de Poinsinet (v. note 67). De plus, « il paraît que Palissot aurait également fait abjurer le christianisme, dans une partie de débauche, à Travenol, violon de l'Opéra, fameux par ses démêlés avec Voltaire » (note de Monval).

233. — *La Préface de la Comédie des Philosophes*, par l'abbé Morellet, qui paya ces vingt pages d'un séjour à la Bastille, accuse Palissot d'avoir « volé ses associés au privilège des gazettes étrangères », parmi lesquels l'abbé Yart (note de Monval). Sur les *Quand*, libelle de La Condamine, édité par Palissot lui-même (il spéculait sur le scandale !), et adapté par Morellet dans sa *Préface* ou *Vision* de Charles Palissot on se reportera à Daniel DELAFARGE, l'*Affaire de l'abbé Morellet en 1760*, Paris, 1912. Morellet se repentit, plus tard, d'avoir outrepassé les droits de la satire, en mettant calomnieusement en cause la vie privée de Palissot; il ne garda pas un trop mauvais souvenir de sa détention à la Bastille, d'où il sortit au bout de quelques semaines, sur l'intervention de la famille de Mme de Robecq, morte dans l'intervalle, et, en particulier de Mme de Luxembourg, alertée par Rousseau. Voltaire et d'Alembert, au contraire, ne cherchèrent guère qu'à envenimer l'affaire, se souciant assez peu du sort de celui qu'ils appelaient l'*abbé Mords-les*. Si Morellet désarma assez vite, il n'en fut pas de même pour Diderot, puisque reprenant à son tour ce qu'on ne saurait appeler les « arguments » de la polémique, il les met à jour, en leur adjoignant l'histoire de l'*Homme dangereux* !

234. — C'est exactement ce que Diderot avait répondu à Sartines, lorsque celui-ci l'avait consulté sur l'*Homme dangereux* (ou le *Satirique*), en instance auprès des comédiens, en juin 1770 (XX, 10-3) : « Je ne crois pas, avait-il dit, que la pièce soit de Palissot; on n'est pas un infâme assez intrépide pour se jouer soi-même ». C'est aussi bien ce que disait Collé, lorsqu'en juillet 1770, il rendait compte du double jeu de Palissot, protégé par le duc de Richelieu et secondé par l'abbé Voisenon, dont personne, comme à l'ordinaire, ne pou-

vait savoir s'il était, dans cette affaire, dupe ou complice !
(*Journal*, III, 456-72). Mais, lorsqu'il fut avéré que l'*Homme
dangereux* était bien de Palissot, bourreau de soi-même, Collé
n'a pas de mots assez forts pour flétrir « cette noirceur, cette
vilenie », et maudire « ce chien enragé ». Ce sont termes bien
atroces pour un procédé où le coupable ne voyait qu'une ruse
de guerre ! Refusé en 1770, sur le rapport de Suard, mais
imprimé à l'étranger, l'*Homme dangereux* ne fut joué qu'en mai
1782, sous le titre du *Satirique* et tomba dans l'indifférence.

235. — La Ménagerie de Versailles, située près du grand
canal, n'était guère qu'une volière du temps de Louis XIII.
Mais, vers 1672, on y trouvait déjà des chameaux et un élé-
phant; les fauves vinrent ensuite. Les animaux de la Ménagerie ne furent transférés au Jardin des Plantes qu'à l'époque
de la Révolution.

236. — « Grande et assez grasse..., l'air assez matériel »,
au dire du duc de Luynes (*Mémoires*, V, 386), la grosse comtesse est bien Mme de Lamarck, dont il a été question précédemment (v. note 79). Les allusions de Diderot continuent
de se rapporter à cette comédie des *Philosophes*, qu'il garde
décidément sur le cœur. A l'époque, on proposait les clés les
plus diverses pour le personnage de Cydalise. La majorité
penchait pour Madame Geoffrin, et Palissot s'en disculpait,
en suggérant qu'il avait pensé, tout aussi bien, à peindre
Mme de Lamark, en cette Philaminte d'un nouveau genre. « Si
cela est, écrit Favart (*Journal*, 22 mai 1760), il en est plus
répréhensible. Mme de Lamark est sa bienfaitrice; elle en a
donné une preuve bien éclatante, l'année dernière, en payant
trente mille francs pour le tirer d'une mauvaise affaire ».

237. — Diderot semble avoir esquissé, à plusieurs reprises,
cette image — et théorie — des deux procureurs, avant de
lui donner sa forme la plus concise dans le *Neveu de Rameau*.
« Il y a deux tribunaux, celui de la nature et celui des lois.
L'un connaît des délits de l'homme contre ses semblables;
l'autre des délits de l'homme contre lui-même. La loi châtie
les crimes, la nature châtie les vices. La loi montre le gibet
à l'assassin; la nature montre ou l'hydropysie ou la phtisie
à l'intempérant... » (Fragment inédit publié par HERMAND,
op. cit., 150, n. 1). De même : « Il y a deux lois et deux grands

procureurs généraux : la nature et l'homme public... etc. »
(*De la morale des rois*. Fr. inéd. dans *Nouvelle Revue*, 15 septembre 1883).

238. — « Vous faites un usage immodéré du vin et des
femmes ? Vous aurez la goutte, vous deviendrez phtisique.
Vos jours seront tristes et courts ». (*Diderot et Catherine II,
Op. cit.*, 316).

239. — Pour excuser les anecdotes qui servent de piment
au roman de *Jacques*, Diderot insère dans ce roman une
défense de l'obscénité, dont l'alibi-Rameau le dispense ici. On
se contentera de rappeler ses arguments : « Ce ne sont pas des
contes, c'est une histoire » — Catulle, Martial etc. en ont
écrit davantage — « Si vous êtes innocent, vous ne me lirez
pas, si vous êtes corrompu, vous me lirez sans conséquence »
— « Vilain hypocrite, laissez-moi en repos !... Je vous passe
l'action, passez-moi le mot. » — « Vous prononcez hardiment
tuer, voler, trahir, et l'autre vous ne l'oseriez qu'entre les
dents ! » — Lasciva est nobis pagina, vita proba — Pour le
surplus voir MONTAIGNE, III, V. (VI, 221-3).

240. — Ceci transpose sur le plan de la vie pratique, (mais
n'est-elle pas pour Rameau une annexe du théâtre ?) une
théorie chère à Corneille sur le plan de l'art : voir la dédicace
de *Médée* (G. E. II, 332-3), où il affirme audacieusement que
la poésie est indifférente à l'égard de la moralité et, surtout, le *Discours du Poème dramatique* (I, 31 sq), où il soutient qu'Aristote, en prescrivant aux mœurs d'être bonnes,
entend par là « le caractère brillant et élevé d'une habitude
vertueuse ou criminelle, selon qu'elle est propre à la personne qu'on introduit. Cléopâtre, dans Rodogune, est très
méchante; il n'y a point de parricide qui lui fasse horreur,
pourvu qu'il la puisse conserver sur un trône qu'elle préfère
à toutes choses, tant son attachement à la domination est
violent; mais tous ses crimes sont accompagnés d'une grandeur d'âme qui a quelque chose de si haut, qu'en même
temps qu'on déteste ses actions, on admire la source dont
elles partent. J'ose dire la même chose du *Menteur*... »

Diderot a développé fort souvent, pour son propre compte,
des idées semblables. Pour se rassurer, plus encore que par
goût du paradoxe, il cherche volontiers à justifier, sur le

plan de la moralité, son admiration pour les grandes âmes, même criminelles : le spectacle de l'énergie est toujours salutaire, même dans le mal (Cf. *Salon de 1765*, X, 342 : Je ne hais pas les grands crimes...; *Salon de 1767*, XI, 118; Article *Laideur*, XV, 410, etc.). La haine de la médiocrité le pousse jusqu'à esquisser une apologie du crime : ne sont méprisables que ces hommes — la majorité hélas ! — dans lesquels « il n'y a pas assez d'étoffe, ni pour faire un honnête homme, ni pour faire un fripon ». « Si les méchants n'avaient pas cette énergie dans le crime, les bons n'auraient pas la même énergie dans la vertu ». Tarquin garantit Scaevola, et Damiens Regulus. « Les hommes destinés par nature aux tentatives hardies ne sont peut-être jetés les uns du côté de l'honneur, les autres du côté de l'ignominie, que par des causes bien indépendantes d'eux (A Mlle Volland, 30 septembre et 15 octobre 1760, I, 193, et 231-2). C'est pourquoi Diderot écoute sans déplaisir son ami Galiani faire l'éloge de Tibère, Néron et Caligula et prétendre que « Tacite et Suétone n'étaient que de pauvres gens qui avaient farci leurs ouvrages des impertinents propos de la populace ». (12 novembre 1768, III, 175-6). Les scrupules moraux ne tiennent guère devant l'esthétique et cette considération de l'unité, essentielle à la définition du Beau. « Vous le savez, vous, ma Sophie, vous le savez, vous mon amie. Un tout est beau lorsqu'il est un ; en ce sens Cromwell est beau, et Scipion aussi, et Médée, et Aria, et, César, et Brutus. Voilà un petit bout de philosophie qui m'est échappé. Ce sera le texte d'une de nos causeries sur le banc du Palais Royal » (10 août 1759, I, 68). C'est aussi bien un des « textes » essentiels de cette « causerie » qu'est le *Neveu de Rameau*.

241. — Avignon a bien été, comme le rappelle Monval, le théâtre des exploits frauduleux de Palissot (V. note 67), mais Palissot est mis hors de cause par ce qui précède, et l'identité du renégat reste mystérieuse. Peut-être trouverait-on quelque écho de cette histoire dans le *Courrier* d'Avignon, adversaire des *Philosophes* et lu, assez régulièrement, semble-t-il, par Diderot. Peut-être aussi se rapporte-t-elle au passé de l'un des notables tartuffes dénoncés, ailleurs, par lui : le commis Billard, l'abbé Grizel (*Paradoxe*, VIII, 389) etc.

Pour l'intelligence de ce récit, on notera :

1. que si la juridiction du Saint-Office ne s'étend pas à la France, elle s'exerce de plein droit en Avignon, enclave gouvernée par les légats du Pape, jusqu'en 1789. L'inquisition avait été établie dans le comté d'Avignon, dès 1370, sous le pontificat d'Urbain V ; depuis que les papes Paul III et Sixte V ont institué (1545) et confirmé (1585) la congrégation du Saint-Office, un Inquisiteur s'y trouve détaché en permanence.

2. qu'en Avignon, comme en Espagne ou au Portugal, l'Inquisition est spécialement dirigée contre les juifs relaps. Nul juif n'a le droit d'y séjourner, s'il ne fait profession de christianisme. Est considéré, d'autre part, comme renégat non seulement tout chrétien qui embrasse la religion de Mahomet ou le mosaïsme, mais encore celui qui *judaïse*, « ce qui consiste à observer les cérémonies de la loi mosaïque, comme de ne point manger de pourceau, de lièvre, etc. » (DELLON, *Relation de l'Inquisition de Goa*, 1701, p. 85, cité par André MORIZE, Edition critique et commentaire de *Candide*, T. F. M., 1913, p. 40).

3. que la procédure suivie par l'Inquisition se conforme aux règles suivantes, s'il faut en croire l'abbé Courtépée, rédacteur de l'article *Inquisition* dans l'*Encyclopédie* : « On ne confronte point les accusés aux délateurs, et il n'y a point de délateur qui ne soit écouté ; un criminel, flétri par la justice, un enfant, une courtisane, sont des accusateurs graves. Le fils peut déposer contre son père... Enfin l'accusé est obligé d'être lui-même son propre délateur, de deviner et d'avouer le délit qu'on lui oppose et que souvent il ignore... » Avant de le déférer à son tribunal, l'Inquisition se livre simplement à une enquête de police rigoureusement secrète, mais nécessairement assez longue. L'article *Inquisition* renvoie, pour plus ample informé, à Voltaire, dont les sources et recherches à ce sujet ont été pertinemment étudiées par André Morize (*Op. cit.*), en vue de l'annotation des chapitres VI et VII de *Candide*. Il faut noter, cependant, qu'en Avignon, comme ailleurs, ces rigueurs ne devaient plus être que théoriques et que l'histoire contée, ou « arrangée », par Rameau paraît assez invraisemblable.

242. — « Et après l'avoir mené dehors, l'Eternel lui dit :

Lève maintenant les yeux vers le ciel, et compte les étoiles, si tu peux les compter : c'est ainsi, lui dit-il, que sera ta postérité » (*Genèse*, 15,5).

243. — « Ce n'est pas l'homme violent qui est hors de lui même qui dispose de vous; c'est un avantage réservé à l'homme qui se possède. C'est au sang-froid à tempérer le délire de l'enthousiasme » (VIII, 367). Le *Paradoxe sur le Comédien* trouve son antécédent... ou son corollaire dans les réflexions que Diderot prête ici à Rameau.

244. — Diction de théâtre. « Les images des passions au théâtre n'en sont pas les vraies images; ce n'en sont que des portraits outrés, que de grandes caricatures assujetties à des règles de convention... La sensibilité vraie et la sensibilité jouée sont deux choses fort différentes. » (*Paradoxe*, VIII, 404). Rameau s'oppose aussi nettement que le Diderot du *Paradoxe* à l'autre Diderot, celui qui confond paroxysme et naturel et croit atteindre le plus haut pathétique quand il peint de la sorte la douleur de Mlle de La Chaux : « ... Il ne m'aime plus ! je le fatigue ! je l'excède ! je l'ennuye ! il me hait ! il m'abandonne ! il me laisse ! il me laisse ! », sans paraître soupçonner « l'affectation » d'un tel langage.

245. — Cf. *Encyclopédie*, article *Sanbenito* ou *Sacobenito* : « Le San benito est fait en forme de scapulaire; il est composé d'une large pièce qui pend par devant et d'une autre qui pend par derrière; il y a sur chaque pièce une croix de Saint André; cet habit est de couleur jaune et tout rempli de diables et de flammes qui y sont peints ». Tel est le vêtement que revêtent les accusés pour l'*auto da fé*, c'est-à-dire au jour solennel que l'inquisition assigne pour la punition des hérétiques, ou pour l'absolution des accusés reconnus innocents (*Ibid.*, article *Acte de foi*). Cette mise en scène a été popularisée par les planches curieuses jointes à la *Relation* de Dellon et le chapitre VI de *Candide*, dont Diderot s'essaye à retrouver le ton.

246. — Après ce rare exploit je veux que l'on s'apprête
A me peindre en héros un laurier sur ma tête,
Et qu'au bas du portrait on mette en lettres d'or :
Vivat Mascarillus, fourbum imperator.

MOLIÈRE, *Etourdi*, II, 8).

247. — Egidio Romuald Duni (1709-1775), né à Matera, dans le royaume de Naples, vint à Paris, pour la première fois, en 1733, et s'y établit presqu'à demeure, à partir de 1756. Jusque là il avait vainement tenté de s'affirmer dans le grand opéra, où il était desservi par l'indigence de son orchestration. Après le triomphe du *Peintre amoureux de son modèle*, dont l'Opéra-Comique donna, en 1758, vingt-sept représentations à la suite, Duni trouva sa voie dans l'opéra-bouffe. Pendant quelques années, les philosophes le soutinrent avec enthousiasme et tentèrent d'en faire un second Lulli. Duni, ami du défunt Pergolèse et de Goldoni, servit alors d'agent de liaison entre la musique et les lettres italiennes et « les athlètes de la littérature française ». L'expression est de Goldoni, qui, dans ses *Mémoires* (Cf. Assézat, VII, 174-6) conte comment Duni réussit à ménager une entrevue cordiale entre Diderot et lui. La *Correspondance* de Grimm ne cesse de louer sa « jolie musique » déplorant seulement de la voir gâchée par d'ineptes librettistes (décembre 1763, V, 419). Puis, le ton baisse peu à peu. « Duni est toujours, malgré sa faiblesse, l'homme chez lequel nos jeunes compositeurs devraient se mettre à l'école » (VI, 402). Mais cette faiblesse devient flagrante. « Solve senescentem ! », s'écrie Grimm : ce n'est pas que Duni ne soit toujours vrai, spirituel et même fin dans sa musique ; mais le coloris manque partout : cela est faible et gris » (A propos des *Sabots*, novembre 1768, VIII, 200). En 1770, au moment de *Thémine* (IX, 173), Duni n'est plus que le « bon papa Duni », dont la musique est « misérable », et qui devrait avoir le bon esprit de se taire et de s'effacer devant les Philidor et les Grétry. Grimm s'excuse presque de son enthousiasme d'autrefois et ne reconnaît plus à Duni qu'un seul mérite : celui d'avoir été le premier, dans la musique française, à « écrire vrai ». Mais vingt italiens et les jeunes compositeurs français sont désormais capables d'en faire autant, le goût et le talent en plus. Tout ceci permet de situer dans le temps les développements sur la musique que Diderot prête à Rameau.

248. — Diderot-Moi ne s'efface devant son interlocuteur que pour donner une forme plus éclatante et péremptoire à des idées qu'il développe ailleurs (*Lettre sur les Sourds et*

les Muets, Dorval et Moi, 3ᵉ dialogue, *Leçons de clavecin*, etc.),
sans tant de fracas. Si la forme est originale (comment
pourrait-il en être autrement, puisqu'elle s'accorde au diapason de Rameau ?), le fond paraît d'une évidente banalité.
Rameau ne développe aucune théorie qu'on ne puisse retrouver dans le *Dictionnaire de musique*, tant calomnié, de Rousseau.
L'article *Imitation*, par exemple, commence ainsi : « La
musique dramatique ou théâtrale concourt à l'imitation, ainsi
que la poésie et la peinture : c'est à ce principe commun que
se rapportent tous les beaux-arts, comme l'a montré M. Batteux. » Mais Rousseau conçoit l'imitation musicale d'une
manière autrement subtile que Diderot. La musique, dit-il,
« ne représente pas directement les choses, mais excite dans
l'âme le même mouvement qu'on éprouve en les voyant ».
Par là échappe-t-il au grossier vérisme, auquel la théorie de la
musique imitative de Diderot conduit fatalement ce dernier,
et se montre-t-il « en avance sur son temps » (Cf. GAUDEFROY-
DEMONBYNES, *Histoire de la musique française*, Paris, 1946,
p. 152 sq). Au contraire, Gœthe dénonçait déjà, dans son
commentaire du *Neveu de Rameau* (*Op. cit.*, p. 420-7), le vice
intrinsèque d'une musique considérée comme une sorte de
peinture ou de pantomime. Il remarquait, par ailleurs, que
l'art des Pergolèse, Duni, etc., choisis comme garants par
Diderot, ne répond guère à sa théorie musicale, puisqu'ils se
préoccupent davantage de l'oreille que du cœur. Mais la
révolution musicale, conduite au nom de la nature et du sentiment, ne considère ces italiens que comme des précurseurs,
et Diderot dit plus loin que « la poésie lyrique est encore à
naître ».

249. — « La déclamation, dit Rousseau, est, en musique,
l'art de rendre par les inflexions et le nombre de la mélodie,
l'accent grammatical et l'accent oratoire (*D. M.*, art. *Déclamation*). L'article *Mélodie* précise les rapports de l'accent parlé
et de la déclamation musicale.

250. —   Je suis un pauvre misérable
                Rongé de peine et de souci

chante Sordide, l'avare, dans son ariette au premier acte de
l'*Ile des Fous*, et, plus loin :

> O terre ! voici mon or...
> Conserve bien mon trésor.
> Mon cœur, mon âme et ma vie
> Sont enfermés en ton sein.

Rameau-Diderot cite de mémoire, très approximativement. La première de l'*Ile des Fous*, musique de Duni, avait eu lieu, à la Comédie italienne, le 29 décembre 1760. Détail piquant, Bertin de Blagny, trésorier des Parties Casuelles, était l'auteur du livret, en collaboration avec d'Anseaume et Marconville.

251. — Après Duni, Philidor. La petite fille qui chante : Monseigneur, monseigneur, laissez-moi partir... se trouve dans le *Jardinier et son Seigneur*, petit acte joué, en 1761, un peu avant le *Maréchal-ferrant*, opéra-comique en deux actes, livret d'Anseaume, représenté à la foire Saint-Laurent, le 22 août 1761, d'où est extrait l'air : *Mon cœur s'en va*.

252. — Diderot revient sur cet adage dans son *Salon de 1767* (XI, 135-6). A l'abbé-cicerone, qui le guide dans les paysages de Vernet ou à la Vernet, il expose la théorie des accents. « Cette variété d'accents... supplée à la disette des mots... Quoique cette langue d'accents soit infinie, elle s'entend. C'est la langue de la nature ; c'est le modèle du musicien ; c'est la source vraie du grand symphoniste. Je ne sais quel auteur a dit : « Musices seminarium accentus ». Et l'abbé répond : « C'*est Capella* ». Il est peu probable que Diderot ait lu directement le livre IX : *De musica* du *Satyricon* de Martianus Capella ; mais on sait la popularité de ce compendium à travers tout le moyen-âge et au-delà. La citation ne figure pas, cependant, dans les articles *Accent*, une des séries les plus riches de l'*Encyclopédie*, car la question était à la mode et passionnait aussi bien Dumarsais que Jean-Jacques.

253. — Le récitatif est défini par Rousseau « une manière de chant qui approche beaucoup de la parole, une déclamation en musique, dans laquelle le musicien doit imiter, autant qu'il est possible, les inflexions ·de voix du déclamateur ». Les philosophes tenaient beaucoup à la perfection du récitatif, où se vérifiaient leurs théories sur le concours de la déclamation et du chant.

254. — André Campra (1660-1744), provençal à demi-italien, que son métier d'organiste n'empêcha pas d'écrire 18 opéras et d'innombrables divertissements de cour, aurait dû trouver grâce devant Diderot, au moins pour son *Europe Galante* (1697), dont le brio et la chaleur ne le cèdent en rien aux meilleurs ouvrages italiens. Mais par sa science de l'orchestration, Campra annonçait déjà le grand Rameau. André-Cardinal Destouches (1672-1749) fut lui aussi, sous des apparences désinvoltes, un musicien fort savant. Le succès de ses principaux opéras : *Issé* (1697), *Omphale* (1701), *Calirrhoé* (1712) fit de lui une sorte de musicien officiel. Il aida le vieux Lalande à écrire la musique du fameux ballet des *Eléments* (v. note 110). Ce fut une reprise d'*Omphale*, en 1752, qui donna à Grimm l'occasion d'écrire sa fameuse lettre, premier épisode de la *Querelle des Bouffons*.

Jean-Joseph Mouret (1682-1738) surnommé « le musicien des grâces », après avoir été le grand musicien de la Régence, fut éclipsé par Rameau et mourut fou. Ses œuvres les plus remarquables sont ses concerts de musique de chambre et ses recueils de divertissements pour la comédie italienne

255. — Le célèbre *Stabat* pour deux voix de femmes et orchestre a immortalisé Giovanni Pergolesi, mort tout jeune (1710-1736), plus encore que les opéras-bouffes dont il va être question.

256. — La *Serva Padrona* (1731) avait été donnée, pour la première fois, à Paris, par Riccoboni et la signora Monti, le 4 octobre 1746. L'éclatante interprétation qu'en donnèrent les Bouffons, hôtes de l'Opéra, le 1er août 1752, fut à l'origine de la querelle qui porte leur nom. Mais cet « intermezzo » ne triompha vraiment qu'à partir de 1754, lorsque la troupe de l'Opéra comique le chanta dans la version française de Bauran.

257. — *Tracollo medico ignorante* (Rome 1734), autre « intermède » du même Pergolèse, fut joué à l'Opéra le 1er mai 1753, et devint le *Charlatan* dans la traduction française de Lacombe (1756). Le répertoire des « Bouffons », dressé par Durey de Noirville, est analysé par Louisette Richebourg (*Op. cit.*, p. 29-30). Les Bouffons restèrent à Paris du 1er août 1752 au 20 mars 1754.

258. — *Tancrède* (1702) et l'*Europe Galante* (1697) sont des opéras ou ballets héroïques de Campra; *Issé* (1697) de Destouches; les *Indes Galantes* (1735), *Castor et Pollux* (1737), les *Fêtes d'Hébé ou les Talents lyriques* (1739) du grand Rameau.

259. — Le succès d'*Armide*, tragédie en cinq actes et prologue, paroles de Quinault, musique de Lulli, ne s'était pas démenti, depuis 1686, et on la reprit encore en 1761 et 1764. Dans sa *Lettre sur la musique française* (XIII, 277-84), Rousseau fait une critique détaillée et cinglante du célèbre monologue d'*Armide* : « Enfin il est dans ma puissance... »

260. — Il suffit de parcourir les *Mémoires secrets* ou tout autre journal de l'époque pour constater que l'affirmation n'a rien d'exagéré. En désespoir de cause, l'Opéra est obligé de reprendre les anciens opéras de Rameau et de Lulli, qui réussissent mieux auprès du public que leurs successeurs.

261. — François Rebel (1701-1775) et François Francœur (1698-1797) dirigèrent, en plein accord, l'Opéra, de 1757 à 1767, ne cessant de protester contre les empiètements de la troupe de vaudeville et d'opéra-comique, supérieurement installée à la Foire Saint-Laurent par Jean Monnet.

262. — On appelait ainsi, assez irrévérencieusement, l'opéra, parce qu'on y arrivait du Palais-Royal par une impasse nommée Cour Orry; en vain Voltaire, qui avait horreur des syllabes sales, demandait-il (VI, 88) la substitution du mot : impasse, au mot cul-de-sac.

263. — Cette comédie à ariettes dont on a vu le succès (v. note 247) avait été représentée le 20 juillet 1757, à la Foire Saint-Laurent (sur les boulevards), et reprise le 3 février 1758. Le terme assigné par Rameau nous reporte donc à 1762-1763.

264. — Voir la note 17. La lutte menée par Diderot contre l'Opéra, au nom de la vérité et d'une conception démocratique de l'art, relève des mêmes principes que sa critique de la tragédie, les deux genres étant solidaires.

265. — Refrain d'une vieille chanson de La Motte : les *Raretés* (note de Monval).

266. — Lorsque les *Amours de Ragonde*, comédie lyrique en trois actes de Philippe Néricault-Destouches, musique de Mouret (1742), furent repris, pour la dernière fois, au Car-

naval de 1773, les *Mémoires secrets* considérèrent la reprise de
cette vieillerie comme un défi au « goût moderne ». *Platée* ou
Junon jalouse, ballet-bouffe donné en 1749, est une sorte
de farce mythologique, où Rameau s'essayait, non sans esprit,
à parodier les ariettes et vocalises italiennes. Dans sa *Lettre
sur Omphale* (1752), Grimm trouvait cet ouvrage « sublime »,
mais le public, réfractaire à l'humour musical, l'avait accueilli
très froidement.

267. — « S'il y a en Europe une langue propre à la
musique, c'est certainement l'italienne; car cette langue est
douce, sonore, harmonieuse et accentuée plus qu'aucune
autre, et ces quatre qualités sont précisément les plus conve-
nables au chant » (J.-J. ROUSSEAU, *Lettre sur la musique française*, Edit. Didot, XIII, 240 sq). Cette supériorité musicale
de l'italien, lieu commun parmi les philosophes, était admise
par Fréron lui-même : mais celui-ci contestait qu'on pût
l'étendre à d'autres domaines et réfutait vigoureusement la
dissertation de Deodati sur l'*Excellence de la langue italienne* :
« Je veux bien admettre, disait-il, qu'elle est la plus douce,
la plus mignarde, qu'on me passe le terme, et la plus agréable,
mais pas autre chose (*Année littéraire*, 1761, Lettre V).

268. — Si cette « trinité », si chère à Diderot, est autre
chose que du verbiage d'école rajeuni par une parodie d'un
goût douteux, elle signifie que par l'intermédiaire du beau,
qui est « le saint esprit », l'homme accède à la moralité et à
la vérité. Cette primauté, reconnue pratiquement à l'esthétique, pourrait bien être le dernier mot de la philosophie de
Diderot.

269. — Henri-Louis Duhamel de Monceau (1709-1782),
agronome et botaniste de réputation européenne, venait de
publier, en 1760, entre autres manuels des métiers, un *Art du
Charbonnier* qui fut, maintes fois, réédité et traduit en plusieurs langues. Le quolibet que Rameau lui décoche en passant rappelle ceux que les philosophes adressaient aux phy-
siocrates, que Grimm et Galiani appelaient les « laboureurs
en chambre ».

270. — La *Plaideuse ou le Procès*, comédie en trois actes
mêlée d'ariettes, de Favart et Duni, n'avait pas eu le succès
des précédentes pièces et avait dû être retirée de la Comédie

italienne, quelques jours après la première représentation, 19 mai 1762.

271. — Pot pourri d'ariettes tirées des comédies précédemment citées. Le *Petit ami* est la suite de l'air de Sulpice dans l'*Ile des Fous* :

> Jeune, vieille, blonde, brune
> M'appellent leur petit ami.
> Oh, l'adresse est admirable !
> > (*montrant sa cassette*)
> Le voilà leur petit ami.

Et l'on reconnaît le début des trois grandes ariettes de la *Serva padrona*.

272. — Nicolo Jomelli d'Aversa (1714-1774) est surtout célèbre par ses oratorios (*Isaac*, *La Nativité de la Vierge Marie*) et sa musique d'église. Ses *Lamentations de Jérémie* étaient données au Concert Spirituel, pendant la semaine sainte, presqu'aussi régulièrement que le *Stabat* de Pergolèse.

Le récitatif *obligé*, qui s'imposait en la circonstance, est, selon Rousseau (*Dict. Mus.* article *Récitatif*), « celui qui, entremêlé de ritournelles et de traits de symphonie, *oblige*, pour ainsi dire, le récitant et l'orchestre, l'un envers l'autre, en sorte qu'ils doivent être attentifs, s'attendre mutuellement. Ces passages, ajoutait-il, sont ce qu'il y a de plus touchant, de plus ravissant, de plus énergique dans toute la musique moderne ». Rousseau prétendait, en outre, que la musique française n'avait su faire aucun usage du récitatif obligé et n'était pas médiocrement fier d'en avoir risqué l'essai dans une scène du *Devin de Village*.

273. — Diderot-Lui semble, ici encore, orchestrer avec une richesse d'imagination et un éclat incomparables, un développement de Rousseau beaucoup moins expressif pour l'oreille, mais bien davantage pour la pensée. « C'est un des plus grands avantages du musicien de pouvoir peindre ces choses qu'on ne saurait entendre, tandis qu'il est impossible au peintre de représenter celles qu'on ne saurait voir ; et le plus grand prodige d'un art qui n'agit que par le mouvement est d'en pouvoir former jusqu'à l'image du repos. Le sommeil, le calme de la nuit, la solitude et le silence même entrent

dans les tableaux de la musique... Que toute la nature soit endormie, celui qui la contemple ne dort pas, et l'art du musicien consiste à substituer à l'image insensible de l'objet celle des mouvements que sa présence excite dans le cœur du contemplateur. Non seulement il agitera la mer, animera les flammes d'un incendie, fera couler les ruisseaux, tomber la pluie et grossir les torrents ; mais il peindra l'horreur d'un désert affreux, rembrunira les murs d'une prison souterraine, calmera la tempête, rendra l'air tranquille et serein, et répandra de l'orchestre une fraîcheur nouvelle sur les bocages. Il ne représentera pas directement ces choses, mais il excitera dans l'âme les mêmes sentiments qu'on éprouve en les voyant » (*Essai sur l'origine des langues*, Chap. XVI, *Fausse analogie entre les couleurs et les sons*). Ainsi Rousseau revient-il sans cesse à la thèse qui lui est chère : *que nos plus vives sensations agissent le plus souvent par des impressions morales*, et oppose-t-il sa conception de la musique, toute intérieure, à celle de ses amis-philosophes : « ce n'est pas tant l'oreille qui porte au cœur, que le cœur qui le porte à l'oreille... Mais dans ce siècle, conclut-il, où l'on s'efforce de matérialiser toutes les opérations de l'âme, et d'ôter toute moralité aux sentiments humains, je suis trompé si la nouvelle philosophie ne devient aussi funeste au bon goût qu'à la vertu » (*Ibid.*, chap. XV). Même dans le domaine de la musique, d'apparents alliés sont donc d'irréconciliables adversaires. Pour Diderot, tout est beaucoup plus simple, comme il le fait dire à Rameau, et plus nettement encore à Dorval (VII, 157) : « Si le chanteur s'assujettissait à n'imiter, à la cadence, que l'accent inarticulé de la passion dans les airs de sentiment, ou que les principaux phénomènes de la nature dans les airs qui font tableau,... la réforme serait bien avancée ».

274. — Ah ! j'attendrai longtemps, la nuit est loin encore,
Quoi ! le Soleil veut-il luire toujours ?...
O Nuit favorisez mes désirs amoureux.
                              (*Roland*, 1685, IV, 2).

Rien de plus justement célèbre que le monologue de Roland, lorsque, attendant Angélique, il va découvrir sur les parois de la grotte les vers gravés par Angélique et Médor. Louis Racine (*Réflexions sur la poésie, Œuvres complètes*, Paris, 1808, II, 249-50) le donnait comme un modèle d'expression musicale et poétique. La folie de Roland est souvent invoquée par les deux partis en présence dans la guerre des Bouffons

275. — C'est l'air, pathétique entre tous, que chante Télaïre au deuxième acte de *Castor et Pollux* (24 octobre 1737), lorsque Pollux lui apporte les dépouilles de Lincée, meurtrier de Castor. *Castor et Pollux* qui eut 254 représentations de 1737 à 1785, « devint, à la reprise de 1754, le palladium de la musique français contre l'invasion des Bouffons italiens, et, en 1778, contre Gluck » (Gaudefroy-Demombynes, *op. cit.*, p. 116). Les paroles exactes, estropiées par Rameau, sont les suivantes :

> Tristes apprêts, pâles flambeaux,
> *Jour* plus *affreux* que les ténèbres.

Diderot les donne exactement lorsqu'il fait chanter l'air de Télaïre à Suzanne Simonin, sur le clavecin du couvent, dans une circonstance particulièrement touchante (La *Religieuse*, édition de la Pléiade, p. 287).

276. — On dit, dans le style familier, *Serviteur à la promenade*, pour dire qu'il n'y a plus moyen de se promener, ou qu'on ne veut plus se promener; et ainsi de plusieurs autres choses (Ac. 1762). Le proverbe signifie donc que l'Assomption passera, à son tour, comme les Rois et le Carême sont passés, autrement dit que la musique française a fait son temps, qu'elle est bien morte.

277. — Jean-Adolphe-Pierre Hasse (Bergdorf, près Hambourg, 1699-Venise 1783), surnommé : *Il caro Sassone* par les Italiens, se rattache davantage à l'école italienne qu'à l'allemande. Compositeur d'une fécondité prodigieuse (il fit représenter plus de cent opéras !), il était considéré, vers 1750, comme le musicien le plus accompli de son siècle.

Dominique-Michel-Barnabé Terradeglias (ou mieux : Terradellas), (Barcelone, 1711-Rome 1751) fit, lui aussi sa carrière en Italie. Maître de chapelle à l'église Saint-Jacques de Rome, il écrivit de nombreux opéras (*Astarté, Artémise, Mithridate*, etc).

Thomas Traetta (1727-1779) reprit, avec succès, des sujets d'opéras illustrés par Lulli et Rameau (*Armide*, *Hippolyte et Aricie* etc.). Il séjourna à la cour de Russie de 1768 à 1775.

278. — A la différence de Quinault, Pierre-Bonaventure Trapasi (1698-1782), qui grécisa son nom en Métastase, n'écrivait pas directement pour un musicien; mais ses poèmes et tragédies lyriques inspirèrent les grands compositeurs de son temps : Jomelli (*Didon abandonnée*, 1724), Scarlatti, Gluck, Mozart (Le *Songe de Scipion*, cantate, 1772, la *Clémence de Tite*, 1791). Métastase fut le maître de cette forme poétique, intermédiaire entre la musique et la poésie, qu'on appelait, au XVIIIᵉ siècle, le mélodrame (Cf. *Lettre au sujet des observations du chevalier de Chastellux sur le Traité du Mélodrame*, VIII, 506-10). Malgré les réticences qui avaient accueilli les premières traductions de ses tragédies (Cf. RAYNAL, in *Corr. Lit.*, I, 392), Métastase fut adopté d'enthousiasme par les philosophes et considéré par eux comme le successeur le plus authentique de Racine.

279. — « Personne ne lit Quinault avec plus de plaisir que moi, fait dire Diderot à son Dorval (VII, 152). C'est un poète plein de grâces, qui est toujours tendre et facile, et souvent élevé... Mais il s'agit de son genre, que je trouve mauvais ». Quant à La Motte et Fontenelle qui écrivirent la plupart des livrets de Destouches, Campra, Colasse, etc., ils aggravèrent les artifices de Quinault, sans en retenir la grâce, ni le sens musical.

280. — « Le cri animal, inarticulé de la nature ou de la passion » : Diderot affectionne cette formule qu'on retrouve, dans *Dorval et Moi* (VII, 157, 164) et ailleurs. A Grétry, qui le consultait sur un air de *Zémire et Azor*, il déclarait : « Le modèle du musicien c'est le cri de l'homme passionné; entrez dans le sentiment de votre personnage; cherchez quel doit être l'accent de ses paroles dans une situation déchirante, et vous aurez votre air. J'avais fait ce morceau deux fois, ajoute Grétry; Diderot n'en fut pas content, sans doute, car, sans approuver, ni blâmer, il se mit à déclamer :

Ah ! Lais-sez-moi, lais-sez-moi la pleu-rer.

Je substituai des sons au bruit déclamé de ce début, et le reste alla de suite (*Essais sur la Musique*, I, 225, cité par BRIÈRE, XXI, p. v, note 1).

281. — Voilà ce que deviennent deux mouvements de *Phèdre* (II, 5 et I, 3), quand on les adapte à l'esthétique du mélodrame et du « cri animal ».

282. — Frère, dit un Renard, *adoucissant sa voix,*
Nous ne sommes plus en querelle...

LA FONTAINE, *Fables*, II, 15).

283. — Pour Jean-Jacques, l'indécision prosodique inhérente au français est un des obstacles qu'oppose cette langue à la musique (*Lettre sur la musique*, XIII, 233 sq); pour Diderot, cette plasticité émotive du langage, mise en valeur dès la *Lettre sur les Sourds et les Muets*, favorise la tâche du musicien. Mais l'un et l'autre sont d'accord pour condamner les *accents*, qu'il était autrefois d'usage de noter dans les partitions de musique vocale française, et leur opposer cet *accent* que, selon Diderot (mais non selon Rousseau), les musiciens français pourront imiter, en se mettant à l'école des Italiens.

284. — Le vainqueur de Renaud, si quelqu'un le peut être,
Sera digne de moi...

chante Armide, dans l'opéra de Quinault et Lulli (I, 2), lorsque Hydraot vient l'exhorter à choisir un époux. Et Louis Racine admirait « l'art du musicien qui sait aussi renfermer ces mots : *si quelqu'un le peut être*, comme dans une parenthèse » (*Réflexions sur la poésie, op. cit.*, p. 252). Bel exemple, en vérité, de ce que Louis Racine appelle « l'harmonie imitative ! »

285. — Les *Indes Galantes* (opéra-ballet sur un livret de Fuzelier, 1735) sont peut-être l'œuvre de Rameau où l'on peut citer le plus de pages marquantes, et cela dans tous les genres de musique. L'acte des *Incas* est un des sommets de l'œuvre de Rameau. L'air

Obéissons sans balancer
Lorsque le ciel commande

est détaché, précisément, de cet acte, les *Incas du Pérou*.
Mais Diderot n'était pas sensible à l'exotisme tantôt humoristique, tantôt grandiose, auquel, à travers beaucoup de conventions, s'essayait Rameau.

286. — C'est une des idées que Jean-François pourrait
bien avoir héritées de son père l'organiste, s'il faut en croire
les considérations sur la rareté du génie musical, développées par Claude Rameau, en 1751, dans le mémoire qu'il
adressait au magistrat de Dijon, pour le maintien de sa pension. « ...Les magistrats municipaux, s'écriait-il, ont-ils bien
réfléchi que j'étais musicien ? Se sont-ils rappelé qu'un
musicien est un homme rare, que la nature s'épuise à le
former, et qu'elle en donne à peine deux dans le même
siècle ?... A peine comptera-t-on dix poètes depuis Homère
jusqu'à notre temps. J'ose dire qu'on connaît moins encore
d'excellents musiciens (Plaidoyer recueilli dans les *Causes
amusantes et connues* et cité par Isambert, *Op. cit.*, p. 18-24).

287. — Le développement qui suit : « Moi qui vous
parle... que vous ayez en vue » manque dans l'édition
Brière, alors qu'il figurait, exactement à cette place, dans la
traduction de Gœthe. Il est à remarquer que le raccord avec
la suite : « Sans doute. De l'or, de l'or », se fait dans les deux
cas sans difficulté, mais qu'il est, peut-être, grammaticale-
ment plus facile dans le texte de Brière, l'antécédent du
pronom *lui* étant alors beaucoup moins éloigné. Isambert
s'autorisait de cette remarque pour supposer « que le morceau avait été ajouté tout à fait en dernier lieu, non sans
rompre un peu l'enchaînement du dialogue ». La copie
Brière-Vandeul témoignerait alors d'un état antérieur du
texte. Rien dans l'examen du manuscrit ne permet de justifier
cette hypothèse, qu'infirment d'ailleurs les nombreuses
coïncidences de l'édition de Brière avec l'ensemble de la tradition, surtout lorsqu'elles portent sur des détails d'une chronologie très postérieure (ex : les *Fréron père et fils*, l'histoire
du juif d'Amsterdam, etc.). Il est donc plus vraisemblable de
supposer que Brière s'est dispensé de reproduire ce passage,
parce qu'il lui paraissait faire double emploi avec une anecdote, rapportée dans les réflexions *Sur les leçons de clavecin et
principes d'harmonie par Bemetzrieder*, imprimées en post-face de

cet ouvrage (XII, 525-34). Diderot et Bemetzrieder sont, en
effet, au naturel, les deux interlocuteurs désignés ici par
les mots : « Une espèce de protecteur et une espèce de protégé ». On comparera utilement les deux textes : le récit a ici
plus de pittoresque et de nerf, comme si Diderot avait voulu
l'adapter à la tonalité générale du *Neveu*. Bemetzrieder, né en
Alsace, en 1747, avait fait son noviciat chez les Bénédictins
et ne dut guère arriver à Paris avant les années 1768-1769.
Diderot raconte (*loc. cit.*) dans quelles conditions il l'aida
à rédiger et à publier son ouvrage. Quant à la réflexion :
s'il eût été sage, il eût fait fortune, le sens n'en est pas difficile à deviner. Bemetzrieder avait très vraisemblablement
refusé l'embauche que Diderot, dont c'était la besogne ordinaire, lui avait offerte de la part de Catherine. Le philosophe
se heurtait assez souvent à des mécomptes de ce genre (Cf. les
souvenirs du peintre Mannlich in : Ernest SEILLIÈRE, *Un
témoin de la vie parisienne au temps de Louis XV*, R. D. M.,
1er juillet 1912, p. 220 sq).

288. — Hugo Grotius (1583-1645), auteur de *De jure
pacis ac belli* (1625), fondateur du droit international, avait été
une des plus hautes personnalités politiques des Provinces
Unies ; Samuel Pufendorf (1632-1694), son plus illustre con-
tinuateur (*Du droit de la nature et des gens*, 1672) eut des
débuts assez difficiles ; mais l'électeur palatin fonda pour
lui une chaire à l'Université de Heidelberg, et le roi Charles XI
le fit venir en Suède, où il le combla d'honneurs.

289. — Figaro, lorsqu'il s'écrie : « De l'or, mon Dieu ! de
l'or, c'est le nerf de l'intrigue » (*Barbier de Séville*, I, 6) parle
en valet de comédie ; Rameau, à la fois abject et puéril, en
illuminé et en poète.

290. — ...Va par tes cruautés mériter la fortune.
Aussitôt tu verras poètes, orateurs,
Rhéteurs, grammairiens, astronomes, docteurs
Dégrader les héros pour te mettre en leur place...

(BOILEAU, *Satire* VIII, v. 192-6).

291. — Diderot, parlant pour son compte, fait, de même,
profession d'être moraliste avant tout : « Je me crois passable
moraliste, parce que cette science ne suppose qu'un peu de

justesse dans l'esprit, une âme bien faite, de fréquents soli-
loques, et la sincérité la plus rigoureuse avec soi-même,
savoir s'accuser et ignorer l'art de s'absoudre ». (*Essai sur
les règnes de Claude et de Néron*, III, 401). A défaut des premières, Rameau remplit de façon éclatante les dernières conditions. Sa « franchise » le met fort au dessus de « ce qu'on
appelle d'honnêtes gens », des honnêtes gens dont la bonne
conscience écœure Diderot. « Au nom de l'honnêteté, mon
visage se décomposerait, et la sueur me coulerait le long du
visage... » (*A M*^{lle} *Volland*, 26 octobre 1760, I, 272-3).

293. — Ces réflexions semblent écrites en marge de
Hobbes. « Le méchant de Hobbes est un enfant robuste :
Malus est puer robustus. En effet, la méchanceté est d'autant
plus grande, que la raison est faible, et que les passions sont
fortes. Supposez qu'un enfant eût, à six semaines, l'imbécillité
de son âge et les passions et la force d'un homme de quarante
ans; il est certain qu'il frappera son père; qu'il violera
sa mère, qu'il étranglera sa nourrice, et qu'il n'y aura nulle
sécurité pour tout ce qui l'approchera. Donc la définition
de Hobbes est fausse, ou l'homme devient bon à mesure qu'il
s'instruit ! » (Article *Hobbisme*, XV, 123). Pendant longtemps,
Diderot a « rompu des lances » contre Hobbes ou d'Holbach,
« en faveur de l'espèce humaine » (*A M*^{lle} *Volland*, 26 octobre
et 6 novembre 1760, *Dorval et Moi*, VII, 127-8, 312 etc). Mais
son admiration pour Hobbes et son traité de la *Nature
humaine* ne cesse de grandir, surtout à partir de 1772, date à
laquelle d'Holbach traduisit ce traité (Cf. NAIGEON, *Encyclopédie méthodique*. Paris, 1792, II, 704-5). « J'en aurais fait,
dira-t-il à Catherine, le catéchisme de mon enfant, si on
était libre d'élever son enfant à sa guise » (*Diderot et Catherine II*, p. 310). Comme les matérialistes conséquents, du type
Helvétius, il est donc amené, non sans répugnance, à mettre
l'accent sur l'éducation (Cf. l'exposé de la morale matérialiste
et totalitaire qu'il développe dans un fragment inédit, peut-
être une lettre à Naigeon, BABELON, *Corr. In.*, I, 308-12).
Mais il va sans dire que « par bonne éducation », il entend
autre chose que Rameau.

293. — Leonardo Leo (1694-1746), comme la plupart des
musiciens déjà nommés : Pergolèse, Jomelli, Hasse, Traetta,

appartient à la grande école napolitaine et est aussi célèbre
pour sa musique sacrée que pour ses opéras. Le Vinci dont
veut parler Rameau est, bien entendu, le musicien Leonardo
Vinci (1690-1732), directeur de la chapelle royale de Naples,
auteur d'*Iphigénie en Tauride*, *Astyanax*, *Didon abandonnée*,
etc., et de plusieurs messes, oratorios, etc.

294. — Pidansat de Mairobert (*Espion anglais*, III, 41),
peint l'abbé Le Blanc la face « ignoble », le regard impudent,
les épaules larges, et détaille les mérites, — tout rabelaisiens — sur lesquels, plus que sur ses *Elégies*, sa tragédie
d'*Abenzaïde* ou ses *Lettres sur les Anglais*, il pouvait fonder
sa candidature à l'Académie. N'ayant pu réussir, conclut le
gazetier, « il a pris le métier plus utile de proxénète, de
brocanteur, de marchand de tableaux ».

295. —

J'ai beau frotter mon front, j'ai beau mordre mes doigts,
Je ne puis arracher du creux de ma cervelle
Que des vers plus forcés que ceux de la Pucelle;
Je pense être à la gêne...

(BOILEAU, *Satire VII*, v. 28-31).

Et de même, *Satire II* :

Dans ce rude métier, où mon esprit se tue...
Aussitôt, malgré moi, tout mon feu se rallume,
Je reprends sur le champ le papier et la plume...

Faut-il remarquer que depuis l'attaque : Et l'astre ! l'astre !
(...S'il ne sent point du ciel l'influence secrète, si son *astre*,
en naissant, ne l'a formé poète... *Art Poétique*, I, v. 2-3), tout
le développement est écrit en marge de Boileau, un Boileau
burlesquement et pathétiquement amplifié ?

296. — Vers 1760, les boulevards nouvellement tracés
sur l'emplacement de l'ancienne enceinte, au Nord de Paris,
étaient dans leur première vogue et détournaient les badauds
des promenades habituelles, aux Tuileries et au Cours la
Reine. Tous les détails qui suivent sont autant de potins des
boulevards.

297. — Une note de Monval précise le sens de l'allusion.
Le 13 novembre 1758, la Comédie italienne avait donné un

ambigu de Favart, la *Soirée des Boulevards*. Madame Bontour, déguisée en *marmotte* (c'est-à-dire en Savoyarde), chante et danse en s'accompagnant du triangle, tandis qu'elle épie son mari, en partie fine avec Mademoiselle Chouchou, marchande de modes. « Je crois qu'elle est jolie, au moins, la *petite marmotte* », dit le mari. Madame Favart en tenait le rôle. Tout le monde voulut voir cette comédie en vaudevilles, qu'on joua pendant des mois et dont certains refrains et le personnage du niais, Gobemouche, sont restés populaires.

298. — Le *Fils d'Arlequin perdu et retrouvé*, comédie librement adaptée de Goldoni, fut donnée, en première représentation, à la Comédie italienne, le 11 juillet 1761. Le succès imprévu de cette bluette décida Goldoni à faire, peu après, le voyage de Paris.

299. — Il s'agit de la foire Saint-Laurent, qui se tenait, autour du 10 août, sur la route de Saint-Denis, à la sortie de Paris. Depuis fort longtemps, danseurs et comédiens y donnaient des spectacles en plein air, à côté des funambules et des montreurs d'animaux. Mais ils n'y pouvaient guère compter que sur un public populaire, jusqu'au jour où Jean Monnet, prévoyant la vogue des boulevards, fit construire sur l'emplacement de la Foire, par l'ingénieur Arnoult, une salle parfaitement agencée pour l'opéra-comique. La Convention en fit le Conservatoire national. Le Polichinelle de la Foire est l'acteur qui tient cet emploi traditionnel dans une de ces troupes de « Bouffons » italiens, qui, à partir de 1752, vinrent se produire sur ce théâtre, presque tous les étés.

300. — Rameau est revenu avec insistance sur cette idée, en lui donnant un tour malheureusement beaucoup moins imagé, dans sa *Raméide* :

Oui, sous un autre nom, j'eusse eu moins de travaux,
Le cas est que le mien me fait trop de rivaux (p. 18).

De même un développement sur la non-transmission du talent répond assez exactement au sentiment — mais non, certes, au langage ! — que lui prête Diderot.

301. — « Ce grand philosophe ne sait même pas gagner de quoi mettre le pot-au-feu tous les jours », disait, paraît-il, Mme Diderot recevant, sans aménité, les visiteurs de son

mari (Cf. Ernest Seillière, *op. cit.*, R. D. M., 1er juillet 1912, p. 214). « Entendons-nous : vous aurez des culottes et moi j'aurai de la gloire ! », tel est encore, selon Diderot, le langage qu'aurait dû tenir « le petit comte » de Lauraguis aux chimistes crottés, dont il exploitait le talent (*A Mlle Volland*, II, 44).

302. — Le ridicule ne tue pas, puisque la légende de Memnon, fils de Tithon et de l'Aurore, tué par Achille au siège de Troie, et de sa statue qui, dans le désert de Thèbes, vibrait harmonieusement au soleil levant, a survécu aux moqueries de Molière et à Thomas Diafoirus. Mais Rameau ne laisse jamais oublier que les lettres ont leur part, à côté de la halle et du monde, dans « son ramage saugrenu ». Et la statue de Memnon répond exactement à l'*astre* et aux *pagodes*, dans la logique de son imagination.

303. — Cette répétition est moins un éloge de Voltaire, pauvre poète en comparaison de Racine et « le second en tous genres » (voir n. 43), que le rappel d'un thème favori de Diderot : l'incroyable indigence de son temps en poètes, si vigoureusement dénoncée par lui (Cf. *De la Poésie dramatique*, chap. xviii, *Des Moeurs*, VII, 369-73), avec laquelle contraste l'abondance des bons musiciens.

304. — Rinaldo da Capoua (1717-1765), avait fait une brillante carrière à Vienne, dans la musique profane et sacrée et avait composé deux des intermèdes que les *Bouffons* jouèrent avec le plus de succès : la *Donna superba* (19 décembre 1752) et la *Zinguara* (19 juin 1753).

305. — Le tonneau sans fond des Danaïdes, de style non moins soutenu que la statue de Memnon, est l'attribut traditionnel des prodigues, qui dissipent à mesure qu'ils reçoivent. Rameau a dit assez qu'il n'attendait sa subsistance que de ces gens là.

306. — Rameau fait allusion à sa vie errante, dans sa *Raméide*, et énumère les principaux pays et villes où il séjourna : Lyon, Metz, Nevers, la Champagne, et « jusqu'aux Grisons ». C'est bien le pays des Grisons qui paraît avoir représenté pour lui « le diable au vert » : il y séjourna plusieurs mois chez le père d'une de ses élèves, Mlle de Travers, au château d'Ortenstein près de Coire. Pas un mot, par contre,

de la Bohême et de la Hollande. Voyages imaginaires peut-être, que Diderot met à son compte, pour enrichir son héros de ses plus récentes expériences.

307. — Cette anecdote semble avoir été rapportée par Diderot de son voyage de Hollande et librement utilisée pour étoffer la geste bouffonne de Rameau. Dans la relation du *Voyage* (XVII, 404-5), la version qu'il en donne est à la fois plus circonstanciée et plus abstraite : pas de pittoresque, pas de dialogue, mais des noms. La Haye, non Utrecht, est le théâtre de l'aventure ; la courtisane s'appelle la Sleephausen, fille d'un médecin de Cologne. Un particulier nommé Vanderveld — ni son nom, ni aucun détail n'indiquent qu'il soit juif — en devient amoureux et lui fait proposer, pour une nuit, une lettre de change de 1.000 florins. La courtisane, alors entretenue par un chambellan du prince, le baron de Zul, refuse l'argent. Suit la proposition de l'émissaire entremetteur. En conclusion, « Vanderveld a été condamné à payer, et ils ont été tous deux amendés et infamés ». L'anecdote est destinée à illustrer l'efficacité de la police hollandaise. Immédiatement après, Diderot ajoute : « Ce juif Pinto, que nous avons connu à Paris et à La Haye, a passé deux ou trois fois par les pattes du bailli ». On voit donc comment la transposition s'est faite. Puisqu'il ne citait pas le nom de ce juif, Diderot a cru pouvoir lui attribuer, sans indélicatesse, une aventure à laquelle il était parfaitement étranger. Quoiqu'en dise Diderot (Cf. *A Madame d'Epinay*, 22 juillet 1773, *Corr. In.*, I, 213), Isaac Pinto (1715-1787) est, du reste, beaucoup moins connu pour sa liberté de mœurs que pour sa générosité d'esprit et sa bienfaisance. Economiste et moraliste, défenseur de la nation juive contre Voltaire, conseiller du stathouder Guillaume IV, ami de Hume, de Mirabeau, de Pereire, mais aussi de plusieurs souverains, en particulier de Stanislas-Auguste, roi de Pologne, Isaac Pinto consacra la plus grande partie de son immense fortune à des œuvres de philanthropie. Comme il avait vécu longtemps en France, à Bordeaux, puis à Paris, il n'est pas impossible que Jean-François Rameau ait figuré parmi ses innombrables protégés.

308. — Même confusion que ci-dessus (V. n. 74 et p. 22).

Mais, apothicaire ou non, Claude Rameau paraît avoir le premier mis en œuvre les expédients auxquels songe ici son fils, s'il faut en croire l'épisode picaresque rapporté par Mercier (V. appendice V).

309. — Encore un souvenir de Boileau :

> Ainsi de la vertu la Fortune se joue ;
> Tel aujourd'hui triomphe *au plus haut de la roue*
> Qu'on verrait de couleurs bizarrement orné
> Conduire le carrosse où l'on le voit traîné.
>
> (*Satire I*, v. 65-8).

310. — Moi continue à tirer de son répertoire matérialiste vérités premières et apophtegmes lénifiants. Aussi bien que l'abandon à la Providence, le déterminisme peut aboutir à une morale de l'acceptation et de la résignation, morale pour riches ou pour philosophes bien pourvus. « Regardez-y de plus près et vous verrez que le mot liberté est un mot vide de sens. Qu'il n'y a point et qu'il ne peut y avoir d'êtres libres. Que nous ne sommes que ce qui convient à l'ordre général... » (Fragment publié dans *Corr. In.*, I, 308). Que Rameau apaise de la sorte son drame de l'échec ! La contre-attaque va porter contre cet aspect de la philosophie de Diderot, où le vague même du mot Nature autorise tous les lieux communs. Il serait illusoire d'arrêter en termes de logique pure la conception de la Nature selon Diderot, « cette conception qui s'efforce d'accueillir des éléments du déisme, du spinozisme, de l'athéisme, et qui sent le besoin d'unir ces éléments par un lien dialogique sinon dialectique... » (VENTURI, *Op. cit.*, 151).

311. — On ne saurait faire plus spirituellement le procès de certaine philosophie, matérialiste surtout, qui en vient à oublier l'homme, à force de considérer l'univers. Ni, plus nettement, le procès de Diderot lui-même, lorsque l'imagination l'entraîne à ces hauteurs vertigineuses d'où l'on voit la planète selon les normes de *Micromégas*. « Quand j'ai comparé, dit-il, les hommes à l'espace immense qui est sur leur tête et sous leurs pieds, j'en ai fait des fourmis qui se tracassent sur une taupinière. Il me semble que leurs vices et leurs vertus, se rapetissant en même proportion, se réduisent à

rien ». Ou encore : « Oh ! que ce monde-ci serait une bonne
comédie, si l'on n'y faisait pas un rôle ; si l'on existait, par
exemple, dans quelque point de l'espace, dans cet intervalle
des orbes célestes ou sommeillent les dieux d'Epicure, bien
loin, bien loin, d'où l'on voit le globe sur lequel nous trot-
tons si fièrement, gros tout au plus comme une citrouille,
et d'où l'on observât, avec un télescope, la multitude infinie
des allures diverses de tous ces pucerons à deux pieds qu'on
appelle des hommes » (*A Mlle Volland*, 17 août 1759 et
25 juillet 1762, I, 78 et II, 96). Jamais la satire dans le *Neveu
de Rameau* ne porte plus juste que lorsqu'elle représente
un effort d'auto-critique de la part de Diderot « le philosophe ».

312. — Cet épicycle, aussi bien que ce verbe narquois,
viennent en droite ligne de Montaigne, dont la sagesse
trouve un répondant inattendu en la personne de Rameau
« le fou ». « Il me semble, dit Montaigne, que la mère nour-
risse des plus fausses opinions et publiques et particulières,
c'est la trop bonne opinion que l'homme a de soy. Ces gens
qui se perchent à chevauchons sur l'épicycle de Mercure, qui
voient si avant dans le ciel, ils m'arrachent les dens... »
(*Essais*, II, 27, *De la Praesumption*, édit. Villey, II, 412-3).
Tout ce chapitre, de même que les chapitres 1, 25 et 26 (*Du
Pédantisme*; *De l'Institution des Enfants*) ont été lus de très près
par Rameau-Diderot. « La vraie philosophie, dit encore
Montaigne (I, 26, *Ibid.*, I, 207), fait estat de serainer les tem-
pestes de l'âme, et d'apprendre la faim et les fiebvres à rire,
non par Epicycles imaginaires, mais par raisons naturelles et
palpables ». Cette dernière phrase donne à penser que, dès
l'époque de Montaigne, la théorie des épicycles se trouvait
déjà discréditée et servait à symboliser tout style de spéculations aussi absconses que vaines.

Dans l'astronomie de Ptolémée, on appelait épicycle
le petit cercle centré sur la circonférence du cercle excentrique de la planète. C'est sur cet excentrique qu'est censé
se déplacer le centre de l'épicycle, « lequel emporte avec lui
la planète, dont le centre se meut régulièrement dans la circonférence de l'épicycle ». Après avoir rappelé ces définitions
dans l'article *Epicycle* de l'*Encyclopédie* et reconnu les ser-

vices qu'avait rendus cette supercherie géométrique pour
rendre compte des irrégularités apparentes dans le mouvement des planètes, d'Alembert signale que les épicycles sont
« aujourd'hui entièrement bannis de l'astronomie ». Même
avec le secours des épicycles, les mouvements de la planète
Mercure étaient particulièrement difficiles à expliquer. L'as-
tronome Maestlin, le maître de Képler, avait consacré à cette
question l'essentiel de ses travaux. Il se peut donc que l'expression « l'épicycle de Mercure » ait été proverbiale dès le
XVIᵉ siècle.

313. — Réaumur (1683-1757) avait publié ses *Mémoires
pour servir à l'Histoire des Insectes* de 1734 à 1742. Ce Joseph
Fabre du XVIIIᵉ siècle y accumulait de précieuses observations, surtout sur les mouches; mais, comme chez Linné et
tous les naturalistes de son temps, le travail de nomenclature
tenait dans son œuvre la première place.

314. — L'auto-critique se précise. Partie de son goût,
partie de sa philosophie matérialiste, Diderot avait déduit
cette conséquence que l'essentiel de l'homme n'est pas le
caractère, qui n'est qu'un sous-produit, mais la condition,
expression directe de ce à quoi la nature le destine. Il en avait
tiré une application immédiate et tapageuse pour le théâtre.
Dans le troisième des dialogues *Dorval et Moi*, il avait développé, pour la première fois, la théorie des conditions subs-
tituées aux caractères : il faut porter à la scène non le jaloux,
l'avare, le misanthrope, mais les *conditions* : l'homme de
lettres, le juge, le financier etc. et les *relations* : le père de
famille, l'épouse, la sœur, etc. En fait, son théâtre s'en était
tenu aux relations, mais sa doctrine avait fait des adeptes.
Il est plaisant de voir Diderot-Lui dégager sa responsabilité
(*je ne m'en mêle pas*) d'une théorie assez malencontreuse,
puisqu'elle se ramène à une vue tout arbitraire de l'esprit.

315. — De cette attitude qui est en gros celle de Montaigne, dont la philosophie se moque de la philosophie,
Rameau, avocat de la misère, devant quoi les beaux systèmes
paraissent autant de lâchetés ou d'évasions, dégage une revendication qu'on pourrait croire révolutionnaire, si la révolte
ne se dissolvait aussitôt en comédie.

316. — Jean-George Noverre (1727-1810), maître de

ballets à l'Opéra-Comique où il avait vainement bataillé, de 1753 à 1756, pour imposer une conception nouvelle de la danse, l'arracher aux conceptions du grand siècle, la rapprocher de la pantomime et de la vie, avait exposé ses idées dans des *Lettres sur la Danse et les Ballets* (1759). En langage technique, le mot *position* se dit de la manière de poser les pieds l'un par rapport à l'autre. La danse classique reconnaissait seulement quatre *positions* régulières; Noverre prétendait en augmenter considérablement le nombre. Toute la pantomime qui suit va être sous le signe de la danse : en reprenant le « numéro » que sa longue pratique dans la maison Bertin-Hus lui a permis de mettre au point, Rameau le règle, cette fois, comme une figure de ballet : *position* de départ, presto, lento, retour au calme. Par une sorte de mimétisme au second degré, l'art de Diderot transpose magistralement cette pantomime sur le plan du verbe : emploi des temps, coupes, accents et pauses, groupement des timbres, tout est ici soigneusement calculé.

317. — L'abbé Ferdinand Galiani (1728-1787), que l'on voit revivre au naturel dans les lettres à Mlle Volland, fut pour Diderot un autre Rameau, moins épique, moins gueux, plus disert, mais tout aussi instructif.

318. — Pour Madame de Sévigné ou La Fontaine, qui ne rougissaient nullement d'avouer leur goût pour « Maître François », Rabelais n'était guère plus qu'un amuseur; pour Diderot c'est aussi une source de réflexion, comme le suggère, au sens propre (réfléchir sérieusement), le verbe *rêver*.

319. — Parmi les personnages de la comédie italienne, le seigneur Pantalon, vénitien, toujours engoncé dans une robe de docteur, incarnait les vieillards pédants, poltrons, avares et libidineux. Ainsi le personnel de la comédie humaine pour Diderot se réduit-il à quelques types élémentaires. Tandis que Marivaux interrogeait patiemment « les porteurs de visages », chaque visage étant un nouveau masque à déchiffrer, Diderot schématise, suivant un système de correspondances bouffonnes. Procédé plus robuste et plus simple, recommandé comme un divertissement consolateur à tous les humiliés et maltraités de cette universelle farce qu'est la vie.

320. — Rameau, respectueux de sa hiérarchie des valeurs, s'arrête devant celle qui symbolise la puissance suprême. Mais c'est alors Diderot-Moi qui renchérit, avec d'autant plus d'insolence qu'il étend la pantomime à la perspective même du droit divin.

321. — Comme un homme de condition, l'abbé de condition est un abbé d'assez bonne naissance pour espérer un bénéfice « consistorial ». Un abbé de ce genre est ordinairement en jabot de dentelles et robe courte ; mais il se déguise, en reprenant le costume propre à son ministère, le jour où il va faire sa démarche.

322. — En termes de droit canonique, un bénéfice est « un office ecclésiastique auquel est joint un certain revenu qui n'en peut être séparé ». Parmi les divers types de bénéfices : séculiers, réguliers, simples, à charge d'âmes etc., on distinguait les bénéfices consistoriaux ou grands bénéfices, comme les évêchés, abbayes et autres dignités, ainsi appelés parce que le pape en accordait théoriquement les provisions sur une délibération du consistoire. Mais un concordat passé entre Léon X et François Ier concédait au roi l'attribution de ces bénéfices (*Encyclopédie*, article *Bénéfice*). On appelait donc feuille des bénéfices, « la liste des bénéfices vacants à la collation du roi » (A. 1762), liste tenue à jour par un « dépositaire », c'est à dire, selon la terminologie conventuelle, le dignitaire qui a la garde des revenus.

323. — L'abbé Gabriel Gauchat (1709-1774), controversiste très animé contre les philosophes, qu'il avait attaqués dans les 19 volumes de son *Analyse et Réfutation de Divers Écrits Modernes contre la Religion*. Le procureur Omer Joly de Fleury ne manqua pas de citer l'abbé Gauchat comme témoin à charge, dans son réquisitoire contre les « Cacouacs ». D'où le ressentiment de Voltaire. « Nous avons une foule d'écrits impertinents, mais tous ensemble n'approchent pas l'impertinence de Gauchat, docteur en théologie » (*Candide*, chap. XXII). Diderot avait, en outre, une raison personnelle d'en vouloir à Gauchat : celui-ci essaya, vers la mi-juillet 1770, de le réconcilier avec son frère Didier-Pierre Diderot, chanoine de Langres, sans autre résultat que d'aigrir davantage les rapports des deux frères (Cf. Chanoine MARCEL, *Le Frère*

de Diderot, Paris, 1913, p. 100 sq). L'abbé Gauchat avait été récompensé de ses services par l'attribution de plusieurs bénéfices : abbé commendataire de Saint-Jean de Falaise, prieur de Saint-Jean-du-Désert, etc.

324. — Louis-Sextus de Jarente de la Bruyère, évêque de Digne, puis d'Orléans, fut dépositaire de la feuille des bénéfices de 1758 à 1788.

325. — Bouret, à la veille de la faillite, dut, en effet, multiplier les démarches au Contrôle général des Finances. Mais hélas ! on vit Diderot, le philosophe, prendre une « position » toute semblable. Le mariage de sa fille dépendait des baux de forges que la société Caroillon sollicitait du Contrôle des Finances. Diderot, tout occupé de cette combinaison économico-matrimoniale, multiplia donc personnellement les démarches auprès de sa vieille connaissance le ministre Bertin, réinstallé au contrôle général (Cf. Massiet du Biest, *Op. cit.*, p. 10, 193 et passim). Chacun a son Bertin... Diderot-Moi ne croyait pas si bien dire, et cette ironie du sort oblige d'accueillir avec un sourire la phrase qui suit sur le philosophe « dispensé de la pantomime », parce qu'il n'a rien et ne sollicite rien. Un des plaisirs favoris de son imagination était de considérer le monde comme un immense théâtre de marionnettes, dont « le vieux Brioché » tirerait les fils (*A M*[lle] *Volland*, 17 septembre 1761, II, 28 ; *à M*[lle] *Jodin*, 10 février 1769, XIX, 408 ; *à De Vaines*, 10 septembre 1770, in *Annales de la Société de Chaumont*, I, 114 ; *Jacques le Fataliste*, passim, etc., etc.). Le contemplateur n'oubliait qu'une chose : c'est qu'il avait lui-même un bon fil d'archal au sommet de la tête et n'était, parmi la foule des autres, qu'une des marionnettes du destin.

326. — Diderot, pour se choisir un modèle entre les philosophes, hésitait entre Socrate et Diogène. Déjà d'Alembert appelait de tous ses vœux l'apparition d'un nouveau Diogène. « Chaque siècle, disait-il, et le nôtre surtout, auraient besoin d'un Diogène ; mais la difficulté est de trouver des hommes qui aient le courage de l'être, et des hommes qui aient le courage de le souffrir » (*Essai sur la Société des Gens de Lettres, op. cit.*, 379-80). Pour accomplir ce vœu, André-Pierre Le Guai de Prémontval (1716-1767), de l'Académie

des Sciences de Berlin, avait publié un livre intitulé le *Diogène de d'Alembert* où, disait Sabatier de Castres, « l'esprit d'indépendance, la haine des hommes, l'impiété la plus décidée forment un délire perpétuel » (*Trois siècles, op. cit.*, III, 554). S'il ne s'agit que de hardiesses verbales, celles du *Neveu de Rameau* pâlissent en comparaison. Mais Diderot faisait profession, non tant de penser, que de vivre en disciple de Diogène, et conservait la nostalgie « de la vie libre et ferme du cynique déguenillé » (*Regrets sur ma vieille robe de chambre*).

327. — C'est la thèse du *Mondain*, celle que Voltaire ne cessa d'opposer au naturisme de Jean-Jacques. Au gré de son humeur, Diderot penche tantôt vers l'un, tantôt vers l'autre, et donne libre cours à ses tendances contradictoires, selon son esthétique du dédoublement.

328. — Diderot rappelle métaphoriquement cette tradition dans ses *Regrets sur ma vieille robe de chambre*. Son cher tableau de Vernet y figure la courtisane désintéressée. « J'ai Laïs, dit-il, mais Laïs ne m'a pas... Et pour vous dire mon secret à l'oreille, cette Laïs qui se vend si cher aux autres ne m'a rien coûté ». Cf. art. *Cyrénaïque*.

329. — Dans la *Suite de l'Entretien avec d'Alembert*, Diderot n'hésite pas à plaider ouvertement en faveur de l'onanisme dont un livre retentissant du docteur Simon-André Tissot, publié en 1760 et traduit aussitôt en cinq ou six langues, venait pourtant de dénoncer les méfaits. Cf. XVI, 96-105.

330. — Rameau joue naturellement sur le double sens de ces mots qui appartiennent au langage technique du ballet. Même et surtout dans ce rôle, il se considère comme un metteur en scène et règle la pantomime.

331. — Repris plutôt que pris, puisque Rameau avait, dans sa jeunesse, reçu au moins les ordres mineurs. Dans sa lettre de 1764 (v. appendice II), Piron l'appelle « l'abbé Rameau ».

332. — Antoine Dauvergne (1713-1797) avait essayé de concilier la tradition de l'opéra français et les exigences de la mode italienne, avec plus d'adresse que de génie. Si l'on s'en tient à la vraisemblance chronologique, l'opéra dont il est question ici ne peut être que l'*Hercule Mourant*, paroles

de Marmontel, donné pour la première fois le 3 avril 1761, et qui eut dix-neuf autres représentations au cours de ce mois. La date de *Canente* (11 novembre 1760) est prématurée ; celle de *Polyxène* (11 janvier 1763) trop tardive.

333. — Dans le *Salon de 1767* (XI, 169), à propos d'un tableau de Doyen, le *Miracle des Ardents*, et de la couleur que ce peintre donne a ses malades. Diderot déclare : « On prétend que c'est une imitation de Mignard. Qu'est-ce que cela me fait ? *Quisque suos patimur manes*, dit Rameau le fou ». Texte suggestif et précieux, puisque c'est le seul endroit de son œuvre actuellement connu, où Diderot évoque nommément le personnage de Rameau. Le détail confirme à la fois la véracité de la satire et la bizarre culture de son héros, qui détourne spirituellement de son sens un des vers les plus suggestifs de Virgile (*Enéide* VI, 743). Le poète décrit le processus de purification des âmes : Veterum malorum supplicia expendunt ; elles acquittent les peines de leurs vieux crimes, puis il ajoute : Quisque suos patimur manes : litt. nous expions chacun nos manes, c'est à dire les souillures de notre enveloppe mortelle. La glose de Rameau, suffisamment claire et désobligeante pour Dauvergne, indique dans quel sens il entend ce vers, isolé de son contexte.

334. — Façon plaisante et probablement déjà proverbiale de désigner la représentation de l'opéra, annoncée à son de cloche dans les jardins du Palais-Royal, une demi-heure avant le lever du rideau, invariablement fixé à six heures. C'était aussi l'heure des vêpres que, selon Mercier (cité par Blanche MOREL, *Paris*, 1932, p. 168), le beau monde appelait « l'opéra des gueux ». Entre les deux, l'abbé Etienne de Canaye (1694-1782) grand ami de d'Alembert et Diderot et, surtout, mélomane impénitent, avait, depuis longtemps, fait son choix. Dans la *Satire* 1re (V, 487), Diderot fait le plaisant récit d'une soirée passée à l'opéra en compagnie de l'abbé de Canaye et Fougeret de Monbron.

APPENDICE

Cinq témoignages sur Jean-François Rameau.

I. — Nouvelles Pièces de Clavecin. (Extrait de Fréron, *l'Année littéraire*, 27 octobre 1757, t. VII, p. 40 sq.).

Le nom de Rameau semble fait pour la musique, comme le nom de Condé pour les batailles. J'ose répondre qu'un certain public, amateur de l'imagination vive, riante et badine, ne verra qu'avec plaisir les saillies musicales, dont un auteur, qui porte ce nom, vient d'assaisonner son premier œuvre, sous le titre suivant : *Nouvelles Pièces de clavecin, distribuées en six suites d'airs de différents caractères*, le *Génie François*, la *Muse Italienne*, les *Magnifiques*, etc., les *Gens du bon ton*, etc., un *Réveil*, une *Fête champêtre*, un *Ballet de Psyché*, etc., le *Général d'Armée* etc., *composés par M. Rameau, le neveu* (du grand Rameau) *fils de M. Rameau le cadet*, gravées par Me le Clair, Œuvre I. Prix 7 liv. 16 s. A Paris chez l'Auteur, rue des Cordeliers, à l'Hôtel du Saint-Esprit, *Guersan* luthier, à côté de la Comédie Françoise, *Germain*, facteur de clavecins, rue des Boucheries, faubourg Saint-Germain au *Sabot d'or*, et aux adresses ordinaires de la musique.

Si vous cherchez, Monsieur, une analogie bien exacte et caractéristique de la composition musicale avec les objets indiqués par le titre de chaque pièce, peut-être ne la trouverez-vous pas aussi parfaite et aussi satisfaisante à l'oreille que dans les grandes imitations de bruit de guerre, par exemple, ou de tempête. Comment imiter, en effet, par l'har-

monie, surtout du clavecin, les *Magnifiques*, les *Persifleurs*,
les *Gens du bon ton*, les *Petits Maîtres*, etc. Ce sont, en effet,
des manières d'être morales ; mais ce ne sont pas des passions
théâtrales, des caractères marqués, en un mot, des objets
d'expression dans la musique. Mais il faut se prêter un peu à
l'illusion de l'harmonie ; et s'il se rencontre dans la pièce
quelques traits qui réveillent l'idée de l'objet annoncé
par le titre, c'en est assez pour le triomphe de l'art et pour
la gloire de l'auteur. D'ailleurs, quoi de plus divertissant
que de pouvoir représenter sur un clavecin le ridicule des
Petits Maîtres, et de les jouer sur cet instrument comme
on les joue sur le théâtre ? Pour moi, j'aime à me figurer
d'avance une jolie Claveciniste qui promenant une main
charmante sur toute l'étendue d'un Clavecin, fait naître sous
ses doigts brillants une harmonie douce qui excite en moi
l'idée d'un *Réveil* tranquille et agréable. M. Rameau, le neveu,
pour la parfaite exécution de ses pièces de clavecin, porte
l'attention jusqu'à marquer le mouvement et le caractère particulier de chaque pièce par les indications les mieux imaginées et les signes les plus représentatifs. Par exemple, dans
le grand tableau du *Général d'Armée*, après avoir averti
que la pièce se joue *fièrement et avec feu*, il vous conduit,
pour ainsi dire, par la main de l'harmonie avec son *Général
d'Armée*. *Ici*, dit l'auteur, *il entre en campagne* : effective-
ment la mélodie, secondée de l'harmonie, sans laquelle l'impression n'est qu'imparfaite, vous donne l'idée d'une *marche
guerrière* bien frappée. Plus loin l'auteur ajoute : *Ici, il fait
prendre les postes*. On éprouve en effet par l'oreille une certaine commotion qui a ses repos ; comme quand une armée
se poste. Bientôt après que la bataille est disposée, *il marche
à l'ennemi* ; c'est la reprise du premier chant qui le fait entrer
en campagne ; et cette répétition a de la grâce, amenée avec
adresse et avec goût. *Ici, il livre la bataille* ; c'est alors que
les notes doublées vont par de grands intervalles et cas-
cades, *pour imiter*, dit le compositeur martial, *le chamaille-
ment des armes*. Puis, tout à coup, il vous trace la ligne des
quatre octaves du clavier, qui, par des notes précipitées,
forme un cliquetis épouvantable de sons artistement confus, pour rendre mieux les décharges de mousqueterie,

qu'on croit entendre par le moyen de cette corde bruyante et très bien imaginée. *Les cris et plaintes* se succèdent harmoniquement donnés par le clavier, et pendant que *la fuite de l'ennemi* se fait entendre dans le *dessus* qui la rend palpable à l'oreille, la *basse* vous donne de grands *coups de canon* par de grosses notes qui sont ensuite imitées dans le *dessus*, tandis que la *basse* peint à son tour le mouvement des *troupes* que le Général retire de la mêlée, comme l'auteur a le soin de le faire observer. La première harmonie de l'entrée en campagne ou de la marche à l'ennemi revient encore avec la même grâce qu'auparavant, et vous remet dans une situation agréable. *Ici, le Général retourne Vainqueur,* et vers la fin de ce morceau belliqueusement pittoresque, *il reçoit,* dit le compositeur, *de la main de son Roi la couronne destinée aux héros.* C'est la circonstance que je trouve la moins sensiblement rendue dans cette pièce. Si vous avez du goût, Monsieur, pour les belles choses musicales, la nouveauté de celle-ci doit faire, ce me semble, beaucoup de sensation sur vous. J'aurois voulu, cependant, pour achever ce grand tableau, que l'auteur l'eût terminé par un bruit de triomphe et de fanfare. Ce bruit auroit mieux marqué le dénoûment de l'action, la fin de la bataille, au lieu qu'il la termine par le mouvement de marche qui la commande ou la précède. Mais quand on compose avec une imagination vive et ardente, on ne peut pas penser à tout, et ce qui coûte le plus dans tout ouvrage n'est pas l'entrée, mais la sortie.

Les autres pièces du Recueil sont d'un caractère moins élevé. La pièce intitulée *le François Aimable,* et qui doit se jouer *poliment,* comme en avertit l'auteur, est d'une expression douce et riante, d'un caractère agréable, honnête, en un mot Françoise. Pour le plaisir du contraste, le second air, qui est en majeur, a pour titre l'*Italianisé,* et marche *affettuoso,* pour exprimer sans doute la douce flatterie et la souple mignardise des Italiens ; ce qu'on doit bien distinguer pour l'oreille de la politesse et de l'aisance du François. Vous sentez bien, Monsieur, que la Pièce des *Magnifiques* doit se jouer *noblement,* celle des *Petits soins avec zèle,* celle du *Petit Maître avec un air minaudier,* etc., etc. La *Fête champêtre,* et surtout l'entrée des *Bergers et des Bergères,* doit produire de l'effet; le dernier morceau me paraît d'une veine heureuse et très pittoresque. Viennent ensuite deux *Menuets* qu'il faut exécuter avec le plus tendre sentiment; pour les deux *Rigaudons* qui leur succèdent, l'auteur n'indique pas comment il faut les exécuter; mais on sent bien que ce doit être *avec la plus vive gaieté*. Les *deux Tambourins* sont d'un goût très saillant, et tous ces morceaux agréables, qui sont placés après le *Général d'Armée*, peuvent être regardés comme une fête qui se célèbre dans le camp du vainqueur. Les *Menuets*, les *Rigaudons*, les *Tambourins*, etc., sont alors de raison; ils expriment la joie la plus vive. Le *Génie François* était peut-être le caractère le plus difficile à peindre en musique. Le compositeur, heureux dans cette peinture comme dans les autres, le représente au naturel, et saisit toutes les nuances qui le distinguent du génie des autres nations. C'est un morceau qui demande beaucoup d'intelligence dans l'interprétation; car il faut le jouer tout à la fois avec *feu, grâces, esprit* et *raison*; ce que je ne crois pas bien facile à rendre sur un clavier. Mais que n'exécute pas un Maître avec du goût et du génie? La Pantomime, intitulée la *Muse Italienne* ou les *Furets*, me paraît très plaisante de musique et doit se jouer, dit l'auteur, d'un air *aigre doux*. Mais le plus piquant de tous ces morceaux, c'est le Menuet intitulé l'*Encyclopédique*, avec une autre dénomination de *Menuet intra-ou altramontain*. L'*Encyclopédique* est assez bizarre de caractère; il finit par une chute grotesque et qui fait du fracas. Toutes les pièces que je viens de vous citer, Monsieur, forment quatre suites.

La cinquième est un ballet tout entier représentant l'*Amour et Psyché*. Le compositeur a fait pour ce ballet ce qu'il a pratiqué pour le *Général d'Armée*; il indique les mouvements et les nuances de l'action. C'est d'abord *Psyché qui cherche l'Amour une lampe à la main*; plus loin, *elle l'aperçoit*; plus loin, *elle l'admire*, plus loin, *elle s'en approche*; et plus loin encore, *elle répand la goutte fatale*; et la musique marque cette singulière effusion par des notes, pour ainsi dire, coulantes. Ce morceau veut être exécuté *lentement* et *tendrement*. Voilà son vrai caractère. Mais au second morceau l'*Amour s'éveille et s'envole*, il faut aller vivement, et ce n'est pas un prodige que la musique exprime très bien ce mouvement léger de l'Amour qui s'envole; le merveilleux est de pouvoir représenter l'Amour *qui parcourt l'Olympe tout courroucé et qui demande sa Psyché à sa mère*, comme l'auteur a le soin de l'indiquer au-dessus de l'image même musicale qui le représente. *Les Regrets de Psyché* sont exprimés par une *gavotte* très tendre; mais bientôt l'*Espoir* qui se joue *agréablement*, vient la consoler. *Le Retour de l'Amour* suit de près un morceau qui s'exécute *avec zèle, soupirs et empressement*; une chaconne exprime le *Retour des Plaisirs*; il faut la jouer *résolument et honnêtement*; ce dernier caractère n'est pas facile à saisir sur le clavecin; mais on en a plus de gloire, après la difficulté vaincue. L'*Apothéose* se fait par des *Dianes ou Fanfares* qu'il faut d'abord exécuter avec *pompe* et *solennité*, puis avec *grâces*; puis enfin *Psyché vole prendre place aux Cieux*. Indépendamment de toutes ces formalités pour l'exécution, il est certain, Monsieur, que les différents morceaux, qui composent ce ballet agréable, sont d'une invention heureuse pour le chant, qui caractérise assez bien les diverses positions des deux amants : ce qui marque certainement du génie et de l'art.

Quant à la sixième suite, intitulée les *Trois Rameaux*, je puis vous assurer qu'elle doit faire un effet prodigieux sur l'instrument. Le premier, c'est à dire, le premier des trois Rameaux, qui, sans doute est notre grand Rameau (véritablement grand, parce qu'il est génie créateur, et profond philosophe dans son art), le *premier*, dis-je, doit s'exécuter avec *beauté, sagesse et profondeur*; ce qui caractérise très bien le style et la composition de ce grand homme. Le second des *Trois Rameaux*, apparemment le père de l'auteur, doit s'exécuter d'un air *libre, assuré*, d'un *toucher beau* et *précis*. Le morceau est vif, original. Le troisième — enfin, qui représente l'auteur lui-même, s'exécute fort *vive*, d'un air *content de tout*, d'un *toucher à la Françoise, à l'Italienne* et à *l'Allemande*. En effet, les trois caractères de toucher sont rendus par des modulations de chant qui leur conviennent, on les reconnoît à leur manière. Ce dernier tableau fait la pièce la plus étendue du Recueil, et couronne, pour ainsi dire, l'imagination vive et gaie de *M. Rameau le Neveu*. Indé-

pendamment de ce don de la nature, si rare et si piquant
dans la société, il a du goût et des connaissances, et un grand
talent pour apprendre à toucher du Clavecin.

II. — Lettre de Piron à Cazotte. Paris, 22 octobre 1764.
    (L'original autographe figurait, en 1880, dans la
    collection Charavay. (Extrait reproduit d'après Gustave
    ISAMBERT, *Notice sur Rameau le Neveu* in *Le Neveu de
    Rameau*, Paris, 1883, p. 54-57.)

« ...Vous y prenez bien les saillies fantasques du pauvre
ami Rameau, de quoi je vous remercie pour luy, car il le
mérite mieux que peut-être il ne le ressent, ou, à coup sûr,
le ressent mieux qu'il n'en remercie. Je vous aurois plutôt
répondu, si vous ne m'aviez pas dit qu'il alloit revenir.
Je l'attendois de jour à autre pour sçavoir mieux que vous
dire, éclairé par ses narrations : mon imagination y suppléera,
puisqu'il ne vient point. C'est comme s'il étoit venu ! ou
que j'eusse été entre Vous et Luy, à Pierry ; excepté vos
nouvelles particulières qui sont d'un tout autre ordre, et
d'un intérêt à part. D'icy, je le vois là. Ne disant jamais
ce qu'il devoit dire, ny ce qu'on eût voulu qu'il eût dit ;
toujours ce que ny luy, ny vous, ne vous étiez attendu qu'il
diroit ; tous deux, après avoir éclaté de rire, ne sçachant
ce qu'il avoit dit. Je le vois cabrioler à contretemps ; prendre
ensuite un profond sérieux encore plus mal-à-propos, passser
de la haute-contre à la basse-taille, de la polissonnerie
aux maximes ; fouler au pied les Riches et les Grands, et
pleurer misère ; se moquer de son oncle, et se parer de son
grand nom ; vouloir l'imiter, l'atteindre, l'effacer, et ne vouloir plus se remüer ; Lyon à la menace, poule à l'exécution,
Aigle de tête, tortüe et belle écrevice des pieds ; au demeurant
et sans contradiction, le meilleur enfant du monde et méri-
tant le bon vouloir de tous ceux qui le connoîtront comme
vous et moi le connoîssons. Mais où seront ces connoisseurs ?
Sera-ce à Paris, sera-ce à la Cour ? Les marmouzets ont peur
de leur ombre, à plus forte raison de celle d'un Géant un peu
contrefait, car le Cahos étoit le géant contrefait que la toute

puissance façonna : et vous avez fort bien nommé et qualifié
Cahos, l'abbé Rameau. C'est quand Jupiter le fit, qu'il étoit
Yvre-saoû; il avoit pris du poil de la bête, quand ce vint à
nous faire. Nous nous sentons tous un tantinet de la veille
où il eut lui seul la fleur de l'yvresse. Nos petits jolis gentils
polis colifichets de Badauts et de Courtisans, ne connoîtront
jamais rien à notre énigme bourguignone, si nous ne nous
ingérons d'être des Œdipes. Nous ne sommes que trop près
tous deux, moy de parler et vous d'agir de votre mieux,
comme nous avons toutours fait. Reste au Sphinx à s'aider,
les hommes de Dieu l'aideront peut-être. Ils aident bien tous
les jours, depuis 20 ou 30 ans, un tas de petits beaux Esprits
manqués, cent fois moins néz pour leur métier, qu'il ne l'est
pour le sien. L'auteur avantageux de *Timoléon* (La Harpe)
qui dit : « Je vais refaire et simplifier Gustâve et Rhadamiste»,
après avoir suspendu 2 mois durant sa pièce, après sa première représentation, vient de la remonter, et, le lendemain,
on l'affiche pour la dernière fois; vous le verrez un jour à
l'Académie françoise comme Marmontel et tant d'autres.
Que Rameau prenne donc courage; et pour nous deux,
buvons frais ».

III. — Annonce de *la Raméide* et de la *Nouvelle Raméide*
  dans la *Correspondance Littéraire* de Grimm, juin et
  septembre 1766 (VII, p. 61, et 123-4).

  — Le musicien Rameau a laissé, outre ses propres enfants,
un neveu qui a toujours passé pour une espèce de fou. Il a
une sorte d'imagination bête et dépourvue d esprit, mais
qui, combinée avec la chaleur, produit quelquefois des
idées neuves et singulières. Le mal est que le possesseur
de cette espèce d'imagination rencontre plus souvent mal que
bien, et qu'il ne sait pas quand il a bien rencontré. Rameau
le neveu est un homme de génie de cette classe, c'est-à-dire
un fou quelquefois amusant, mais la plupart du temps fatigant et insupportable. Ce qu'il y a de pis, c'est que Rameau
le fou meurt de faim, comme il conste par une production de
sa muse qui vient de paraître. C'est un poëme en cinq chants,

intitulé *la Raméide*. Heureusement ces cinq chants ne tiennent
pas trente pages in-12. C'est le plus étrange et le plus ridicule
galimatias qu'on puisse lire...

— Ma foi, j'aime mieux ce fou de Rameau le neveu que
ce radoteur de Piron. Celui-ci m'écorche l'oreille avec ses
vers, m'humilie et m'indigne avec ses capucinades ; l'autre
n'a pas fait *la Métromanie* à la vérité, mais ses platitudes
du moins me font rire. Il vient de publier une *Nouvelle
Raméide*. C'est la seconde, qui n'a rien de commun avec la
première que le but de l'ouvrage, qui est de procurer du pain
à l'auteur. Pour cela il avait demandé un bénéfice dans la première *Raméide*, comme chose qui ne coûterait rien à personne, et tout disposé à prendre le petit collet. Dans la
seconde, il insiste encore un peu sur le bénéfice, ou bien il
propose pour alternative de rétablir en sa faveur la charge de
bouffon de la cour. Il montre très philosophiquement dans
son poëme combien on a eu tort d'abolir ces places, de les
faire exercer par des gens qui n'en ont pas le titre et qui n'en
portent pas la livrée. Aussi tout va de mal en pis, depuis
qu'il n'y a plus de bouffon en titre auprès des rois. Le Rameau
fou a, comme vous voyez, quelquefois des saillies plaisantes
et singulières. On lui trouva un jour un Molière dans sa
poche, et on lui demanda ce qu'il en faisait. « J'y apprends
répondit-il, ce qu'il ne faut pas dire, mais ce qu'il faut faire ».
Je lui observerai ici qu'il fallait appeler son poëme *Ramoïde*,
et non *Raméide* ; la postérité croira qu'il s'appelait La Ramée.

IV. — Notice de Cazotte sur la *Nouvelle Raméide*, in
    Œuvres complètes, 1816, tome III.

« La seconde *Raméide* est une plaisanterie faite par moi
à l'homme le plus plaisant, par nature, que j'aie connu :
il s'appeloit Rameau, étoit neveu du célèbre musicien, avoit
été mon camarade de collège, avoit pris pour moi une amitié
qui ne s'est jamais démentie, ni de sa part, ni de la mienne.
Ce personnage, l'homme le plus extraordinaire que j'aie
connu, étoit né, avec un talent naturel dans plus d'un genre,
que le défaut d'assiette de son esprit ne lui permit jamais

de cultiver. Je ne puis comparer son genre de plaisanterie qu'à celui que déploie le docteur Sterne dans son *Voyage sentimental*. Les saillies de Rameau étoient des saillies d'instinct d'un genre si piquant qu'il est nécessaire de les peindre pour pouvoir essayer de les rendre. Ce n'étoient point des bons mots : c'étoient des traits qui sembloient partir de la plus parfaite connoissance du cœur humain. Sa physionomie, qui étoit vraiment burlesque, ajoutoit un piquant extraordinaire à ses saillies, d'autant moins attendues de sa part, que, d'habitude, il ne faisoit que déraisonner. Ce personnage né musicien, autant que son oncle, ne put jamais s'enfoncer dans les profondeurs de l'art; mais il étoit né plein de chant, et avoit l'étrange facilité d'en trouver, impromptu, de l'agréable et de l'expressif sur quelques paroles qu'on voulût lui donner; mais il eût fallu qu'un véritable artiste eût arrangé et corrigé ses phrases, et composé ses partitions. Il étoit de figure aussi horriblement que plaisamment laid, très souvent ennuyeux, parce que son génie l'inspiroit rarement : mais si la verve le servoit, il faisoit rire jusqu'aux larmes. Il vécut pauvre, ne pouvant suivre aucune profession. Sa pauvreté absolue lui faisoit honneur dans mon esprit. Il n'étoit pas né absolument sans fortune; mais il eût fallu dépouiller son père du bien de sa mère, il se refusa à réduire à la misère l'auteur de ses jours, qui s'étoit remarié et qui avoit des enfans. Il a donné en plusieurs occasions des preuves de la bonté de son cœur. Cet homme singulier vécut passionné pour la gloire, qu'il ne pouvoit acquérir dans aucun genre. Un jour, il imagina de se faire poète, pour essayer de cette façon de faire parler de lui. Il composa un poëme sur lui-même, qu'il intitula la *Raméide*, et qu'il distribua dans tous les cafés; mais personne n'alla le chercher chez l'imprimeur. Je lui fis l'espièglerie de composer une seconde *Raméide*, que le libraire vendit à son profit. Rameau ne trouva pas mauvais que j'eusse plaisanté de lui, parce qu'il se trouva assez bien peint.

Il est mort aimé de quelques uns de ceux qui l'ont connu, dans une maison religieuse, où sa famille l'avoit placé, après quatre ans d'une retraite qu'il avoit prise en gré et ayant gagné le cœur de ceux qui d'abord avoient été ses geôliers. Je lui fais ici avec plaisir sa petite oraison funèbre, parce que je tiens encore à l'idée qu'il m'a laissée de lui ».

V. — Extrait de Sébastien MERCIER, *Tableau de Paris*, nouvelle édition, Amsterdam, 1788, tome XII, p. 110-4 (Rameau).

« ... Je ne comprenois rien à la grande renommée de Rameau : il m'a semblé depuis que je n'avois pas alors un si grand tort.

J'avois connu son neveu, moitié abbé, moitié laïque, qui vivoit dans les cafés, et qui réduisoit à la mastication tous les prodiges de valeur, toutes les opérations du génie, tous les dévouements de l'héroïsme, enfin tout ce que l'on faisoit de grand dans le monde. Selon lui, tout cela n'avoit d'autre but ni d'autre résultat que de placer quelque chose sous la dent.

Il prêchoit cette doctrine avec un geste expressif, et un mouvement de machoire très-pittoresque ; et quand on parloit d'un beau poème, d'une grande action, d'un édit : tout cela, disoit-il, depuis le maréchal de France jusqu'au savetier, et depuis Voltaire jusqu'à Chabane ou Chabanon, se fait indubitablement pour avoir de quoi mettre dans la bouche, et accomplit les loix de la mastication.

Un jour, dans la conversation, il me dit : mon oncle musicien est un grand homme, mais mon père violon étoit un plus grand homme que lui ; vous allez en juger : c'étoit lui qui savoit mettre sous la dent ! Je vivois dans la maison paternelle avec beaucoup d'insouciance ; car j'ai toujours été fort peu curieux de sentineller l'avenir ; j'avois vingt-deux ans révolus, lorsque mon père entra dans ma chambre, et me dit : — Combien de tems veux-tu vivre encore ainsi, lâche et fainéant ? il y a deux années que j'attends de tes œuvres ; sais-tu qu'à l'âge de vingt ans j'étois pendu, et que j'avois un état ? — Comme j'étois fort jovial, je répondis à mon père : — C'est un état que d'être pendu ; mais comment fûtes-vous pendu, et encore mon père ? — Ecoute, me dit-il, j'étois soldat et maraudeur ; le grand prévôt me saisit et me fit accrocher à un arbre; une petite pluie empêcha la corde de glisser comme il faut, ou plutôt comme il ne falloit pas; le bourreau m'avoit laissé ma chemise, parce qu'elle étoit trouée; des houzards passèrent, ne me prirent pas encore ma chemise, parce qu'elle ne valoit rien, mais d'un coup de sabre ils coupèrent ma corde, et je tombai sur la terre; elle étoit humide : la fraîcheur réveilla mes esprits; je courus en chemise vers un bourg voisin, j'entrai dans une taverne, et je dis à la femme : ne vous effrayez pas de me voir en chemise, j'ai mon bagage derrière moi : vous saurez... Je ne vous demande qu'une plume, de l'encre, quatre feuilles de papier, un pain d'un sou et une chopine de vin. Ma chemise trouée disposa sans doute la femme de la taverne à la commisération; j'écrivis sur les quatre feuilles de papier : *Aujourd'hui grand spectacle donné par le fameux Italien; les premières places à six sous, et les secondes à trois. Tout le monde entrera en payant.* Je me retranchai derrière une tapisserie, j'empruntai un violon, je coupai ma chemise en morceaux; j'en fis cinq marionnettes, que j'avois barbouillées avec de l'encre et un peu de mon sang, et me voilà tour-à-tour à faire parler mes marionnettes, à chanter et à jouer du violon derrière ma tapisserie.

J'avois préludé en donnant à mon violon un son extraordinaire. Le spectateur accourut, la salle fut pleine; l'odeur de la cuisine, qui n'étoit pas éloignée, me donna de nouvelles forces; la faim, qui jadis inspira Horace, sut inspirer ton père. Pendant une semaine entière, je donnai deux représentations par jour, et sur l'affiche point de *relâche*. Je sortis de la taverne avec une casaque, trois chemises, des souliers et des bas, et assez d'argent pour gagner la frontière. Un petit enrouement, occasionné par la pendaison, avoit disparu totalement, de sorte que l'étranger admira ma voix sonore. Tu vois que j'étois illustre à vingt ans, et que j'avois un état; tu en as vingt-deux, tu as une chemise neuve sur le corps; voilà douze francs, sors de chez moi.

Ainsi me congédia mon père. Vous avouerez qu'il y avoit plus loin de sortir de là que de faire *Dardanus* ou *Castor et Pollux*. Depuis ce tems là je vois tous les hommes coupant leurs chemises selon leur génie, et jouant des marionnettes en public, le tout pour remplir leur bouche. La mastication, selon moi, est le vrai résultat des choses les plus rares de ce monde. Le neveu de Rameau, plein de sa doctrine, fit des extravagances et écrivit au ministre, pour avoir de quoi mastiquer, comme étant fils et neveu de deux grands hommes. Le S. Florentin qui, comme on sait, avoit un art tout particulier pour se débarrasser des gens, le fit enfermer d'un tour de main, comme un fou incommode, et depuis ce tems je n'en ai point entendu parler.

Ce neveu de Rameau, le jour de ses noces, avoit ioué toutes les vielleuses de Paris, à un écu par tête, et il s'avança ainsi au milieu d'elles, tenant son épouse sous le bras : *Vous êtes la vertu*, disoit-il, *mais j'ai voulu qu'elle fût relevée encore par les ombres qui l'environnent...* »

LEXIQUE

On se reportera aux dictionnaires et ouvrages suivants désignés par une abréviation :

Ac. 40, 62, 98, 02 = *Le Dictionnaire de l'Académie française,* 3ᵉ édition, 1740 ; 4ᵉ édition, 1762 ; 5ᵉ édition, 1798 ; 5ᵉ édition revue et augmentée, Germinal An X (1802).

Des. = abbé Pierre-François Guyot DESFONTAINES, *Dictionnaire néologique à l'usage des beaux esprits du siècle,* 7ᵉ édition, 1756

Féraud = abbé Jean-François FÉRAUD, *Dictionnaire critique de la langue française,* 1787-88, 3 vol. in-4°.

Fur. = FURETIÈRE, *Dictionnaire universel,* La Haye, 1690, 3 vol.

Leroux = Philibert-Joseph LEROUX, *Dictionnaire satyrique, comique, critique, burlesque, libre et proverbial,* Lyon, 1739, et Pampelune, 1786, 2 vol.

Mercier = Louis-Sébastien MERCIER, *Néologie ou vocabulaire des mots nouveaux,* Paris, 1801.

Molard = Etienne MOLARD, *Lyonnoisismes ou recueil d'expressions vicieuses usitées à Lyon,* 3ᵉ édition, 1792.

Panc. = André-Joseph PANCKOUCKE, *Dictionnaire des proverbes français et des façons de parler comiques, basses et familières,* 1749.

Gohin = Ferdinand GOHIN, *Les transformations de la langue française pendant la deuxième moitié du XVIIIᵉ siècle (1740-1789),* Paris, 1903.

Br. VI = Ferdinand BRUNOT, *Histoire de la langue française des origines à 1900,* tome VI (2 parties, 4 volumes), Paris, 1930-1933 (avec la collaboration de MM. Max Fuchs et Alexis François).

Les chiffres placés après l'exemple en italiques, renvoient à la page.

ABJECT. Au sens étymologique : rampant et vil. *Je veux bien être abject,* 46. (Les images s'ordonnent en conséquence : Je veux bien *descendre* de ma dignité... *ramper... l'allure du ver,* etc... Elles reparaîtront, comme un leit-motiv, tout au long du dialogue. Pour Rameau-Diderot les senti-

Beaumarchais

ments influent sur l'allure et réciproquement. Et c'est à partir de l'allure que l'on a nommé d'abord les sentiments).

ACHEVER. On dit figurément et familièrement, *voilà de quoi m'achever*, pour dire : voilà de quoi consommer ma ruine, mon malheur (Ac. 98). (Et tout aussi bien : mon ivresse, ma folie, ma sottise). *Cette musique de Duni m'a achevé*, 77.

ADRESSER, v. n. Toucher droit où l'on vise. (Ac. 62). *Si j'adresse à la bonne heure*, 82 = si je vise heureusement, si je tombe juste.

AFFLIGER. Au sens moderne, affaibli, de *fâcher*. *Nous n'affligeons personne*, 58.

ALIÉNATION. Au sens figuré de *folie*, le mot ne s'emploie au XVIIIe siècle que dans la locution complète : *aliénation d'esprit*, 83.

APPLIQUER (S'), v. pron. Au sens technique, non moral, dans la phrase : *A quoi que l'homme s'applique*, 103 = applique son activité.

ARPENTER, 5. Donné comme familier, au sens figuré, par Ac. 62.

ARRÊTER, v. tr. Retenir l'intérêt, fixer l'attention de quelqu'un. *Si vous le rencontrez jamais et que son originalité ne vous arrête pas...*, 4 = ne vous retienne pas (et non pas : ne vous rebute pas !) Cf. 5 : *Ils m'arrêtent une fois l'an, quand je les rencontre*.

ATTRAPER, v. tr. Se dit figurément en choses morales (Fur.). Ac. 62 donne de nombreux exemples : attraper le caractère, les manières, la ressemblance. De même : *Attraper supérieurement le ridicule*, 61.

AVANIE. Selon Ménage, ce terme, dérivé de l'hébreu aven : iniquité, serait entré dans la langue au XVIe siècle par l'intermédiaire de l'italien. Fur. le définit au sens propre : affront ou exaction exercés par un mahométan sur un chrétien. Par extension : affront ou sévices particulièrement humiliants. *Je leur rendrois bien les avanies qu'ils m'ont faites*, 38.

BARACAN. Molard signale le mot ainsi orthographié parmi les provincialismes. Pour Fur. c'était déjà une forme archaïque du mot *bouracan*, qu'il définit « gros camelot, ou étoffe tissue de poil de chèvre, qui sert à faire les manteaux de pluie ». L'article bouracan de l'*Encyclopédie* donne tous détails sur le tissage de cette étoffe fort grossière. *J'étais en surtout de baracan,* 24.

BASSE-TAILLE. La taille étant le registre intermédiaire entre le dessus et la basse, il y a des voix de haute et de basse-taille, 83.

BÂTON (Tours du). On appelle figurément le tour du bâton ce que les gens prennent au delà de leurs droits (Ac. 98). D'après Leroux, « c'est le savoir-faire d'une personne, les profits qu'elle a l'adresse de faire dans son métier ». Selon Fur., ce bâton serait celui du prestidigitateur qui permet de faire disparaître les objets, sans qu'on s'en aperçoive ; mais il propose aussi d'autres explications. Dans son *Esope à la cour* (Acte IV, Scène 5), Boursault met en scène un traitant, M. Griffet, qui emploie une quarantaine de vers pour expliquer à Esope le sens de cette locution, alors toute nouvelle. Cette scène de comédie parait en avoir assuré définitivement la vogue. Diderot se réfère non seulement à ce passage, mais à tout le contexte, lorsqu'il fait exposer à Rameau la théorie des *idiotismes moraux.* L'exercice de chaque profession comportant la pratique des *tours du bâton,* il ne manque pas d'en avertir le général Betzky, en ce qui concerne les sculpteurs Bouchardon, Pigalle et Le Moyne, concurrents possibles pour son ami Falconet (Paris, 1766, XIX, 481). Et il en tire la philosophie dans ce passage : « D'où vous voyez que ces exceptions à la conscience générale, ou ces idiotismes moraux dont on fait tant de bruit, sous la dénomination de *Tours du bâton,* ne sont rien ». 38.

BAVARDER, v. tr. *Je bavardais quelques nouvelles,* 33. Malgré les scrupules de Féraud et des puristes, qui condamnent la construction objective des verbes neutres, Diderot donne une large extension à cette « cacographie », en laquelle il a des prédécesseurs aussi autorisés que Boileau (*Ep.* IX, v. 84, ... Sait d'un air innocent *bégayer sa pensée*). Cf. Br. VI, 1745 sq.

BÉGAYER. Quelquefois actif, dit Ac. 62 : bégayer sa harangue. *Je lui bégaye de la voix...,* 92. V. bavarder.

BÉGUEULE. C'est une niaise « de basse condition », qui a
la gueule bée ou ouverte ; de là, qui fait l'étonnée à tout
propos (Fur.). *Vis-à-vis, c'est une bégueule qui joue l'importance,*
48 : la pruderie de Mademoiselle Hus n'en est pas plus
grande pour autant !

BÉLITRE. « Vieux mot, dit Mercier, pour désigner un fainéant qui mendie ou qui emprunte, fuyant toute espèce
de travail. Il est bien à ressusciter de nos jours, ce mot-là. »
Et avec moi tant d'autres bélitres tels que moi..., 64.

BIÈRE. Cette espèce de boisson, « fort commune » (Ac. 62)
a gardé la mauvaise réputation qu'elle avait dans la poésie
satirique du XVIIᵉ siècle. Comme Fur., Ac. 98 cite toujours
comme dicton : une enseigne à bière, pour dire « un portrait mal fait ou ridicule ». Il attend le jour entre un morceau
de pain et un *pot de bière,* 5.

BISTOURNER, v. tr. ou pron. (se bistourner). Il est emprunté
figurément par la gouaille populaire au vocabulaire de la
médecine vétérinaire, où il désigne une opération, fort
explicitement décrite par Fur. et Ac. 62, que l'on fait
subir aux chevaux pour les rendre impropres à la génération (bis-tourner). *Il serait bien singulier que j'allasse me
tourmenter comme une âme damnée pour me bistourner,* 44.

BLAMER, v. tr. Blâmer se dit d'une peine infamante ordonnée
en justice pour quelque action dont on fait faire réparation
d'honneur, en présence des juges et de quelques témoins
mandés exprès (Fur.). La procédure était sortie d'usage ;
Ac. 62 en parle au passé : « En termes de palais, blâmer se
disait lorsque le juge faisait publiquement une réprimande
à une personne qui avait commis quelque contravention
aux lois et aux ordonnances. Etre blâmé en justice porte
note infamante. » *Ils furent blâmés tous deux,* 101.

BOTTES. 1). *Cela se réveille à propos de bottes,* 21. A propos de
bottes, dit Panc., c'est-à-dire à propos de rien. Mais les
dictionnaires du XVIIIᵉ siècle, pas plus, d'ailleurs, que
Fur., n'expliquent l'origine de ce dicton. Peut-être faut-il
la chercher dans un chapitre du *Roman Comique* (*Des
bottes,* IIᵉ partie, chap. II), qui est fait de mésaventures et
de propos assez oiseux, à partir d'une histoire de bottes.

2.) *Aujourd'hui... que vous avez du foin dans vos bottes,* 29.

Fur. donne la nuance exacte de cette locution « proverbiale et populaire » : du foin (et non de la paille) dans ses
bottes. Ne se dit que de ceux qui sont venus de bas lieu
et qui ont fait de grandes fortunes. « Cela se dit ordinairement en mauvaise part, et d'un gain illicite », croit devoir
préciser Ac. 62.

BRANLE, s. m. Espèce de danse de plusieurs personnes qui
se tiennent par la main et qui se mènent tour à tour (Ac. 62).
Fur. décrit complaisamment cette danse, par où on commence tous les bals et qu'on danse en rond, non en avant.
... *La pantomime des gueux est le grand branle de la terre*, 105.

CACHET. *Mon écolière me présentait le petit cachet*, 34. Dans cette
acception, le mot est un néologisme, que n'a pas encore
enregistré Ac. 02. Il désignait d'abord la marque apposée
par le professeur sur la carte où il faisait le relevé de ses
leçons ; puis, la rétribution correspondant à chaque
cachet (cf. Br., VI, 1355).

CAGNIARD, n. pr. *Il faudrait ou l'étouffer, ou le jeter au Cagniard*,
9. Ce mot estropié dans les premières éditions du *Neveu*,
ou fautivement orthographié au pluriel, a donné lieu à
des contre-sens, qu'il est inutile de rappeler. Le substantif
cagnard (littéralement : fils de cagne) avait pris, très vite,
une valeur d'adjectif : fainéant qui se traîne au coin du
feu, comme un chien ; d'où s'accagnarder. Le terme
Cagniard est expliqué par le *Dictionnaire* de Trévoux (1751)
comme un « vieux mot » qui signifiait autrefois « un lieu
malpropre », un chenil. Mais les rédacteurs du *Dictionnaire*
se contentent, en l'espèce, de démarquer Fur. Or, Fur.,
d'après un texte de Pasquier (*Recherches*, VIII, chap. XLII),
propose pour ce mot un autre sens, local et parisien, celui-
là : « Pasquier dit que le Cagniard était un lieu sous les
ponts de Paris, où s'assemblaient gueux et fainéants (les
cagnards). La police avait interdit ces assemblées sous
peine de fouet. » L'expression : *jeter un enfant au Cagniard*
avait vraisemblablement subsisté, au moins dans la pègre.
Elle pouvait signifier : ou exposer un enfant et l'abandonner
aux truands ou, tout simplement, le noyer : des cadavres
de nouveaux-nés devaient être assez souvent retirés du

Cagniard. D'où la suite : « ... *Qu'en concluez-vous ? qu'il est bon à noyer.* » Selon une note de A. Franklin (*Les anciens plans de Paris*, II, 72) citée par Monval, le Caigniard, Cagnart, ou Abreuvoir Mascon se trouvait sur la rive gauche de la Seine, en amont de la Cité. « D'une manière générale, on donnait le nom de Cagnards aux retraites immondes où se réfugiaient, pendant la nuit, les fainéants et les vagabonds et, plus spécialement, aux arcades ménagées sous les maisons qui bordaient la Seine. Tout le monde, ajoute Monval, se souvient ou a entendu parler des Cagniards de l'Hôtel-Dieu ».

CASCADE. *De cascade en cascade*, 102. Selon Leroux, le mot se dit couramment pour chute, trébuchement.

> Il cria, *faisant la cascade*,
> Ami Phoebus, cher camarade
> (*Virgile Travesti*, livre V.)

Au figuré, le mot signifie aussi : bévue, faute de jugement.

CATONISER, v. intr. Montrer de l'austérité, dit Gohin, qui renvoie à ce passage du *Neveu*, 46. Le verbe n'est pas relevé par Ac. 02, ni même par Mercier.

CELA. *C'est que cela décide; que cela décide toujours*, 48. L'emploi du démonstratif neutre pour désigner une personne est, naturellement, très péjoratif et familier ; mais il convient admirablement dans le cas de Bertin, qui ressemble plus à un automate qu'à un homme. Rameau le reprendra dans le portrait en vis-à-vis de Mlle Hus, qui, elle, *est plus méchante, plus bête et plus fière qu'une oie*. En parlant d'enfants le même *cela* est protecteur, vaguement attendri. Cf. p. 30.

CHAISE. *Je me jetais dans une chaise*, 33. Une chaise est un siège qui a un dos, et quelquefois des bras (Ac. 62).

CHARIVARI. Cette onomatopée, à laquelle les étymologistes du XVIIᵉ siècle cherchaient, en grec ou ailleurs, des origines fort pédantes, s'applique proprement à l'aubade burlesque qu'on donne aux veufs qui se remarient, mais est d'un emploi courant depuis le XVIᵉ siècle, pour désigner figurément « toute sorte de bruit, de crierie, de querelle entre petites gens » (Ac. 62). *La sottise est si commune... qu'on ne la réforme point sans charivari*, 9. *Un charivari de toutes sortes de bruits confus*, 59. *Un charivari de diable*, 79.

CHIFFONNER, v. tr. et intr. *On aime mieux perdre son temps... à chiffonner*, 34. Le mot était signalé comme un néologisme « badin », dans le catalogue des « synonymes de style » que Mauvillon avait inséré, en 1751, dans son *Traité du Style*. « Froisser une étoffe, du linge, est du style sérieux. En badinant, on dit : *chiffonner*, *foupir* ». (Cité par Br., VI, 1019).

CLAQUER, v. tr. et intr. *Cet imbécile parterre les claque à tout rompre*, 54. Dans le sens d'*applaudir*, ce verbe appartient à l'argot du théâtre. Mercier semble le signaler comme sorti d'usage, à la fin du siècle : « Il fut un temps où les Parisiens *claquaient* pour la reine et pour les princes..., quand l'acteur paraissait en scène ,etc. ». Br., VI, 1746, donne cet exemple du même Mercier, *Tableau*, III, 27 : « Ils claquent les vers et la prose dans toutes les séances académiques ».

COHUE. *Les cohues Bertin, Monsauge et Vilmorien se réunissent*, 57. Rameau joue sur le sens du mot qui signifiait autrefois, et peut-être encore dans sa province : l'*assemblée* des officiers de justice ou l'affluence du peuple au lieu de justice dit cohue (v. Fur., qui donne la vieil e etymologie fantaisiste : co-ire) et, figurément, « une assemblée où tou. le monde parle tumultuairement en confusion » (Ac. 62).

COMPARAISON. *A comparaison de moi*, 47. Cette locution est, probablement, un provincialisme, car les dictionnaires donnent seulement *en comparaison* de...

COMPOSÉ. *C'est un composé de hauteur et d· bassesse*, 4. L'emploi de cet adjectif substantivé, longtemps confiné dans ses acceptions purement scientifiques, ne s'est étendu au vocabulaire moral que vers la fin du XVIIIe siècle. Ac. 02 donne comme exemple : « Cet homme est un *composé* de hauteur et de faiblesse ».

CONTE. Surtout au pluriel, ce mot se dit des médisances, des railleries. *On fait d'étranges contes de cette femme-là...* (Fur.). *Nous ferons des contes*, 38, 39. *Il nous régale de ses contes cyniques*, 58. *On n'en ferait pas de bons contes*, 68, etc.

CONTENDANT. Mot savant, donné comme du vocabulaire juridique par Fur. et Ac. 62. Rameau l'emploie plaisamment dans une bataille métaphorique : ... *tomber subitement comme une comminge au milieu des contendants*, 50.

CONTRAINDRE. Serrer, presser, mettre à l'étroit, en parlant d'un habit, d'un vêtement, etc. (Ac. 62). *La posture contrainte*, 104.

CONVULSIONNAIRE. « Du temps du diacre Pâris, l'on vit des hypocrites, soudoyés ou non soudoyés, se *convulser* sur un tombeau, et imiter les soubresauts des plus fameux saltimbanques » (Mercier). On a donné le nom de convulsionnaires « à quelques fanatiques modernes » (Ac. 62). *Les miracles des consulvionnaires*, 58.

CORBIN. *Une canne en bec de corbin*, 24. Fur. ne connait encore l'expression *bec de corbin* (vieux mot pour *corbeau*) que pour désigner une arme : une hallebarde d'apparat que portaient les cent gentilshommes de la maison du roi, dits, pour cette raison, gentilshommes au bec de corbin. Au début du XVIIIᵉ siècle la mode étendit le terme à des cannes précieuses, « qui sont appelées à bec de corbin de leurs pommes ou d'or, ou d'ivoire, ou d'écaille, ou de porcelaine, taillées selon cette figure » (*Encyclopédie*, Art. *Corbin*).

CRI. *Jeter les hauts cris*. L'expression, venue de la chasse, signifie simplement, selon Ac. 62, *se plaindre à haute voix*. Mais son caractère stéréotypé explique les variations orthographiques qu'elle revêt sous la plume de Diderot, 68-69.

CROQUE-NOTES. Ce substantif composé dont Br. VI, 1318, signale la première apparition en 1767 (?) (probablement dans Jean-Jacques ROUSSEAU, *Confessions*, VIII : je ne fus jamais un grand croque-note), est défini de la sorte par Ac. 98 : « On appelle ainsi un musicien de peu de talents, mais qui lit couramment la musique la plus difficile ». *De misérables croquenotes*, 24.

CROQUIGNOLE. Espèce de chiquenaude ou de nasarde ; c'est un coup qui se donne sur le visage, en lâchant avec violence un doigt qu'on a posé sur un autre (Fur.). Leroux estime que « la croquignole cause beaucoup plus de mal que la chiquenaude ». Les dictionnaires renvoient au premier intermède du *Malade Imaginaire* (voir l'article très documenté de LIVET, *Lexique*..., sur le mot croquignole). Mais on appelait aussi du même nom une patisserie sèche et croquante. D'où le traditionnel jeu de mots : *Offrez-lui une croquignole sur le bout du nez...*, 45.

DÉBITER, v. tr. Figuré et familier, en parlant de langage, de nouvelles, Ac. 62. (Cf. le substantif *débit*). *Je n'entends pas grand'chose à ce que vous me débitez là*, 15.

DÉCIDER, v. tr. Terminer une contestation, arrêter une décision. On décide une contestation et une question ; on juge une personne et un ouvrage (Ac. 02). *C'est que cela décide...*, 36. De même le participe décidé : *Il n'est pas assez décidé qu'il soit un homme de génie...*, 11 ; *La supériorité des talents de la Dangeville et de la Clairon est décidée...*, 56.

DÉCORATION. Terme de théâtre (Ac. 62), appliqué ,par extension, non au décor, mais au costume. *Puis, tout à coup, changeant de décoration*, 52.

DÉCRIER. Défendre le cours, l'usage de quelque chose, par cri (décrier une monnaie, une marchandise) et, figurément, discréditer (Ac. 62). *L'homme de génie qui décrie une erreur générale...*, 10.

DÉPLOYER. Se dit, au propre, d'un étendard, d'une voile et, au figuré, de l'éloquence qu'on déploie pour en faire parade (Ac. 62). *Rameau, qui a une voix de tonnerre, déploie son tonnerre*, comme un Jupiter de comédie, 49.

DESSUS, s. m. La partie la plus haute d'une partition. *Une des parties du dessus*, 76.

DÉTESTABLE. Exécrable (Ac. 62). L'adjectif doit être pris dans son sens fort : à maudire, à frapper d'interdit. *Les gens de génie sont détestables*, 9.

DEVOIR. Fonction, destination naturelle, sans idée d'obligation morale. *Chacun à son devoir*, 103.

DIABLE, 1). *Que diable de*. Ni dictionnaires, ni grammaires ne relèvent cette locution interjective, qui n'est peut-être qu'un provincialisme. *Que diable de fantaisie*, 71 ; *Que diable d'économie*, 103.

2). *Au diable, au verd*, 100. Corruption populaire de la très ancienne locution *au diable Vauvert*. Sur les diables du château de Vauvert, Monval renvoie aux *Essais sur Paris* de Saint-Foix.

DIÈTE. Régime de vivre qui règle le boire et le manger (Ac. 62). *La diète austère de votre Diogène*, 107.

DÎNER. « Les maçons, disait Fur., dînent à 10 heures, les moines à 11, le peuple à 12, les gens de pratique (robins et commerçants) à 2 heures ». Au XVIIIe siècle, le dîner avait tendance à se faire « beaucoup plus tard » (Ac. 62). L'après-dîner s'étend de trois heures à six heures. *Un après-dîner, j'étais là*, 4.

DISCRÉTION. Discernement, libre choix. Se remettre à la discrétion de quelqu'un veut dire s'en rapporter à son jugement (Ac. 62). *Je veux bien oublier ma dignité, mais à ma discrétion*, 47.

DISLOQUER. Le mot appartient encore, au XVIIIe siècle, au vocabulaire de la médecine, comme un équivalent technique de déboiter. D'où la force de l'expression : *en se disloquant le corps et l'esprit*, 47.

DISSEMBLER. *Rien ne dissemble plus de lui que lui-même*, 4. Ac. 62 et 98, de même que Mercier, donnent bien *dissemblable* et *dissemblance*, mais non *dissembler*. Ce verbe est un néologisme dont se moque encore De Saur, faisant semblant de croire que Diderot n'a pu écrire un tel galimatias ! (Lettre au rédacteur du *Corsaire*, 3 août 1823. Cf. Assézat, V, 371).

DISSONANCE. Ac. 62 ne connaît le mot que comme « terme de musique » ; Ac. 98 enregistre son premier emploi figuré : dissonance de ton dans le style. Le musicien Rameau lui donne une extension beaucoup plus imagée : *Des dissonances dans l'harmonie sociale*, 94. On relèvera des métaphores analogues tout au long du paragraphe : *marquer la juste mesure... ; accords parfaits..., faisceau, rayons* (Cf. *leçons de clavecin*, XII, 194 : « Il en est du son comme de la lumière... Un son, *ainsi qu'un rayon*, est un *faisceau* d'autres sons qu'on appelle des harmoniques. »)

DOGUIN. Ce petit dogue, « qui s'apprivoise facilement » (Ac. 62), signalé par Buffon comme le croisement du dogue d'Angleterre et du petit Danois, est le chien d'appartement à la mode, depuis 1740. *Un jeune doguin*, 34.

DONNER, en donner (des étrivières). L'emploi explétif de ce verbe est courant : *donner sur les oreilles* (Ac. 62) ; *nous en donnerons sur dos et ventre*, 39.

Doubler. *On ne sait qui le doublera*, 33. Doubler un rôle, un acteur, pour dire « jouer un rôle au défaut de l'acteur qui en est chargé en premier » appartient au jargon du théâtre. Enregistré en ce sens par Ac. 62.

Échapper (S'), v. pron. S'emporter inconsidérément à dire ou à faire quelque chose contre la raison ou la bienséance (Ac. 62). *Vous vous seriez échappés en éclats de rire*, 84.

Échiner, v. tr. Familier pour rompre l'échine. Signifie figurément (argot militaire) tuer, assommer quelqu'un dans un combat, une déroute. « Il veut aller à la guerre se faire échiner » (Ac. 62). *Au hasard de se faire échiner*, 52.

Egosiller (S'), v. pron. Ac. 62 et 98 indiquent encore le vieux sens du verbe égosiller = égorger, en spécifiant qu'il ne s'emploie plus que sous la forme pronominale et dans le sens figuré que lui donnaient au xviie siècle les langages familier et burlesque. *Cent prêtres s'égosillent pour lui*, 25 ; *Tantôt, s'égosillant et contrefaisant le fausset...*, 83.

Empesé. On dit figurément et familièrement qu'un homme, une femme sont empesés, lorsqu'ils ont l'air trop composé et des manières affectées (Ac. 62). *... Cette emphatique Clairon plus maigre..., plus empesée qu'on ne saurait dire*, 54.

Encanailler (S'). Hanter de la canaille, avoir commerce avec elle (Ac. 62). *... Lorsqu'ils se sont encanaillés*, 68.

Énergie. Efficace, vertu, force. Ce mot se dit principalement du discours, de la parole (Ac. 62). Fur. ne signalait son emploi que dans le domaine de la rhétorique et de l'art. Son extension à la conduite « dans les choses publiques et privées » n'apparaît que dans Ac. 98. Encore n'est-il guère employé isolément. Rameau prend naturellement le mot *énergique* dans son sens technique, la flatterie étant promue par lui au rang des beaux-arts. *L'énergie de cette dernière attitude là*, 50.

Énergumène. Seulement au sens théologique : possédé du diable ; *exorciser un énergumène*, dans Ac. 62. « On le dit au figuré d'un homme qui se livre à des mouvements excessifs d'enthousiasme, de colère » (Ac. 98). *Il a l'air d'un énergumène*, 59. *Avec l'air d'un énergumène*, 84.

ENNUYÉ. Comme le substantif *ennui*, le participe adjectif *ennuyé* garde parfois un sens très fort dans le *Neveu de Rameau*. Il équivaut, à peu près, à *excédé*, dans la phrase : *L'hôtesse ennuyée d'attendre son loyer...*, 5. Plus loin, s'ennuyer signifie se décourager, se plonger dans le marasme : *On a pitié de soi, et l'on s'ennuie*, 40. D'autres fois, au contraire, on est tout près du sens affaibli moderne : *Ils s'ennuyent comme des chiens*, 50. *Les vieilles perruques... s'ennuyent et baillent*, 62.

ENTORTILLAGE. Néologisme plaisant, fort à la mode, vers 1760 (Mme du Deffand à Mlle de Lespinasse, 13 février 1754 : « sans prétention et sans entortillage »). Rousseau préfère : *tortillage* (« On chantait quelque vieille chanson, qui valait bien le *tortillage* moderne ». *Rêveries, Ve Promenade*), qu'Ac. 98 définit : *façon d'exprimer confuse et embarrassée*, tandis qu'au lieu d'entortillage, ce dictionnaire (comme Ac. 62) donne seulement *entortillement*. En revanche, Mercier, pour illustrer le néologisme entortillage, cite un discours de Mirabeau : « Je suis décidé à déjouer tous les reproches tant répétés d'évasion, de subtilité, d'*entortillage* ». *Ce que je conçois clairement à tout cet entortillage*, 36.

ENTOUR, s. m. *Il eût été mieux pour ses entours*, 13. Le mot, que Fur. signale vieilli comme préposition ou même adverbe, a connu une nouvelle vogue comme substantif (d'ordinaire au pluriel) : *les entours d'une place* (Ac. 62). « On dit figurément *les entours de quelqu'un*, pour dire ceux qui vivent dans sa familiarité, dans sa société intime, et qui ont quelque crédit sur lui » (Ac. 98). Gohin, p. 29, signale d'autres exemples du mot ainsi employé chez Beaumarchais (au singulier !) et chez Dorat. Alentour a suivi entour dans cette transformation : la première application aux personnes en est signalée, à la date de 1775, dans MIRABEAU, *Despotisme*, p. 229 : « Tous ses alentours le trompent à l'envi ». Féraud considère cet emploi comme un barbarisme. (Cf. Br., VI, 1315).

ENTRAILLES. *Pas d'entrailles à la vérité*, 54. Jargon de théâtre. On dit qu'un acteur a des entrailles et cela signifie qu'il s'affecte de la situation de la pièce, et la rend avec chaleur et vérité (Ac. 62).

Ereinté ou Erinté. *Une redingote de pluche grise..., éreintée par un des côtés*, 29. Le participe adjectif, non relevé dans cet emploi par les dictionnaires, paraît avoir à peu près le sens de : *élimé* ou plutôt : *éraillé*, terme technique en usage dans les manufactures d'étoffes, qui se dit, selon l'*Encyclopédie*, « lorsque la laine du filé a été enlevée de dessus la soie qui la portait, et que l'on voit cette soie à découvert ».

Esquiver, v. tr. et intr. *L'art d'esquiver à la honte...*, 94. Ce verbe, donné comme actif par Ac. 62 et 98, s'emploie aussi, selon ces dictionnaires, absolument : Il poussa son cheval contre moi : j'esquivai adroitement. Cf. La Fontaine, *L'Ours et l'amateur des jardins* : « L'homme eut peur : mais comment esquiver ? » Dans cet exemple de Diderot, la construction peut s'interpréter en donnant à la préposition *à* le sens de *ad* : devant. Monval rapproche de Montaigne : « Il faut eschever aux coups que nous ne saurions parer ». Synonyme d'échapper.

Espèce. 1). *Songeons au bien de notre espèce*, 14. Les locutions : notre espèce, l'espèce humaine, si caractéristiques de la phraséologie de Diderot, doivent leur essor à la philosophie des lumières : les dictionnaires du XVIIIe siècle ne leur accordent pas encore une attention particulière.
2) *Oui, grosse comtesse ; c'est vous qui avez tort, lorsque vous rassemblez ce qu'on appelle, parmi les gens de votre sorte, des espèces*, 69 ; *Ce que nous appelons des espèces*, 90. Comme ces deux exemples le soulignent, le mot *espèce*, ainsi entendu, appartient au jargon d'une prétendue bonne société, dont Diderot tient à se désolidariser. Le mot a été lancé vers 1740. « L'espèce, dit Duclos, terme nouveau, mais qui a un sens juste, est l'opposé de l'homme de considération ; l'espèce est celui qui n'ayant plus le mérite de son état, se prête encore à son avilissement » (cité par Gohin, 295). On trouve ce mot, à tout moment, dans les lettres de Mme du Deffand ou de Mme Geoffrin, reflet de la langue des salons. Ac. 62 l'enregistre, en l'expliquant de la façon suivante : « On ne le dit d'un homme que par dérision. C'est une pauvre espèce d'homme, une pauvre espèce. » Ac. 98 est plus catégorique : « ... on dit aussi quelquefois une *espèce*, en parlant d'un homme dont on fait peu de

cas : c'est une espèce ; on ne voit chez lui que des espèces. »
Hegel, dans la *Phénoménologie de l'esprit*, relève ce mot et
le commente ingénieusement, mais en le prenant à contre-
sens.

ESPRIT. *Si l'on peut être homme d'esprit..., comme Legal*, 1.
Comme le prouve ici le contexte, l'expression *homme d'esprit* garde l'acception qu'elle avait au XVIIᵉ siècle. Comme
au temps de Furetière, un homme d'esprit reste « un
homme de jugement, de bon sens ». Mais le mot esprit est
en train de prendre une acception tout à l'opposé. « Esprit,
dit Ac. 62, signifie aussi quelquefois la facilité de l'imagination et de la conception. *Il a beaucoup d'esprit mais
point de jugement.* » *Il s'agit de savoir si Piron a plus d'esprit que
Voltaire*, 45. Ac. 02, dans son catalogue des paronymes,
opposera nettement *esprit* à : raison, bon sens, jugement,
entendement, conception, intelligence, génie.

ÉTAMINE. Tissu peu serré (Ac. 62). D'où son emploi courant
comme filtre (passer par l'étamine). Sorte de petite étoffe
mince et qui n'est pas croisée, précise *Enc. Cette veste
d'étamine...*, 95.

ÉTAT. On sait « qu'il y a en France trois sortes d'états :
l'Eglise, l'Epée et la Robe » (MONTESQUIEU, *Lettres Persanes*, XLIV). Mais une vanité bien compréhensible tend
à appliquer le terme à beaucoup d'autres professions.
Rameau l'étend à la sienne : le parasitisme ou pire encore.
C'est un état honnête, 13. *Elles sont d'usage dans mon état*, 35.

ÉTONNER. Emploi plaisant du verbe dans le sens étymologique qu'il est en train de perdre. *Un financier... étonne toute
la rue*, 17.

ÉTUDIÉ. Feint, affecté (Ac. 62). *Cette emphatique Clairon...,
plus étudiée...*, 54.

ÉVENTÉ. Ce vieux mot est resté vivace, malgré la concurrence
que lui faisait *évaporé*, lancé par les Précieuses, « pour
signifier que la cervelle s'est évanouie en vapeur » (SOREL,
Connaissance des Livres, cité par LIVET, *Lexique de la langue
de Molière*). *Une courtisane à l'air éventé...*, 3.

FADAISE. Ce substantif figurait, pour la première fois dans
le *Dictionnaire franco-espagnol* de Jean PALET (1604), puis

dans le *Trésor* de César OUDIN (1607). Ac. 62 le définit par « niaiserie, ineptie, bagatelle, chose inutile et frivole ». *En éloquence, en musique, et autres fadaises comme cela*, 7. (Sur l'idée, cf. La Bruyère I, 7 : « Il y a de certaines choses dont la médiocrité est insupportable : la poésie, la musique, la peinture, le discours public. »)

FAGOTER. Agencer ridiculement et d'une manière bizarre (Leroux). Mal arranger, figuré et familier (Ac. 62). *Fagoter un livre*, 72. *Quand elle fagota son neveu*, 96.

FAISEUR. Ac. 62 et 98 signalent l'emploi péjoratif de ce terme, mais toujours avec un compliment déterminatif : faiseur de livres, de contes. Mercier le relève, pris absolument, comme « terme reçu » et le définit de la sorte : « fabriquant de contes, de discours, etc., au service de quelqu'un ». *Cette musique de Duni et de nos autres jeunes faiseurs*, 59.

FAUSSET. Dessus aigre et ordinairement forcé (Ac. 62). *Contrefaisant le fausset*, 83.

FIACRE. C'est un nom qu'on donnait tant au cocher qu'au carrosse de louage (Ac. 62). Furetière, présentant le mot dans sa nouveauté, en donnait l'origine : l'image de Saint Fiacre qui figurait sur l'enseigne d'un des premiers loueurs de voitures, un certain Sauvage, établi, vers 1640, rue Saint-Martin. La réputation de grossièreté faite aux fiacres fut, de bonne heure, solidement établie. Témoins la dispute de la lingère et du fiacre dans la *Vie de Marianne* et le noir tableau que brossera Mercier de l'ivrognerie des fiacres et de leur brutalité envers leurs « misérables rosses » (*Tableau de Paris*, XLVIII). *Un fiacre de ses amis*, 5.

FIBRE. Ac. 62 et 98 ne donnent le mot que comme terme d'anatomie animale ou végétale. Gohin, relevant ce terme au chapitre des métaphores scientifiques, joint des exemples postérieurs de Linguet et de Rivarol à ces deux exemples du *Neveu* : *une fibre qui ne m'a point été donnée*, 89 ; *la fibre m'a manqué*, 76.

FIGURE. Se prend pour l'extérieur et l'apparence (Leroux). *J'en ai fait réussir qui n'avaient ni esprit, ni figure*, 53. Un peu plus loin, Rameau joue plaisamment sur le mot : ... *Quelques jeunes gens qui ne savent où donner de la tête, mais qui ont de la figure*, 57.

FOIN, FOIN DE... ! Sorte d'interjection qui marque le dépit et la colère. Il est bas (Ac. 62). Fur. rendait compte des origines de cette interjection péjorative : « C'est un bel avocat de *foin*, comme on dit de paille, de bren et autres choses semblables ». *Foin du plus parfait des mondes, si je n'en suis pas !*, 14.

FOURREAU. Enveloppe d'une robe d'enfant (Ac. 62). On appelle fourreaux certaines robes d'enfant (Ac. 98). *Un beau fourreau...*, 92.

FRANC. *Le caractère franc comme l'osier*, 56. « On dit proverbialement qu'un homme est franc comme l'osier, quand il est sincère, pliant, accommodant » (Fur.). Il est évident que le premier adjectif de cette définition jure avec les deux autres et que, dans le dicton, *franc* doit être compris comme l'équivalent de *souple*, non de sincère, ce qui permet de jouer sur la double acception.

FRÉQUENTER, v. tr. et intr. Ac. 62 semble faire une différence de sens entre les deux constructions de ce verbe, *fréquenter avec* ayant une valeur nettement péjorative : fréquenter avec les hérétiques ; il lui est défendu de fréquenter avec ces gens-là. De même, ici : ... *en fréquentant avec des gens tels que ceux qu'il faut voir pour vivre*, 98.

FURETER. Sens figuré. Fouiller, chercher partout avec soin (Ac. 62). *Il fallait fureter dans tous les greniers de Paris*, 65.

GAI. Adjectif à valeur adverbiale. Ac. 62 et 98 signalent l'exclamation : allons gai ! *Allons gai, monsieur le philosophe*, 75.

GAMELLE. Signalé dans Cotgrave (1611) comme un emprunt de l'italien, dérivé du latin camella = coupe d'osier. D'abord terme de marine : une gamelle est une jatte de bois dans laquelle on met le potage destiné pour chaque plat de l'équipage (Fur.). Puis le mot s'est appliqué au récipient avec lequel chaque homme vient puiser à la gamelle : c'est une sorte d'écuelle en bois qui est d'un usage fort ordinaire sur les vaisseaux, et où l'on met la portion de chaque matelot et de chaque soldat (Ac. 62). Mais le sens collectif reste vivace. Pour Mercier, « manger à la gamelle, c'est, dans une prison, manger pêle-mêle et tous ensemble dans une grande jatte de bois, une large soupe à l'eau... » La gamelle devait servir aussi aux distributions de soupes populaires. D'où le dicton : *Tous les gueux se réconcilient à la gamelle*, 62.

GALLE. Ainsi orthographié, c'est un terme de botanique. Se dit de certaines excroissances qui viennent sur les végétaux. Ex. : noix de galle (Ac. 62, qui distingue ce mot de *gale*). *Encore qu'elle ait sur le visage quelques galles*, 48.

GIMBLETTE. Petite pâtisserie dure et sèche, faite en forme d'anneau (Ac. 62), très appréciée des chiens d'appartement. *Il lui donne la gimblette*, 52. (On notera la valeur quasi rituelle de l'article. Cf. *donner la pistole*, etc.).

GRISON. Un homme de livrée qu'on fait habiller de gris pour l'employer à des commissions secrètes (Ac. 62). *Il lui dépêcha un grison*, 101.

GRUE. Un niais, un sot, qui n'a point d'esprit, se laisse tromper (Ac. 62). Ainsi la grue partage-t-elle avec l'oie le privilège de figurer la sottise. Ce qui permet traditionnellement toutes sortes de jeux de mots : « Ce lion qui jamais ne fut grue », dit Marot. Rameau, lui, se souvient d'Aristophane et des *Nuées : j'abandonne aux grues le séjour des brouillards*, 104.

GUINGOIS. Ac. 62 relève le mot comme substantif (travers) et signale la locution adverbiale *tout de guingois*, 90.

HÉTÉROCLITE. Cet adjectif se dit figurément des personnes qui ont quelque chose d'irrégulier et de bizarre dans l'humeur, dans la conduite (Ac. 62). *La pagode hétéroclite...*, 97. Cf. *Le Pauvre Diable*, X, 108 : Ton drame *hétéroclite* Eut-il l'honneur d'un peu de réussite ?

HOCHER, v. tr. et intr. *Hochant de la tête*, 34. *Il se mit à hocher de la tête*, 96. Beaucoup d'éditions corrigent à tort : *hochant la tête*. La construction hocher de la tête n'est signalée, il est vrai, par aucun dictionnaire du temps. Elle est, cependant, fort ancienne. *Hocher du nez* se dit, en termes de manège, d'un cheval qui, par un mouvement des naseaux, essaye de faire jouer le mors qui gêne sa fierté. Montaigne construit volontiers cette locution comme une locution verbale transitive, équivalent imagé de mépriser, dédaigner. Ex. : « Ainsi Diogenes qui baguenaudait apart soy roulant son tonneau et hochant du nez le grand Alexandre... ». (*Essais*, I, L, *De Democritus et Heraclitus*, I, 191). Le Lexique des *Essais* relève deux autres exemples de la locution. Littré signale l'expression : *hocher du nez*, chez Diderot : « Que cet artiste hoche du nez, quand je me mêlerai du technique de son métier, à la bonne heure ». (*Salon de* 1767, XIX, 13). *Hocher de la tête*, formé par analogie, indique, tout semblablement, le mépris ; *hocher la tête*, marque seulement le doute ou l'hésitation.

HOMME, BON HOMME. Bonhomme signifie simple, peu avisé... ; on le prend aussi en bonne part, quand on veut indiquer par là un homme qui a du bon sens, de la droiture, de la candeur, de la probité (Ac., 98). ... *Qu'il eût été un bon homme*, 12 ; *Je suis un bon homme*, 54 et 72.

IMBROGLIO. Ac. 62 donne le mot sous la forme imbroille : embrouillement, confusion ; Ac. 98 sous la forme imbroglio. *Au milieu de cet imbroglio*, 65.

IMPAYABLE. En style familier, qui ne peut trop se payer (Ac. 62). *L'endroit de l'énigme est impayable*, 33.

INDIVIDUALITÉ. *C'est un grain de levain qui fermente et qui restitue à chacun une portion de son individualité naturelle*, 5. Ce mot, si caractéristique des idées et du goût de Diderot, a été, sinon forgé, du moins utilisé par lui, sans scrupules de purisme, pour exprimer une réalité qui lui tenait à cœur. On ne le trouve, en tout cas, ni dans Féraud, ni dans Ac. 98. Et Victor Hugo, dans la préface des *Chants du Crépuscule* (1835), croit devoir s'excuser encore de la risquer : « L'auteur ne croit pas que son *individualité* — comme on dit aujourd'hui en assez mauvais style... ». Le premier exemple du mot individualité relevé par Littré, serait du Suisse Bonnet. et date de 1760.

INSINUER (S'), v. pron. S'insinuer dans l'esprit de quelqu'un : se mettre bien dans son esprit. On dit de même s'insinuer dans une compagnie, une maison (Ac. 62). *M'insinuer auprès des femmes*, 94.

INSPIRÉ. Ce participe substantivé a gardé fort longtemps sa

valeur religieuse. Fur. protestait contre son extension abusive « parmi les païens ». *C'est comme des fous ou des inspirés, par hasard,* 12.

INTÉRESSÉ. On appelle un homme intéressé celui qui est avare, qui ne relâche rien de ses intérêts, qu'on peut gagner, corrompre aisément par l'argent (Fur.). L'adjectif a gardé le sens très fort de vénal et vil. *Des âmes intéressées...,* 68.

INTERVALLE. Espace qu'il y a d'un lieu *ou d'un temps* à un autre (Ac. 62). *Cet homme regardait cet intervalle comme le plus heureux de sa vie,* 43.

ITEM. Mot pris du latin : de plus. On s'en sert dans les comptes, dans les états que l'on fait (Ac. 62). Rameau l'emploie en série pour dresser un mémoire récapitulatif de ses griefs contre Mlle Hus, 48.

JOUER (SE), v. pron. *Vous ne savez pas à qui vous vous jouez,* 39. Se jouer à quelqu'un signifie se mesurer à quelqu'un, partir en guerre contre lui. Cf. *Don Juan,* I, 2 : « ... Osez-vous bien ainsi vous *jouer au ciel* (et non : *du ciel,* que donnent fautivement les éditions faites sur l'exemplaire cartonné).

JOURNÉE. *Il vit au jour la journée,* 5. On dit proverbialement : *il gagne sa vie au jour la journée, il vit au jour la journée,* pour dire : il ne travaille chaque jour que pour gagner ce qu'il lui faut pour vivre pendant ce jour-là. On dit aussi des personnes négligentes qui ne prévoient pas l'avenir *qu'elles vivent au jour la journée* (Ac. 62). Le sens de la locution se perdit quand elle fut abusivement remplacée par : au jour le jour.

LÉGITIME, s. f. Terme de pratique. Signifie la portion inaliénable que la loi attribue aux enfants sur les biens de leur père et de leur mère (Ac. 62). *Je sentis que nature avait mis ma légitime dans la bourse des pagodes,* 97. Cf. LA BRUYÈRE, *Du Cœur,* IV, 71 : « ... un testament où il réduit son fils à *la légitime.* »

LIBERTINAGE. Débauche et mauvaise conduite, dit tout crûment Ac. 98, alors qu'on avait interprété longtemps ce mot en un sens beaucoup plus spirituel ou anodin. Fur.

donnait cet exemple : « Une femme est libertine, quand elle ne veut pas obéir à son mari ». Diderot joue sur le mot, en train de s'encanailler : « *J'abandonne mon esprit à tout son libertinage* », 3.

LIQUIDER (Se), v. pron. Se libérer en argent liquide. *Le créancier voulait que son débiteur se liquidât*, 62. La construction pronominale de ce verbe n'est pas signalée par les dictionnaires du XVIIIe siècle.

LOGE. On appelle loges, dans les ménageries, les réduits où l'on enferme les bêtes féroces (Ac. 62). *La loge du tigre ou de la panthère...*, 69.

LOYER. Salaire, récompense. Appartient au style soutenu. Fur. et Ac. 62 signalent que le mot n'est point employé au pluriel, ni dans le langage familier. On dit d'un homme condamné en justice qu'il a reçu un digne loyer de ses crimes. L'honneur est le loyer de la vertu. Et ici : *Tout a son vrai loyer dans ce monde*, 70.

MAGISTRAT. Selon Fur., le mot se dit « collectivement de ceux qui ont le soin de la police ou du gouvernement... ». *Il faut s'adresser au magistrat*, c'est-à-dire à la justice. Ac. 98 remarque que « dans quelques endroits, on dit simplement *le magistrat*, pour dire le corps des magistrats ». *De Socrate ou du magistrat qui lui fit boire la cigüe...*, 11.

MAIN. *Je connaissais celui-ci de longue main*, 5. Ac. 62 et 98 relèvent la locution proverbiale : *de longue main*, pour dire depuis longtemps : *Je le connais de longue main*, et la rapprochent d'expressions comme : *de main en main* (pour marquer une tradition), de *première main*, etc...

MANCHE. On dit proverbialement et figurément : *c'est une autre paire de manches*, pour dire c'est une autre affaire, ce n'est pas la même chose (Ac. 62). *Ce que j'avais à lui dire était une autre paire de manches*, 64.

MANCHON. *Je me hâte d'ôter mon manchon*, 35. « Les manchons n'étaient autrefois que pour les femmes, dit Fur. ; aujourd'hui les hommes en portent ». La mode ne s'était pas démentie depuis lors.

MANQUER, v. intr. Pris absolument, signifie : tomber en

faute, faillir. Tous les hommes sont sujets à manquer (Ac. 62). ... *Il se reprenait, comme s'il eût manqué*, 28.

MAROUFLE. Maraud avec un suffixe péjoratif, qui devient dans la bouche de Rameau quasi admiratif : ... *Deux insignes maroufles*, 18 ; ... *Je serais le plus insolent maroufle qu'on eût encore vu*, 38. Ce terme injurieux s'appliquait « aux gens gros de corps et grossiers d'esprit », portefaix, laquais (Fur.). Dès la fin du XVIIe siècle, le mot, si fréquent dans Molière, est sorti de la langue populaire (comme bélître), pour prendre une sorte de dignité littéraire : il appartient au langage de la comédie.

MAUSSADE. « Qui est dégoûtant et désagréable ; se dit des gens malpropres, laids, d'humeur grossière et incivile, tant dans leurs paroles que dans leurs actions. Une harengère est maussade en ses paroles ; un pédant en ses vêtements » (Fur.). Cet adjectif, auquel la litote donnait primitivement un sens très fort (mal-sade = mal gentil, comme mal-propre), était en train de le perdre, mais Rameau-Diderot l'emploie dans sa pleine valeur. *Un mélancolique et maussade personnage*, 47.

MÉLANCOLIQUE. A gardé au XVIIIe siècle son plein sens médical : dévoré de bile, d'humeur noire. *Ibid.*, 47. L'adjectif est repris, un peu plus loin, par un substantif équivalent : *Mon hypocondre*.

MER. On dit proverbialement et figurément d'un travail dont on appréhende la longueur que *c'est la mer à boire* (Ac. 62). *Ces passages en harmoniques... ce n'est pas la mer à boire* (Ac. 62). *Ce n'était pas pourtant la mer à boire*, 67. Ce dicton reparaît, toujours à propos de musique, dans les *Leçons de clavecin* (XII, 325) : « En ce cas, rien de plus aisé que l'harmonie dissonante...; ce n'est pas la mer à boire. »

MINAUDIÈRE. Seuls minauderie, minauder = faire des mines, des manières, sont dans Fur. Minaudier, minaudière sont enregistrés, sans commentaire, par Ac. 62. *Cette minaudière de Dangeville*, 54.

MITAINES. On appelle mitaines une sorte de petits gants de femme, qui ne couvre que le dessus des doigts (Ac. 62). *Mademoiselle... n'ose le toucher qu'avec ses mitaines de velours*, 64.

MOLÉCULE. Mot inconnu de Fur. Figure dans Ac. 62 et 98, mais seulement au pluriel, pour désigner les « petites parties », dont les corps sont composés. Féraud soutient que molécule « n'est usité que parmi les savants et qu'il y aurait de la pédanterie à s'en servir dans le discours ordinaire ». Br., VI, 1389, signale l'emploi figuré du mot dans ce passage du *Neveu : la molécule paternelle*, 90.

MONTRER. 1), v. tr. = enseigner (Fur. et Ac. 62). *Est-ce qu'on est obligé de savoir ce qu'on montre*, 28. *S'ils possédaient ces choses assez pour les montrer, ils ne les montreraient pas*, 31.

2), v. pron. : *se montrer* = se montrer dans le monde, y faire parade de sa personne. Dans le portrait contrasté de Jean-François Rameau, ce verbe s'oppose symétriquement à : se dérober. *Aujourd'hui, il se dérobe... demain, il se montre*, 4. Et, plus loin : *Quel parti ? de se montrer*, 75.

MUSIQUER, v. tr. et intr. Mettre en musique ou faire de la musique. Ne figure pas dans Ac. 98. *Il n'y a pas six vers de suite... qu'on puisse musiquer*, 86. *J'aimerais autant avoir à musiquer les maximes de La Rochefoucauld*, 86. Et, absolument : *Je musiquais, comme il plaît à Dieu*, 101.

OBLIGÉ. Terme de musique. *Un récitatif obligé*, 83. On appelle ainsi « un récitatif avec accompagnement et coupé par les instruments » (Ac. 62).

ORIGINALITÉ. Ce mot est un dérivé de création récente ; il est entré dans le langage courant par l'intermédiaire de la peinture ; Br., VI, 717-8, relève sa première apparition chez Roger de Piles, en 1699. Dérivé de l'adjectif-substantif : original, originalité garde la même nuance que lui : soit favorable, dans son acception technique ; soit péjorative, au sens figuré. « On dit *par raillerie* d'un homme qui est singulier en quelque chose, que c'est un original » (Ac. 62). Diderot est, au contraire, de ceux qui, pour des raisons de doctrine, aussi bien que de tempérament, sont en train de faire de l'originalité une vertu non seulement esthétique, mais morale... *Et que son originalité ne vous arrête pas*, 4 (= ne vous attire pas. V. ARRÊTER).

OUI-DA, 8. On dit communément, dans le style familier : oui-da, pour dire de bon cœur, volontiers (Ac. 62).

OURLER. On dit proverbialement : il n'y a que le bec à ourler, et c'est une cane, pour se moquer de ceux qui croient que les affaires se font facilement (Fur.). *Il n'y a qu'à ourler le bec et ce sera une cane*, 99.

PAGODE. Fur. indique l'origine et le sens de ce mot, « nom donné par les Portugais aux temples indiens », et signale que, par métonymie, « les curieux donnent aussi le nom de *pagodes* aux petites idoles de porcelaine qui viennent de la Chine ». En ce sens dérivé, le mot connaît au XVIIIe siècle, dans le jargon de la bonne compagnie, une extension qui va de pair avec la vogue des bibelots appelés *pagodes*. « On appelle ainsi, dit Ac. 62, de petites figures, ordinairement de porcelaine, et qui souvent ont la tête mobile, ce qui a donné lieu à ces façons de parler du style familier : *Il remue la tête comme une pagode ; ce n'est qu'une pagode*. La caricature de Bertin qui a la pose, l'immobilité et l'impassibilité de quelque magot, s'inspire de ce mécanisme. *Mon hypocondre... a l'air d'une pagode immobile*, etc., 47. Mais, plus loin, le mot est étendu à Rameau et ses semblables : *Il jeta la pagode hétéroclite... à côté d'autres pagodes*, 97.

PATE. *J'étais comme un coq en pâte*, 18. *... j'y étais comme un coq en pâte*, 102. Au XVIIe siècle, cette métaphore culinaire, très imagée, s'appliquait à un homme « qui est bien couvert et bien chaudement dans son lit, qui ne montre que la tête » (Fur.). Panc. donne la même explication. Plus tard, « on dit proverbialement d'un homme qui est fort à son aise, en quelque lieu, qu'il est là comme un coq en pâte » (Ac. 62).

PELUCHE ou PLUCHE, dit Jaucourt, dans son article de l'*Encyclopédie*, « étoffe veloutée du côté de l'endroit, composée d'une trame d'un simple fil de laine et d'une double chaîne, dont l'une est de laine, de fil retors à deux fils, et l'autre de fils de poils de chèvre... Ce n'est guère que vers l'année 1690 qu'on a commencé d'en fabriquer en France ». Cette étoffe, réservée aux vêtements d'hiver est, naturellement, sujette à « s'érailler » ou « s'éreinter ». *En redingote de peluche grise*, 29.

PÉTAUDIÈRE. Terme de plaisanterie qui se dit d'une assemblée sans ordre, d'un lieu où chacun est le maître (Ac. 62). Au xviie siècle, on ne parlait, plus noblement, que de la cour du roi Pétaut, celle « où tout le monde est maître », glosait Cotgrave et, après lui, les lexicographes s'efforcèrent, sans succès probant, de découvrir l'origine de cette curieuse locution : à partir du latin peto : mendier, le roi Pétaut étant le roi des gueux, des mendiants ; à partir d'un vieux mot : pitauts, rustres armés et payés de pites (le quart d'un denier), etc... *La société qui entoure Bertin est une pétaudière*, 47.

PET-EN-L'AIR, 108. Vêtement court et léger (Br., VI, 1107).

PIQUER, v. intr. Se dit des choses qui affectent le goût, en telle sorte que la langue semble en être piquée (Ac. 62). Emploi figuré fréquent. *A la longue cela ne pique plus*, 51 (en liaison avec le verbe goûter qui précède) ; *il faut quelque chose qui pique*, 94.

PISTOLE. *Donner la pistole* est une variante de la locution populaire : donner la pièce ; toutes deux sont relevées par Ac. 62, qui précise que quand on dit pistole, sans ajouter d'or, « on n'entend que la valeur de dix francs ». *Il aurait, de temps en temps, donné la pistole à un pauvre diable de bouffon comme moi*, 12.

PLANTER. Se dit figurément en choses spirituelles et morales : *Saint François-Xavier est allé planter la foi dans les Indes* (Fur.). De même Ac. 62 : « On dit figurément : planter l'étendard de la croix, planter la religion dans un pays pour dire à y introduire la religion chrétienne. » *C'est comme cela qu'on dit que les jésuites ont planté le christianisme à la Chine et aux Indes*, 82.

POLICÉ. Ordonné, pourvu de bons règlements (Fur., Ac. 40, 62). ... *Une ville bien policée*, 13.

POLICHINELLE. C'est seulement Ac. 98 qui accueille ce mot, venu tout droit de la comédie italienne, sous la forme : *polichinel*, au sens figuré et familier « d'un méchant et ridicule bouffon de société ». *Ce père Noël ... n'est... qu'un polichinelle de bois*, 47.

POUSSE-BOIS. *Tous les pousse-bois... s'étaient rassemblés autour de lui*, 23. Diderot donne lui-même l'explication de ce terme, emprunté au jargon des cafés et non retenu par

les dictionnaires du temps : ... *pousser le bois. C'est ainsi
qu'on appelle par mépris jouer aux échecs ou aux dames*, 7.

Près. Vous le prendriez, *au peu près*, pour un honnête homme,
4. Ni grammaires, ni dictionnaires ne donnent d'exemples
de cette locution, peut-être provinciale, corrigée abusivement par beaucoup d'éditeurs en : *à peu près*.

Protocole. C'est, au sens propre, « un formulaire des
actes de justice pour introduire les novices en la pratique »
(Fur.). *Celui qui a besoin d'un protocole n'ira jamais loin*, 53.

Rabattre. 1), v. tr. *Alors je rabattais un peu les coups*, 34.
On dit *rabattre un coup* pour dire : le détourner, le rompre
en le parant. *On lui porta un coup d'épée et il le rabattit,*(Ac. 62).
    2), v. pron. *Il se rabat dans une taverne de faubourg*, 5.
Se rabattre dans est beaucoup plus expressif et concret,
que *se rabattre sur ou vers*. Ainsi construit, ce verbe, directement emprunté de la chasse, s'emploie proprement en
parlant du gibier traqué : *Les perdrix se rabattirent dans
une pièce de blé* (Ac. 62).

Ramage. Se dit ironiquement des différents cris et tons de
voix des animaux (Fur.). *Le ramage barbare des habitants
de la tour de Babel*, 59 ; *un diable de ramage saugrenu...*, 72.

Rapatrier, v. tr. ou pron. (se rapatrier). Réconcilier, raccommoder des personnes qui étaient brouillées... *Ne voulez-vous pas vous rapatrier avec lui ?* Il est familier (Ac. 62).
Fur. donnait de bons exemples de cette acception familière :
« Ce mari et cette femme se sont brouillés souvent ensemble:
je les ai toujours rapatriés ». Mais, en même temps, il
insistait sur la valeur imagée du terme qui, selon Ménage,
calque le latin : repatriare (?) = revenir à sa patrie. *Mais
n'y aurait-il pas moyen de se rapatrier ?*, 20.

Ratatiné. Se dit familièrement des personnes et signifie : raccourci, rapetissé par l'âge, ou quelque maladie
(Ac. 62). *Ratatiné sous sa couverture*, 17 ; *A gros ventres
ratatinés*, 97.

Rebecquer (Se), v. pron. Répondre avec quelque fierté à
une personne à qui on doit du respect. *Il s'est rebecqué
contre son maître*. Style familier (Ac. 62). Fur. était plus
précis : « Ne se dit qu'avec le pronom personnel et signifie :

se révolter ou perdre le respect contre l'autorité d'un supérieur domestique. Il est malhonnête à un enfant de se rebecquer contre son père ; à un moine contre son prieur. » *J'ai eu une femme... il lui arrivait quelquefois de se rebecquer*, 29.

REBORDÉ. *La lèvre rebordée*, 8. Qui fait rebord, qui fait saillie. Littré est le premier qui donne cet adjectif, et seulement en l'appliquant à l'oreille.

RECOULER. Variante non relevée par les dictionnaires de ROUCOULER, qui, selon Ac. 62 et 98 ,« ne se dit qu'en parlant des sons que les pigeons font avec leur gosier». Malgré cet interdit, Diderot n'hésite pas à écrire : *Il recoulait les traversières*, 84, c'est-à-dire la partie confiée dans l'orchestre aux flûtes de ce nom. (De même : *il sifflait les petites flûtes*).

REDINGOTE. Tiré de l'anglais (riding-coat). Espèce de casaque, plus longue et plus large qu'un justaucorps, et dont on se sert dans les temps de gelée et de pluie, tant à pied qu'à cheval (Ac. 62). L'article de l'*Encyclopédie* qui définit la redingote « une espèce de grand surtout boutonné par devant avec un collet », et l'estime « très propre pour monter à cheval ou pour résister aux injures de l'air », précise que la mode en subsiste en France, depuis près de 70 ans. *Vous n'iriez plus au Luxembourg, en été... en redingote de peluche grise*, 29.

REGRAT. Au XVIIe siècle, ce mot s'employait déjà pour toute sorte de revente au détail, mais se disait, plus particulièrement, en parlant du sel, que des *regrattiers*, en payant fort cher cette ferme aux gabelles, avaient droit de revendre « à la petite mesure ». Au XVIIIe siècle, l'emploi de ce terme s'est étendu aux déchets et aliments de rebut, que les regrattiers allaient acheter aux Halles et revendaient « à la partie indigente des habitants de la capitale », honteusement exploitée, selon Mercier (*Tableau de Paris*, chap. XLVII) par ces trafiquants du regrat. *Vous étiez nourri à bouche que veux-tu, et vous retournerez au regrat*, 18.

RENDRE. Rapporter, sous forme d'intérêts. *Toutes ces belles choses ne lui ont pas rendu vingt mille francs*, 12; *voyons ce que les choses nous coûtent et ce qu'elles nous rendent*, 15.

RENFERMER. Fermer à double tour. On dit qu'on a renfermé

un prisonnier pour dire qu'on l'a resserré plus étroitement qu'auparavant (Ac. 62). *Comme s'il eût été renfermé dans un couvent de Bernardins*, 4 ; *se renfermer dans son grenier*, 99.

RÉPANDU. Au sens de « qui voit du monde, qui va souvent dans la société » (Ac. 62), ce mot rare et plutôt confiné, avec une nuance péjorative, dans le langage spirituel, au XVIIᵉ siècle (répandu dans le monde), est devenu courant et de bonne compagnie au XVIIIᵉ. *Je suis si peu répandu*, 27

RESTITUER. Rendre ce qui a été pris indûment. Il se met quelquefois absolument (Ac. 62). *Je les aidais à restituer*, 37, 38.

RETAPER OU TAPER. Retrousser les bords d'un chapeau contre la forme. Le mot est passé de la chapellerie à la coiffure. Les perruquiers disent : retaper les cheveux pour les peigner à rebours et les faire renfler (Ac. 62). *Ce chevalier de La Morlière qui retape son chapeau sur son oreille...*, 44.

REVENIR. Signifie figurément : abandonner l'opinion dont on était, pour se ranger à l'avis d'un autre. En ce sens, on dit d'un homme opiniâtre qu'il ne revient jamais (Ac. 62). *On n'en reviendra pas*, 10. (Fait écho aux mots : *A n'en revenir jamais*, qui précèdent).

RÊVER. De Fur. à Ac. 98, le sens est resté le même : méditer, penser profondément à quelque chose. *A quoi rêvez-vous ?*, 74. *Rêver profondément*, 105

REVÊTU. *Je ferais comme tous les gueux revêtus*, 38. « On appelle proverbialement, dit Fur., un *gueux revêtu*, un glorieux qui de pauvre, est devenu riche ; on appelle un *fol revêtu* un homme de néant à qui on a mis de beaux habits sur le corps ». Revêtir — et c'est une curieuse valeur du préfixe — se dit pour vêtir, lorsqu'il s'agit d'habits de dignité ou de cérémonie.

RIS. Signifie la même chose que rire (Ac. 62). *D'où viennent vos ris ?*, 85.

SBIRE OU SBIRRE. Nom qu'on donne en différents pays, et surtout à Rome, à un archer. Ac. 62. *Il voit les sbirres à sa porte*, 75.

SÉDUCTION. Dans sa valeur étymologique, le mot appartient au langage de la morale ou de la dévotion, Séduire = conduire hors du droit chemin. *Cette femme sans cesse en garde contre la séduction de ses sens*, 45. (Le déterminatif peut être pris objectivement ou subjectivement : qui craint d'être « séduite » par ses sens ; ou que ses sens ne soient séduits).

SERPILLIÈRE. Toile grosse et claire dont se servent les marchands pour emballer leur marchandise (Ac. 62). *La serpillière dont on l'enveloppera*, 24, 25.

SIMARRE. Pour Fur., la simarre n'était encore qu'un habit de femmes, à longues manches pendantes. Ac. 62 applique le terme à la robe d'intérieur que portent les prélats en Italie et en Espagne, et l'*Encyclopédie* (Jaucourt) ne mentionne la simarre que comme « une espèce de robe de chambre, que les prélats mettent quelquefois, par-dessus leur soutane ». Mais Pidansat de Mairobert, *Espion Anglais*, I, 57 n., indique, en outre, que la simarre est le vêtement quasi immuable du chancelier de France. « C'est, dit-il, une espèce de soutane, qu'il ne quitte qu'en se couchant ». Ce vêtement fait partie du décor assez lugubre : fauteuil et carrosse d'ébène, etc., que l'étiquette impose au personnage. Maupeou fut le premier à quitter cet « accoutrement magistral ». Mais Pidansat ne l'appelle pas moins « un petit maître en simarre » (I, 58-9). *La volumineuse simarre*, 52, joue un grand rôle dans l'histoire du petit chien de Bouret.

SOIN. Le mot a pleinement gardé, jusqu'à la fin du XVIIIe siècle, le sens d'*inquiétude, peine d'esprit, souci*. Ac. 98 le distingue de souci en ce que le soin « pousse à l'action », tandis que le souci entraîne une attitude toute passive, « une triste rêverie ». *Son premier soin est de savoir où il dînera*, 5.

SOUFFLER. On dit figurément et familièrement : souffler à quelqu'un un emploi, une charge, pour dire lui enlever un emploi, une charge, à quoi il s'attendait (Ac. 62). *Palissot lui a soufflé sa maîtresse...*, 68.

SOUFFLET. *Le reste de l'univers lui est comme d'un clou à soufflet*, 8. Ein Blasebalgsnagel, traduit Goethe. On dit d'une chose qu'on estime peu qu'on n'en donnerait pas un clou à soufflet (Fur.). Livet signale cette locution dans la *Comédie des Proverbes* du comte de Cramail (1632) : » Ils m'ont coûté mille lanterneries qui ne valent pas un clou à soufflet », et dans l'*Ovide Bouffon* de Richer (1662) : « Les herbes à ma maladie / Servent moins qu'un clou à soufflet ».

SURTOUT, s. m. Fur. signale l'apparition du mot, juste « en cette présente année 1684 ». Un surtout désigne « une grosse casaque ou justaucorps qu'on met en hiver sur les autres habits ». Depuis lors, le surtout, manteau de pauvre, s'est naturellement fort démodé. *En surtout de baracan*, 24.

TARARE, PONPON. « Tarare, dit Leroux, est une sorte de mot inventé à plaisir, et dont on se sert pour se moquer de quelque chose qu'on veut faire accroire, comme qui dirait : à d'autres, attendez-vous y, vous n'y êtes pas... *Tarare, suivez-moi, j'y vais tout de ce pas* (Scarron, *Jodelet maître et valet*). L'exclamation : *Tarare, ponpon*, onomatopée burlesque, en guise de refrain de chanson, est signalée par Monval dans la *Comédie des Proverbes*, acte III, scène 3. *Je t'en réponds ; tarare ponpon*, 81.

TELLEMENT QUELLEMENT. *Faire son devoir tellement quellement*, 9. C'est-à-dire tant bien que mal, couci-couça. « Manière de parler proverbiale et familière, dit Ac. 62 : *Il s'acquitte de son devoir tellement quellement*, c.-à-d. d'une manière telle quelle, aussi mauvaise que bonne, et même parfois plus mauvaise que bonne ». Fur. marquait plus nettement la valeur péjorative : *de mauvaise grâce, d'une vilaine manière*.

TENUE, s. f. Terme de musique. La continuation d'un même ton pendant plusieurs mesures (Ac. 62). *Les endroits des tenues*, 76.

TERMINER. Mener à bon terme, à une conclusion satisfaisante. *Il m'est infiniment plus doux d'avoir terminé une affaire épineuse*, 42.

TIRER, v. intr. Ac. 62 signale l'emploi au neutre de tirer, dans le sens de : aller, s'acheminer (De quel côté tirez-vous ?), le considère comme familier et relève l'impératif-exclamation : Tirez, tirez !, « termes dont on se sert ordinairement pour chasser un chien ». *On vous a dit : Faquin, tirez !*, 18.

TOQUET. Bonnet d'enfant, surtout de petite fille, ou de servante (Fur.). Sorte de bonnet que portent les enfants (Ac. 62). *Un beau toquet...*, 92.

TOUCHER. Emouvoir profondément. Le sens figuré de ce verbe est très fort quand il se dit « en parlant des passions ». Cet homme est fort amoureux, il est bien touché (Fur.). *Avec l'air d'un homme touché, qui nage dans la joie*, 16 ; *quand il crut son juif bien touché*, 73.

TOURNURE. Ce mot, inconnu à Fur. et à Ac. 40, est une création du jargon mondain du XVIIIᵉ siècle, que lord Chesterfield, le gallomane, ne manque pas de relever : *that tournure du monde* (Cité par Br., VI, 1091). Ac. 62 le signale comme familier : *il a une tournure d'esprit agréable*. Diderot en fait un emploi hardi, sans complément : *On ne naît pas avec cette tournure-là*, 95.

TOUT : A TOUT, loc. adv. Les dictionnaires ne relèvent pas cette locution (encore un provincialisme ?), qui serait du type ou du sens de : pour tout, ou elliptique pour : à tout prendre. *Vous voyez... qu'à tout il n'y a que le coup d'œil qu'il faut avoir juste*, 38.

TRAIN. Dans le style familier, se dit des gens de mauvaise vie..., et c'est à peu près dans ce sens que l'on dit *faire du train* pour dire : faire du bruit, tapage, comme en font, d'ordinaire, les gens mal élevés (Ac. 62). *Ces passages enharmoniques dont le cher oncle a fait tant de train*, 28.

TRAIT. Se dit des beaux endroits d'un discours, de ce qu'il y a de plus vif et de plus brillant (Ac. 62). De même d'un chant. *A quelques traits de chant qui lui échappaient par intervalle*, 28.

TRANCHER, v. intr. *Leur caractère tranche avec celui des autres*, 5. On dit plutôt, vers 1760, *trancher avec* que *trancher sur*. L'abbé Desfontaines et Féraud signalent le verbe comme un néologisme, emprunté au langage du blason, puis de la peinture : on dit que les couleurs *tranchent*, lorsqu'elles s'opposent vivement. D'abord considéré comme d'un style un peu précieux (on le trouve fréquemment chez

Marivaux), l'emploi de ce terme ne devint commun qu'à la fin du siècle.

TRANCHÉ. *Triste, obscur et tranché comme le Destin*, 48. Catégorique, tranchant. On dit trancher sur quelque chose pour dire : en décider sans appel (Ac. 40, etc.). Le participe a ici un sens moyen, comme *décidé* (il a un caractère *décidé*), par rapport à décider.

TRANSIR, v. intr. ou pron. : SE TRANSIR. Geler, être saisi de froid, jusqu'à en devenir tremblant et immobile. Se dit figurément en morale des « passions froides » (Fur.). Ac. 62 relève l'emploi métaphorique du participe dans l'expression : un amoureux transi, qu'on dit « par plaisanterie d'un amant que l'excès de sa passion rend tremblant et interdit auprès de sa maîtresse ». *Il faut... sauter d'aise ; se transir d'admiration*, 48.

TRAVERSIÈRE. En termes de musique, une flûte traversière est une flûte d'Allemagne dont on joue en la mettant en travers sur les lèvres (Ac. 62). *Recouler les traversières*, 84 (v. recouler).

TRESSAILLIR. *Le cœur lui tressaillit de joie*, 23. Monval cite des textes de Montesquieu, Buffon et Jean-Jacques, où le verbe est ainsi conjugué. Diderot écrit encore, dans son *Voyage de Bourbonne :* « Je me mets à sa place, et mon cœur en *tressaillit* de joie ». Brière donnait le verbe sous cette forme, mais les éditeurs suivants avaient malenconcontreusement corrigé en : *tressaillait*.

TRIBULATION. « Ce terme, dit Ac. 62, n'est guère usité qu'en parlant des adversités considérées par rapport à la religion ». En parlant de la *tribulation de ses intestins*, 49, Rameau emploie le terme le plus fort possible, pour marquer l'origine de sa philosophie viscérale.

TROTTER. *Cette minaudière de Dangeville... qui prend elle-même ... son petit trotter pour de la grâce*, 50. L'infinitif, ainsi hardiment substantivé, est catalogué par Br., VI, 1303, comme un néologisme de type populaire.

TRUAND. « Vagabond, vaurien, mendiant, qui gueuse par fainéantise. Il est vieux et populaire » (Ac. 62). Fur. donnait une définition plus précise : « mendiant valide qui aime la fainéantise, qui fait un métier de gueuser », signalait l'antiquité du mot et proposait une douzaine d'étymologies également romanesques et expressives. *Ce que nos bourguignons appellent un fieffé truand*, 18. (Fieffé ne survit que dans des locutions stéréotypées : fieffé menteur, etc.).

TURBULENT. Au sens étymologique : fauteur de troubles. Ac. 62 donne comme synonyme : séditieux. *En a-t-il moins été un citoyen turbulent ?*, 11.

VALOIR. Le double sens que confère la langue à ce verbe, dans l'ordre financier et dans l'ordre moral, permet à Rameau de passer plaisamment ou audacieusement de l'un à l'autre : *Tant vaut l'homme, tant vaut le métier*, etc., 36.

VAPEURS. « Humeurs qui s'élèvent des parties basses des animaux » (Fur.). *Dévoré de vapeurs*, 47.

VÉNÉRATION. Respect qu'on a pour les choses saintes, honneur qu'on rend aux choses saintes (Ac. 02). *L'homme de génie... est toujours un être digne de notre vénération*, 10. Le terme suggère une véritable religion du génie.

VESTE. Se dit d'une manière de longue camisole, qu'on porte sous le justaucorps (Ac. 62 et 98). *La basque de ma veste*, 92.

VEXER. Tourmenter ; faire du tort injustement à quelqu'un. Un seigneur qui vexe ses vassaux (Ac. 98). « C'est le fort qui *vexe* ; c'est le fâcheux qui *moleste* ; il n'y a pas jusqu'au plus petit insecte qui ne *tourmente* » (Ac. 62). *Sans avoir vexé personne*, 38.

VIRTUOSE. Dès le XVIIe siècle, cet italianisme est d'un emploi courant, pour désigner une personne habile, en quelque genre que ce soit. Il est familier à Mme de Sévigné (ex. : Madame la Dauphine est une virtuose ; elle sait trois ou quatre langues). Au XVIIIe siècle, sur une nouvelle vague d'italianisme, il a tendance à se spécialiser dans le domaine musical. *Le Grand Rameau... sera enterré par les virtuoses italiens*, 6.

VOIE. Conduite, démarche (Ac. 40, etc.). *Les vraies voyes d'un moribond*, 78. (A moins que « l'orthographe » de Diderot n'ait confondu voies et voix. Beaucoup de textes, dont Assézat, donnent : les vraies *voix* d'un moribond).

BIBLIOGRAPHIE

I. — Répertoires bibliographiques.
Inédits et Imprimés.

Le problème des inédits de Diderot a été posé devant
la critique, dès la publication des témoignages de sa fille
et de son héritier spirituel :

1. Naigeon, Jacques-André, *Mémoires historiques et philosophiques sur la vie et les ouvrages de Diderot*. Paris, Brière,
1821, VIII + 432 pp. Selon Brière, cet ouvrage avait été
composé en 1784 (?), et terminé en 1795 ; il fut édité,
finalement, onze ans après la mort de Naigeon.

2. Vandeul, madame de, née Marie-Angélique Diderot,
*Mémoires pour servir à l'histoire de la vie et des ouvrages de
Diderot*. Paris, Sautelet, 1830. Réimprimé dans A-T (42), I,
pp. xxix-lxii. Madame de Vandeul avait préparé ces
pages pour la *Correspondance littéraire*, l'année même de
la mort de son père. Elles circulèrent beaucoup en manuscrit ; Naigeon s'en inspira de très près. Une traduction
allemande en fut donnée dans l'*Allgemeine Zeitschrift von
Deutschen für Deutsche*, de Schelling, 1813, I, 145-195.
Mais il fallut attendre jusqu'en 1830 — six ans après la
mort de Mme de Vandeul — pour en révéler au public
français l'original.

3. Tourneux, Maurice, *Les manuscrits de Diderot conservés
en Russie*. Paris, Imprimerie Nationale, 1885, 40 pp.
Extrait des Archives des Missions Scientifiques et Littéraires, série 3, XII, 439-474.

4. Johansson, J. Viktor, *Etudes sur Denis Diderot. Recherches
sur un volume manuscrit conservé à la bibliothèque publique de
l'Etat de Léningrad*. Paris, Champion, 1927, IX + 209 pp.
(Cf. CR. Mornet in RHL, 1928, XXXV, 286-7).

Les manuscrits ou copies confiés par Diderot à Grimm et à Naigeon ont été dispersés, sinon perdus. Quant au lot resté en la possession de la famille Vandeul-Levavasseur, il se trouvait partie au château d'Orquevaux, partie aux archives de la Haute-Marne. Sur ce dernier groupe, on trouvera des renseignements dans :

5. BABELON, André, *Les Manuscrits de Diderot*, RDM, 1er mars 1929, L, pp. 99-103.

6. GILLOT, Hubert, *Denis Diderot. L'homme ; ses idées philosophiques, artistiques et littéraires*. Paris, Georges Courville, 1937. XV + 336 pp. App. II : Inventaire des papiers de Diderot. Liste des pièces et papiers se trouvant à l'abbaye de Septfontaines.

7. MASSIET DU BIEST, Jean, *La Fille de Diderot*. Tours, 1949. VIII + 230 pp. Voir, surtout, la Préface et l'arbre généalogique de la famille Nicolas Caroillon de Vandeul.

La plus grande partie de ces manuscrits vient d'être transférée en Amérique.

Pour mesurer le progrès accompli, depuis un demi-siècle, dans l'inventaire des inédits de Diderot, on se reportera à :

8. DOUMIC, René, *Les manuscrits de Diderot*, RDM, octobre 1902, XI, 924-35.

9. LANSON, Gustave, *Le problème des œuvres posthumes de Diderot*. R. Universitaire, 1902, pp. 460-5.

Aucune étude systématique concernant les écrits de Diderot n'avait paru avant :

10. [LEYDS, J. J. C.], *Principaux écrits relatifs à la personne et aux œuvres, au temps et à l'influence de Diderot*. Compilation critique et chronologique. Paris, Garnier, et Amsterdam, Binger frères, 1887. 39 pp. Cet ouvrage n'a plus guère qu'un intérêt de curiosité.

Un bilan des recherches sur Diderot avait été dressé par :

11. DIECKMANN, Herbert, *Stand und Probleme der Diderot-Forschung*. Bonn, Cohen, 1931, 40 pp. Le même critique,

un des érudits actuellement les mieux informés des problèmes touchant Diderot, a publié, depuis lors, un essai bibliographique qui, comme il le souhaite (p. 181), mérite pleinement d'être considéré comme le fondement d'une bibliographie complète de Diderot :

12. *Bibliographical Data on Diderot*. Reprinted from studies in Honor of Frederick W. Shipley. Washington University Studies. New series. Language and Literature. No. 14. Saint-Louis, 1942, pp. 181-220.

L'étudiant trouvera une excellente initiation aux études sur Diderot dans l'appendice *Etat présent des travaux sur Diderot*, ajouté par M. Jean Thomas à son essai sur l'*Humanisme de Diderot* (115), dont on souhaite une réimpression. Ces bibliographies particulières ne sauraient dispenser de recourir aux répertoires et manuels bien connus : Quérard, du Peloux, Lanson et Jeanne Giraud, et, de même, à :

13. TCHEMERZINE, Avenir, *Bibliographie d'éditions originales et rares d'auteurs français*. Paris, Marcel Plée, 1930. 10 v. (Cf. IV, 423-80).

14. SCHALK, Fritz, *Zur Erforschung der französischen Aufklärung*, in *Volkstum und Kultur der Romanen*, 1931 et 1932, IV, 321-42 ; V, 289-316.

Beaucoup d'ouvrages mentionnés ci-dessous : Billy (143), Busnelli (127), Delafarge (94), Hermand (203), Naville (113), etc., fournissent eux aussi des renseignements bibliographiques, plus particulièrement utiles à l'étude du *Neveu de Rameau*.

II. — EDITIONS DU *Neveu de Rameau*.

15. *Rameau's Neffe*. Ein Dialog von Diderot. Aus dem Manuskript übersetzt und mit Anmerkungen begleitet von Goethe. Leipzig, G. J. Göschen, 1805, 382 pp. + Anmerkungen über Personen und Gegenstände deren in dem Dialog Rameau's Neffe. Cette célèbre traduction de Goethe est comme une première édition avant la lettre et, en même

temps, le premier essai de commentaire systématique du *Neveu.*

16. *Le Neveu de Rameau. Dialogue.* Ouvrage posthume et inédit par Diderot. Paris, Delanney, 1821. 262 pp. Ce monstre littéraire fabriqué sur la traduction de Goethe par les faussaires de Saur et Saint-Geniès, doit être signalé, à titre de curiosité bibliographique, et comme témoignage de la vogue de Diderot, sous la Restauration.

17. *Le Neveu de Rameau,* 146 pp. Précédé d'un extrait d'un prétendu ouvrage de Goethe (Leipzig, 1805 ?), *Des hommes célèbres de la France au XVIIIe siècle et de l'Etat de la Littérature et des Arts à la même époque,* amplification par de Saur des commentaires joints par Goethe à sa traduction. Suivi du *Voyage en Hollande* et de vingt-et-une lettres, alors inédites. Le tout constitue le tome XXIe et dernier de l'édition Brière (40). En dépit de ses erreurs, lacunes ou timidités, c'est la véritable édition princeps du *Neveu de Rameau.*

18. *Le Neveu de Rameau.* In *Œuvres choisies* de Diderot par Génin (43). Reproduit le texte Brière.

19. Denis DIDEROT. *Le Neveu de Rameau.* Nouvelle édition revue et corrigée sur les différents textes, avec une introduction par Charles Asselineau. Paris, 1862, Poulet-Malassis. XLVII + 162 pp. Essai, rarement heureux, de critique conjecturale. Quelques notes intéressantes.

20. *Le Neveu de Rameau,* par DIDEROT, suivi de l'analyse de la *Fin d'un monde et du Neveu de Rameau* de M. Jules Janin (260). Paris, Dubuisson et Cie, 1863. 191 pp. in-32. Edition populaire (25 centimes). Nombreux tirages. Dans les premiers, le roman de Janin est offert aux lecteurs comme « contrepoison » !, par M. N. David, auteur de l'avertissement.

21. *Le Neveu de Rameau,* par DIDEROT, publié par A. Storck, gravure à l'eau-forte de F. Dubouchet, Lyon-Genève-Bâle, 1875, 120 pp. in-8°. Imprimé à 297 exemplaires. Premier essai — malheureux — d'édition de luxe. Typographie soignée ; texte très fautif.

22. DIDEROT, *Le Neveu de Rameau,* publié et précédé d'une introduction par H. Motheau. Paris, Librairie des Biblio-

philes, 1875. XXVII-131 pp. in-16. Quelques conjectures
heureuses sur le texte. D'autres fantaisistes.

23. *Le Neveu de Rameau.* Au tome V de l'édition A-T (42),
1875, pp. 359-489. Texte établi sur une copie « très ancienne
et très améliorée ». L'introduction donne un historique
très complet de l'affaire Brière-De Saur.

24. DIDEROT, *Le Neveu de Rameau.* Préface et notes de Gustave Isambert. Paris, à la Librairie Illustrée, 1876. Edition
populaire, revue *in extremis* sur le texte A-T.

25. Denis DIDEROT, *Le Neveu de Rameau.* Texte revu d'après
les manuscrits (En l'espèce, surtout la copie de l'Ermitage). Notice, notes, bibliographie par Gustave Isambert.
Portrait et deux eaux-fortes par Saint-Elme Gauthier.
Paris, Quantin, 1883, 280 pp. in-8°. Edition de semi-
luxe, très soignée. Apporte un enrichissement considérable du commentaire.

26. *Le Neveu de Rameau, Satire.* Edition revue sur les textes
originaux et annotée par Maurice Tourneux. Paris, Rou-
quette, 1884. XXX + 204 pp. Très belle édition, aussi bien
pour le critique que pour le bibliophile. Texte de l'Ermitage. Nombreuses précisions historiques.

27. *Le Neveu de Rameau.* Satire, publiée pour la première fois
sur le manuscrit original autographe, avec une introduction et des notes de Georges Monval. Accompagnée
d'une notice sur les premières éditions de l'ouvrage et de
la vie de Jean-François Rameau, par E. Thoinan, Paris,
Plon-Nourrit, 1891. XXXII-232 pp. in-12. Bibliothèque
Elzévirienne. Edition critique, remarquablement attentive et consciencieuse. Mais le commentaire reste presque
uniquement historique ou anecdotique. Le manuscrit de
Diderot a été cédé, plus tard, par Monval, à la Pierpont
Morgan Library, New-York. Texte réimprimé en 1945,
aux Ed. Marval, Paris.

28. *Le Neveu de Rameau*, édité par F. Luitz. Strasbourg, Biblio-
theca Romanica, n°⁸ 179-82, 1913. Imprimé conjointement avec le *Paradoxe sur le Comédien* et les *Observations sur
Garrick.* A l'usage universitaire. Texte Monval, rajeuni.

29. Denis DIDEROT, *Le Neveu de Rameau et Œuvres choisies.*
Notices et annotations par Aug. Dupouy. Paris, Larousse,

1913. 252 pp. in-16. Suit « sans superstition » le texte Monval; autrement dit, modernise, parfois inconsidérément, orthographe et ponctuation. Annotation rapide et sans originalité.

30. *Le Neveu de Rameau*, édition précédée d'une notice de M. Louis Barthou, avec un portrait de Diderot, gravé à l'eau-forte par Bernard Naudin. Paris, 1922. Demi-luxe.

31. DIDEROT, *Le Neveu de Rameau*, suivi d'autres œuvres du même auteur présentées par André Billy. Collection Prose et Vers. Paris, Payot, 1925. XVI + 299 pp. Gravures hors texte. Brève introduction : A. Billy ouvre son « carton d'estampes » et en tire quelques images de Diderot. Modernise judicieusement le texte Monval. Même texte dans l'édition de la Pléiade (50).

32. DIDEROT, *Le Neveu de Rameau*. Le Livre Français. H. Piazza, éditeur. Paris, 1925. XXII + 141 pp. Préface et bibliographie par Edouard Pilon. Disposition typographique nouvelle. Texte parfois légèrement altéré. Préface bien documentée.

33. *Le Neveu de Rameau*. Satire 2^(de). Introduction (brève) par Daniel Mornet. Achevé d'imprimer le 25 avril 1947, à l'usage des membres du Club Français du Livre. Reproduit en Garamond Corps X (au lieu de Corps XII) le texte et la disposition de l'édition (32).

34. DIDEROT, *Le Neveu de Rameau*. Nouvelle édition, collationnée sur les meilleurs textes (??), accompagnée de notes, de commentaires et d'une étude bio-bibliographique par Fernand Mitton. Collection des Petits Chefs-d'œuvres. Paris, 1947. Le texte marque un recul déconcertant sur les précédentes éditions, depuis Monval. On y voit reparaître quelques-unes des timidités ou mal-façons de Brière ! Notes biographiques souvent inutiles : Racine, Marivaux, etc. Quelques précisions sur la presse, au temps de Diderot.

A ces éditions, il convient de joindre une excellente traduction anglaise :

35. *Rameau's Nephew and other Works*, translated from the French of Denis Diderot by Mrs Wilfrid Jackson, with

an introduction by Compton Mackenzie, London, Chap
man and Hall, 1926. xix + 171 pp.

III. — Œuvres complètes et Œuvres choisies de Diderot.
Editions partielles.

36. Diderot, *Œuvres philosophiques et dramatiques*. Amsterdam, Marc-Michel Rey (?), 1772, 6 v.

37. *Collection complète des œuvres philosophiques, littéraires et
dramatiques*. Londres, 1773, 5 v. Ces deux éditions permettent de mesurer la misère de l'œuvre « complète »
de Diderot, imprimée de son vivant.

38. Diderot, *Œuvres*, publiées sur les manuscrits de l'auteur
par Jacques-André Naigeón. Paris, Desray-Déterville,
1798, 15 vol. Diderot a été trahi par son disciple et homme
de confiance, qui s'est révélé éditeur sectaire et inintelli-
gent.

39. *Œuvres complètes*. Collection des prosateurs français.
Paris, A. Belin, 1818-19. 8 v. Un prospectus est joint à
cette édition, qui mentionne le *Neveu de Rameau* et en donne,
d'après la traduction de Goethe, une analyse assez fidèle.

40. *Œuvres de Denis Diderot*. Paris, J. L. J. Brière, 1821-23,
21 v. Cf. (17).

41. *Mémoires, correspondance et ouvrages inédits* de Diderot
publiés d'après les manuscrits confiés en mourant par
l'auteur à Grimm. Paris, Paulin, 1830-31, 4 v. Cette édition
est loin de tenir les promesses données par le titre.

42. Diderot, *Œuvres complètes*. Revues sur les éditions originales, notices, notes, tables analytiques par J. Assézat
et M. Tourneux. Paris, Garnier, 1875-77. 20 v. Cette édition
qui a rendu et continue de rendre d'inappréciables services,
est aujourd'hui insuffisante et incomplète, sinon périmée.
Cf. Jean Thomas (115), p. 165.

43. *Œuvres choisies de Diderot*, précédées de sa vie, par
F. Génin. Paris, Didot, 1847, 2 v. Texte Brière (parfois
mutilé) ; quelques emprunts à (41).

44. *Morceaux choisis de Diderot*, recueillis et annotés par Maurice Tourneux, préface par G. Vapereau. Paris, Charavay, 1881 (2ᵉ édit., 1883), xxi + 316 pp.

45. *Œuvres choisies* précédées d'une introduction par Paul Albert. Paris, Librairie des Bibliophiles, 1877 (2ᵉ édit., 1895), 6 v.

46. DIDEROT, *Extraits*, publiés, avec introduction, des notices et des notes par Joseph Texte. Paris, Hachette, 1897, LXII + 347 pp. Annotation précise et sûre.

47. DIDEROT, *Philosophie, romans, contes*, etc., biographie, bibliographie et notes par Charles Simon. Paris, Michaud, 1910.

48. *Œuvres choisies de Diderot*, précédées de sa vie par Madame de Vandeul et d'une introduction par François Tulou. Paris, Garnier, 1928, 2 v. (Classiques Garnier). Cette réédition des *Œuvres choisies* publiées, dès 1880, à la librairie Garnier (nombreux tirages), ne tient pas toujours compte, pour le texte ou l'annotation, des progrès accomplis par la critique dans l'intervalle.

49. DIDEROT, *Pages choisies* de nos grands écrivains. Avec une introduction de Georges Pellissier. Paris, Armand Colin, 1932, xxiii + 387 pp.

50. DIDEROT, *Œuvres*. Préface, notes, bibliographie par André Billy. Paris, Bibliothèque de la Pléiade, 1935. 1005 pp. Choix assez discutable : pourquoi les *Bijoux indiscrets*, si peu intéressants ? Pourquoi pas la *Lettre sur les Sourds*, la *Poésie dramatique*, de larges extraits de *Diderot et Catherine II*? Classement arbitraire. Présentation attentive et soignée. A quoi il convient, à la dernière minute, d'ajouter :

51. *Les Pages Immortelles de Diderot*, choisies et expliquées par Edouard Herriot. Collection les Pages Immortelles, Paris, Corréa, 1949.

Sur les éditions particulières d'autres œuvres de Diderot que le *Neveu de Rameau*, nous nous bornerons à des indications sommaires. Signalons cependant :

52. *Romans de Diderot*, publiés avec une introduction et des notices par André Billy. A la Cité des Livres. Paris, 1929, 4 v.

53. *La Religieuse.* Texte intégral publié avec une préface et des notes par M. Maurice Tourneux, et illustré de compositions originales à l'eau-forte par M. Martin Van Maele. Paris, Chevrel, 1916. ix + 311 pp.

54. *Le Paradoxe sur le Comédien,* édition critique par Ernest Dupuy, Paris, Oudin, 1902. 178 pp. Cette édition ne peut être utilisée, si l'on ne se réfère à l'article de Joseph Bédier : *Le Paradoxe sur le Comédien est-il de Diderot ?,* in *Etudes Critiques,* Paris, A. Colin, 1903, pp. 61-112. Bédier réfute de façon décisive les conclusions que Dupuy prétendait tirer de l'examen du manuscrit, collationné, mais non rédigé, par Naigeon.

55. *Le Rêve de d'Alembert.* Introduction et notes de Gilbert Maire. Collection des Chefs-d'Œuvres Méconnus. Paris, Bossard, 1921, 193 pp.

56. *Supplément au Voyage de Bougainville.* Publié d'après le manuscrit de Léningrad, avec une introduction et des notes de Gilbert Chinard. Paris, E. Droz, 1935, 211 pp. Cf. CR. H. DIECKMANN, in *Romanische Forschungen,* 1936, L, 241-48.

57. *Diderot et Catherine II,* par Maurice TOURNEUX. Paris, Calmann-Lévy, 1899. III + 601 pp. Le titre de cet ouvrage est assez malheureusement choisi. Les nombreux opuscules et fragments inédits qu'il contient dépassent de beaucoup en intérêt, et démentent même, l'étude très conventionnelle que Tourneux consacre aux rapports du philosophe et de la tsarine. On doit y chercher, cependant, quelques-unes des pages les plus importantes et les plus belles de Diderot.

58. *Observations sur l'Instruction de S. M. I. aux députés pour la confection des lois.* Manuscrit de Diderot (1774), publié avec une introduction par Paul Ledieu. Paris, Marcel Rivière, 1921, 140 pp. Complète le précédent.

59. *Pages inédites contre un tyran,* publiées par F. Venturi d'après un manuscrit de la B. N. Paris, 1937, iv + 28 pp. Par delà Frédéric II, si cordialement détesté par Diderot, c'est contre l'esprit même du despotisme éclairé qu'est dirigé ce pamphlet.

La correspondance de Diderot que vient enrichir sans
cesse la découverte de nouveaux inédits demanderait, à
elle seule, un chapitre particulier. On se reportera à
H. Dieckmann (12), nᵒˢ 47-60, et aux bulletins bibliographiques donnés par la RHL. Bornons-nous à rappeler
deux publications capitales, auxquelles renvoient la plupart des références à la correspondance, données dans
l'annotation :

60. *Lettres à Sophie Volland.* Texte en grande partie inédit,
publié pour la première fois d'après les manuscrits originaux, avec une introduction, des variantes et des notes
par André Babelon, Paris, Gallimard, 1930, 3 v.

61. *Correspondance inédite*, publiée d'après les manuscrits originaux avec une introduction et des notes par André Babelon. Paris, Gallimard, 1931, 2 v. Les notes et les notices
de ces cinq volumes, beaucoup trop elliptiques, sont loin
de résoudre les problèmes de tout ordre que pose la lecture de lettres aussi riches de pensée et de vie.

IV. — LE *Neveu de Rameau* EN SON TEMPS :
ARRIÈRE-PLAN ANECDOTIQUE, HISTORIQUE ET PHILOSOPHIQUE.

Pour le lecteur moderne l'exégèse du *Neveu de Rameau*
demande un effort de dépaysement assez grand. Nous
n'avons pu qu'ébaucher, en bien des points, les recherches
qui livreraient, peut-être, le secret de certaines allusions,
encore obscures, et permettraient de voir « le dessous
des cartes ». Il conviendrait, d'abord, de dépouiller systématiquement la presse de langue française imprimée, alors,
en Europe : en l'année 1762, Chevrier n'y dénombre pas
moins de 172 journaux (Cf. note 211). Nous nous sommes
contentés de parcourir, autour de 1762, les journaux expressément mis en cause par Diderot :

62. L'*Avant-Coureur*. Hebdomadaire dirigé par Jonval et
Boudier de Villemert, rédigé par Meusnier de Querlon,
La Combe et La Dixmerie (1758-1774), prolongé, jus-

qu'en 1778, par la *Gazette Littéraire* d'Antoine Bret, 16 v. in-8°.

63. *Les Petites Affiches*, divisées en *Affiches* de Paris, bi-heb-domadaire (1751-1790) et *Affiches de Province* (1752-1779). Directeurs : l'abbé Aubert ; Meusnier de Querlon et l'abbé de Fontenai.

64. *L'Année Littéraire* (1754-1776), suite des *Lettres sur quelques écrits de ce temps* (1749-1754), hebdomadaire rédigé par Fréron puis, jusqu'en 1790, par son fils Stanislas Fréron.

65. *L'Observateur Littéraire* de l'abbé Delaporte (1758-1761), 17 v. in-12.

66. *Le Censeur hebdomadaire* d'Abraham Chaumeix (1760-61), 8 v. in-8°.

On trouvera des renseignements sur les journaux et sur l'histoire de la presse au XVIIIe siècle dans :

67. HATIN, *Histoire politique et littéraire de la presse en France...* Paris, Poulet-Malassis et de Broise, 1859-61, 8 v. in-8° et

68. MITTON, Fernand, *La Presse Française*, t. I : *Des origines à la révolution*, Paris, 1946.

Une source encore plus précieuse de renseignements, s'il s'agit de potins et de scandales, doit être cherchée dans les *Nouvelles* manuscrites et « secrètes », si caractéristiques de l'époque. La priorité doit, évidemment, être donnée, dans ce secteur, à la

69. *Correspondance littéraire, philosophique et critique*, par Grimm, Diderot, Raynal, Meister, etc. Revue sur les textes ori-ginaux par Maurice Tourneux. Paris, Garnier, 1877-82, 16 v. Beaucoup plus que Grimm, gérant diplomatique et commercial de l'entreprise, Mme d'Epinay et Diderot, au moins jusqu'en 1772, en furent les grands pourvoyeurs littéraires, jusqu'à leur relève par l'ennuyeux Meister. Nous avons consulté, en outre :

70. *Mémoires secrets*, dits de Bachaumont, 1762-1771 ; tirés des registres de Mme Doublet ; continués de 1771 à 1787

par Pidansat de Mairobert et Moufle d'Angerville, 1777-1787, 36 v.

71. COLLÉ, Charles, *Journal historique ou Mémoires critiques sur les ouvrages dramatiques et sur les événements les plus mémorables du règne de Louis XV, depuis 1748 jusqu'en 1772, inclusivement.* Paris, 1805, 3 v. in-8° (et Paris, F. Didot, 1868).

72. — *Journal historique inédit* pour les années 1761 et 1762, publié par Ad. Van Bever. Paris, Mercure de France, 1911, 394 pp.

73. — *Correspondance inédite.* Paris, Plon, 1864, 348 pp.

74. FAVART, Claude, *Mémoires et correspondance littéraire, dramatique et philosophique de C. S. Favart,* publiés par A. P. C. Favart, son petit-fils, et précédés d'une notice historique... par M. Dumolard, Paris, Léopold Collin, 1808, 3 v. in-8°.

75. MÉTRA, François, *Correspondance littéraire secrète,* Neuwied. La première série, de 1775 à 1786, n'est représentée à la B. N. que par quelques années complètes ou quelques numéros dépareillés.

76. PIDANSAT DE MAIROBERT, *L'Espion Anglais ou Correspondance secrète entre Milord All'eye et Milord Alle'ar.* Nouvelle édition, 4 v. in-12, Londres, 1779 (Sorte de parodie du genre, instructive et hardie, par un journaliste qui vécut dangereusement).

Beaucoup de gazettes à la main restent, naturellement, inédites et des recherches systématiques devraient être entreprises dans ce domaine. On se fera une idée de leur intérêt et de leur ampleur, d'après les agréables ouvrages de :

77. FUNCK-BRENTANO, Frantz, *Les Nouvellistes,* Paris, Hachette, 1905, VIII + 331 pp. et

77 *bis. Figaro et ses devanciers,* Paris, Hachette, 1909, VIII + 338 pp.

De cette littérature de nouvellistes ne peuvent être séparés les correspondances et journaux, plus ou moins intimes, les mémoires, plus ou moins authentiques, si

abondamment publiés sur cette période. On se contentera
de signaler :

78. ARGENSON, marquis Louis-René d', *Mémoires et journal.*
Edit. Ratherey, Paris, Renouard, 1859-1867, 9 v.

79. BARBIER, E. J. F., *Journal historique et anecdotique du règne
de Louis XV*, Paris, 1847-56, 4 v.

80. *Mémoires of the Princess Dashkaw... written by herself...*
Ed. from the originals by Mrs. Bradford. Londres, 1840,
2 v.

81. CONDORCET, Antoine-Nicolas de, *Mémoires sur le règne
de Louis XVI*. Paris, Ponthieu, 1824, 2 v. (Cf. I, 155-7).

82. *Mémoires* (prétendus) *de M*me *d'Epinay.* Edit. Paul Boi-
teau, Paris, Champion, 1865, 2 v.

83. *La Signora d'Epinay e l'abate Galiani.* Lettere inedite
(1769-1772), con introduzione e note di Fausto Nicolini,
Bari, Laterza, 1929, 399 pp.

84. GALIANI, l'abbé Ferdinand, *Correspondance.* Nouvelle édition..., avec une étude sur la vie et les œuvres de Galiani
par Lucien Perey et Gaston Maugras. Paris, Calmann-
Lévy, 1881, 2 v.

85. GARAT, D. J., *Mémoires historiques sur le XVIII*e *siècle*,
Paris, 1821, 2 vol.

86. GRÉTRY, E. E. M., *Les Réflexions d'un solitaire.* Ed.
J. G. Prud'homme. *Mercure*, 1913. CVI (Cf. pp. 278-285 :
Sur Diderot).

87. *Lettres de Mademoiselle de Lespinasse.* Nouvelle édition,
augmentée, par Gustave Isambert. Paris, Lemerre, 1876,
2 v.

88. *Mémoires* de Marmontel, publiés avec préface, notes et
tables par Maurice Tourneux. Paris, Librairie des Bibliophiles, 1891, 3 v.

89. *Mémoires inédits* de l'abbé Morellet sur le XVIIIe siècle
et sur la révolution. 2e édition. Paris, Ladvocat, 1822, 2 v.

90. Mme de GENLIS, *Mémoires inédits sur le XVIII*e *siècle et
la Révolution.* Paris, 1825, 10 v.

On fera une place à part à :

91. Sébastien MERCIER, *Tableau de Paris*, nouvelle édition,
Amsterdam, 1783-1788, 12 v. C'est une des sources

essentielles pour la connaissance des mœurs de l'époque, et, par conséquent, pour l'exégèse du *Neveu de Rameau*.

On devra, de même, se reporter aux divers écrits des adversaires malmenés par Diderot dans sa satire, en particulier à ceux de :

92. Palissot de Montenoy, Charles, *Œuvres complètes*, 2e édition. Londres et Paris, J. B. Bastien, 1779, 7 v. in-12. Et l'on trouvera une sorte de compendium anti-philosophique dans :

93. Sabatier de Castres, l'abbé Antoine, *Les Trois siècles de la littérature* ou Tableau de l'esprit de nos écrivains, depuis François Ier jusqu'à nos jours, par ordre alphabétique..., 5e édition. La Haye, 1781, 4 v.

L'érudition contemporaine a consacré des monographies à deux des adversaires ou victimes les plus notables de Diderot :

94. Delafarge, Daniel, *La vie et l'œuvre de Palissot* (1730-1814). Paris, Hachette, 1912. xxi + 554 pp.
94 bis. — *L'affaire de l'abbé Morellet en 1760*. Ibid. 57 pp.
95. Cornou, chanoine François, *Elie Fréron* (1718-1776). Paris, Champion, 1922. 477 pp. A compléter, en ce qui concerne les relations Fréron-Diderot, par :
96. Charavay, Etienne, *Diderot et Fréron*, in *Revue des documents historiques*, 1876, III, pp. 156-168.

D'autres auteurs, de moindre importance, ont aussi trouvé leur historiographe, par exemple Dorat :

97. Desnoireterres, Gustave, *Le Chevalier Dorat et les poètes légers au XVIIIe siècle*. Paris, Perrin, 1886, xi + 468 pp. Il serait fastidieux d'énumérer des comparses, mais on trouvera quelques-unes de leurs silhouettes vivement esquissées dans :
98. Monselet, Charles, *Les oubliés et les dédaignés*. Figures littéraires de la fin du xviiie siècle. Paris, Poulet-Malassis et de Broise, 1859, 2 tomes en 1 vol., vii + 320 et 295 pp.
99. Henriot, Emile, *Les livres du second rayon*. Irréguliers et libertins. Paris, Le Livre, 1926, 398 pp.

Sur la condition faite aux écrivains, leurs polémiques, les mœurs littéraires, la bataille philosophique, on se reportera aux ouvrages suivants :

100. PELLISSON, Maurice, *Les Hommes de lettres au XVIIIe siècle*, Paris, Armand Colin, 1911, 311 pp.

101. ROUSTAN, Mario, *Les Philosophes et la société française au XVIIIe siècle*. Paris, Hachette, 1911, XI + 391 pp.

102. HERVIER, Marcel, *Les écrivains français jugés par leurs contemporains*. Paris, Mellottée, 1936, 2 v. ; II, *Le dix-huitième siècle*.

103. BELIN, J. P., *Le mouvement philosophique de 1748 à 1789*. Etude sur la diffusion des idées des philosophes à Paris, d'après les documents concernant l'histoire de la librairie. Paris, Belin frères, 1913, 381 pp.

104. WADE, Ira O., *The Clandestine Organisation and Diffusion of Philosophic Ideas in France, from 1700-1750*. Princeton University Press, 1938, IX + 329 pp.

105. MORNET, Daniel, *Les origines intellectuelles de la Révolution française* (1715-1787). Paris, Armand Colin, 2e édit., 1934, 552 pp. Ouvrage fondamental.

Sur les hommes politiques : Choiseul, Bertin, etc., les financiers et les fermiers généraux, les grands manuels d'histoire : Lavisse, Halphen et Sagnac, etc., apportent les éléments d'une première documentation. On n'aura garde d'oublier :

106. MICHELET, *Histoire de France*. Edition définitive. Paris, Flammarion, tome XV, Louis XV. (Cf. sur Diderot, pp. 390-401).

Certains ouvrages, quoique anciens, restent d'une grande utilité, pour un commentaire du *Neveu de Rameau*. Citons :

107. CAMPARDON, Emile, *Madame de Pompadour et la cour de Louis XV au milieu du XVIIIe siècle*. Paris, 1867, IV + 515 pp.

108. CLÉMENT, Pierre et LEMOINE, Alfred, *M. de Silhouette-Bouret, le dernier des fermiers généraux*. Paris, Didier, 1872, in-12.

De même, nous avons dû nécessairement nous référer à la plupart des ouvrages des Goncourt consacrés à la société du xviiie siècle, en particulier à :

109. GONCOURT, E. et J. de, *Madame de Pompadour*. Edition définitive. Paris, Flammarion-Fasquelle, 421 pp.
110. — *Sophie Arnould...*, 288 pp.
111. — *La Guimard...*, 282 pp.
112. — *La femme au XVIIIe siècle...*, 2 v. 282 et 268 pp.

Enfin, l'identification de nombreux personnages mis en cause dans le *Neveu de Rameau* nous a permis, une fois de plus, de constater l'inappréciable utilité, aussi bien que les inévitables erreurs ou lacunes de :

113. MICHAUD, *Biographie universelle ancienne et moderne*. 1810-1828, 52 v. + 32 v. de supplément. On regrette de ne pouvoir disposer dans d'autres secteurs d'un guide aussi bien informé que :
113 *bis*. Max FUCHS, *Lexique des comédiens du XVIIIe siècle* (tome XIX de la *Bibliothèque des historiens du théâtre*), Paris, 1939.

Si l'on passe du côté des collaborateurs et amis les plus illustres de Diderot, le commentaire du *Neveu de Rameau* met nécessairement en jeu un système de références aux œuvres de Montesquieu, Voltaire, Jean-Jacques Rousseau, Duclos, d'Alembert, Grimm, Raynal, Helvétius, d'Holbach, Marmontel, Morellet, etc. Il serait fastidieux d'en relever le détail, épars dans les notes. Toutefois, pour apprécier, en son temps, le *Neveu de Rameau*, en tant que satire, il sera bon de le confronter avec la satire telle que l'entend Voltaire et de relire, au moins :

114. VOLTAIRE, *Le Pauvre diable* (1758), X, 99-114, les contes, pamphlets, etc...

Entre bien d'autres problèmes, les attitudes philosophiques qui s'affrontent dans le *Neveu de Rameau* mettent en jeu les conséquences du matérialisme, tel que Diderot a puissamment aidé à le formuler, mais dont il inaugure, aussi bien, avec une singulière profondeur, la critique.

Il convient donc de se reporter, au moins, aux deux grandes expressions, solidaires et pourtant divergentes, de ce matérialisme :

115. HELVÉTIUS, *Œuvres*. Publiées, d'après les mss., par Lefebvre de la Roche, 1795, 14 v. in-18.

116. D'HOLBACH, A défaut d'une édition des œuvres complètes : *Système de la Nature ou des Lois du monde physique et du monde moral*, par M. Mirabaud, Secrétaire perpétuel et l'un des Quarante de l'Académie Française. Londres, 1770, 2 v. 366 et 408 pp. *Système Social ou Principes naturels de la Morale et de la Politique*, avec un examen de l'influence du gouvernement sur les mœurs. Londres, 1773, 3 v. de VIII + 228, 174 et 166 pp. *La Morale Universelle ou les Devoirs de l'Homme fondés sur sa nature*, à Amsterdam, chez M. Michel Rey, 1776, 3 v. de XXX + 488, 394 et 364 pp.

Le guide le mieux informé pour une lecture de ces ouvrages singulièrement touffus est, aujourd'hui :

117. Pierre NAVILLE, *Paul Thiry d'Holbach et la philosophie scientifique au XVIIIe siècle*. Paris, Gallimard, 1943, 471 pp. Ouvrage original, pénétrant, solidement documenté, mais contestable en certaines de ses conclusions, p. ex. sur les modalités de la collaboration entre Diderot et d'Holbach.

De l'œuvre de d'Alembert, on détachera, plus particulièrement, un opuscule :

118. *Essai sur la Société des gens de lettres et des Grands*. Sur la réputation, sur les mécènes et sur les récompenses littéraires, in *Mélanges de Littérature, d'Histoire et de Philosophie*, Nouvelle édition. Amsterdam, 1763, pp. 321-412. C'est une des œuvres contemporaines que l'on pourrait classer au chapitre des sources du *Neveu de Rameau*.

V. — LES SOURCES LITTÉRAIRES DU *Neveu de Rameau*.

« Nul n'a le goût, sinon l'esprit, moins français ; nul ne regarde plus complaisamment par-dessus les frontières ;

nul n'a été, et n'a voulu être, plus entièrement en rupture avec la tradition latine » (Joseph Texte, *Jean-Jacques Rousseau et les origines du cosmopolitisme littéraire*, p. 185). L'étude du *Neveu de Rameau* infirme, d'une façon décisive, la thèse ainsi catégoriquement formée sur l'orientation de Diderot : les seules sources littéraires, dont on puisse incontestablement faire état, découlent presque toutes de la tradition des satiristes et moralistes grecs, latins et français. Sans dresser, ici encore, un catalogue bibliographique, il suffira de renvoyer aux notes et d'énumérer les noms de : Théophraste, Lucien, Térence, Horace, Perse, Juvénal, Pétrone, Rabelais, Montaigne, Mathurin Régnier, La Mothe le Vayer (nommé expressément par Diderot, IX, 79), Charles Sorel, Scarron, La Rochefoucauld, Pascal, Boileau, La Bruyère, Fontenelle, Le Sage, Montesquieu, Marivaux, etc., qui tous, à quelque degré, ont laissé leur marque d'origine sur quelque détail du *Neveu de Rameau* et, surtout, ont contribué à en forger la manière et le ton. Parmi eux, on fera une place particulière à Horace, un des compagnons les plus aimés de l'âge mûr et de la vieillesse de Diderot.

Cette filiation spirituelle n'avait pas échappé, jadis, aux plus clairvoyants des critiques étrangers de Diderot, Rosenkranz (145) ou Morley (146), beaucoup plus sensibles à son « classicisme » qu'à son « cosmopolitisme ». M. Jean Thomas l'a fort élégamment remise en lumière dans son clairvoyant essai :

119. Thomas, Jean, *L'humanisme de Diderot*, 2ᵉ édition, revue et augmentée. Paris, Les Belles-Lettres, 1938, 182 pp. Quelque nouvelle que soit la « découverte de l'homme » par Diderot, elle s'insère dans les cadres de la tradition humaniste. Aussi bien est-ce à juste titre qu'un ouvrage monumental réserve à Diderot une belle place dans cette tradition :

120. Curtius, Ernst-Robert, *Europäische Literatur und Lateinisches Mittelalter*, Berne, 1948. (Cf. sur Diderot et Horace, pp. 556 sqq.). On s'étonne qu'aucune étude systématique n'ait été consacrée auparavant à une parenté littéraire

aussi visible dans le *Neveu de Rameau*. Semblablement, il a fallu la découverte de fragments inédits pour mesurer, à son juste prix, l'influence de Perse sur Diderot :

121. CHARLIER, G. et HERMANN, L., *Diderot annotateur de Perse*. RHL, 1928, XXXV, 39-63. Des enquêtes similaires devraient être menées sur les écrivains précédemment cités. L'une d'elles a été esquissée par :

122. THOMAS, Jean, *Diderot et Rabelais*, in *Revue du XVIe siècle*, 1932-33, pp. 323-4.

En regard, les études sur le « cosmopolitisme » de Diderot, pour si poussées qu'elles soient, n'aboutissent guère à des résultats consistants. Il faut faire une exception, cependant, pour les influences anglaises, nombreuses et profondes, mais surtout dans l'ordre de la spéculation philosophique. Elles ont été étudiées, dans leur ensemble, et d'ailleurs exagérées, par :

123. CRU, R. Loyalty, *Diderot as a Disciple of English Thought*, New-York, Columbia University Press, 1913, XIII + 498 pp. Pour le *Neveu de Rameau* on ne peut guère penser qu'à Swift, de Foë et Sterne. Seule, l'influence de ce dernier sur Diderot (accusée par Diderot lui-même) a été méthodiquement envisagée par :

124. BALDWIN, Charles Sears, *The Literary Influence of Sterne in France*. Publications of the Modern Language Association in America, 1902, XVII, 221-236, et

124 bis. BARTON, Francis Brown, *Etude sur l'influence de Laurence Sterne en France au XVIIIe siècle*. Paris, Hachette, 1911, II + 161 pp. (Cf. pp. 98-126). Mais les conclusions de ces études ne valent guère — et encore ! — que pour *Jacques le Fataliste*.

A l'égard de l'Allemagne, en dépit des thèses, plus polémiques que scientifiques, développées par Louis Reynaud :

125. *L'influence allemande en France au XVIIIe et au XIXe siècle*. Paris, Hachette, 1922, 316 pp. (Cf. pp. 39-40) et

126. *Le Romantisme, ses origines anglo-germaniques*. Paris, Armand Colin, 1926 (pp. 88-98).

la dette de Diderot paraît à peu près nulle, si l'on fait exception de Leibnitz... et de Gessner.

Elle ne serait guère plus considérable, à l'égard de l'Italie, à en croire :

127. BUSNELLI, Manlio D., *Diderot et l'Italie*. Reflets de la vie et de la culture italiennes dans la pensée de Diderot, avec des documents inédits et un essai bibliographique sur la fortune du grand encyclopédiste en Italie. Paris, Champion, 1925, XXI + 305 pp. (Bibliothèque de l'Institut Français de Naples, série 1, tome 3). Toutefois il faudrait tenir compte, pour l'interprétation de certains aspects du *Neveu* de l'opéra italien et de l'influence de Métastase, trop négligée, semble-t-il, par M. Busnelli, et aussi de certains apports (Vico ?), offerts à Diderot par son commerce avec Galiani. Voir :

128. NICOLINI, Fausto. *Lumières nouvelles sur quelques ouvrages de Diderot*, d'après la correspondance inédite de l'abbé Galiani, in *Etudes italiennes*, 1932, pp. 87-103, 161-173, 209-219.

Beaucoup plus directs et probants paraissent, à première vue, les rapprochements établis par certains critiques, surtout par Franco Venturi (144) et Daniel Mornet (230) entre le *Neveu de Rameau* et des œuvres françaises contemporaines, avouées ou secrètes : essais, satires, romans de mœurs, contes fantaisistes et philosophiques, etc... Nous en citons, d'après eux, quelques-unes et en ajoutons quelques autres. Il serait de bonne méthode de s'attacher d'abord aux auteurs qui ont été en contact personnel avec Diderot, au temps de sa formation littéraire et philosophique : Baculard d'Arnaud, Fougeret de Monbron, Pidansat de Mairobert ou Toussaint, auquel le succès et le prestige de son *Essai* méritent une place de faveur :

129. TOUSSAINT, François-Vincent, *Les Mœurs* (par Panage), Amsterdam, 1748 (14 éditions !). (Cf. Venturi (144), pp. 323-8).

Mais on trouvera aussi du profit et, en tout cas, de l'amusement, à lire :

130. CHEVRIER, François-Antoine, *Œuvres complètes*, 3 v. Londres, 1774 (en particulier, I : *Le Colporteur, histoire morale et critique* (Nombreuses éditions à partir de 1758 ; réédition, Flammarion, 1899, VIII + 218 pp.) ; II : *Alma-nach satirique pour 1762*. Parmi les contes « réalistes » du tome III : *Essai sur les Mémoires de M. Guillaume ; Histoire et aventures de Mlle Godiche, coiffeuse ; de M. Bordereau, commis à la douane, avec Mme Minutin*, etc... Bons exemples de style « parlé » et de parler populaire.

En outre :

131. — *Bi-bi conte traduit du chinois par un Français... Mazuli... l'an 623*. 98 pp. in-12. (Cf. Venturi (144), p. 126.

132. DULAURENS, abbé Henri-Joseph, *Imirce ou la Fille de la Nature*. Berlin, 1765, IV + 379 pp., réimprimé dans la collection des conteurs du XVIIIe siècle. Paris, Flammarion, 1899, in-16, VIII + 199 pp.

133. — *Le Porte-feuilles d'un philosophe ou Mélange de pièces philosophiques, politiques, critiques, satiriques et galantes*. Cologne, P. Marteau fils, 1779, 6 tomes en 3 v. in-12.

134. — *Le Compère Mathieu ou les Bigarrures de l'esprit humain*. Londres, 1777, 3 v. in-8°.

135. FOUGERET DE MONBRON, *Le Cosmopolite ou le citoyen du monde*. Londres, 1753, 166 pp. in-8°.

136. *Margot la Ravaudeuse*. Hambourg, s. d., 160 pp. in-8°.

137. LA MORLIÈRE, chevalier Jacques-Charles-Louis-Auguste Rochette de, *Angola, Histoire indienne*. Ouvrage sans vrai-semblance. Nouvelle édition revue et corrigée. A Agra, avec privilège du Grand-Mogol, 1747, 249 pp. in-12. (Réimpression : Paris, Flammarion, 1899, XII + 136 pp.).

138. LA GUAI DE PRÉMONTVAL, André-Pierre, de l'Académie des Sciences de Berlin, *Le Diogène de d'Alembert*, Diogene décent, pensées libres sur l'Homme et les différents objets des connaissances de l'Homme. Berlin, 1754 ; édition augmentée, *ibid.*, 1755, XII + 261 pp.

139. Melon, Jean-François, *Mahmoud le Gasnevide*, histoire
orientale, fragment traduit de l'arabe, avec notes. Rotter-
dam, 1729, in-8°, vi + 168 pp. Un témoin, entre bien
d'autres, de la tradition satirique, née des *Lettres Persanes*.
(Cf. Mornet (230), pp. 95-6). De même :

140. Saint-Foix, Germain-François Poullain de, *Lettres
turques*, revues, corrigées et augmentées... Amsterdam,
P. Mortier, 1750, in *Œuvres complètes*. Paris, Vve Duchesne,
1778, 6 v. in-8°, tome II. (Les tomes III et IV de ces
Œuvres complètes contiennent les *Essais historiques sur Paris*,
précieuse source archéologique, à laquelle renvoient certains détails de notre commentaire).

141. Saint-Lambert, Jean-François, marquis de, *Les Deux
Amis, Conte Iroquois*, 1770, in *Œuvres philosophiques*, Paris,
Agasse, An IX, 6 v. in-8°, tome V.

　　M. Mornet signale, en outre, toujours dans la même
tradition, les *Mémoires Turcs* de Godard Daucourt et une
fantaisie satirique :

142. Thorel de Champigneulles, *Le Nouvel Abélard ou
Lettre d'un singe au docteur Abadolfe*, retour, semble-t-il,
à une tradition satirique plus ancienne : celle de La Mothe
le Vayer, voire du Boileau de la satire VIII.

　　Il serait aussi facile qu'inutile de prolonger cette liste.
Sans doute il existe entre ces ouvrages, retenus parmi
beaucoup d'autres, tous semblables, et le *Neveu de Rameau*,
une parenté évidente de thèmes (sur la morale conjugale,
l'usage des richesses, les « tours du bâton », etc.), et,
parfois, d'esprit et de ton ; ils sont volontiers gouailleurs
et cyniques. Mais ce sont là ressemblances et rencontres
à peu près inévitables entre écrivains qui relèvent de la
même tradition ou de la même mode littéraires et qui,
souvent, se sont formés dans le même milieu de la bohème.
Et chacune de ces rencontres (signalées dans les notes)
sert surtout à mettre en lumière la puissante originalité
de la pensée de Diderot et, davantage encore, de son art.

VI. — La personne et les idées de Diderot dans le *Neveu de Rameau*.

Une œuvre qui engage aussi pleinement la responsabilité de son auteur ne saurait être envisagée qu'à la lumière des informations de tout ordre : biographiques, philosophiques, littéraires ou artistiques, réunies par l'érudition et la critique, au sujet de Diderot. Nous limiterons notre choix à l'essentiel.

Nous possédons une bonne biographie de Diderot, vivante, bien documentée :

143. BILLY, André, *Diderot*. Paris, Les Editions de France, 1932, III + 616 pp. Mais ce Diderot reste vu de l'extérieur, dans ses apparences pittoresques. On songe à une autre biographie, intérieure, celle-là, qui nous guiderait sur le chemin de son œuvre et de sa pensée. C'est à ce dessein que s'est attaché avec bonheur :

144. VENTURI, Franco, *Jeunesse de Diderot* (de 1713 à 1753), traduit de l'italien par Juliette Bertrand. Paris, Albert Skira, 1939, 416 pp. Ce livre n'envisage qu'une première étape ; un second aura pour objet de suivre Diderot dans sa période militante (Encyclopédie et théâtre) ; un troisième dans sa « retraite » et sa période de recueillement. L'auteur se propose d'écrire de la sorte une « histoire politique » de Diderot, c'est-à-dire une histoire de sa philosophie appliquée et vécue. Conçu dans un esprit de généreuse compréhension, son premier essai abonde déjà en vues très suggestives, même pour l'interprétation du *Neveu de Rameau*. Il repose, en outre, sur une documentation en grande partie nouvelle, dont témoignent ses *Additions aux pensées philosophiques*, publiées presque conjointement par M. Venturi (RHL, 1938, XV, 23-42 et 289-308).

Pour nous restituer un Diderot véritablement complet et satisfaisant, un troisième critique devrait s'attacher à étudier en lui, selon les mêmes méthodes, l'écrivain et l'artiste. Mais rien ou presque rien n'a été tenté, jusqu'ici, en cette voie. Et la variété même des aptitudes et des connaissances nécessaires pour l'accomplissement du triple travail que l'on vient de définir explique, pour une bonne part, la médiocrité qui caractérisa, longtemps, les monographies consacrées à Diderot. Cette remarque ne saurait, cependant, s'appliquer sans injustice aux deux ouvrages suivants qui, malgré leur date déjà lointaine, valent encore par le sérieux de leur information et l'ampleur de leur dessein :

145. ROSENKRANZ, Karl, *Diderot's Leben und Werke*. Leipzig, Brockhaus, 1866, 2 v., XXVI + 371 pp. et 431 pp.

146. MORLEY, John, *Diderot and the Encyclopaedists*. London, Chapman and Hall, 1878, 2 v. (Réédition : London, Macmillan, 1923). Plus fantaisiste et moins complet ; mais ingénieux. En revanche, nous ne signalons guère que pour mémoire ou pour quelques réflexions sur le *Neveu de Rameau*, toute une série d'ouvrages français, aujourd'hui dépassés :

147. COLLIGNON, Albert, *Diderot, sa vie et ses œuvres*. Paris, Bibliothèque démocratique, 1875. XXVI + 164 pp. Réédité sous une forme élargie :

147 *bis. Diderot, sa vie, ses œuvres, sa correspondance*. Paris, Alcan, 1913, XVII + 304 pp.

148. SCHÉRER, Edmond, *Diderot, étude*. Paris, Calmann-Lévy, 1880, 239 pp.

149. CARO, Elme, *Diderot inédit* in *La fin du XVIIIe siècle. Etudes et Portraits*. Paris, Hachette, 2e édition, 1881, II, 155-354.

150. REINACH, Joseph, *Diderot*. Paris, Hachette, 1894. Collection Les Grands Écrivains français, 213 pp.

151. DUCROS, Louis, *Diderot, l'homme et l'écrivain*. Paris, Perrin, 1893, 344 pp. Faute de mieux, cet ouvrage a été, pendant longtemps, la meilleure monographie sur Diderot. Un effort plus grand de précision se marque cependant dans :

152. MEYER, Eugène, *Diderot*. Paris, Boivin, 1923, 239 pp., auquel on joindra du même auteur ;

153. — *Diderot moraliste*. RCC, 1924 et 1925, XXVI, 1, pp. 375-81, 469-80, 641-9 et XXVI, 2, pp. 521-37, 742-60. Cet effort se manifestait déjà dans l'étude, neuve dans son objet, de :

154. GILLOT, Hubert, *Un romantique au XVIIIᵉ siècle : Denis Diderot*. Essai sur son rôle et sur son influence littéraire. Langres, Imprimerie Champenoise, 1913. Le *Denis Diderot* du même auteur (Paris, 1937) précédemment signalé (6), apporte un vaste inventaire des doctrines du philosophe et de l'écrivain, mais s'en tient, de parti pris, à une méthode uniquement descriptive. Il y a plus de densité dans l'excellent petit livre de M. Mornet :

155. MORNET, Daniel, *Diderot, L'homme et l'œuvre*. Paris, Boivin, 1941, commode, solide, précis. L'entreprise analogue d'un philosophe paraît plus banale et hâtive :

156. CRESSON, André, *Diderot, Sa vie, son œuvre, avec un exposé de sa philosophie*. Presses Universitaires de France, 1949. Peut-être les enquêtes de détail n'ont-elles pas encore été poussées assez loin pour autoriser une large synthèse. Ces enquêtes ont porté, jusqu'ici, de préférence, sur la biographie et la psychologie de Diderot, sans avoir réussi, pour autant, à éclaircir toutes les obscurités de sa vie, ou les contradictions de son caractère. C'est ainsi qu'il reste encore beaucoup de lacunes dans notre connaissance de ses années de formation et de jeunesse, en dépit de Venturi, de ses prédécesseurs et de ses émules :

157. LÖPELMANN, Martin, *Der junge Diderot*. Berlin, Weidmannsche Buchhandlung, 1934, 147 pp.

158. POMMIER, Jean, *Diderot avant Vincennes*. Paris, Boivin, 1939, 119 pp. (Publié d'abord in RCC, 1938).

Certains problèmes de détail ont été envisagés, mais non résolus par :

159. SALESSES, R., *Diderot et l'université, ou les conséquences d'une mystification*. R. Universitaire, avril 1935, XLIV, 322-33.

160. — *Les Mystères de la jeunesse de Diderot ou l'aventure théologique*. Mercure de France, 15 décembre 1937, CCLXXX, 498-514.

161. Luppé, A. de, *Un financier amateur d'art au XVIIIe siècle :
Randon de Boisset*, RCC, 30 avril 1923. Intéresse indirec-
tement l'expérience du préceptorat faite par Diderot chez
Randon de Massane, receveur général des finances du
Poitou.

162. Bonnefon, Paul, *Diderot prisonnier à Vincennes*. RHL,
1899, VI, 200-24. Bonne enquête sur un épisode décisif.

Il convient d'accorder une attention particulière aux
recherches du chanoine Marcel, aussi précieuses par leur
information, qu'irritantes ou décevantes par leur façon
de la mettre en œuvre. Nous ne citons que celles qui ont
intéressé directement notre étude :

163. Marcel, chanoine Louis, *Diderot écolier. La légende et
l'histoire*. Paris, Armand Colin, 1927, ou RHL, 1927,
XXXIV, 377-402.

164. — *La jeunesse de Diderot*. Mercure de France, 1929,
CCXVI, 45-82.

165. — *Le frère de Diderot*. Paris, Champion, 1913, 213 pp.

166. — *Le mariage de Diderot*. Étude critique. Largentière,
E. Mazel, 1928, 37 pp. (La publication par A. Babelon
des lettres de Diderot à sa fiancée a montré ce qu'il y
avait de fragile dans les constructions du chanoine
Marcel).

167. — *Une légende : Diderot catéchiste de sa fille*. Paris, Champion, 1913, 23 pp. La majorité des critiques envisagent
tout autrement la vie conjugale et familiale de Diderot.
Citons :

168. Bertaut, Jules, *Madame Diderot*. R. de France, 1924,
VI, 574-93. (Réimprimé in *Egéries du XVIIIe siècle*,
Paris, Plon, 1928, 256 pp.) Des témoignages directs
donnent une idée assez fâcheuse de Mme Diderot, par
exemple, celui du peintre Mannlich, in :

169. Seillière, Ernest, *Un témoin de la vie parisienne au temps
de Louis XV. Les Mémoires du peintre J. C. de Mannlich*,
RDM, 1er juillet 1912. De même, des pièces de police,
en l'espèce deux procès-verbaux contre Madame Diderot,
publiés par :

170. Campardon, Émile, *Les prodigalités d'un fermier général.* Paris, Chavaray, 1882, 119-21 et 124-7. On se reportera, pour toutes les questions de ce genre, à l'ouvrage de Massiet du Biest, précédemment cité (7). La rancune, mais aussi la patience de Diderot à l'égard de sa femme, sa touchante affection pour sa fille, « la petite bonne », y sont fortement motivées. Mais on relira avec profit une étude plus ancienne :

171. Pellisson, Maurice, *Diderot et sa fille.* R. Pédagogique, 1913, LXIII, 205-17. La vie sentimentale de Diderot ne pouvait manquer de provoquer une curiosité, parfois assez indiscrète ou fantaisiste. Citons :

172. Corday, Michel, *La vie amoureuse de Diderot.* Paris, Flammarion, 1928, 187 pp.

173. Beaunier, André, *Diderot et Sophie Volland.* RDM, 1er novembre 1925, 217-228.

174. Ledieu, Paul, *Diderot et Sophie Volland.* Paris, aux Publications du Centre, 1925, 172 pp.

Mais toutes ces études ont été infirmées ou dépassées par la publication de la correspondance inédite (nos 60-61). En ce domaine, comme en bien d'autres, il suffit d'en tirer la leçon. C'est ce qu'a tenté :

175. Krakeur, Lester Gilbert, *La correspondance de Diderot. Son intérêt documentaire, psychologique et littéraire.* New-York, the Kingsley Press, 1939. 120 pp. Mais cette correspondance même est loin de satisfaire notre curiosité sur les différents milieux fréquentés par Diderot et les influences qu'il y a subies. Il faudrait entreprendre beaucoup d'enquêtes du genre de celle-ci :

176. Masson, Pierre-Maurice, *Mme d'Epinay, Jean-Jacques Rousseau... et Diderot chez Mlle Quinault,* Ann. JJR. Genève, 1913, IX, 1-28. Depuis longtemps, on a signalé le cercle du baron d'Holbach, comme un des milieux, fertiles en originaux, où la pensée et la fantaisie de Diderot ont pu se développer le plus librement. Témoins :

177. Avézac-Lavigne, *Diderot et la société du baron d'Holbach.* Étude sur le xviiie siècle, 1713-1789. Paris, Leroux, 1875, 272 pp.

178. ORMESSON, Wladimir d', *Diderot au Grandval* in *Portraits d'hier et d'aujourd'hui*. Paris, Champion, 1925, pp. 189-207.
179. HUBERT, René, *D'Holbach et ses amis*. Collection Civilisation et Christianisme. Paris, 1928.

Quelques-uns des hôtes du Grand'val ont été retenus par la critique, comme particulièrement pittoresques ou instructifs. Entre autres :

180. CÉLARIÉ, Henriette, *Une amie de Diderot : la joyeuse Madame d'Aine*. R. de France, 1939, pp. 344-354.
181. RITCHIE, R.-L. Graeme, *Le Père Hoop de Diderot : essai d'identification*, in : *A Miscellany of Studies in Romance Languages and Literatures*, presented to Leon E. Kastner. Cambridge, W. Heffer and Sons, 1932, pp. 409-26. Parmi ces intimes de Diderot, Galiani mérite une attention toute particulière (Voir n°s 83-84). Et de même Melchior Grimm, étudié jadis par Edmond Schérer et, plus récemment, par :
182. CAZES, Albert, *Grimm et les encyclopédistes*, Paris, les Presses Universitaires, 1933, 407 pp. (Sur Diderot, cf. pp. 119-78). Étude assez convenue, sans vues ni documentation nouvelles. On lui préférera, du même auteur :
183. — *Un adversaire de Diderot et des philosophes : le père Bertier*, in : *Mélanges Lanson*, pp. 235-45. Naigeon a eu les honneurs d'une sorte de monographie :
184. BRUMMER, Rudolf, *Studien zur franzosischen Aufklärungssliteratur im Anschluss an J. A. Naigeon*. Breslau, Priebatsch, 1932, VIII + 338 pp. Quant aux rapports entre Diderot et Voltaire, si curieusement évoqués dans le *Neveu de Rameau*, ils ont été étudiés par :
185. TORREY, Norman L., *Voltaire's Reaction to Diderot*. Publications of the Modern Language Association of America, 1935, L, 1107-1143. Si fragmentaires qu'elles soient encore, ces études devraient permettre de retoucher sérieusement le portrait littéraire et moral de Diderot, tel qu'il a été donné par Sainte-Beuve ou Faguet.
186. SAINTE-BEUVE, *Diderot, Mémoires, correspondance et ouvrages* (*Premiers Lundis*, I, 372-93). *Diderot* (*Portraits littéraires*, I, 239-64). *Diderot* (*Causeries du Lundi*, III, 293-313).

187. FAGUET, Émile, *Diderot et Naigeon*, R. Latine, 1902, I, 705-754 ; *Diderot* in *Dix-huitième siècle*. Études littéraires. Paris, Boivin, pp. 289-338. C'est à cette entreprise que s'est attaché M. Trahard :

188. TRAHARD, Pierre, *Diderot* in *Les Maîtres de la sensibilité française au XVIIIe siècle*. Paris, Boivin, 1932, 4 v. Cf. II, 49-286. C'est dans la sensibilité que l'auteur a cherché l'unité profonde de Diderot, mais cette sensibilité est, elle-même, susceptible de définitions et d'interprétations très diverses. On trouvera la même inspiration dans :

189. FEUGÈRE, Anatole, *Diderot : l'apologie des passions fortes*, RCC, 1934-35, XXXVI, 2, pp. 635-64. Plus récemment, une étude, dont nous n'avons pu avoir connaissance, apporte, peut-être, ce portrait de Diderot que nous souhaitons :

190. STEEL, Eric M., *Diderot's Imagery*. A Study of a Litterary Personality. Thesis, New-York, The Corporate Press, 1941, 269 pp.

On ne sera véridique qu'à condition de faire une juste place à la philosophie de Diderot, trop souvent négligée ou traitée à la légère, dans les études françaises que nous venons d'énumérer, surtout les plus anciennes. Le rôle de Diderot, comme animateur de l'*Encyclopédie*, n'a été souvent vu que de l'extérieur. Mais la philosophie même de l'*Encyclopédie*, dans sa tactique, ses avatars, sa diversité et son unité, n'a, elle-même, fait l'objet que de recherches trop rapides :

191. DUCROS, Louis, *Les Encyclopédistes*. Paris, Champion, 1900, 376 pp.

192. LEGRAS, Joseph, *Diderot et l'Encyclopédie*, Amiens, Edgar Malfère. Collection Les Grands Événements Littéraires, 1928, 170 pp. On souhaiterait voir se multiplier, dans ce domaine, les études systématiques dont M. Hubert a donné un remarquable exemple :

193. HUBERT, René, *Les Sciences sociales dans l'Encyclopédie*. Paris, Alcan, 1923, 368 pp., ou même les prospections critiques sur les articles les plus importants du fameux dictionnaire, dont on trouvera le parfait modèle dans ;

194. DIECKMANN, Herbert, *Le Philosophe*. Texte and Interpretation. Washington University Studies. New Series. Language and Literature. Nᵒ 18. Saint-Louis, 1948, 108 pp. M. Dieckmann a, d'ailleurs, multiplié, avec une égale érudition, des essais analytiques ou systématiques, sur nombre d'aspects de la philosophie de Diderot. Nous ne retenons que ceux qui nous ont été d'un secours immédiat :

195. — *Diderot's Naturempfinden und Lebensgefühl*, in Publications de la Faculté des Lettres de l'Université d'Istamboul. Istamboul, 1937, II, 57-83.

196. — *Zur Interpretation Diderot's*, in *Romanische Forschungen*, 1939, L, III, 47-82, et surtout :

197. — *Diderot's Conception of Genius*, in *Journal of the History of Ideas*, 1941, II, 151-182 : on touche là un aspect essentiel du *Neveu de Rameau*. On en peut dire autant de certaines études de M. Krakeur, par exemple :

198. KRAKEUR, Lester Gilbert, *Diderot and the Idea of Progress*, in *Romanic Review*, 1938, XXIX, 151-9. D'une façon générale, l'érudition américaine semble vouloir conduire ses recherchs sur la philosophie de Diderot, selon les méthodes les plus exigeantes de la critique et de l'histoire littéraires. Sur le même sujet, la science soviétique ou d'inspiration marxiste préfère procéder par vastes constructions doctrinales. On en a trouvé le plus expressif témoignage dans un ouvrage dont l'intérêt reste considérable, quelque réserve qu'on puisse faire sur la méthode :

199. LUPPOL, J. K., *Diderot*. Traduit du russe par Y. et V. Feldman. Paris, Éditions sociales internationales, 1936, 404 pp. Le sérieux et l'ampleur des conceptions, la vigueur de la pensée sont ici incontestables; Diderot, en tant que philosophe, reçoit enfin l'hommage qu'il mérite. Mais sans entrer dans les objections de détail (insuffisance de l'information littéraire et de la recherche strictement historique), on se contentera de remarquer combien, de l'aveu même de l'auteur, paraît fragile la thèse essentielle de son livre, qui essaye de trouver, en la pensée de Diderot, une espèce de chaînon intermédiaire entre le matérialisme purement philosophique et spéculatif de la tradition

lucrétienne et padouane, et le matérialisme historique.
Ces critiques valent aussi contre le *Diderot* de M. Jean Luc.

200. Luc, Jean, *Diderot. L'artiste et le philosophe.* Suivi de
textes choisis de Diderot. Collection Socialisme et Culture
publié sous la direction de Georges Friedmann. Section
des matérialistes français du xviiie siècle... Villeneuve
Saint-Georges. Union typographique, 1938, 331 pp. Pour
l'auteur, le « grand » Diderot est celui des *Eléments de
Physiologie* et du *Rêve de d'Alembert ;* il élimine pratiquement le « fantastique » *Neveu de Rameau,* sans doute parce
que celui-ci est trop embarrassant pour la logique de sa
démonstration. Nous avons attendu, avec curiosité, de
lire un troisième témoignage, tout récent, de la critique
marxiste appliquée à Diderot :

201. Lefebre, Henri, *Diderot.* Grandes Figures. Hier et
Aujourd'hui. Paris, 1949, 307 pp. En dépit du talent de
l'auteur, son livre offre le même contraste que les précédents : vigueur de la thèse historique, insuffisance de
l'information, surtout dans le domaine de l'histoire littéraire. Nombreuses erreurs en fait sur le *Neveu de Rameau :*
« Il fallut attendre l'année 1891 pour trouver autre chose
qu'une traduction française de la traduction allemande »
(? ?) (p. 42) ; les deux Bertin sont confondus, etc. On voit
bien pour quelles raisons l'auteur insiste, d'après Hegel,
sur la « négativité » du *Neveu de Rameau :* c'est qu'elle risque
de valoir aussi contre son système ! C'est une supposition
toute gratuite que d'imaginer (p. 209), un Diderot philosophe et moraliste condamnant un Diderot littérateur
pour son culte de l'individualité aberrante, de « cette
liberté infinie de l'individu, qui s'affirme, mais dans le
vide ». La prise en considération des dates amènerait
plutôt à renverser les termes : la création littéraire a été
pour Diderot le moyen d'échapper aux conséquences
étouffantes de sa « philosophie ».

Le conflit semble *a priori* inévitable entre l'interprétation
marxiste de l'œuvre de Diderot et une interprétation humaniste du genre de celle que M. Jean Thomas proposait,
il y a quelques années, avec beaucoup de nuances.

Depuis lors, les oppositions doctrinales auraient, naturellement, tendance à s'accentuer, chacun des partis en présence mettant l'accent sur un des aspects du dualisme, si apparent dans la morale de Diderot. Les études suivantes avaient eu, du moins, le mérite de mettre en lumière ce dualisme fondamental :

202. CHARBONNEL, G. Roger, *Diderot a-t-il une doctrine morale ?* Ann. de philosophie chrétienne, 1904, pp. 229-49. La réponse à cette question est à chercher dans :

203. HERMAND, Pierre, *Les idées morales de Diderot.* Paris, Presses Universitaires de France, 1923, 299 pp. Très riche regroupement de textes ; construction et conclusions un peu indécises. L'auteur, mort à l'ennemi en 1916, n'avait pu, malheureusement, donner à son livre sa forme définitive.

204. HUBERT, René, *La morale de Diderot.* R. XVIII⁰ siècle. 1914 et 1916, II, 329-40, III, 29-42. Vigoureuse interprétation d'ensemble. Une thèse de doctorat en droit envisage, beaucoup trop sommairement, les corollaires de cette morale :

205. OSTREICHER, Jean, *La pensée politique et économique de Diderot.* Vincennes, Rosay, 1936, 80 pp. Mais c'est l'esthétique, comme le suggère le *Neveu de Rameau,* qui est vraisemblablement la clé de la morale de Diderot, et nous manquons toujours d'un travail d'ensemble sur cette esthétique. Quelques traités d'ordre général lui font cependant une place d'honneur dans l'histoire des doctrines artistiques et littéraires de son siècle :

206. FONTAINE, André, *Les doctrines d'art en France de Poussin à Diderot.* Paris, Laurens, 1909. III + 316 pp.

207. MUSTOXIDI, T. M., *Histoire de l'esthétique française,* 1700-1900. Paris, Champion, 1920. LXIII + 240 pp. (Cf. pp. 54-8).

208. FOLKIERSKI, Ladislas, *Entre le classicisme et le romantisme.* Etude sur l'esthétique et sur les esthéticiens au XVIII⁰ siècle. Paris, Champion, 1925, 604 pp. (Cf. pp. 354-495). Plus encore que l'esthétique théorique de Diderot, de pure façade, son esthétique appliquée (p. ex. ses idées sur le

théâtre, le roman et les techniques romanesques, la poésie, les rapports de l'art et de la morale, de l'art et du devenir de l'espèce, etc.) prêteraient, cependant, à des considérations d'une extrême richesse. L'article précédemment cité de M. Dieckmann sur la *Conception du Génie* (197) en donne, tout au moins, l'idée, ainsi qu'un autre article de M. Kraken :

209. KRAKEUR, Lester Gilbert, *Aspects of Diderot's Esthetic Theory*, in *Romanic Review*, 1939, XXX, 244-59. Voir aussi :

210. VEXLER, Felix, *Studies in Diderot's Aesthetic Naturalism*, New-York, Columbia University Press, 1922, 115 pp.

Un seul chapitre de ce vaste sujet a été traité avec une prédilection visible et un luxe surabondant de détails : c'est celui de l'esthétique musicale. Un commentateur du *Neveu de Rameau* serait mal venu de s'en plaindre. Toutefois, le plus simple est encore de se reporter aux textes originaux : ceux de Diderot lui-même, de Rameau, d'Alembert, Jean-Jacques Rousseau, Grimm, d'Holbach, etc., sans oublier les plus anciens témoignages de la querelle des deux musiques, les parallèles antagonistes, dès le début du siècle, de l'abbé Raguenet et de Lecerf de la Vieuville. Cette littérature musicale, spéculative ou polémique, tient, naturellement, une grande place dans les nombreuses études qui traitent soit de l'histoire générale de la musique au XVIIIe siècle et de ses plus illustres représentants, soit de la querelle des Bouffons, soit, enfin, des théories et de la culture musicales de Diderot. Nous énumérons les p' s récentes, sinon les principales, d'entre elles :

211. GAUDEFROY-DEMOMBYNES, J., *Jugements allemo   sur la musique française au XVIIIe siècle*. Paris, G. P.   sonneuve, 1942, 348 pp.

212. — *Histoire de la musique française*. Paris, Payot, 1946, 431 pp. (Cf. Appendice III, pp. 107-182).

213. CHAMPIGNEULLE, Bernard, *L âge classique de la musique française*. Paris, Aubier, 1946, 352 pp. (Cf. Appendice III, 283-290, *Rameau et les Encyclopédistes*). Index biographique ;

bonne bibliographie. De l'abondante littérature consacrée à Rameau, nous nous contentons de détacher :

214. LALOY, Louis, *Rameau*. Collection des maîtres de la musique. 3e édition. Paris, Alcan, 1919, 239 pp.

215. MASSON, Paul-Marie, *L'Opéra de Rameau*. Thèse, Paris, 1930. L'édition des œuvres musicales de Rameau entreprise, en 1895, par Camille Saint-Saëns et Ch. Malherbe, est restée en suspens. Mais les plus célèbres opéras y figurent. Pour les musiciens italiens, dont il est question dans le *Neveu de Rameau*, il suffit, en général, de se reporter à l'*Encyclopédie musicale*. Des comptes-rendus de la plupart de leurs opéras sont donnés par Grimm et les gazettes à la main.

216. BRENET, Michel, *Les concerts en France sous l'Ancien Régime*. Paris, 1900. Ouvrage fort bien documenté.

217. CUCUEL, Georges, *La Pouplinière et la musique de chambre au XVIIIe siècle*. Paris, 1905. Rapports entre musiciens et mécènes.

218. STRIFFLING, Louis, *Esquisse d'une histoire du goût musical en France au XVIIIe siècle*. Paris, Delagrave, 1912, 287 pp.

219. JULLIEN, Adolphe, *La musique et les philosophes* (Troisième partie de : *La ville et la cour au XVIIIe siècle*), avec un appendice intitulé : *Diderot musicien*. Paris, 1881, 208 pp.

220. HIRSCHBERG, Eugen, *Die Enzyklopädisten und die französische Oper im 18. Jahrhundert*. Leipzig, Breitkopf und Härtel, 1903 (Publikationen der internationalen Musikgesellschaft, Beiheft X). 145 pp.

221. RICHEBOURG, Louisette, *Contribution à l'histoire de la Querelle des Bouffons*. Paris, Nizet et Bastard, 1937, 136 pp.

222. PROD'HOMME, J.-G., *Diderot et la musique* in Zeitschrift der internationalen Musikgesellschaft, 1913-14, XV.

223. VEXLER, Felix, *Diderot and the Leçons de Clavecin*. New-York, Columbia University Press, 1930. Todd Memorial Volumes, II, 231-249.

224. EVANS, Raymond Leslie, *Diderot et la musique*. Thèse, Birmingham, 1932. (Nous n'avons pu avoir communication de ce dernier volume).
Comme on le voit, les sources d'information ne manquent pas, sur les questions musicales dans le *Neveu de Rameau*.

VII. — ÉTUDES PARTICULIÈRES SUR LE *Neveu de Rameau.*
ART ET STYLE. LA DESTINÉE DE L'ŒUVRE.

On s'étonne, dès lors, d'autant plus, de la rareté
relative des études dont ce texte, pourtant célèbre, a
fait directement l'objet. La plupart d'entre elles se bornent
aux aspects anecdotiques : histoire du manuscrit ; histoire
de Jean-François Rameau, d'après :

1° Les pièces d'état-civil ou de police découvertes et
publiées par JAL dans son *Dictionnaire de biographie et
d'histoire* (Paris, 2ᵉ édition, 1872) ;

2° La *Raméide* et la *Nouvelle Raméide* (sur ces deux
poèmes, voir Isambert (25), pp. 58-71) ;

3° Les cinq témoignages de Fréron, Piron, Grimm,
Mercier, Cazotte que nous donnons en appendice. Bornons-nous à mentionner quelques articles :

225. BARTHOU, Louis, *Mésaventures d'un chef-d'œuvre*, RdF,
1922, III, 54-61.
226. — *Quelques réflexions sur le* Neveu de Rameau. *Ibid.*,
1924, VI, 544-51.
227. PILON, Edmond, *Le vrai texte et le personnage du* Neveu
de Rameau, *Revue du Siècle*, 1925 (voir 32).
228. SOUDAY, Paul, *Sur le* Neveu de Rameau, *Le Temps*,
15 août 1927. Un article vigoureux de M. Mornet aurait pu,
cependant, arracher la critique à sa torpeur :
229. MORNET, Daniel, *La véritable signification du* Neveu de
Rameau. RDM, 15 août 1927, 881-908. Pour donner plus
de force probante à sa démonstration, l'auteur l'a peut-être
schématisée à l'excès : Diderot est mieux qu'un Janus à
double visage (moraliste et immoraliste, bourgeois et
bohème, idéaliste et matérialiste, « totalitaire » et « anarchiste », pontifiant et bouffon, Moi et Lui) ; ses contradictions fusent en mille possibilités et le rapport qui le lie
à son « double » ne se laisse pas facilement ramener à la
formule, quasi didactique, où semble l'enfermer M. Mor-

net. Celui-ci a repris et étoffé ses conclusions dans un cours
publié en trois fascicules dactylographiés :

230. — *Le Neveu de Rameau.* Les Cours de Lettres, 1947-8.
256 pp. Il est précisé que « ce cours n'est que la reproduction de notes sténotypiques que M. Mornet n'a pu revoir
que très rapidement. Il ne peut en aucune façon, être
tenu pour une publication définitive ». Compte tenu de
cette réserve, ont surtout de l'intérêt les développements
consacrés au milieu littéraire, à la satire sociale et aux
sources contemporaines ; la partie « d'explication » est
moins poussée. Pourtant, une étude proprement « rhétorique » sur la structure de l'œuvre et la technique du
développement, sur l'art du dialogue, la pantomime, la
langue et le style, semblerait devoir s'imposer au premier
chef. Mais il faut constater, ici, une certaine carence
de la critique. C'est à peine si l'on découvre, pour
toute l'œuvre de Diderot, deux ou trois essais du
genre de :

231. TAUPIN, René, *Richardson, Diderot et l'art de conter.*
French Review, 1939, XII, 181-9, qui rappellent, timide-
ment, que Diderot est aussi — ou d'abord — un grand
écrivain, et qu'il conviendrait de l'étudier en tant que tel.
Faute de mieux, nous avons dû rassembler, dans notre
lexique, les premiers éléments d'une étude linguistique
et stylistique du *Neveu de Rameau*, et indiqué, à cette place,
les instruments de travail indispensables.

Cette étude s'impose avec d'autant plus d'évidence que
Diderot, comme la plupart de ses contemporains, mais
plus profondément qu'aucun d'eux, a été vivement préoccupé par les questions de grammaire et de style, qu'il
liait au devenir même de la philosophie, comme il apparaît
dès la *Lettre sur les Sourds et les Muets*, vive réaction de la
curiosité linguistique contre la « métaphysique du langage » (Cf. Venturi (144), p. 242). Pour mesurer les
prétentions des puristes, des logiciens et des idéologues,
il sera bon de lire :

232. FRANÇOIS, Alexis, *La grammaire du purisme et de l'Académie française au XVIIIe siècle*. Paris, Georges Bellais,
1905, xv + 279 pp.

233. Gunvor, Sahlin, *César Chesneau du Marsais et son rôle dans l'évolution de la grammaire générale*. Paris, 1928.

Si Diderot n'avait pas été un « philologue » au plein sens du mot, si l'amour du langage n'avait pas été une des formes de son amour profond de la vie, irréductible à la raison, il est infiniment probable que le *Neveu de Rameau* n'aurait pas exercé sur tant de lecteurs et si divers sa prodigieuse force d'attraction.

L'œuvre a bénéficié, en outre, de son caractère semi-confidentiel et de sa révélation tardive, à l'heure où l'on se préoccupait de dresser le bilan des lumières ; dans la pensée secrète de son auteur et, par conséquent, au cœur de son siècle, elle parut aussitôt et elle reste comme une pierre de scandale. De grandes synthèses permettent de la mettre à sa place dans les jugements portés sur l'évolution littéraire ou philosophique de son temps. Citons :

234. Rocafort, J., *Les doctrines littéraires de l'Encyclopédie, ou le romantisme des encyclopédistes*. Paris, Hachette, 1890, 338 pp.

235. Mornet, Daniel, *Le Romantisme en France au XVIIIe siècle*. Paris, Hachette, 1912, 288 pp.

236. Van Tieghem, Paul, *Le Préromantisme*. Paris, F. Rieder, vol. I, 1924, vol. II, 1930.

237. Monglond, André, *Le Préromantisme français*. Grenoble, B. Arthaud, 1930, 2 v.

238. Tronchon, Henri, *Romantisme et préromantisme*. Paris, Les Belles-Lettres, 1930, 266 pp. (Cf. pp. 244-81).

239. Green, Frederick Charles, *Minuet ; a Critical Survey of French and English Literary Ideas in the Eighteenth Century*. London, J. M. Dent, 1935, VII + 489 pp. (Cf. pp. 448-64 et *passim*).

240. Hatzfeld, Helmut, *Die französische Aufklärung*. München, Rösl und Cie, 1922 (Philosophische Reihe), 146 pp.

241. Mornet, Daniel, *La pensée française au XVIIIe siècle*, Paris, Armand Colin, 1926, 222 pp. (Et, bien entendu, du même auteur, les *Origines intellectuelles de la révolution française* (105).

242. HOFFMANN-LINKE, Eva, *Zwischen Nationalismus und Demokratie. Gestalten der französischen Vorrevolution.* Beiheft 9 der *Historische Zeitschrift*, 1927. III + 313 pp. (Cf. pp. 100-8).

243. EWALD, Oskar, *Die französische Aufklärungsphilosophie* München, E. Reinhardt, 1924, 168 pp.

244. MARTIN, Kingsley, *French Liberal Thought in the Eighteenth Century.* Boston, Little, Brown and Co, 1929, XVIII + 313 pp.

245. CASSIRER. Ernst, *Die Philosophie der Auklärung.* Tübingen, Mohr, 1932, 491 pp.

On constatera sans étonnement que la critique allemande, plus particulièrement, confère à Diderot une situation dominante dans la perspective des lumières. Comment oublier que c'est en Allemagne que Diderot, avec Lessing, Wieland, Herder a recruté ses premiers enthousiastes, que c'est en Allemagne, surtout. que le *Neveu de Rameau* a trouvé ses premiers lecteurs ? Lecteurs peu nombreux, sans doute. mais puisqu'ils s'appelaient Schiller, Goethe, Schelling, Hegel, comment s'étonner que l'œuvre, encore inconnue en France, ait été interprétée, aussitôt, avec une profondeur qui aurait dû mettre en garde certains de ses exégètes français contre la légèreté qu'on leur reproche parfois ? On regrettera, ici encore, que la critique érudite se soit trop souvent arrêtée aux aspects purement anecdotiques de l'aventure qui mit entre les mains de Schiller et de Goethe le fameux manuscrit. Tout a été dit sur cette histoire. Il serait temps d'aller au delà. Citons seulement les études qui en manifestent quelque souci :

246. GEIGER, L., *Schiller und Diderot.* Marbacher Schillerbuch, Stuttgart und Berlin, 1905, pp. 81-91.

247. EGLI, L., *Diderot et Schiller*, RLC, 1921, I, 68-127.

248. SCHLÖSSER, Rudolf, *Rameau's Neffe.* Studien und Untersuchungen zur Einführung in Goethe's Uebersetzung des Diderot'schen Dialogs. Berlin, A. Dunker, 1900, 292 pp.

249. DIECKMANN, Herbert, *Goethe und Diderot*, in *Deutsche Vierteljahrsschrift*, 1932, X, 478-503.

250. SCHRAMM, E., *Goethe und Diderot's Dialog Rameau's Neffe*, in *Zeitschrift fuer Musikwissenschaft*, 1934, XVI.

251. BARNES, Bertram, *Goethe's Knowledge of French Literature*. Oxford, Clarendon Press, 1937. VIII + 172 pp. (Cf. pp. 51-5). (Travail d'ensemble, mais limité aux prétentions d'un catalogue).

252. MÜLLER, Joachim, *Goethe, Diderot und das 18. Jahrhundert*. Zeitschrift für neusprachlichen Unterricht, 1939, XXXVIII, pp. 83-94.

253. TRONCHON, Henri, *Goethe, Herder et Diderot*, in : *Goethe*. Publications de la Faculté des Lettres de Strasbourg, fasc. 57. Paris, 1932, 113-26. (L'article manque d'unité).

254. HANKISS, Johann, *Diderot und Herder*, in *Archiv*, Sonderheft, 1920, pp. 59-74. Autant de chapitres épars d'une vaste étude à entreprendre sur Diderot et le *Neveu de Rameau* dans la pensée allemande. Elle devrait dépasser les limites purement esthétiques où s'enferme :

255. ABRAHAM, Joachim, *Diderot, Französich und Deutsch*. Ueber das künstlerische Werk und seine zeitgenössische Uebersetzung. Diss. Erlangen, Junge und Sohn. 1937, 154 pp., pour revêtir le caractère profondément philosophique que donnait Hegel à son interprétation du *Neveu de Rameau*. Les quelques pages de la *Phénoménologie de l'esprit*, où le bohème est chargé d'incarner « le déchirement de la conscience » inhérent à l'extrême culture, de formuler le malaise d'une civilisation aliénée de soi, ont été fort bien élucidées et commentées dans une œuvre récente :

256. HYPPOLITE, Jean, *Genèse et structure de la Phénoménologie de l'esprit de Hegel*. Paris, Aubier, 1946. 592 pp. (Cf. pp. 52, 180-4, 375, 387, 398-404, 415). On peut se demander seulement si la « dialectique » du *Neveu de Rameau* ainsi interprétée, vaut seulement pour un moment de l'histoire, comme formule d'un état d'esprit pré-révolutionnaire, ou si elle dépasse l'histoire pour instruire le procès inhérent non à une culture, mais à toute culture. A la suite de Hegel, Feuerbach, Marx, Engels, Lénine ont été des lecteurs attentifs de Diderot et du *Neveu de Rameau*. Quelques-uns des critiques déjà nommés (nos 199, 200, 201) permettent

d'entrevoir à quelles difficultés se heurte la revendication de l'œuvre au profit de la pensée pré-marxiste. Son intégration se concevrait-elle mieux dans d'autres formes du socialisme ? Proud'hon aussi a lu Diderot. Ou ne pourrait-on voir dans le *Neveu de Rameau* comme un levain permanent d'anarchie ? Autant de réflexions et de recherches que nous nous contentons de suggérer. Peut-être trouverait-on des éléments de réponse dans l'article d'un écrivain socialiste que nous signalons, sans avoir eu l'occasion de le lire :

257. Laski, Harold J., *Diderot : Hommage to a Genius*. Harpers Magazine, 1930-31, CLXII, 597-606.

Il était naturel qu'en contre-partie, le *Neveu de Rameau* servît de référence à certaine critique aristocratique, soucieuse d'exalter l'individu supérieur, affranchi de la morale du troupeau, surhomme ou génie. On a signalé, depuis longtemps, le nietzschéisme de Diderot :

258. Voss, Karl Johann von, *Diderot's Moralphilosophie*. Halle, Mattiesen, 1909, 85 pp. Et il convient de relire attentivement la diatribe dédaigneuse mais parfois admirative de :

259. Carlyle, Thomas, *Diderot*, in *Critical and Miscellaneous Essays*. New-York, Scribner, 1900, III, pp. 177-248. (Traduit dans *Nouveaux Essais choisis de Critique ou de Morale*, par Edmond Barthélemy, 2e édit., Paris, Mercure, 1909, XLV + 328 pp., pp. 103-184).

En France, l'enthousiasme plus ou moins romantique provoqué par « l'individu » Rameau a revêtu parfois des formes assez puériles. On lit avec plaisir d'abord, avec irritation au bout de quelques pages, la bavarde et romanesque fantaisie de Jules Janin, qui fut célèbre en son temps :

260. Janin, Jules, *La fin d'un monde et du* Neveu de Rameau. Paris, E. Dentu, 1861, 345 pp. in-18. Seize chapitres, en forme de dialogues, dont chacun recommence le *Neveu*, avant d'arriver à un dénouement de roman-feuilleton ! C'est Hegel revu par Eugène Süe, la revanche de la « bonne conscience », style Second Empire, sur la « conscience

déchirée » ! Et le dernier mot est dit par un Diderot repentant sur le corps de Jean-François Rameau : « Ainsi vécut, ainsi mourut, regretté de moi seul, le plus grand artiste de son siècle et (j'en ai peur !) le meilleur philosophe de mon temps. » Romantique, lui aussi, mais d'une autre façon, Baudelaire a su trouver autre chose en Diderot, au delà même de ces influences techniques, auxquelles, surtout, s'est intéressée la critique.

261. POMMIER, Jean, *Les Salons de Diderot et leur influence au XIXᵉ siècle : Baudelaire et le Salon de 1846*. RCC, 1936, XXXVII, 2. 289-306, 437-52.

262. BRUGMANS, H., *Quelques remarques sur Diderot et l'esthétique baudelairienne*, in *Neophilologus*, 1938, XXIII, 284-90.

263. THOMAS, Jean, *Diderot et Baudelaire*, in *Hippocrate*, 1938, pp. 328-342. Un autre aristocrate des lettres, Barbey d'Aurevilly, s'est chargé lui-même de dire le mélange d'attirance et d'aversion qu'il éprouvait en présence de Diderot, tout voisin du sentiment qui liait Diderot à Jean-François Rameau.

264. BARBEY D'AUREVILLY, J. A., *Goethe et Diderot*. Paris, E. Dentu, 1880. XXIII + 290 pp. On devine les mêmes complexes sous la condamnation, toute politique, et bien peu clairvoyante, en tant que telle, que Barrès croit nécessaire de porter contre Diderot.

265. BARRÈS, Maurice, *L'échec de Diderot*, in *Les Maîtres*, Paris, Plon, 1927, pp. 171-82. « Le dix-huitième siècle, qui voudrait durer encore, achève de mourir. Nous avons bien fini de lui demander des conseils de vie ». Replacées à leur date : 15 novembre 1913, ces affirmations font sourire : comme si la conscience moderne ne continuait pas de se débattre dans les mêmes problèmes, les mêmes rêves et les mêmes contradictions que le Diderot du *Neveu de Rameau* ! Anatole France ou Camille Flammarion le disaient naguère ; hier encore, la pensée scientifique cherchait à se définir par rapport à Diderot, et la littérature la plus nouvelle revendiquait son nom, comme un drapeau.

266. FRANCE, Anatole, *Pour et contre Diderot*, in *Cahiers de la Quinzaine*, 1901, VII, 65-72.

267. FLAMMARION, Camille, *Diderot, à l'occasion de son bi-centenaire*, in *La Revue*, 1913, CIV, 429-48.

268. TERRIN, Charles, *Diderot et la pensée moderne*, in *Grande Revue*, 1931, CXXXV, 589-605.

269. CREVEL, René, *Le clavecin de Diderot*. Paris, Éditions Surréalistes, 1932, 168 pp.

Mais aucune construction de l'esprit, à partir de Diderot, ne saurait être valable, si elle ne trouvait un fondement dans la critique méthodique de son œuvre, et nous avons dit combien cette critique laissait encore à désirer. Nous n'en avons que plus de plaisir à signaler, en terminant, outre celles de M. Daniel Mornet, des études qui portent témoignage non seulement de l'actualité et comme de la nouveauté grandissantes de Diderot et, tout particulièrement, du *Neveu de Rameau*, mais aussi du sérieux avec lequel l'histoire littéraire les envisage désormais.

270. POMMIER, Jean, *Etudes sur Diderot*, in *Revue d'Histoire de la Philosophie et d'Histoire Générale de la Civilisation*, Université de Lille, avril-juin 1942, fasc. 32, pp. 153-80 (*Le Neveu de Rameau*, 153-69 — *Quelques mots sur la morale de Diderot*, 169-71 — *Diderot et Rousseau*, 171-5 -- *Pour une nouvelle édition de Diderot*, 175-6 — *Diderot, Mademoiselle Volland, Madame de Meaux et Naigeon*, 176-80). Ces essais se recommandent par leur précision, leur ingéniosité, leur bonne humeur. L'étude spécifiquement littéraire du *Neveu de Rameau* y est enfin abordée, de la façon la plus directe ! On ne manquera pas de joindre à cette lecture celle du numéro spécial consacré à Diderot pour le deuxième centenaire de la *Lettre sur les Aveugles* par cette même revue, sous son nouveau titre :

271. *Revue des Sciences Humaines...*, janvier-mars 1949, fascicule 53. Jean POMMIER, *Le Problème Naigeon*, pp. 1-11. — Pierre MESNARD, *Sophie Volland et la maturité de Diderot*, pp. 12-20. — Antoine ADAM, *Rousseau et Diderot*, pp. 21-34.

Ces travaux sont du meilleur augure pour l'avenir, en France même, des études sur Diderot, qui ont pris, d'autre

part, dans les pays anglo-saxons, un magnifique essor.
Au seuil de nouvelles recherches, il serait temps, peut-être,
de faire le point, en retraçant l'itinéraire spirituel suivi
par l'œuvre de Diderot, au long d'un siècle et demi d'histoire. Une étude, encore inédite, que signale M. Dieckmann, répond déjà à ce dessein :

272. CHARLES, Mary Lane, *The Growth of Diderot's Fame
in France from 1784 to 1875*. Thesis, Bryn Mawr, 1938-39.
Peut-être pourrait-on limiter l'enquête au *Neveu de Rameau*.
A condition de la pousser jusqu'à la plus récente actualité.
Car s'il est une œuvre qui sollicite dans chaque conscience
de lecteur une sorte de recréation permanente, c'est bien
le déconcertant dialogue que Goethe révéla jadis à Hegel.

TABLE DES MATIÈRES